典藏铭言

做人修身的名言
社交处世的警句

長春出版社

图书在版编目（CIP）数据

典藏铭言 / 郭永学编著. —长春：长春出版社，2008.5
ISBN 978-7-5445-0577-2
Ⅰ. 典... Ⅱ. 郭... Ⅲ. 格言—汇编—世界 Ⅳ. H033

中国版本图书馆 CIP 数据核字（2008）第 029701 号

典藏铭言

编 著：郭永学
责任编辑：程秀梅
封面设计：郝 威

出版发行：**长春出版社** 总编室电话：0431-88563443
　　　　发行部电话：0431-88561180 读者服务部电话：0431-88561177
地 址：吉林省长春市建设街 1377 号
邮 编：130061
网 址：www.cccbs.net
制 版：恒源工作室
印 刷：沈阳新华印刷厂
经 销：新华书店

开 本：787×1092 1/16
字 数：335 千字
印 张：29.25
版 次：2008 年 5 月第 1 版
印 次：2008 年 5 月第 1 次印刷
定 价：35.00 元

致 读 者

在人类历史发展的悠悠长河中，人们在征服自然界的同时，逐渐地形成了各种思想，这些思想经过千百年的传承，积累成今日之名言佳句。这些至理名言，是人类经验和智慧的高度浓缩，是人类文化弥足珍贵的瑰宝。

名人名言以其短小精悍、充满智慧，使读者产生共鸣、受到教益，而流传千古。这些锦言妙语，大多言简而意丰。读之，则如饮甘露，如啜醴泉，令人回味无穷；或为他山之石，灌顶醍醐，令人茅塞顿开，投袂而起；或擘肌分理，沟深致远，令人铭心刻骨。

基于这个初衷，编者翻阅了大量的资料，从浩如烟海的古今中外名人经典名言中，博取众长，精挑细选，编辑完成了这本《典藏铭言》，本书与已经出版的同类书籍相比，具有内容精湛、分类细致、主题突出等优点，是一部值得珍藏的经典名言大全。

力求使这本书成为读者的良师益友是我们最大的心愿。但由于编者水平有限，本书难免有不尽如人意之处，恳请读者与专家批评指正。

编 者

2007 年 11 月 25 日

目　录

目 录

目录

1

人生与命运

人生的磨难是很多的，所以我们不可对每一件轻微的伤害都过于敏感。在生活磨难面前，精神上的坚强和无动于衷是我们抵抗罪恶和人生意外的最好武器。

——[英国哲学家] 洛克

人

人真正的完美不在于他拥有什么,而在于他是什么

人是什么

人是一部机器无,消耗的是食物,创造的是思想。

——[美国律师]英格索尔

人是有感觉的、能反应的、有思想的生物,他自由自在地游历全世界,他似乎在他所能制服的一切动物之上,他合群而生,他发明了科学和艺术,他有一个专属他所特有的善恶,他自己选择了主人,他自己制定了法律,等等。

——[法国启蒙思想家]狄德罗

说人是一种力量和软弱、光明和盲目、渺小和伟大的复合体,这并不是责难人,而是为人下定义。

——[法国启蒙思想家]狄德罗

人只是一枝芦苇,是自然界最脆弱的,但却是一枝会思考的芦苇。

——[法国科学家、散文家]帕斯卡尔

人真正的完美不在于他拥有什么,而在于他是什么。

——[英国作家]王尔德

每一个人都是一个小小的海湾。

——[美国发明家]爱迪生

人是万物的尺度,是存在的事物、存在的尺度,也是不存在的事物、不存在的尺度。

——[古希腊哲学家]普罗泰戈拉

人是世间最宝贵的

人之超然万物之上,而最为天下贵也。

——[中国古代学者]董仲舒

天地之中人为贵,万物之中人为灵。

——[中国近代农民起义领袖]洪秀全

道大,天大,地大,人亦大。域中有四大,而人居其一焉。

——[中国古代思想家]老子

人是万事万物的中心,是世界之轴。

——[英国哲学家]培根

华丽的服装是裁缝师傅缝制的,官阶和爵位是礼部衙门制定的。等级不过是货币的标志。而人是黄金。

——[英国诗人]彭斯

人是高贵的创作物,像设计所要求的那样完美;没有疑问,他是构成大全的一部分,比地球上其他生物的地位要高。

——[古罗马哲学家]普罗提诺

世界的设计创造应以人为中心,而不是谋取金钱,人并非以金钱为对象而生活,人的对象往往是人。

——[俄国诗人]普希金

人是多么了不起的一件作品!理性是多么高贵,力量是多么无穷!仪表和举止是多么端正,多么出色!论行动,多么像天使!论了解,多么像天神!宇宙的精华,万物的灵长!

——[英国诗人、戏剧家]莎士比亚

水火有气而无生,草木有生而无知,禽兽有知而无义;人有气、有生、有知亦且有义,故最为天下贵也。

——[中国古代思想家]荀子

3

人是世界的主人，年轻、美丽，征服了世界，改造了大地；会使草木生长，能和树木、野兽、天神谈心。

—— [法国作家] 罗曼·罗兰

地球上一切美丽的东西都来源于太阳，而一切美好的东西都来源于人。

—— [苏联作家] 普里什文

游鱼沉默于水中，野兽喧闹于大地，飞鸟在空中歌唱。可是人啊，他具有海洋的沉默，大地的喧闹，天空的乐章。

—— [印度诗人] 泰戈尔

人的自我认识

人是不容易被发现的，尤其最难被自己发现。

—— [德国哲学家] 尼采

人必须认识自己，如果这不能有助于发现真理，至少这将有助于规范自己的生活；没有别的比这更为正确的了。

——[法国科学家、散文家] 帕斯卡尔

人首先是个把自我向着一个未来推进而且知道自己正是在这样做的生物。

—— [法国文学家、哲学家] 萨特

人的意义不在于他们所达到的，毋宁在于他所希望达到的。

—— [黎巴嫩作家] 纪伯伦

在任何情况之下，天神都不会用镣铐来束缚他所创造的人的；他使他们的生活经常发生变化，从而得到启发。

—— [印度诗人] 泰戈尔

人是一个初生的孩子，他的力量，就是生长的力量。

—— [印度诗人] 泰戈尔

人真是一个深渊！无论我们抛下多么沉重的测海锤，都测不出它的底蕴。

—— [中国学者] 俞吾金

最困难的职业就是怎样为人。

—— [古巴诗人] 何塞马蒂

人只有在人们中间才能成为人。

—— [德国诗人] 贝歇尔

人性 一个人的本性在于他所不能向你显露的那一面

人的本性

人，从本性上说既不善也不恶。

—— [法国启蒙思想家] 霍尔巴赫

一个人的本性，不在于他向你显露的那一面，而在于他所不能向你显露的那一面。

—— [黎巴嫩作家] 纪伯伦

人类的天如此奇妙，总是乐意把爱慕奉送给那些最不稀罕它的人。

—— [英国哲学家] 罗素

人的天性，常在看到别人的弱点

时，感觉到自己的力量，在最真诚的怜悯之中，更混入一种不可言喻的温情。

—— [法国作家] 莫洛亚

我们需要更多地了解人的本性，因为唯一真正的危险存在于人的本身之中……人类自己就是一切罪恶的根源。

—— [瑞士心理学家] 荣格

人的天性里都有一种一旦公开说了出来，就必然会招到反感的东西。

—— [德国诗人] 歌德

人性的确是这样的，既肯轻信又爱怀疑，说它软弱又很顽固，自己打不定主意,为别人做事倒又很有决断。

——[英国小说家] 萨克雷

也许人的天性就是如此,不能始终只有虚假的思想,也不会始终只有真实的爱;不能始终温柔,也不能始终残忍。

——[法国启蒙思想家] 伏尔泰

期望得到赞许和尊重,它根深蒂固地存在于人的本性中,要是没有这种精神刺激,人类合作就完全不可能。

——[美籍德国人、物理学家] 爱因斯坦

天性好比种子,它既能长成鲜花,也可能长成毒草。人应当时时检查,以培养前者而拔除后者。

——[英国哲学家] 培根

在只面对自我的时候,人的真性是最容易显露的,因为那时人最不必掩饰。

——[英国哲学家] 培根

人的本性终难压抑,一旦时机成熟,总要露出头来。

——[日本作家] 森鸥外

人的本性总是想他人依照自己的意思而生活。

——[荷兰哲学家] 斯宾诺莎

不论外表上显得怎样精明世故,人总有其淳朴的一面。

——[美国小说家] 索尔·贝娄

人性不是一架机器,不能按照一个模型铸造出来,又开动它毫厘不爽地去做替它规定好了的工作;它毋宁像一棵树,需要生长并且从各方面发展起来,需要按照那使它成为活东西的内在力量的趋向生长和发展起来。

——[英国法学家] 约翰·密尔

人与动物的区别

人与动物真正的区别,在于他内

在的、无形的力量和价值。

——[印度诗人] 泰戈尔

动物认为它的整个工作就是生存,而人只有在得到工作的机会时,他才认为生活是有意义的。

——[俄国哲学家、作家] 赫尔岑

人是善于模仿的动物,这一特性是所有教育的结晶。由生到死,人总是不断地学习他所见到的别人所做的事情。

——[美国政治家] 杰弗逊

人是一种使用工具的动物。到处可以见到他在使用工具;没有工具他一筹莫展,有了工具他无所不能。

——[英国作家] 卡莱尔

只有按照正常的法规生活,人才不同于动物。

——[俄国作家] 列夫·托尔斯泰

人是最名副其实的社会动物,不仅是一种合群的动物,而且是只有在社会中才能独立的动物。

——[德国思想家] 马克思

人是唯一知道羞耻和有必要知道羞耻的动物。

——[美国作家] 马克·吐温

人是有理性的动物。

——[古罗马哲学家、悲剧作家] 塞涅卡

人是寻求意义的动物。

——[古希腊哲学家] 柏拉图

人,是驯化开朗的动物;不过,他得到了正确的指导和幸运的环境,因而在一切动物中,他成为最神圣、最开明的;但是倘若他受到的教育不足或不好,他会是地球上最粗野的动物。

——[古希腊哲学家] 亚里士多德

人天生优于牲畜和其他动物。动物只有感觉的快乐,本能推动它们去寻找这种快感。但是人的心灵是在学习和思考的哺育下的。他永远在探索或在做一些事情。他沉浸在探索和学习的快乐之中。

—— [古罗马政治家、雄辩家] 西塞罗

最美丽的猴子与人类比起来也是丑陋的。

—— [古希腊哲学家] 赫拉克利特

当人是兽时,他比兽还坏。

—— [印度诗人] 泰戈尔

人,最完美的时候是动物中的佼佼者。但是,当他与法律和正义隔绝以后,他便是动物中最坏的东西。

—— [古希腊哲学家] 亚里士多德

人生

人生包括两个部分:过去的是一个梦;未来的是一个希望

人生是一个过程

人生,这伟大的奇迹,我们叹为观止,只因你如此奇妙无比……

—— [英国诗人] 雪莱

所谓人生,是一刻也不停地变化着的,是肉体生命的衰弱和灵魂生活的强化、扩大。

—— [俄国作家] 列夫·托尔斯泰

人生是伟大的宝藏,我晓得从这个宝藏里选取最珍贵的珠宝。

—— [波兰作家] 显克微支

人生中,有两条路畅通无阻:一是通往理想,一是通向死亡。

—— [俄国作家] 列夫·托尔斯泰

人生如集市,众人在此相聚,却不久留;人生如客栈,路人在此歇脚,而后又走。

—— [美国作家] 艾霍·布朗

人生是一场无休、无歇、无情的战斗,凡是要做个够得上称为人的人,都得时时刻刻向无形的敌人作战。

—— [法国作家] 罗曼·罗兰

人生一世,总有些片段当时看着无关紧要,而事实上却牵动了大局。

—— [英国作家] 萨克

人生是一道山坡。大家正上着的时候,都望着顶上,并且都觉得快乐;但是走到了高处的时候,就忽然望见了下坡的道儿和那个以死亡为结束的终点,上坡的时候是慢慢走的,但是下坡就走得快了。

—— [法国作家] 莫泊桑

人,就是一条河,河里的水流到哪里都还是水,这是无异议的。但是,河有狭、有宽、有平静、有清澈、有冰冷、有混浊、有温暖等现象,而人也一样。

—— [俄国作家] 列夫·托尔斯泰

要知道,人生是一条漫长的路,有我们看不见的分岔,多得不计其数。最高明的棋手,也只能料到以后的几步棋。

—— [俄国作家] 陀思妥耶夫斯基

人生在世,离不开三样东西:灵魂、肉身和财产。这三样东西,各有各的卫护方法,由三种不同样的人来负责:神学家负责灵魂,医学家负责肉身,法学家负责财产。

—— [法国作家] 拉伯雷

人生是一部悲喜剧

人的一生,既不是人们想象的那

么好,也不是那么坏。

————[法国作家] 莫泊桑

胜利和眼泪,这就是人生!

————[法国作家] 巴尔扎克

人生不是一个悲剧,就是一个喜剧。人们在悲剧中灭亡,但在喜剧中结为眷属。

————[丹麦童话作家] 安徒生

人生由患难与欢乐组成。

————[中国教育家] 陶行知

用特写镜头看生活,生活是一个悲剧;但用长镜头看生活,生活则是个喜剧。

————[美国喜剧艺术家] 卓别林

我们像这灯火、这星星一样发光,我们像这波浪一样呼吸,我们像在风浪中磨损的船只一样受苦。风把船吹向目的地;上帝呼出的气息把我们吹向人生的港口。

————[法国作家] 大仲马

人生如戏剧,你要怎么演,就演成什么样子,所以你要是做一个成功者,那么你的精神,必须勇猛奋进;你的态度,必须沉着有力。

————[美国教育家、作家] 卡耐基

人生是跋涉,也是旅行;是等待,也是相逢;是探险,也是寻宝;是眼泪,也是歌声。

————[中国诗人] 汪国真

人的一生,或多或少,总是难免有浮沉。不会永远如旭日东升,也不会永远痛苦潦倒。

————[日本电子之父] 松下幸之助

人生的一切变化,一切魅力,一切美都是由光明和阴影构成的。

————[俄国作家] 列夫·托尔斯泰

人生有两出悲剧:一是万念俱灰;另一是踌躇满志。

————[英国作家] 萧伯纳

人生的磨难是很多的,所以我们不可对每一件轻微的伤害都过于敏感。在生活磨难面前,精神上的坚强和无动于衷是我们抵抗罪恶和人生意外的最好武器。

————[英国哲学家] 洛克

看透人生

谁踏踏实实地看待人生,谁就能将人生看透。

————[英国诗人] 阿诺德

只有智者视人生如节目。

————[美国作家] 爱默生

人生在世,每个人脖子上都扛着个袋子,前面装的是别人的过错和恶事,所以看得清清楚楚;后面装的是自己的过错和恶事,所以从来看不见,除去少数得天独厚的人。

————[古希腊寓言作家] 伊索

对我来说,人生既没有美丽,也没有罗曼史。人生就是原来的面目。因此,我预备以原来的面目接受人生。

————[英国作家] 萧伯纳

人生如下棋,深谋远虑者获胜。

————[法国记者] 巴克斯顿

最明亮的欢乐火焰大概是由意外的火花点燃的。人生道路上不时散发出芳香的花朵,也是由偶然落下的种子自然生长出来的。

————[英国作家] 塞缪尔·约翰生

人生不售返程票

要是已经活过来的人生只是个草稿,另有一段誊写的人生,该有多好。

————[俄国作家] 契诃夫

人生就像一本书，傻瓜们走马观花似的随手翻阅它，聪明的人用心阅读它。因为他知道这本书只能读一次。

——[法国画家] 塞尚

人生就像弈棋，一步失误，全盘皆输，这是令人悲哀之事；而且人生还不如弈棋，不可能再来一局，也不能悔棋。

——[奥地利精神分析学家]弗洛伊德

谁若游戏人生，他就一事无成；谁不能主宰自己，永远是一个奴隶。

——[德国诗人] 歌德

人生并不像火车要通过每个站似的经过每一个生活阶段。人生总是一直向前行走，从不留下什么。

——[美国经济学家] 刘易斯

如果我们生下来就是八十岁，而慢慢长到十八岁的话，人生会更加快乐无穷。

——[美国作家] 马克·吐温

人生的道路充满快乐，而且非常值得行走，但这只能有一次。

——[英国政治家] 丘吉尔

话可以收回，但人生不可能这样。

——[德国作家] 席勒

生命是单程路，不论你怎样转弯抹角，都不会走回头，你一旦明白和接受这一点，人生就简单得多了。

——[英国雕刻家] 穆尔

人生是短暂的，不要虚度年华

虽然人人都企求的很多，但所需要的却是微乎其微。因为人生是短暂

的，人的命运是有限的。

——[德国诗人] 歌德

人生只有两分半钟的时间：一分钟用于笑，一分钟用于叹，半分钟用于爱，因为人在第三分钟里死去。

——[古罗马史学家] 普鲁塔克

人的一生是短的，但如果卑劣地过这短短的一生，就太长了。

——[英国诗人、戏剧家] 莎士比亚

我们应该不虚度一生，应该能够说："我已经做了我能做的事。"

——[波兰科学家] 居里夫人

我们虽然短暂而且渺小，但是伟大的一切却正由人的手所造成。人生在世，意识到自己这种崇高的任务，那就是他无上的快乐；正是在死亡中，他将发现自己的生命，自己的归宿。

——[俄国作家] 屠格涅夫

愿你们每天都愉快地过着生活，不要等日子过去了才找出它们的可爱之点，也不要把所有特别合意的希望都放在未来。

——[波兰科学家] 居里夫人

热爱人生，享受人生

我爱人生，所以我愿像一个狂信者那样投身到生命的海里。

——[中国作家] 巴金

让我们享受人生的滋味吧，我们感受得越多，我们就会生活得越长久。

——[法国作家] 法朗士

为了在生活中努力发挥自己的作用，热爱人生吧！

——[法国雕塑家] 罗丹

世上只有一个真理，便是忠实于人生，并且爱它。

——[法国作家] 罗曼·罗兰

人生在世，不出一番好议论，不留一番好事业，终日饱食暖衣，无所用心，何自别于禽兽。

——[中国古代文学家] 苏辙

踏上人生的旅途吧！前途很远，也很暗。然而不要怕，勇敢的人面前才有路。

——[日本小说家] 有岛武郎

一个人应当摒弃那些令人心颤的杂念，全神贯注地走自己脚下的人生之路。

——[英国小说家] 斯蒂文森

我的人生正是：使事业成为喜悦，使喜悦成为事业。

——[英国哲学家] 罗素

人生须知负责任的苦处，才能知道尽责任的乐趣。

——[中国近代思想家] 梁启超

灰色的理论到处都有，我的朋友，只有生活之树四季常青，郁郁葱葱。

——[德国诗人] 歌德

驾驭人生，挑战人生

所谓活着的人，就是不断挑战的人、不断攀登命运险峰的人。

——[法国作家] 雨果

人生中最难学的便是过哪座桥，烧哪座桥。

——[英国哲学家] 罗素

人生本来就是一种广义的艺术。每个人的生命史就是他自己的作品。

——[中国美学家] 朱光潜

没有比人生更艰难的艺术了，因为其他的艺术或学问，到处都有教师。

——[古罗马哲学家、悲剧作家] 塞涅卡

人生的艺术是避免痛苦的艺术。

——[美国政治家] 杰弗逊

人生就像打橄榄球一样，不能犯规，也不要闪避球，而应向底线冲过去。

——[美国政治家] 罗斯福

人生是一场赌博。不管这场赌博是得是损，只要该赌的肉剩一磅，我就会赌它。

——[法国作家] 罗曼·罗兰

我们一来到世间，社会就会在我们面前树起了一个巨大的问号，你怎样度过自己的一生？我从来不把安逸和享乐看做是生活目的本身。

——[美籍德国人、物理学家] 爱因斯坦

人的一生可能燃烧也可能腐朽，我不能腐朽，我愿意燃烧起来！

——[俄国剧作家] 奥斯特洛夫斯基

人生像一张洁白的纸，全凭人生之笔去描绘，玩弄纸笔者，白纸上只能涂成一摊胡乱的墨迹；认真书写者，白纸上才会留下一篇优美的文章。

——[比利时剧作家] 梅特林克

我们要把人生变成一个科学的梦，然后再把梦变成现实。

——[波兰科学家] 居里夫人

人的生命似洪水奔流，不遇着岛屿和暗礁，难以激起美丽的浪花。

——[俄国剧作家] 奥斯特洛夫斯基

人生的游戏不在于拿了一副好牌，而在于打好坏牌。

——[俄国作家] 柯罗连科

人生价值

你若要喜爱自己的价值,你就得给世界创造价值

什么样的人生是有价值的

人生应该如蜡烛一样,从顶燃到底,一直都是光明的。
—— [中国革命家] 萧楚女

每个人的一生都应该给后代留下一些高尚有益的东西。
—— [中国画家] 徐悲鸿

一个人对社会的价值首先取决于他的感情、思想和行动对增进人类利益起多大作用。
——[美籍德国人、物理学家] 爱因斯坦

我的一生始终保持这样一个信念:生命的意义在于付出,在于给予,而不在于接受,也不在于争取。
—— [中国作家] 巴金

光辉的人生中,一个忙碌的钟头,胜于无意义的一世。
—— [英国作家] 司各特

我评定一个人的真正价值只有一个标准,即:看他在多大程度上摆脱了"自我",他摆脱了"自我",又是为什么。
——[美籍德国人、物理学家] 爱因斯坦

人生最宝贵的是生命,人生最需要的是学习,人生最愉快的是工作,人生最重要的是友谊。
—— [苏联政治家] 斯大林

什么是伟大的一生?少年时的志愿在寿终前得以实现就是伟大的一生。
—— [法国诗人] 维尼

人生应为生存而食,不应为食而生存。
——[美国政治家、科学家] 富兰克林

人生最美好的,就是在你终止生命时,也还能以你所创造的一切为人民服务。
—— [俄国剧作家] 奥斯特洛夫斯基

一个真正的人,应该为人民用尽自己的才智、专长和精力,再离开人间。不然,他总会感到遗憾,浪费了有限的生命。
—— [中国作家] 曹禺

一旦你知道,你对别人也还有些用处,这时候你才感到自己生活的意义和使命。
—— [奥地利作家] 茨威格

没有希望的人生不算人生,没有未来的人生最空虚。
—— [日本社会活动家] 池田大作

平庸的生活使人感到一生不幸,波澜万丈的人生才能使人感到生存的意义。
—— [日本社会活动家] 池田大作

一个人的价值,应该看他贡献什么,而不应当看他取得什么。
——[美籍德国人、物理学家] 爱因斯坦

当争斗在一个内心中发生,他的生存就有价值了。
—— [英国诗人] 勃朗宁

生活的价值在于创造。
—— [苏联作家] 高尔基

人生只有在斗争中才有价值。
—— [俄国哲学家、作家] 赫尔岑

我认为人生的全部意义,在于精神、美和善的胜利……
—— [俄国作家] 库普林

人生的目的，在于发展自己的生命，可是也有为发展生命必须牺牲生命的时候。

——[中国革命家] 李大钊

竭力履行你的义务，你就会知道你到底有多大价值。

——[俄国作家] 列夫·托尔斯泰

人的价值蕴藏在人的才能之中。

——[德国思想家] 马克思

路是脚踏出来的，历史是人写出来的，人的每一步行动都在书写自己的历史。

——[中国抗日名将] 吉鸿昌

人生不是一支短短的蜡烛，而是一支由我们暂时拿着的火炬，我们一定要把它燃得十分光明灿烂，然后交给下一代人。

——[英国作家] 萧伯纳

人生的价值不在于活得长短

人生如同故事，重要的并不在有多长，而是在有多好。

——[古罗马哲学家、悲剧作家] 塞涅卡

衡量人生的标准是看其是否有意义，而不是看其有多长。

——[古罗马史学家] 普鲁塔克

一个尝试错误的人生，不但比无所事事的人生更荣耀，并且更有意义。

——[英国作家] 萧伯纳

人生最终的价值在于觉醒和思考的能力，而不只在于生存。

——[古希腊哲学家] 亚里士多德

你若要喜爱自己的价值，你就得给世界创造价值。

——[德国诗人] 歌德

一个人的意义不在于他的成就，而在于他所企求成就的东西。

——[黎巴嫩作家] 纪伯伦

人生的价值，并不是用时间，而是用深度去衡量的。

——[俄国作家] 列夫·托尔斯泰

生命的价值不在于时间的长短，而在于你如何利用它。

——[法国作家] 蒙田

我们的人生随我们花费多少努力而具有多少价值。

——[法国作家] 莫洛亚

真正的价值并不在人生的舞台上，而在我们扮演的角色中。

——[德国作家] 席勒

人生价值的大小是以人们对社会贡献的大小而制定。

——[中国革命家] 向警予

庸俗地活着就丧失了人生的价值

为自己寻求庸俗乏味的生活的人，才是真正可怜而渺小的。

——[德国物理学家] 约尔旦

如果没有任何目的，如果我们只是为了活而活着，那活着大可不必。

——[俄国作家] 列夫·托尔斯泰

人活一辈子都要建设人生，失掉建设的人生，没有不垮台的。

——[日本社会活动家] 池田大作

我之谓存在，并不是苟活；所谓温饱，并不是奢侈；所谓发展，也不是放纵。

——[中国作家] 鲁迅

有的人活着，他已经死了；有的人死了，他还活着。

——[中国诗人] 臧克家

等到自私的幸福变成了人生唯一的目标之后，人生就会变得没有目标。

——[法国作家] 罗曼·罗兰

她们把自己恋爱作为终极目标，有了爱人便什么都不要了，对社会作不了贡献，人生价值最少。

—— [中国革命家] 向警予

生活　没有目标而生活，犹如没有罗盘而航行

生活像是小说一样丰富多彩

生活，这是一切已知中第一本重要的书。

—— [法国作家] 罗曼·罗兰

与其说小说好像是生活，不如说生活就像是小说。

—— [法国作家] 乔治·桑

人的生活像广阔的海洋一样深，在它未经测量的深度中，保存着无数的奇迹。

—— [俄国文艺评论家] 别林斯基

生活只有在平淡无味的人看来才是空虚而平淡无味的。

—— [俄国哲学家] 车尔尼雪夫斯基

相信生活，它给人的教益比任何一本书籍都好。

—— [德国诗人] 歌德

向前跨一步，可能会发现一条意外的小路。生活如山路，向前跨一步，便可发现一条更好的路，使生活更充实，更有乐趣。

—— [日本电子之父] 松下幸之助

生活的艺术与理想的生活

最精美而又最难的艺术，是生活的艺术。

—— [美国文学批评家] 梅西

生活的伟大艺术不是在尽量享受，而是在其中尽量挖掘出东西来。

—— [法国作家] 纪德

生活好似演戏，成功与否不在情节有多长，而在演技有多好。

——[古罗马哲学家、悲剧作家]塞涅卡

生活着，就是爱。

—— [法国作家] 罗曼·罗兰

高尚的生活是受爱激励并由知识导引的生活……没有知识的爱与没有爱的知识，都不可能产生高尚的生活。

—— [英国哲学家] 罗素

真诚的朋友，良好的书本和沉睡的良心，这就是理想的生活。

—— [美国作家] 马克·吐温

爱生活本身甚于爱它的意义……

—— [俄国作家] 陀思妥耶夫斯基

生活的理想，就是为了理想的生活。

—— [中国政治家] 张闻天

一般说，在生活里，中间的道路总是最好的道路，但是在艺术里，在科学里，在思想活动的领域里，中间的道路除了默默无闻的死亡外，没有别的去处。

—— [乌克兰诗人] 谢甫琴科

生活中充满酸甜苦辣

生活是一粒苦药丸，外面不包糖衣，就没有人能将它吞下。

—— [英国作家] 塞缪尔·约翰生

生活的最大不足就是它永远不能十全十美。

——[古罗马哲学家、悲剧作家]塞涅卡

生活是一辆永无终点的公交车，你买票上车后，会遇见什么样的旅伴就很难说了。

——[美国作家] 爱默生

一个人正在过的生活不一定是他真正应该过的生活。

——[英国作家] 王尔德

我们并不是照希望那样生活，而是照可能那样生活。

——[古希腊新喜剧作家] 米南德

作为一个人，要不经历人世上的悲欢离合，不跟生活打过交道，就不能真正懂得人生的意义。

——[中国作家] 杨朔

要学会理智地生活

我们的生活一部分由愚蠢组成，一部分由智慧组成。

——[法国作家] 蒙田

理解生活意义的人显得年轻而长寿。

——[苏联生理学家] 巴甫洛夫

在对生活存着理智清醒的态度的情况下，人们就能够战胜他们过去认为不能解决的悲剧。

——[俄国哲学家] 车尔尼雪夫斯基

没有目标而生活，犹如没有罗盘而航行。

——[德国哲学家] 康德

人当然有一个生活目标，有自己喜爱的梦想，但人总是要显得自己不可缺少，而且为了在生命的旅程中不因错过一日路程而内疚，常常觉得有必要躺进野草中哼上一句诗，无忧无虑去享受现实生活的可爱之处。

——[德国作家] 海塞

有一些宝贵的东西作为它的目标时，生活才有价值。

——[德国哲学家] 黑格尔

不进行仔细考虑安排的生活，不值得一活。

——[古希腊哲学家] 柏拉图

有理想、充满社会利益的、具有明确目的的生活是世界上最美好和最有意义的生活。

——[苏联政治家] 加里宁

毫无理性、毫无道德地沉溺于享乐的人，他的生活毫无意义。

——[德国哲学家] 康德

生活最沉重的负担不是工作，而是无聊。

——[法国作家] 罗曼·罗兰

只有向后看才能理解生活，但在生活中你必须向前看。

——[丹麦哲学家] 克尔恺郭尔

生活的最重要的部分不是去生活而是对生活的思考。

——[美国经济学家] 刘易斯

生活得最有意义的人，并不就是年岁活得最大的人，而是对生活最有感受的人。

——[法国启蒙思想家] 卢梭

生活的道路一旦选定，就要勇敢地走到底，决不回头。

——[法国作家] 左拉

确定了人生目标的人，比那些彷徨失措的人，起步时便已领先几十步。有目标的生活，远比彷徨的生活幸福。没有人生目标的人，人生本身就是乏味无聊的。

——[美国教育家] 卡耐基夫人

人有了物质才能生存，有了理想才谈得上生活。你要了解生存与生活的不同吗？动物生存，而人则生活。

——[法国作家] 雨果

生活要瞄准两个目标：第一，得到你所想得到的；而后，享受你所得到的。唯有人类中的精英才达到第二个目标。

——[英国作家] 洛史密斯

一个人应当好好地安排生活，要使每一刻的时光都有意义。

——[俄国作家] 屠格涅夫

战胜生活中的磨难才是真正的强者

不要慨叹生活的痛苦！慨叹是弱者……

——[苏联作家] 高尔基

生活的情况越艰难，我越感到自己更坚强，甚而也更聪明。

——[苏联作家] 高尔基

清贫、洁白、朴素的生活，正是我们革命者能够战胜许多困难的地方！

——[中国革命家] 方志敏

人无论有多么艰辛，应该清清白白、正直地活着……生活中有艰辛，要在艰辛中活下去；生活中有孤独，要在孤独中活下去。

——[日本小说家] 井上靖

应该相信，自己是生活的战胜者。

——[法国作家] 雨果

每个人在他生活中都经历过不幸和痛苦。有些人在苦难中只想到自己，他就悲观、消极，发出绝望的哀号；有些人在苦难中还想到别人，想到集体，想到祖先和子孙，想到祖国和全人类，他就得到乐观和自信。

——[中国作曲家] 冼星海

不管一切如何，你仍然要平静和愉快。生活就是这样，我们对待生活要勇敢、无畏、含着笑容，不管一切如何。

——[德国革命家] 罗莎卢森堡

假如生活欺骗了你，不要忧郁，也不要愤慨！不顺心的时候暂且容忍：相信吧，快乐的日子就会到来。我们的心永远向前憧憬，尽管生活在阴沉的现在：一切都是暂时的，转瞬即逝，而那逝去的将变为可爱。

——[俄国诗人] 普希金

当一个人尝尽了生活的苦头，懂得了什么叫做生活的时候，他的神经就坚强起来……

——[法国作家] 巴尔扎克

世界上只有两种生活方式：腐烂和燃烧。胆小如鼠、贪得无厌之徒选择前者；见义勇为、慷慨无私之士选择后者。

——[苏联作家] 高尔基

我们不能控制生活，但是我们能够和它斗争。

——[英国小说家] 高尔斯华绥

一般地说，艰苦的生活一经变成了习惯，就会使愉快的感觉大为增加，而舒适的生活将会带来无限烦恼。

——[法国作家] 卢梭

太如意的生活便是平凡的生活，太容易获得的东西便不是贵重的东西。

——[中国作家] 茅盾

不是你战胜生活，就是生活将你压碎。

——[中国作家] 茅盾

在人生的道路上，谁都会遇到困难和挫折，就看你能不能战胜它。战胜了，你就是英雄，就是生活的强者。

——[中国作家] 张海迪

有所作为是生活中的最高境界

世界上只有两种生活方式：或靠自

己的勤劳,或靠别人的愚蠢。

—— [法国作家] 拉布吕耶尔

生活的全部意义在于无穷地探索尚未知道的东西,在于不断地增加更多的知识。

—— [法国作家] 左拉

不能使自己的生活成为他人生活的复制品,也不能使今天的生活成为昨天生活的复制品。

—— [中国作家] 陈祖芬

最先朝气蓬勃地投入新生活的人,他们的命运是令人羡慕的。

—— [德国思想家] 马克思

有所作为是生活中的最高境界。

—— [德国思想家] 恩格斯

人生最有趣味的事情,就是送旧迎新,因为人类最高的欲求是在时时创造新生活。

—— [中国革命家] 李大钊

生活是一种不断竞争和自我超越。不管你是什么身份、做什么工作,都需要全部的投入,千万不要存着一种"客串"的心理,得过且过地混日子,那是划不来的事。

—— [中国作家] 席幕蓉

一个人只有把他的才智、力量全部勤恳地用在工作上、事业上,并且做出成绩,这样的生活才有价值,才有意义。

—— [中国政治家] 吴玉章

生命 浪费生命是做人的最大悲剧

人的生命是一部历史

我们的生命虽然短暂而且渺小,但是伟大的一切都由人的手所创造。

—— [俄国作家] 屠格涅夫

聪明的人警告我说,生命只是荷叶上的一颗露珠。

—— [印度诗人] 泰戈尔

我们的生命像世界的协奏曲,由相异的因素组成,由各种各样的声调组成,美妙的和刺耳的,尖锐的和平展的,活泼的和庄严的。

—— [法国作家] 蒙田

所有人的生命都是一部历史。

—— [英国诗人、戏剧家] 莎士比亚

要真正体验生命,你必须站在生命之上!为此要学会向高处攀登!为

此要学会俯视下方!

—— [德国哲学家] 尼采

生命是一支越燃越亮的蜡烛,是一份来自上帝的礼物,是一笔留给后代的遗产。

—— [美国诗人] 惠特曼

生命,那是自然付给人类去雕琢的宝石。

—— [瑞典化学家] 诺贝尔

什么是生命?它并不是像冷酷的理智和我们的肉眼所见到的那个模样,而是我们幻想中的那个模样。生命的节奏是爱。

—— [法国作家] 罗曼·罗兰

生命是一个需要解决的疑团,是一个需要回答的问题,或者是一个需要探测的奥秘。总之,它是一个值得

追求的冒险。

——[法国政治家、军事家] 拿破仑

没有人生活在过去,也没有人生活在未来,现在是生命确实占有的唯一形态。

——[德国哲学家] 叔本华

生命是宝贵的

没有比生命更宝贵的东西,生命想象不到地短暂。

——[法国小说家] 杜伽尔

我们得到生命的时候附带有一个不可少的条件:我们应当勇敢地捍卫生命,直到最后一分钟。

——[英国作家] 狄更斯

浪费生命是做人的最大悲剧。

——[法国学者] 曼杰

生命的最大用处是将其用在某件能比生命更长久的事物上。

——[美国作家] 詹姆斯

凡是使生命扩大而又使心灵健全的一切便是善良的;凡是使生命缩减而又加以危害和压榨的一切便是坏的。

——[美国作家] 杰克·伦敦

每个人都被生命询问,而他只有用自己的生命才能回答此问题;只有以"负责"来答复生命。因此,"能够负责"是人类存在最重要的本质。

——[英国作家] 维克多·费兰支

生命是美好的,一切物质是美好的,智慧是美好的,爱是美好的!

——[法国小说家] 杜伽尔

生命是各种财宝中的最高之物,而最高之恶便是死。

——[德国诗人] 海涅

虽然生命神圣,但我拒绝为自己的生命而牺牲别人的生命。

——[法国作家] 罗曼·罗兰

要像对待生命的最后一天那样对待每一天。

——[古罗马政治家、雄辩家] 西塞罗

我在每一天里重新诞生,每天都是我新生命的开始。

——[法国作家] 左拉

生命的意义

知识、爱情和权力是完整的生命。

——[瑞士作家] 阿米埃尔

生命在闪光中见灿烂,在平凡中出真实。

——[法国作家] 法胡里

在坎坷的生命里,我们要有超越自我之感觉。

——[西班牙戏剧家] 贝纳文特

生命,如果跟时代的崇高的责任联系在一起,你就会感到它永垂不朽。

——[俄国哲学家] 车尔尼雪夫斯基

生命是无尽的享受,永远的快乐,强烈的陶醉。

——[法国雕塑家] 罗丹

人的生命就是不断地适应再适应。

——[英国诗人] 哈代

生命如铁砧,愈被敲打,愈能发出火花。

——[意大利科学家] 伽利略

生命是人的光。

——[俄国作家] 列夫·托尔斯泰

生命不等于是呼吸,生命是活动。

——[法国启蒙思想家] 卢梭

重要的不是永恒的生命,而是永恒的活力。

——[德国哲学家] 尼采

所谓生命,就是一种力量,它时刻都在征服周围的一切事物,弱肉强食,把其他东西的力量吸收为自己的力量，而且天衣无缝地高度统一起来。

——[日本诗人、小说家] 佐藤春夫

生命如流水，只有在它的急流奔向前去的时候，才美丽，才有意义。

——[中国政治家] 张闻天

做生命的主宰

当我活着，我要做生命的主宰，而不做它的奴隶。

——[美国诗人] 惠特曼

生命是真实的，生命是诚挚的，坟墓不是他的终点。

——[美国诗人] 朗费罗

只要有生命，就会有希望。

——[西班牙小说家] 塞万提斯

要真正体验生命，你必须站在生命之上。

——[德国哲学家] 尼采

只要你善于利用，生命就是长的。

——[古罗马哲学家、悲剧作家] 塞涅卡

了解生命真谛的人，可以使短促的生命延长。

——[古罗马政治家、雄辩家] 西塞罗

生命会给你所要的东西，只要你不断地向它要，只要你在要的时候讲得清楚。

——[美籍德国人、物理学家] 爱因斯坦

真正的圣者的信条是善用生命，充分地利用生命。

——[英国哲学家] 斯宾塞

生命属于社会

我们的生命是天赋的，我们唯有献出生命，才能得到生命。

——[印度诗人] 泰戈尔

我的生命属于整个社会，在我有生之年，尽我力所能及为整个社会工作，这就是我的特殊的荣幸。

——[英国作家] 萧伯纳

即使我们是一支蜡烛，也应该"蜡炬成灰泪始干"；即使我们只是一根火柴，也要在关键时刻有一次闪耀；即使我们死后尸骨都腐烂了，也要变成磷火在荒野中燃烧。

——[中国诗人] 艾青

人的生命是有限的，可是，为人民服务是无限的。我要把有限的生命，投入到无限的为人民服务之中去。

——[中国当代英雄人物] 雷锋

能将自己的生命寄托在他人的记忆中，生命仿佛就加长了一些。

——[法国启蒙思想家] 孟德斯鸠

生命是一支箭。因此，你必须知道瞄准什么目标和如何运弓然后把弓弦拉足，让箭飞射出去！

——[法国画家] 范戴克

生命的第一个行动是创造的行动。

——[法国作家] 罗曼·罗兰

生与死

生如夏花之绚烂，死如秋叶之静美

真正使人幸运的是"活得幸福"

何为生?生就是不断地把濒临死亡的威胁从自己身边抛开。

——[德国哲学家] 尼采

"生"的确是美丽的,乐"生"是人的本分。

——[中国作家]巴金

死亡并不困难,生存则是非常艰难的。

——[英国作家]萧伯纳

活着的士兵,要远比死了的皇帝更有价值。

——[法国政治家、军事家]拿破仑

我们依靠羡慕、希望和爱活着。

——[英国诗人]华兹华斯

真正使人幸运的,是"活得幸福",而不是"死得痛快"。

——[法国作家]蒙田

死亡是人生的正常归宿

死亡是那些自由不能解救的人的解脱者;是药物不能医的病人的医师;是时间不能释怀的人的慰藉。

——[阿根廷作家]科尔顿

死亡是造物者为人类安排的一种自然的、需要的和普遍的灾害。

——[英国作家]斯威夫特

死亡的恐怖是浪漫主义的,死亡的平静则是古典主义的。

——[日本哲学家]三木清

人恐惧死亡,那是因为爱惜生存的缘故。

——[俄国作家]陀思妥耶夫斯基

一切关于死的苦闷,对于强者无疑是猛烈的鞭挞,把求生的力量刺激得更活泼了。

——[法国作家]罗曼·罗兰

死,使善者坚强,使智者认识生,教他如何行动。死使智者和善者永生。

——[德国诗人]歌德

死亡和老人的距离并不比和婴儿的距离更近,生命也是如此。

——[黎巴嫩作家]纪伯伦

肉体的死亡并无所谓,惧怕的是灵魂的死亡。

——[日本小说家]德富芦花

死是痛苦的,但还有比死更痛苦的是等死。

——[俄国作家]彼德

有三样东西是永远沉默的:思想、命运和坟墓。

——[英国作家]布尔沃·利顿

死亡不可怕,垂死才可怕。

——[英国作家]菲尔丁

人生就是一步步地走向死亡。

——[法国剧作家]高乃依

最最幸福的人生莫过于实现了自己的雄心之后,平静地死去。

——[法国作家]莫洛亚

死是我们必须偿付的一笔借款。

——[古希腊悲剧家]欧里庇得斯

死亡是我们的朋友,不能取悦于他的人,永远得不到安逸。

——[英国哲学家]培根

死亡是不择善恶的,它是路人均可歇脚的客栈。

——[英国哲学家]斯宾塞

死亡是伟大的平等,也是伟大的自由。

——[法国作家]雨果

当你解答了生命的一切奥秘,你就渴望死亡,因为它不过是生命的另一个奥秘。生和死是勇敢的两种最高贵的表现。

——[黎巴嫩作家]纪伯伦

生与死是一种相互对应的关系

生由死而来。麦子为了萌芽,它

的种子必须要死了才行。

——[印度政治家]甘地

出生是最明确的一场旅行。死亡难道不是另一场出发?

——[中国作家]三毛

在还没死亡以前，就不能算作完全诞生。

——[美国政治家、科学家]富兰克林

生与死是无法抗拒的，我们只能享受二者之间的一段时光。死亡的黑暗帷幕将衬托出生命的光彩。

——[美国哲学家]桑塔亚那

生使一切人站在一条水平线上，死使卓越的人露出头角来。

——[英国作家]萧伯纳

播种的人撒下了种子，看到农夫在收获，会兴起类似的想法:"生"是耕作,"死"是其归宿的收获。

——[美国诗人]惠特曼

生命是刹那间的事实，而死亡则是永久的事实。

——[日本剧作家]长谷川

所谓生死，不了断亦自然了断，我们是无能为力的。我们来到这个世界，并未经我们同意，我们离开这个世界，也将不经我们同意。我们是被动的。

——[中国学者]梁实秋

生而死，死而生，如草木之花，开开谢谢，才有理趣。

——[中国评论家]钱泳

死不是死者的不幸，而是生者的不幸。

——[古希腊哲学家]伊壁鸠鲁

生得其名,死得其所

生如夏花之绚烂,死如秋叶之静美。

——[印度诗人]泰戈尔

人生只有一生一死，要生得有意义,死得有价值。

——[中国革命家]邓中夏

生当做人杰，死亦为鬼雄。

——[中国古代诗人]李清照

我希望世界在我去世的时候要比我出生的时候更美好。

——[英国作家]萧伯纳

为着追求光和热，人宁愿舍弃自己的生命。生命是可爱的。但寒冷的、寂寞的生，却不如轰轰烈烈的死。

——[中国作家]巴金

死得伟大的人没有失败。

——[英国诗人]拜伦

人固有一死，或重于泰山，或轻于鸿毛。

——[中国古代文学家、史学家]司马迁

人生自古谁无死，留取丹心照汗青。

——[中国古代名将]文天祥

我们活着不能与草木同腐，不能醉生梦死,枉度人生,要有所作为!

——[中国革命家]方志敏

死不是难事，最难的是把生活重新建起。

——[苏联诗人]马雅可夫斯基

毫不畏惧地去死，就是死得其所。

——[古罗马哲学家、悲剧作家]塞涅卡

生,我所欲也;义,亦我所欲也。二者不可得兼,舍生而取义者也。

——[中国古代思想家]孟子

生于忧患，死于安乐。

——[中国思想家]孟子

与其苟且偷生,毋宁英勇战死。

——[意大利小说家]乔万尼奥里

让死者有那不朽的名，但让生者

19

有那不朽的爱。

——[印度诗人] 泰戈尔

不知道怎样生活的人，应当把死当成好事。

——[英国作家] 萧伯纳

有的人活着，他已经死了；有的人死了，他还活着。

——[中国诗人] 臧克家

视死若生者，烈士之勇也。

——[中国古代思想家] 庄子

懦夫生死皆可悲

懦夫一生数死，丈夫只死一遭。

——[英国诗人、戏剧家] 莎士比亚

懦夫失去了自己生命更多的东西。他虽生犹死，因为他被集体所抛弃。

——[捷克斯洛伐克作家] 伏契克

以死来鄙薄自己，出卖自己，否定自己

的信仰，是世间最大的刑罚，最大的罪过。

——[法国作家] 罗曼·罗兰

有人可能一百岁时走向坟墓，但是他可能生下来就已经死亡。

——[法国启蒙思想家] 卢梭

为了惧怕可能发生的祸患而结束了自己的生命，是一件懦弱卑劣的行为。

——[英国诗人、戏剧家] 莎士比亚

自杀乃是一种罪过，是疯狂、愚蠢、可悲的行为。

——[古罗马诗人] 奥维德

既不能杀别人，也不能杀自己，因为杀自己仍然是杀人。

——[古罗马思想家] 奥古斯丁

凡自杀的人都是心灵薄弱的人，都是完全为违反他们本性的外界原因所征服的人。

——[荷兰哲学家] 斯宾诺莎

命运　自知者不怨人，知命者不怨天

什么是命运

命运就是对一个人的才能考验的偶然。

——[法国政治家] 蓬皮杜

走在平坦的道路上，也难免有绊倒的时候。人的命运亦如此。因为，除了神以外，谁都不知道真实为何物。

——[俄国作家] 契诃夫

命运是一个乔装打扮的人物。没有比这张脸更会欺骗人的了。

——[法国作家] 雨果

向命运大声叫骂又有什么用？命

运是个聋子。

——[古希腊悲剧家] 欧里庇得斯

命运是一件很不可思议的东西。虽人各有志，但往往在实现理想时，会遭遇到许多困难，反而会使自己走向与志趣相反的路，而一举成功。

——[日本电子之父] 松下幸之助

愿意的人，由命运领着走；不愿意的人，被命运拖着走。

——[古罗马哲学家、悲剧作家] 塞涅卡

命运有点女人的气质，你越向她求爱，她越远离你。

——[罗马帝国皇帝] 查理斯五世

命运像玻璃，越明亮，越闪亮，越容易破碎。

——[古罗马诗人] 贺拉斯

命运，是暴君作恶的权力，也是傻瓜失败的借口。

——[美国作家] 安·比尔斯

命运永远走它自己的路途。

——[英国政治家] 丘吉尔

运气改变我们身上某些理智改正不了的缺点。

——[法国作家] 拉罗什富科

人生的命运是多么难以捉摸！它可以被几小时内发生的事情毁灭，也可以因几小时内发生的事情而得到拯救。

——[英国作家] 欧文·斯通

命运并不是中国人的事前指导，乃是事后的一种不费心思的解释。

——[中国作家] 鲁迅

命运是一个瞎眼的、喜怒无常的养娘，她对她所抚养的孩子常常是毫无选择地随意慷慨施恩。

——[英国作家] 塞缪尔·巴特勒

命运女神不仅自己盲目，而且还使自己所偏爱的人也变得盲目。

——[古罗马政治家、雄辩家]西塞罗

与命运争吵的人，永远无法了解自己。

——[美国诗人] 惠特曼

命运对生者具有至高无上的权力，但对知道如何去死的人却无能为力。

——[古罗马哲学家、悲剧作家]塞涅卡

宿命论是违反科学的

所有成功的人都承认自己是因果论者，他们相信成功不是由于命运，而是由于定律；相信在结合开始与终结的一件事的连贯中并没有一个脆弱的破裂的环节。

——[美国作家] 爱默生

命运，不过是失败者无聊的自慰，不过是怯懦者的解嘲。人们的前途只能靠自己的意志、自己的努力来决定。

——[中国作家] 茅盾

好运与厄运在我看来是两种统治力量。以为人类智慧能够扮演命运女神的角色未免愚蠢。

——[法国作家] 蒙田

命运与气节

在命运的颠沛中，最容易看出一个人的气节。

——[英国诗人、戏剧家] 莎士比亚

命运往往是严酷的，它能够使一个意志坚强的人产生动摇和颓唐，甚至也能促使一个人在精神上完全跨掉。但是，我坚信真理必胜。正是这种信念支撑着我经受住眼前的严峻考验。

——[德国革命家] 台尔曼

命运压不垮一个人，只会使人坚强起来。

——[德国小说家] 伯尔

如果有工作要做，就应该立刻做好，如果交运时你发现自己毫无准备，就不该埋怨命运女神，却应当埋怨你自己。

——[俄国作家] 克雷洛夫

自知者不怨人，知命者不怨天。

——[中国古代思想家] 荀子

幸运

真正的幸运在等待着有资格享受的人

幸运的到来

幸运到来之时犹如收获之日，庄稼成熟了就要抓紧收割。

——[德国诗人] 歌德

一个人幸运的造成，主要在于他自己。

——[英国哲学家] 培根

一个人若具备许多细小的优良素质，最终便可能带来幸运的机会。

——[英国哲学家] 培根

炫耀于外表的才干徒然令人赞羡，而深藏未露的才干则能带来幸运。

——[英国哲学家] 培根

没有任何东西比在幸运时的人更难驾驭，也没有任何东西比命运造成的谦恭、自卑的人更加驯服。

——[古罗马史学家] 普鲁塔克

幸运常存在于甜蜜的苦恼之中。

——[英国作家] 乔叟

真正的幸运在等待着有资格享受的人。

——[古罗马诗人] 斯塔提乌斯

幸运的人得到了人生的一半，不幸的人得到了人生的全部。

——[美国小说家] 福克纳

对于幸运者来说，一生都是短暂的；对于不幸者来说，一夜都是漫长的。

——[古希腊哲学家] 卢奇安

世间有一种令人不相信的幸运，它的到来，有如晴天霹雳足以炸毁一切。

——[法国作家] 巴尔扎克

意外的幸运会使人冒失、狂妄，然而经过磨炼的幸运却使人成为伟器。

——[英国哲学家] 培根

承受厄运需要美德，承受幸运需要更高的美德。

——[法国作家] 拉罗什富科

抓住幸运的机遇

当幸运出现时，就要在前头用确定的手抓住它，因为在幸运背后是光秃秃一片。

——[意大利画家] 达·芬奇

幸运与不幸像一把小刀，抓它的刃使我们受伤，抓它的柄使我们受益。

——[美国诗人] 洛威尔

幸运的机会好像银河，它们作为个体是不显眼的，但作为整体却光辉灿烂。

——[英国哲学家] 培根

没有人能抓住幸运不放，并永久地保持下去。

——[古希腊悲剧家] 欧里庇得斯

幸运的反面

幸运的人们很少纠正自己，当运气使他们的错误也带来成功时，他们总是相信自己的行为是合理的。

——[法国作家] 拉罗什富科

幸运并非没有许多的恐惧与烦恼；厄运也并非没有许多的安慰与希望。

——[英国哲学家] 培根

人生的道路是不平坦的。最幸运

者可能成为最不幸的人。

——[古希腊哲学家] 亚里士多德

有时候，一个人的愚蠢恰是另一个人的幸运，一方的错误恰好促成了另一方的机会。

——[英国哲学家] 培根

幸运会抬高小人，给他们伟大和高贵的样子，好像他们从高处俯瞰世界；但是真正高贵和坚定的人提高着自己，在灾难和不幸时更加杰出。

——[古罗马史学家] 普鲁塔克

幸运，直到失去它之前，还未被认识。

——[西班牙小说家] 塞万提斯

恭候运气的人连一餐饭也不能保证。

——[美国政治家、科学家] 富兰克林

仅以毫厘之差而失去的幸运似乎是命运女神加于人的侮辱。

——[英国小说家] 菲尔丁

正像一个年轻的老婆不愿意搂抱那年老的丈夫一样，幸运女神也不搂抱那迟疑不决、懒惰、相信命运的懦夫。

——[印度诗人] 泰戈尔

厄运与不幸

在厄运中满怀希望，在好运中不忘忧虑

厄运是性格的试金石

厄运是一个深不可测的宝藏。

——[法国作家] 巴尔扎克

有时一个人受到厄运的可怕打击（不管这厄运是来自公众或者个人），倒可能是件好事。

——[德国诗人] 歌德

厄运往往能使天才奋发。

——[古罗马诗人] 奥维德

厄运不就是性格的试金石吗？

——[法国作家] 巴尔扎克

在厄运中，往往有好转的最大机遇。

——[古希腊悲剧家] 欧里庇得斯

不为幸运所欺骗的人，也一定不会为厄运所压倒。

——[英国诗人、剧作家] 本·琼森

奇迹多是在厄运中出现的。

——[英国哲学家] 培根

你应该用这样的思想宽解你的厄运，什么都比不上厄运更能磨炼人的德性。

——[英国诗人、戏剧家] 莎士比亚

幸运所需要的美德是节制，而厄运所需要的美德是坚忍，后者比前者更为难能可贵。

——[英国哲学家] 培根

好的运气令人羡慕，而战胜厄运则更令人惊叹。

——[古罗马哲学家、悲剧作家] 塞涅卡

幸运最能发现罪恶；厄运最能发现美德。

——[英国哲学家] 培根

最美好的品德也正是在厄运中被显示的。

——[英国哲学家] 培根

以勇敢的胸膛面对厄运。

——[古罗马诗人] 贺拉斯

伟大的心胸，应该表现出这样的气概：用笑脸来迎接悲惨的厄运，用百倍的勇气来应付开始的不幸。

——[中国作家]鲁迅

在厄运中满怀希望，在好运中不忘忧虑。

——[古罗马诗人]贺拉斯

趁暮年还很遥远，我们还年轻的时候，我们要珍惜时光；因为厄运会在我们还未觉察时，来到我们身旁。

——[英国诗人]赫里克

在厄运中勇敢坚定是堂堂男子，在厄运中达观明智是战胜命运的前提。

——[印度作家]雷普利尔

不幸是一所最好的大学

命运常在给你带来幸福的同时，给你带来不幸。

——[英国词典编辑家]富勒

幸运只会叩响你的门一次，但不幸却有着更多的耐心。

——[英国作家]斯威夫特

不幸的人往往如此，他珍惜生命，却看见地狱就在他的背后。

——[法国作家]雨果

不幸，是一种永远不会错过的运气。

——[美国作家]安·比尔斯

"不幸"的另一个原因是，在危险未曾临到时先自害怕，先自想象危险的境况。

——[法国作家]莫洛亚

凡过于把幸运之事归功于自己的聪明和智谋的人多半结局是很不幸的。

——[英国哲学家]培根

抛开自己的本行，去做不相宜的事情，自然会遭到不幸。

——[古希腊寓言作家]伊索

在所有的不幸中，已经过去的幸福是最不幸的。

——[古罗马哲学家]波伊提乌斯

一个无人使他喜爱的人比一个无人喜爱他的人更为不幸。

——[法国作家]拉罗什富科

没有谁比从未遇到过不幸的人更加不幸，因为他从未有机会检验自己的能力。

——[古罗马哲学家、悲剧作家]塞涅卡

一个人不幸的程度，是和他自己的想象一致的。

——[古罗马哲学家、悲剧作家]塞涅卡

不幸的人会以别人的更大不幸来安慰自己。

——[古希腊寓言作家]伊索

不要为突如其来的不幸而苦恼。因为不是与生俱来的东西，留也留不住。

——[古希腊寓言作家]伊索

一切不幸都是神秘难解的，而且独自想着时会觉得它是最大不幸；和别人谈谈，它似乎就比较让人能忍受了。因为交谈之后我们变得完全熟悉那些所畏惧的事，而觉得好像克服了它。

——[德国作曲家]贝多芬

说出自己的不幸，痛苦便会减轻。

——[法国剧作家]高乃依

不幸，是天才的进身之阶、信徒的洗礼之水、能人的无价之宝、弱者的无底之渊。

——[法国作家]巴尔扎克

不幸，是一所最好的大学。

——[俄国文艺评论家]别林斯基

世界上没有什么比不幸更完整的了。

——[法国作家]巴尔扎克

不幸可以提供意想不到的可能，使人认识生活。

——[德国小说家]亨利·希曼

把握命运

征服命运的常常是那些不甘等待机会恩赐的人

人是命运的主人

人的命运就操纵在人的手里。

——[法国文学家、哲学家] 萨特

人,是他命运的主人。

——[英国诗人] 丁尼生

我是我命运的主人,我是我心灵的主宰。

——[英国诗人] 赫里克

对于凌驾命运之上的人来说,信心是命运的主宰。

——[美国作家] 海伦·凯勒

征服命运的常常是那些不甘等待机会恩赐的人。

——[英国诗人] 阿诺德

你们认为我是命运之子:实际上,我却在创造着自己的命运。

——[美国作家] 爱默生

勇敢的人开凿自己的命运之路,每个人都是自己命运的开拓者。

——[西班牙小说家] 塞万提斯

征服命运,设计命运

所谓活着的人,就是不断挑战的人,不断攀登命运顶峰的人。

——[法国作家] 蒙田

我要扼住命运的咽喉,绝不让命运所压倒。

——[德国作曲家] 贝多芬

人人都是命运的设计师,设计着时间殿宇的四壁:有的用他们伟大的功绩,有的则是用华美的装饰。

——[美国诗人] 朗费罗

"忍"字当头,就可以征服一切命运。

——[英国哲学家] 培根

命运支配我们行为的一半,而把另一半委托给我们。

——[意大利政治思想家]马基雅弗利

像一支和顽强的崖口进行搏斗的狂奔的激流,你应该不顾一切纵身跳进你那陌生的、不可知的命运,然后,以无畏的英勇把它完全征服,不管有多少困难向你挑战。

——[印度诗人] 泰戈尔

宁可要人们各自决定自己的命运,也不要让自己的命运掌握在别人的手里。

——[英国散文家] 胡克

敢于冲撞命运的是天才。

——[法国作家] 雨果

命运并不存在于一小时的决定中,而是建筑在长时间的努力、考验和默默无闻的工作基础上。

——[法国作家] 罗曼·罗兰

在灰暗的日子中,不要让冷酷的命运窃喜;命运既然来凌辱我们,我们就应该用处之泰然的态度予以报复。

——[英国诗人、戏剧家] 莎士比亚

当命运递给我一个酸的柠檬时,让我们设法把它制造成甜的柠檬汁。

——[法国作家] 雨果

有勇气承担命运，这才是英雄好汉。

——[德国作家]黑塞

弱者坐待时机；强者制造时机。

——[波兰科学家]居里夫人

智慧和命运交锋时，如果智慧有敢作敢为的胆识，命运就没有机会动摇它。

——[英国诗人、戏剧家]莎士比亚

命运给予我们的不是失败之酒，而是机会之杯。

——[美国政治家]尼克松

命运并非机遇，而是一种选择；我们不该期待命运的安排，必须凭自己的努力创造命运。

——[英国诗人]布莱克

舆论跟我们的私见相较起来，它只是一个脆弱的暴君。因为一个人自己所想的，才是决定他的命运的东西。

——[美国经济学家]梭罗

2

理想与事业

今之成大事业大学问者，必经过三种境界："昨夜西风凋碧树，独上高楼，望尽天涯路"，此第一境也；"衣带渐宽终不悔，为伊消得人憔悴"，此第二境也；"众里寻她千百度，蓦然回首，那人却在灯火阑珊处"，此第三境也。

——[中国学者] 王国维

理想　生活的理想就是为了理想的生活

理想是指路灯

理想是指路明灯,没有理想,就没有坚定的方向,就没有生活。

——[俄国作家]列夫·托尔斯泰

我们应该在每个人的心里激起美好的理想,这种理想将成为每个人的指路明灯,成为召唤他们前进的灯火。

——[苏联教育家]苏霍姆林斯基

理想是人生的太阳。

——[美国作家]德莱塞

理想是世界的主宰。

——[美国作家]霍桑

没有理想,即没有某种美好的愿望,也就永远不会有美好的现实。

——[俄国作家]陀思妥耶夫斯基

没有理想,就达不到目的;没有勇气,就得不到东西。

——[俄国文艺评论家]别林斯基

你们的理想与热情,是你航行的灵魂的舵和帆。

——[黎巴嫩作家]纪伯伦

自古能成功成名的无一不是靠着理想和抱负,没有一个庸才能靠人事关系而名垂青史。

——[中国作家]罗兰

我们的生活就像旅行,思想是导游者,没有导游者,一切都会停止,目标会丧失,力量也会化为乌有。

——[德国诗人]歌德

当大自然剥夺了人类用四肢爬行的能力时,又给了他一根拐杖,这就是理想。

——[苏联作家]高尔基

一个人提到理想,必然充满感情;他会想到流露真心的那种缥缈美丽的梦境。

——[法国史学家]丹纳詹姆斯

生活好比旅行,理想是旅行的路线,失去了路线,只好停止前进。

——[法国作家]雨果

理想,你孤独而真实。

——[意大利诗人]卡尔杜齐

暂时的是现实,永生的是理想。

——[法国作家]罗曼·罗兰

生活的理想,就是为了理想的生活。

——[中国政治家]张闻天

让你的理想高于你的才干,你的今天有可能超过昨天,你的明天才有可能超过今天。

——[黎巴嫩作家]纪伯伦

每个人都有一定的理想,这种理想决定着他的努力和判断的方向。

——[美籍德国人、物理学家]爱因斯坦

要树立远大的理想

启发我并永远使我充满生活乐趣的理想是真、善、美。

——[美籍德国人、物理学家]爱因斯坦

凡配称为理想的事物,就必带有善美的本质。

——[英国作家]奥斯汀

我对于事业的抱负和理想,是以"真"为开始,"善"为历程,"美"为最终目标的。

——[古罗马政治家、雄辩家]西塞罗

一个志向高远的人，不仅要超越他的行为和判断，甚至也要超越公正本身。

——[德国哲学家]尼采

如果一个人的头上缺少一颗指路明星理想，那他的生活将会醉生梦死。

——[苏联教育家]苏霍姆林斯基

我从来不把安逸和快乐看做是生活目的本身这种伦理基础，我叫它猪栏的理想。

——[美籍德国人、物理学家]爱因斯坦

我宁可做人类中有梦想和有完成这梦想的愿望的、最渺小的人，而不愿做一个最伟大、无梦想、无愿望的人。

——[黎巴嫩作家]纪伯伦

理想要与现实结合

通往理想之路从来也不是轻松的。

——[苏联心理学家]彼得罗夫斯基

宣传最崇高的理想，倘若看不到通往这个理想的正确道路，也是无济于事的。

——[法国作家]巴比塞

美满的人生，是在使理想与现实两者切实吻合。

——[英国作家]劳伦斯

凡事以理想为因，实行为果。

——[中国作家]鲁迅

我们要有雄心壮志，但必须避免好高骛远。古语说得好："行远自迩，登高自卑。"

——[中国地质学家]李四光

伟大的理想只有经过忘我的斗争和牺牲才能胜利地实现。

——[意大利作家]乔万尼奥里

理想必须在现实中有其根源基础，否则只是空想。

——[中国哲学家]张岱年

理想使现实透明，美好的憧憬使生命充实，而人生也就有所寄托，使历史岁月延续于无穷。

——[中国作家]柯灵

要抒写自己梦想的人，反而更应该清醒。

——[法国诗人]瓦雷里

有理想的生活是火热的

理想能给天下不幸者以快乐。

——[苏联作家]高尔基

有理想的人，生活总是火热的。

——[苏联政治家]斯大林

一个人有了远大的理想，就是在最艰苦困难的时候，也会感到幸福。

——[中国教育家]徐特立

给罪人新生，理想是还魂的仙草；唤浪子回头，理想是慈爱的母亲。

——[中国作家]流沙河

理想失去了，青春之花也便凋零了，因为理想是青春的光和热。

——[法国作家]罗曼·罗兰

理想是一串跳荡的音符，奏响了我们心中青春的乐章；理想是心灵的阳光，点燃了我们胸膛里的火焰。

——[德国诗人]歌德

为理想的实现而生活，则生趣盎然。

——[英国作家]迪斯累里

一个人的理想越崇高，生活就越纯洁。

——[捷克斯洛伐克作家]伏契克

或许，正因为有了理想，生活才显得这样甜蜜；或许，正因为有了理想，生活才显得如此宝贵。

　　——[苏联作家]艾特玛托夫

没有理想的人生是暗淡的

　　生活中没有理想的人,是可怜的人。

　　——[俄国作家]屠格涅夫

　　我以为再没有比那些只顾自己鼻尖底下一点儿事情的人更可悲的了。

　　——[英国哲学家]罗素

　　个人向前瞻望的时候,如果看不到一点快乐的远景,他在世界上就不能活下去。

　　——[苏联教育家]马卡连柯

　　毫无理想而又优柔寡断是一种可悲心理。

　　——[英国哲学家]培根

　　使人年老的不是岁月,而是理想的失去。

　　——[匈牙利诗人]乌尔曼

　　人的活动如果没有理想的鼓舞,就会变得空虚而渺小。

　　——[俄国哲学家]车尔尼雪夫斯基

　　否定理想的人可能容易找到,不过,他是将卑鄙当做美好。

　　——[德国诗人]歌德

事业　传你不朽之名,非你之子孙,乃你事业也

事业使人生不朽

　　人的灵魂表现在他的事业上。

　　——[挪威戏剧家]易卜生

　　事业最要紧,名誉是空言。

　　——[德国诗人]歌德

　　在年轻人的颈项上,没有什么东西能比事业心这颗灿烂的珠宝更迷人的了。

　　——[伊朗诗人]哈菲兹

　　人,最理想的是从事永久不灭的事业,这也是生命对人类的要求。

　　——[日本作家]武者小路实笃

　　有许多人可以被人们所忘记,也有某些人尽管可以忘掉他们的名字,却不能忘怀他们的事业。

　　——[日本作家]武者小路实笃

　　人是要死的,谁也活不了几百岁,但是他的事业定会永垂不朽。

　　——[苏联作家]高尔基

　　伟大的业绩不灭,他们会像太阳和月亮升起那样永获新生,并祝福仰望它们的人。

　　——[英国诗人]丁尼生

　　传你不朽之名,非你之子孙,乃你事业也。

　　——[英国诗人]弥尔顿

　　我们一切事业都只趋向于两个目的,即为了自己生活的安乐和在众人之中受到尊重。

　　——[法国启蒙思想家]卢梭

　　应当以事业而不应当以寿数来衡量人的一生。

　　——[古罗马哲学家、悲剧作家]塞涅卡

　　为人类的幸福而劳动,这是多么壮丽的事业,这个目的有多么伟大!

　　——[法国空想社会主义者]圣西门

　　我们是骄傲还是谦卑,全取决于事业成败。

　　——[古罗马喜剧家]泰伦提乌斯

一个真正自尊的人所从事的应该是事业，而不是官衔。

——[俄国戏剧家] 冯维辛

聪明寓于事业之中，此外再没有什么别的聪明了。

——[苏联作家] 高尔基

要献身于美好的事业

人生在世，事业为重。一息尚存，决不松劲。

——[中国政治家] 吴玉章

不经历巨大的困难，就不会有伟大的事业。

——[法国启蒙思想家] 伏尔泰

对一个人来说，所期望的不是别的，而仅仅是他能全力以赴献身于一种美好事业。

——[美籍德国人、物理学家] 爱因斯坦

在美好的事业中失败胜过在邪恶的事业中成功。

——[英国作家] 克里斯蒂

成就事业要具备始终不渝的精神。

——[法国启蒙思想家] 伏尔泰

一个人只有以他全部的力量和精力致力于某一种事业时，才能成为一个真正的大师。

——[美籍德国人、物理学家] 爱因斯坦

凡献身于一切事业的人，就会从那里找到一个向导，一个支柱，一个仿佛能规定他胸内心跳的调整器。

——[法国小说家] 左拉

在内心构想并铭刻一幅自己事业取得成功的永久画像，牢牢握住这幅画像，决不让它褪色，并要努力地完成这幅画像。

——[英国戏剧家] 皮尔

我们永远不应该抛弃一个事业。如果它要二十、三十年，甚至一生或好几代的工夫，我们也献给它，一点也不吝惜。

——[法国小说家] 左拉

今之成大事业大学问者，必经过三种境界："昨夜西风凋碧树，独上高楼，望尽天涯路"，此第一境也；"衣带渐宽终不悔，为伊消得人憔悴"，此第二境也；"众里寻她千百度，蓦然回首，那人却在灯火阑珊处"，此第三境也。

——[中国学者] 王国维

以全部力量去推动事业

推动你的事业，不要让你的事业推动你。

——[美籍德国人、物理学家] 爱因斯坦

应该记住，我们的事业，需要的是手，而不是嘴。

——[中国科学家] 童第周

要是想认真完成一项必要的事业，为人既要灵活，又要有一副铁石心肠。

——[印度诗人] 泰戈尔

伟大的事业，要靠坚强的决心和强烈的愿望才能完成。

——[日本电子之父] 松下幸之助

人的思想是了不起的，只要专注于某一项事业，那就一定会做出使自己感到吃惊的成绩来。

——[美国作家] 马克·吐温

伟大的事业根源于坚韧不拔的工作，以全副的精神去从事，不避艰苦。

——[英国哲学家] 罗素

要成大事，就得既有理想，又讲实际，不能走极端。

——[美国政治家] 罗斯福

独辟蹊径才能创造出伟大的业绩,在街道上挤来挤去不会有作为。

——[英国诗人]布莱克

干一番轰轰烈烈的事业,必须具备清醒的头脑和热忱。

——[法国作家]大仲马

每种首创事业的成功,最要紧的还是所有当事人的基本训练。

——[俄国作家]马明西利比亚克

大事业要从小事做起

一切伟大的事业,或者是说一切大事,都是由小事组成的。

——[苏联作家]高尔基

有些人生来就是干大事的,尽管一开始他们微小得像海边的细沙。

——[挪威作家]汉姆生

伟人只在事业上惊天动地,他时常不声不响地深思熟虑。

——[俄国寓言作家]克雷洛夫

不会做小事的人,也做不出大事来。

——[俄国科学家]罗蒙诺索夫

要做一番伟大的事业,总得从青年时代开始。

——[德国诗人]歌德

一个不注意小事情的人,永远不会成就大事业。

——[美国教育家、作家]卡耐基

事业造就坚强的人

共同的事业,共同的斗争,可以使人们产生忍受一切的力量。

——[俄国剧作家]奥斯特洛夫斯基

人必须有一个无法放弃、无法搁下的事业,才能变得无比地坚强。

——[俄国哲学家]车尔尼雪夫斯基

天才是由于对事业的热爱而发展起来的,简直可以说,天才就其本质来论只不过是对事业、对工作过程的热爱而已。

——[苏联作家]高尔基

任何一个人只有在他成为高于自己的事业的一部分时,才真正是完美无缺的。

——[美国政治家]尼克松

一个人只有以他全部的力量和精神致力于某一事业时,才能成为一个真正的大师。

——[美籍德国人、物理学家]爱因斯坦

人的生活中,最能吸引人的力量,最能激发人经久不懈热情的是什么呢?那就是事业。

——[中国作家]冯定

正义的事业能够产生坚定的信念和巨大的力量。

——[英国词典编辑家]富勒

信仰　信仰是辉煌的光,照遍周围也引导着人自身

信仰是人生的动力

居于一切力量之首的,成为所有一切的源泉的是信仰。而要生活下去就必须有信仰。

——[法国作家]罗曼·罗兰

信仰是精神上的能力；动物是没有信仰的，野蛮人和没有开化的人有的是恐怖和疑惑。只有高度发达的生物才能有信仰。

——[俄国作家] 契诃夫

信仰是人类认识自己智慧的力量的结果。

——[苏联作家] 高尔基

信仰是人生的动力。

——[俄国作家] 列夫·托尔斯泰

我相信，信仰是我们一切思想的先进者，否定信仰，即等于反对我们一切创造力的精神源泉。

——[美国喜剧艺术家] 卓别林

信仰是辉煌的光，照遍周围也引导着人自身。

——[法国物理学家] 帕斯卡

信仰就是一种感情，这种感情的力量，就同其他各种感情一样，恰好同激动的程度成正比。

——[英国诗人] 雪莱

信仰不是逢场作戏，不是作为形式上的信仰，而是生平一贯地作为精神支柱的信仰。

——[日本社会活动家] 池田大作

信仰在于心连心地拥抱世界，在于不能感觉的灰尘。

——[法国作家] 罗曼·罗兰

信仰存在于人生之中。对于依靠人的力量解决不了的某种力量、规律和现象产生敬畏之感，便是它的出发点。

——[日本社会活动家] 池田大作

信仰坚定的人是一刻也不会迷失方向的，他的灵魂将冲破炼狱的烈焰，直奔天堂极乐世界。

——[挪威作家] 温塞特

如果一个人有足够的信念，那么他就能创造奇迹。

——[挪威作家] 温塞特

智慧是做事用的，对于灵魂来说，靠的是信仰。

——[苏联作家] 高尔基

人不能没有信仰

我觉得人都应当有信仰，或者都应当去追求信仰，不然，他的生活就空洞了。

——[俄国作家] 契诃夫

在现实中，没有信仰的人就会变得没有生机，没有希望，内心深处焦虑不安。

——[美国哲学家、心理学家] 弗洛姆

一个人的活动，如果不是被高尚的思想所鼓舞，那它是无益的、渺小的。

——[俄国哲学家] 车尔尼雪夫斯基

您不能失去信仰，不能因为怀疑而毁灭那伟大的爱。

——[苏联作家] 高尔基

信仰与迷信

信仰犹如爱慕，它不能被强制。任何强制的爱，都必会变成恨。因而，那种强制信仰的企图，其结果首先是真正的不信仰。

——[德国哲学家] 叔本华

请您留意，那些最迷信的时代总是穷凶极恶的罪行最多的时代。

——[法国启蒙思想家] 伏尔泰

人是一种好轻信的动物，他必须信仰某种东西；在缺乏好的信仰基础时，他宁可满足于坏的信仰。

——[英国哲学家] 罗素

信仰，狂热的信仰，一旦和可爱的谬误紧密结合，便会顽固到底。

——[英国哲学家] 托穆尔

信念

最坚强的意志，产生于最坚强的信念和对新生活的向往

信念虽非直接只向我们行为之较少部分负责，但它们所负责的行动是最为重要的，而且大半决定了我们的生活之普遍结构。

——[英国哲学家] 罗素

如果把人生比之为杠杆，信念刚好像是它的"支点"，具备这个恰当的支点，才可能成为一个强而有力的人。

——[中国政治家] 薄一波

最坚强的意志，产生于最坚强的信念和对新生活的向往。

——[中国作家] 柯蓝

人的强烈愿望一旦产生，就很快会转变成信念。

——[英国数学家、经济学家] 杨格

在荆棘道路上，唯有信念和忍耐才能开辟出康庄大道。

——[日本电子之父] 松下幸之助

由百折不挠的信念所支持的人的意志，比那些似乎是无敌的物质力量具有更大的威力。

——[美籍德国人、物理学家] 爱因斯坦

人，只要有一种信念，有所追求，什么艰苦都能忍受，什么环境也都能适应。

——[中国作家] 丁玲

勇敢和必胜的信念常使战斗得以胜利结束。

——[德国思想家] 恩格斯

信念是鸟，它在黎明仍然黑暗之际，感觉到了光明，唱出了歌。

——[印度作家] 泰戈尔

信念只有在积极的行动之中才能够生，才能得到加强和磨砺。

——[苏联教育家] 苏霍姆林斯基

人家的窃窃私语与你何干?走自己的路让人家去说长道短！要像一座卓立的塔，决不因为暴风而倾斜。

——[意大利诗人] 但丁

每人都有足够的余力去实现自己的信念。

——[德国诗人] 歌德

最可怕的敌人，就是没有坚强的信念。

——[法国作家] 罗曼·罗兰

信念最好能由经验和明确的思想来支持。

——[美籍德国人、物理学家] 爱因斯坦

如果信念的热力不能使心灵感到温暖，那就谈不上什么幸福。

——[俄国作家] 冈察洛夫

不要害怕生活，坚信生活的确值得去生活，那么你的信念就会有助于创造这个事实。

——[美国心理学家] 威廉·詹姆斯

宁无知，勿有错;没有信念的人比有错误信念的人更接近真理。

——[美国思想家] 杰弗逊

没有任何东西可以削弱或摧毁我心中美好的信念。

——[英国诗人] 哈代

喷泉的高度不会超过它的源头;一个人的事业也是这样，他的成就决不会超过自己的信念。

——[美国政治家] 林肯

希望

希望是生命的源泉，失去它生命就会枯萎

希望在任何情况中都是必需的

一件事情如果使人高兴，则我们在想到自己将来能惬意地享受它时，心中便产生了一种快乐，这就是所谓的希望。

——[英国哲学家]洛克

希望本身是一种幸福，也许是这个世界给予的主要幸福。

——[英国作家]塞缪尔·约翰生

人最宝贵的财富是希望。如果只着眼于当前，我们就不会去播种。

——[法国启蒙思想家]伏尔泰

希望在任何情况中都是必需的，如果没有希望的安慰，贫困、疾病、囚禁的悲惨境遇就会不能忍受。

——[美国政治家]约翰逊

没有希望的地方，就没有奋斗。

——[英国作家]塞缪尔·约翰生

一切的和谐与平衡，健康与健美，成功与幸福，都是由乐观与希望的向上心理产生与造成的。

——[美国政治家]华盛顿

希望是人类第二个生命，悲观是人类活受的死刑！

——[中国近代启蒙思想家]梁启超

希望是不幸者的第二灵魂。

——[德国诗人]歌德

希望在任何时候都是一种支撑生命的安全力量。

——[英国诗人、戏剧家]莎士比亚

希望是为痛苦而吹奏的音乐。

——[英国诗人、戏剧家]莎士比亚

希望是生命的源泉，失去它生命就会枯萎。

——[美国政治家、科学家]富兰克林

人类所有的智慧可以归结为两个词：等待和希望。

——[法国作家]大仲马

希望是风雨之夜所现之晓霞。

——[德国诗人]歌德

希望是穷人的粮食。

——[英国哲学家]赫伯特

希望是人的阳光。

——[英国作家]斯迈尔斯

希望与生命常相伴随。

——[西班牙小说家]塞万提斯

人总得有希望。没有希望的心田，是寸草不生的荒地。

——[美国诗人]惠特曼

希望像太阳，当我们向它行进，我们负担的阴影便抛在身后去。

——[英国史学家]史密斯

希望是永远的喜悦，有如人类拥有的土地，是每年有收获、绝不会耗尽的确定财产。

——[英国发明家]史蒂文森

希望是引导人成功的信仰。如果没了希望，便一事无成。

——[美国作家]海伦·凯勒

对一切人们的疾苦，希望是唯一价廉而普遍的治疗方法；它是俘虏的自由，病人的健康，恋人的胜利，乞丐的财富。

——[美国作家]克鲁利

希望是生命的灵魂，心灵的灯塔，

成功的向导。

——[德国诗人] 歌德

灾难的忠实姐妹希望……她会唤起你们的勇气和欢乐。

——[俄国诗人] 普希金

如果没有永生的希望，即使过的是最幸福的一生，也只能称为可悲的一生。怀有希望的一生，即使过的是最不幸的一生，也算值得羡慕。

——[日本宗教家] 内村鉴三

希望是苦难的唯一药方。

——[英国诗人、戏剧家] 莎士比亚

希望是全人类共有的东西，即使是不名一文的乞丐也有。

——[古希腊哲学家] 泰勒斯

希望是本无所谓有，无所谓无的。这正如地上的路，其实地上本没有路，走的人多了，也便成了路。

——[中国作家] 鲁迅

人生包含两部分：一部分是过去，是一场梦；一部分是未来，是一个希望。

——[法国作家] 金斯利

希望里蕴藏着极大的力量

希望是恋人的手杖，带着它前行，可以对抗自觉绝望的思想。

——[英国诗人、戏剧家] 莎士比亚

一个最困苦、最微贱、最为命运所屈辱的人，只要还抱有希望，便可无所怨惧。

——[英国诗人、戏剧家] 莎士比亚

希望会使你年轻的，因为希望和青春乃是同胞兄弟。

——[英国诗人] 雪莱

希望永远在人的胸膛汹涌。人要经常感觉不是现在幸福，而是就要幸福了。

——[英国化学家] 波普

智者因希望而忍受人生的痛苦。

——[古希腊悲剧家] 欧里庇得斯

只要我们能把希望的大陆牢牢地装在心中，风浪就一定会被我们战胜。

——[意大利航海家] 哥伦布

希望是坚强的勇气，是新生的意志。

——[美国社会活动家] 马丁·路德·金

希望里蕴藏着极大的力量，使我们的志向和幻想成为事实。

——[英国诗人] 弥尔顿

希望是坚韧的拐杖，忍耐是旅行袋，携带它们，人可以登上永恒之旅。

——[英国哲学家] 罗素

在希望与失望的决斗中，如果你用勇气与坚决的双手紧握着，胜利必属于希望。

——[意大利博物学家] 普里尼

希望是栖息于灵魂中的一种会飞翔的东西。

——[英国作家] 狄更斯

每人心中都应有两盏灯光，一盏是希望的灯光；一盏是勇气的灯光。有了这两盏灯光，我们就不怕海上的黑暗和风涛的险恶了。

——[中国作家] 罗兰

生活在前进。它之所以前进，是因为有希望在；没有了希望，绝望就会把生命毁掉。

——[俄国作家] 特罗耶波尔斯基

希望是热情之母，它孕育着荣誉，孕育着力量，孕育着生命。一句话，希望是世间万物的主宰。

——[印度作家] 普列姆昌德

强大的勇气，崭新的意志，这就是

37

希望。

——[美国社会活动家]马丁·路德·金

强烈的希望比任何一种已实现的快乐,对人生具有更大的激奋作用。

——[德国思想家]尼采

今天的希望可以成为明天的现实

希望如不是置身深渊的大海上,就绝不能展开其翅膀。

——[美国作家]爱默生

在人的幻想和成就中间有一段空间,只能靠希望来通过。

——[黎巴嫩作家]纪伯伦

很难说什么是办不到的事情,因为昨天的梦想,可以是今天的希望,并且还可以成为明天的现实。

——[美国作家]罗伯特

希望是附属于存在的,有存在,便有希望,便有光明。

——[中国作家]鲁迅

只有能够实现的希望才能产生爱,只有希望才能保持爱。

——[古罗马诗人]奥维德

在梦中播下再多种子,也得不到一丝丰收的喜讯;在田野上哪怕只播下一粒种子,也会有收获的希望。

——[法国作家]雨果

希望总是战胜困苦去实现的。

——[中国作家]柯蓝

在生活中应当抱有莫大的希望,并以热情和毅力来开拓自己的希望。

——[德国作家]雷马克

有时候,最荒唐和最轻率的希望会导致非凡的成功。

——[法国社会学家]沃夫纳格

希望永远与我们同在

只要太阳照耀,希望就会闪耀。

——[德国作家]席勒

不论前途如何,不管发生什么事情,我们都不失去希望,希望是一种美德。

——[法国作家]雨果

希望贯穿一切,临死也不会抛弃我们。

——[英国化学家]波普

希望是唯一所有的人都共同享有的好处;一无所有的人,仍拥有希望。

——[法国作家]塞利斯

当你的希望一个个落空,你也要坚定,要沉着!

——[美国诗人]朗费罗

希望是永远达不到的,人才有希望,追求希望。

——[美国政治家、科学家]富兰克林

许多人说他的生活已无希望,其实这只是骗人的话,只要他活在世界上一刻,希望便会跃动于他的心中。

——[美国天文学家]洛韦尔

追求一个愿望之后,又产生更多的愿望,永不厌足。我们就是这一种族的儿女。

——[日本文艺评论家]厨川白村

没有希望的人生不算人生

谁失去了希望,谁也就没有了恐惧。这就是"铤而走险"这个词的意义。

——[德国哲学家]叔本华

没有希望的人生不算人生,没有未来的人生最空虚。

——[日本社会活动家]池田大作

我们唯一的悲哀是生活于愿望之中而没有希望。

——[意大利诗人] 但丁

希望好像一个家庭，没有它，你会觉得生活乏味，有了它，你又觉得天天为它辛劳，是一种烦恼。

——[美国作家] 马克·吐温

最有把握的希望，往往结果终于失望；最少希望的事情，反会出人意外地成功。

——[英国诗人、戏剧家] 莎士比亚

人生活在希望之中。旧的希望实现了，或者泯灭了，新的希望的烈焰随之燃烧起来。

——[法国作家] 莫泊桑

希望与失望

希望的烦恼，尽管时常发生，但总是没有希望的破灭那么可怕。

——[美国政治家] 约翰逊

事之愚蠢莫过于把希望寄放在别人的身上。

——[德国神学家] 肯比斯

希望是很好的早餐，却是很糟的晚餐。

——[英国哲学家] 培根

当我们自以为达到了我们所希望的目标的时候，那恰恰是离我们的希望最远的时候。

——[德国诗人] 歌德

把希望建筑在意欲和心愿上面的人们，二十次中有十九次都会失望。

——[法国作家] 大仲马

一个希望的突然失落会留下一处伤痕，即使那希望最终实现，也决不能使它完全平复。

——[英国诗人] 哈代

目标

人必须像天上的星星，永远很清楚地看出一切希望和愿望的火光

目标的重要性

走得最慢的人，只要他不丧失目标，也比漫无目的的徘徊的人走得快。

——[德国文艺理论家] 莱辛

你的目标确定了，你的脚步也就轻快了。

——[法国哲学家] 哈伯特

在理想的最美好的世界中，一切都是为最美好的目的而设。

——[法国启蒙思想家] 伏尔泰

没有目的，就做不成任何事情；目的渺小就做不成任何大事。

——[法国启蒙思想家] 狄德罗

有一些宝贵的东西作为它的目标时，生活才有价值。

——[德国哲学家] 黑格尔

我们以人们的目的来判断人的活动，目的伟大，活动才可以说是伟大的。

——[俄国作家] 契诃夫

人必须像天上的星星，永远很清楚地看出一切希望和愿望的火光。

——[苏联作家] 高尔基

胸怀目标，无论达到与否，都能使

生活有意义。争取做个莎士比亚，其余的事听由命运决定。

——［英国诗人］勃朗宁

那些出类拔萃的人正是在生活的早期就清楚地辨明了自己的方向，并且始终如一地把他们的能力对准这一目标的人。

——［英国作家］布尔沃·利顿

一个人追求的目标越高，他的才能就发展得越快，对社会就越有益，我确信这也是一个真理。

——［苏联作家］高尔基

在狭隘的环境中使精神狭隘，人要有更大的目标才能大成。

——［德国作家］席勒

如果想成功，目标要愈大愈好，这么一来，在未达到目标前，就会严以律己，时时警惕自己不要懒散。

——［日本宗教家］吉本晴彦

目标的坚定性和具体化

向着某一天终于要达到的那个终极目标迈步还不够，还要把每一步骤看做目标，使它作为步骤而起作用。

——［德国诗人］歌德

向前看总是明智的，但要做到高瞻远瞩并非易事。

——［英国政治家］丘吉尔

必须把人生的最终目标放到社会运动中去。经济运动和政治运动只是为了达到社会运动这一目标的一种手段，否则就往往会酿成人生极大的错误。

——［日本学者］德田虎雄

确定目标，即意味着为了达到目标必然要把自己逼进艰难困苦的境地中去。

——［日本学者］德田虎雄

人有智慧，就是要达到他所企望的目标。

——［俄国作家］陀思妥耶夫斯基

只有向自己提出伟大的目标并以自己的全部力量为之奋斗的人，才是幸福的人。

——［苏联政治家］加里宁

一个人向着目标迈进的时候，应当笔直地朝前望的。

——［法国作家］罗曼·罗兰

“不耻最后。”即使慢，驰而不息，纵令落后，纵令失败，但一定可以达到他所向往的目标。

——［中国作家］鲁迅

要有生活目标：一辈子的目标，一年的目标，一个月的目标，一个星期的目标，一天的目标，一个小时的目标，一分钟的目标，还要为大目标而牺牲小目标。

——［俄国作家］列夫·托尔斯泰

如果你想射中靶心，你就必须瞄得稍稍高一些。

——［美国诗人］朗费罗

在瞄准遥远目标的同时，不要轻视近处的东西。

——［古希腊悲剧家］欧里庇得斯

对目标的追求要量力而行，要着眼于自己的努力，而不要一心只想结果。

——［美国精神病学家］阿里基夫

假如你打算继续学习，那么崇高的目标和高度的热情将最有助于你持之以恒，学有所成。

——［美国小说家］约翰·嘉德纳

每一点滴的进展都是缓慢而艰巨的，一个人一次只能着手解决一项有限的目标。

——［英国经济学家］贝弗里奇

坚持一贯的目标才是重要的。所以即使迟钝不聪,只要锲而不舍,也可能发挥相当的作用。

——[古罗马哲学家、悲剧作家]塞涅卡

没有目标的人是盲目的

没有一定的目标,智慧就会丧失;哪儿都是目标,哪儿就没有目标。

——[法国作家] 蒙田

对于一只盲目航行的船来说,所有的风都是逆风。

——[法国哲学家] 哈伯特

有人活着没有任何目标。他们在世间行走,就像河中的一棵小草,他们不是行走,而是随波逐流。

——[古罗马哲学家、悲剧作家]塞涅卡

只有那些永远躺在坑里、从不仰望高处的人,才会掉至坑里去。

——[德国哲学家] 黑格尔

如果一个人没有远大的目标,那么凡事只能停留在思考阶段,不想去行动。

——[日本学者] 德田虎雄

追求　为了得到我所追求的东西,我愿与猛兽搏斗

高尚的追求最可贵

人生的追求,情感的冲撞,进取的热情,可以隐匿却不可以贫乏,可以泻然却不可以清淡。

——[中国作家] 余秋雨

让整个一生都在追求中度过吧,那么在这一生中必定会有许许多多顶顶美好的时刻。

——[苏联作家] 高尔基

有不少人,他们不追求那些物质的东西,他们追求理想和真理,从而得到了内心的自由和安宁。

——[美籍德国人、物理学家]爱因斯坦

对真理的和知识的追求并为之奋斗,是人的最高品质之一。

——[美籍德国人、物理学家]爱因斯坦

只有不断地追求探索,永远不满足已取得的成绩的人,生活才是美好

的、有价值的。

——[苏联作家] 萨帕林娜

凡是以追求自己的幸福为目标的人,是坏的;凡是以博得别人的好评为目标的人,是脆弱的;凡是以使他人幸福为目标的人,是有德行的。

——[俄国作家] 列夫·托尔斯泰

追求是自我完善的过程

天地万物都在追求自身的独一无二的完美。

——[印度诗人] 泰戈尔

人致力于一个目标,一种观念……是人在生活过程中追求完整之需要的一种表现。

——[美国哲学家、心理学家]弗洛姆

追求是一个人进行自我教育的最初的动力,而没有自我教育就不能想

象会有完美的精神生活。

——[苏联教育家]苏霍姆林斯基

一个人追求的目标越高,他的能力就发展得越快,对社会就越有益。

——[苏联作家]高尔基

人类的使命在于自强不息地追求完美。

——[俄国作家]列夫·托尔斯泰

不屈不挠、不达目的誓不罢休

人生就是行动、斗争和发展,因而不可能有什么固定不变的目标,人生的欲望和追求决不会停止不动。

——[美国哲学家]弗兰克·梯利

只有不可知,不可得的,才有人去追求。

——[中国作家]朱自清

生命之箭一经射出就永不停止,永远追逐着那逃避它的目标。

——[法国作家]罗曼·罗兰

前途并不属于那些犹豫不决的人,而是属于那些一旦决定之后,就不屈不挠、不达目的誓不罢休的人。

——[法国作家]罗曼·罗兰

一个最高的目标,只要不渝地追求就会成为壮举;在它纯洁的目光里,一切美德必将胜利。

——[英国诗人]华兹华斯

我有手杖可以打击猛兽。为了得到我所追求的东西,我愿与猛兽搏斗。

——[中国作家]巴金

没有追求的人生是乏味的

没有追求的人很快就会消沉。哪怕只有不足挂齿的追求也总比没有要好。

——[英国作家]卡莱尔

没有追求的人生是十分乏味的。

——[英国诗人]乔治·爱略特

没有追求的人,必然是怠慢的。

——[美国投资专家]维纳德

人生就是行动斗争和发展。因而不可能有什么固定不变的目标,人生的欲望和追求决不会停止不动。

——[美国哲学家]弗兰克·梯利

追求庸俗的目标是
对个人价值的否定

人们努力追求的庸俗的目标:财产、虚荣、奢侈的生活,我总觉得都是可鄙的。

——[美籍德国人、物理学家]爱因斯坦

占有不能带来幸福,人只有在不断地追求中才会感到持久的幸福和满足。

——[中国作家]赵鑫珊

也许人就是这样,有的东西不知道欣赏,没有的东西又一味追求。

——[美国作家]海伦·凯勒

对精神的追求和对物质的追求都是无止境的。但是脱离了前者的后者,是虚空、堕落;脱离了后者的前者,是虚假、倒退。

——[中国作家]陈祖芬

物质上无止境的追求,其结果是对个人价值无止境的否定。

——[中国作家]罗兰

凡是追逐不依靠自身而依赖外界方能获得幸福的人,命运总是和他作对的。

——[法国作家]莫洛亚

人生追求永无止境

我求索我得不到的,我得到了我

42

不求索的。

——[印度诗人] 泰戈尔

对我来说，没有任可事实是神圣的，没有任何事实是污秽的；我只是进行实验，永无止境地追求。在我身后没有过去。

——[美国作家] 爱默生

生活中常有这种事情：来到跟前的往往轻易放过，远在天边的却又苦苦追求；占有它时感到平淡无味，失去它时方觉可贵。

——[中国地理学家] 丁谦

一个人只有在他还没有占据和拥有的领域内才会希望获得满足和实现，他决不会从他过多拥有的东西中得到乐趣。

——[瑞士心理学家] 荣格

追求得不到的东西是自寻烦恼

别意欲超乎你的能力以外的东西；意欲超过能力以外的人们有着一种恶劣的虚伪。

——[德国哲学家] 尼采

在这个完全有条件的世界上，去直接追求无条件的事物，没有比这更可悲的景象了。

——[德国诗人] 歌德

人们往往忽略在眼前的事物，而一味渴求远在天边的东西。

——[古罗马散文家] 小普林尼

人往往异想天开，竭力追求得不到的东西，干办不到的事。结果不是后悔，就是苦恼。

——[俄国讽刺作家] 谢德林

奋斗

人生之天职，即为奋斗；无奋斗力者，百无成就

奋斗才能成功

千淘万漉虽辛苦，吹尽狂沙始到金。

——[中国古代诗人] 刘禹锡

一个人必须经过一番刻苦奋斗，才会有所成就。

——[丹麦童话作家] 安徒生

不断地奋斗，就能走上成功之路。

——[中国政治家] 孙中山

要达到目的，与其作长久的忍耐，不如下异乎寻常的苦功容易些。

——[英国作家] 萧伯纳

只有经过长时间完成其发展的艰苦工作，并长期埋头沉浸于其中的任

务，方可望有所成就。

——[德国哲学家] 黑格尔

具有伟大的理想，出以坚定的信心，施以努力的奋斗，才有惊人的成就。

——[印度作家] 马尔顿

人在他的历史中表现不出他自己，他在历史中奋斗着露出头角。

——[印度诗人] 泰戈尔

世上无难事，只要肯登攀。

——[中国政治家、军事家] 毛泽东

想成为一名成功者，必须先做一名奋斗者。

——[德国作曲家] 舒曼

奋斗是万物之父。

——[中国教育家] 陶行知

人生之天职,即为奋斗;无奋斗力者,百无成就。

—— [中国作家] 茅盾

奋斗二字,愚常奉以为人生第一要义。无论何事,皆应奋斗。

—— [中国革命家] 赵世炎

努力奋斗是一种美德

对真理和知识的追求并为之奋斗,是人的最高品质之一。

——[美籍德国人、物理学家] 爱因斯坦

我们应当努力奋斗,有所作为。这样,我们就可以说,我们没有虚度年华,并有可能在时间的沙滩上留下我们的足迹。

—— [法国政治家、军事家] 拿破仑

在全力以赴的努力奋斗中,在人的心中会建立起坚定的信心和信念。

—— [日本学者] 德田虎雄

我们所尊敬的人,全都是这条道路上的奋斗者。我们不会尊敬那些懒惰者。

—— [日本作家] 武者小路实笃

人的行为最明显的特征,是人所表现出来的激情和奋斗的极端强烈性。

——[美国哲学家、心理学家] 弗洛姆

奋斗能使我们解脱自身的束缚,并使我们成为最优秀、最伟大的人物的同伴。

——[美籍德国人、物理学家] 爱因斯坦

用一只干净的手和一颗纯洁的心去战斗,用自己的生命发扬神圣的正义,这真是优美的事情。

—— [法国作家] 罗曼·罗兰

奋斗是真正的乐趣

真正的胜利所起的作用在于斗争,而不是平安无事地坐享其成;英勇的光荣之处在于奋战而非得胜。

—— [法国作家] 蒙田

每个成功的人所喜爱的: 竞争和自我表现的机会,证明自己的价值,超越、获胜的机会。

—— [美国教育家、作家] 卡耐基

我始终不愿抛弃我的奋斗生活,我极端重视由奋斗得来的经验,尤其是战胜困难后所得的愉快。

—— [美国发明家] 爱迪生

如果我们能够为我们所承认的伟大目标去奋斗,而不是一个狂热的、自私的肉体在不断地抱怨为什么这个世界不使自己愉快的话,那么这才是一种真正的乐趣。

—— [英国作家] 萧伯纳

与天奋斗,其乐无穷,与地奋斗,其乐无穷,与人奋斗,其乐无穷。

—— [中国政治家、军事家] 毛泽东

艰苦奋斗、自强不息

必须在奋斗中求生存,求发展。

—— [中国作家] 茅盾

想象你自己对困难做出的反应,不是逃避或绕开它们,而是面对它们,同它们打交道,以一种进取的和明智的方式同它们奋斗。

——[美国心理学家]马克斯威尔·马尔兹

凡是天生刚毅的人必有自强不息的能力,也就是生存的本能,挣扎图存的本能。

—— [法国作家] 罗曼·罗兰

生活好比橄榄球比赛,原则就是:奋力冲向底线。

—— [美国政治家] 罗斯福

我们最大的光荣,不在于一次也不

失败,而在于每次倒下都能够站起来。

——［英国作家］哥尔斯密

做了好事受到指责而仍坚持下去,这才是奋斗者的本色。

——［法国作家］巴尔扎克

斗争经常受挫折,受到痛苦的挫折,完全如触礁一般,然而斗争决不会停止,它会以眼泪、悔恨重新开始其真正不可征服的目的。

——［英国作家］卡莱尔

一往无前,愈挫愈奋。

——［中国政治家］孙中山

别人后退,我不退;别人前进,我更进。

——［意大利诗人］但丁

要想奋发,就得做出巨大而又迅速的努力。

——［法国启蒙思想家］卢梭

人是从苦难中滋长起来的,唯有乐观奋斗,才能不断茁壮,反之则易埋没,默默终生。

——［法国政治家、军事家］拿破仑

青年的文明,乃奋斗的文明。与境遇奋斗,与时代奋斗,与经验奋斗。

——［中国革命家］李大钊

责任　责任就是对自己要求去做的事情有一种爱

人要对自己的一切行为负责

责任并不是一种由外部强加在人身上的义务,而是我需要对我所关心的事情做出反应。

——［美国哲学家、心理学家］弗洛姆

人从他被投进这个世界的那一刻起,就要对自己的一切行为负责。

——［法国文学家、哲学家］萨特

责任就是对自己要求去做的事情有一种爱。

——［德国诗人］歌德

高尚、伟大的代价是负责任。

——［英国政治家］丘吉尔

做人就意味着尽责任。

——［法国作家］圣埃克·苏佩里

知责任,明责任,负责任。

——［中国教育家］陶行知

大自然只做它该做的事情,你则应尽你应尽的责任。

——［英国诗人］弥尔顿

责任心就是关心别人,关心整个社会。

——［科威特作家］穆尼尔纳素夫

男子汉的责任就是竭尽全力去做能够做到的事。

——［美国作家］爱默生

唯一真正的责任,就是走向你自己的潜力,走向你自己的聪明才智和觉知,然后按照这样来行动……

——［印度作家］奥修

在这个世界上,最渺小的人和最强大的人同样有一种责任。

——［法国作家］罗曼·罗兰

越受器重,责任越大。

——［古罗马政治家、雄辩家］西塞罗

有责任感的人可以创造奇迹

一个人只要真正爱人，就不可能失去责任感、怜悯心和谦虚谨慎的优良品质，爱的火焰会一直照亮他的心。

——[印度作家] 普列姆昌德

责任感常常会纠正人们的狭隘性。当我们徘徊于迷途的时候，它会成为可靠的向导。

——[印度作家] 普列姆昌德

人一旦受到责任感的驱使，就能创造出奇迹来。

——[美国政治家] 林肯

有了责任心，生活就有了真正的含义和灵魂。

——[科威特作家] 穆尼尔纳素夫

怜悯不幸的人，是爱的责任。

——[古罗马思想家] 奥古斯丁

人类应当努力减少痛苦与残忍，这是我们最重要的责任。

——[法国作家] 罗曼·罗兰

人生第一应尽的责任是要让人家觉得生活可爱。

——[法国作家] 罗曼·罗兰

不负责任的人是不折不扣的废物

有些人随责任感一起长大，有些人则靠吹牛长大。

——[俄国作家] 彼德

凡是公民，谁都不能逃避责任。

——[美国作家] 马克·吐温

履行职责会使我们幸福，违背职责会使我们不幸。

——[美国演说家] 韦伯斯特

不履行责任，不认真工作的人什么也不是，只能是懦夫，不折不扣的废物。

——[美国经济学家] 刘易斯

笨人在干他羞于干的事时，总声称在尽责任。

——[英国作家] 萧伯纳

行动　伟大的思想只有付诸行动才能成为壮举

行动是理想和现实之间的桥梁

要迎着晨光实干，不要面对晚霞幻想。

——[英国作家] 卡莱尔

现实是此岸，理想是彼岸，中间隔着湍急的河流，行动则是架在川上的桥梁。

——[俄国寓言作家] 克雷洛夫

天上不会掉下玫瑰来，如果想要更多的玫瑰，必须自己种植。

——[英国作家] 艾略特

与其咒骂黑暗，不如燃起一支明烛。

——[美国记者] 安娜·路易斯·斯特朗

临渊羡鱼不如退而结网。

——[中国古代史学家] 班固

如果什么也不做，则什么也不会发生；如果做了什么，便会生些什么。

——[俄国作家] 彼德

要是我们只限于梦想，那么谁来使生活变得美丽呢？

——[苏联作家] 高尔基

纸上得来终觉浅,绝知此事要躬行。

　　——[中国古代诗人] 陆游

若你已有承担一切后果的准备,就能去做世上的任何事情。

　　　——[英国作家] 毛姆

应该记住,我们的事业,需要的是手,而不是嘴。

　　　——[中国科学家] 童第周

道虽迩,不行不至;事虽小,不为不成。

　　　——[中国古代思想家] 荀子

莫嫌海角天涯远,但肯摇鞭有到时。

　　　——[中国古代诗人] 袁枚

没有行动,思想永远不能成熟而化为真理。

　　　——[美国作家] 爱默生

那种一味期待而从不行动的人们,是滋生瘟疫的温床。

　　　——[美国诗人] 布莱克

人生来就是为行动的,就像火光总向上腾,石头总往下落。对人来说,若无行动,也就等于他并不存在。

　　　——[法国作家] 伏尔泰

每个人都知道,把语言化为行动,比把行动化为语言困难得多。

　　　——[苏联作家] 高尔基

今日的行动将成为明天的先例。

　　　——[英国大法官] 赫歇尔

生活中最大的目的,并不是知识而是行动。

　　　——[英国博物学家] 赫胥黎

一步实际行动比一打纲领更重要。

　　　——[德国思想家] 马克思

没有行动,思想决不能成熟为真理。

　　　——[美国作家] 爱默生

行动吧,因为只有在行动中才能说明你是什么。

　　——[法国文学家、哲学家] 萨特

生存的真谛在于行动。

　　　——[德国数学家] 莱布尼茨

头脑中想着行动而不是信条,将有助于满足我们最大的需要。

　　　——[美国诗人] 朗费罗

我一向认为,只有把善付诸行动才称得上是美的。

　　　——[法国启蒙思想家] 卢梭

应当细心地观察,为的是理解;应当努力地理解,为的是行动。

　　　——[法国作家] 罗曼·罗兰

我们的行动是唯一能够反映出我们精神面貌的镜子。

　　　——[英国作家] 卡莱尔

行动决定兴废去留,在行动中,我们才有所扬弃。

　　　——[德国哲学家] 尼采

该做的事情就一定要付诸行动

只要你学会不去做你做不到的事,你就能获取你所需要的一切。

　　　——[美国作家] 哈伯德

做你所应做的事情,能有什么结果在其次。

　　　——[英国哲学家] 赫伯特

该做的事情一定要立刻行动,现在做,马上就做。在行动中去发现、去纠正、去完善。

　　——[美国成功学家] 拿破仑·希尔

垂大名于万世者,必先行之于纤微之事。

　　　——[中国古代文学家] 陆贾

做了自己能做的事的人是人;做

了自己想做的事的人是神。

——[法国政治家、军事家] 拿破仑

由于你不可能做到你所希望做到的一切，因此，你就应当做到你能够做到的一切。

——[古罗马喜剧家] 泰伦提乌斯

做事，不止是人家要我做才做，而是人家没要我做也争着去做。这样，才做得有趣味，也就会有收获。

——[中国政治家] 谢觉哉

在采取每一个行动时，我们必须看到过去、现在和将来的情况，看到它所影响到的其他人，还要看到这些事物之间的联系，然后我们就能谨慎行事。

——[法国科学家、散文家] 帕斯卡尔

3

真理与智慧

凡是对真理没有虔诚的热烈的敬意的人,绝对谈不到良心,谈不到崇高的生命,谈不到高尚。

——[法国作家] 罗曼·罗兰

真理　对真理的追求要比对真理的占有更可贵

真理的存在

真理的核心无处不在,真理的范围漫无边际,真理的存在我们无法否认。
　　——[美国作家]爱默生
真理是存在的顶峰,正义就是在实践中运用真理。
　　——[美国作家]爱默生
任何一个可信的道理都是真理的一种形象。
　　——[美国诗人]布莱克
真理是平凡的,真理是跟平凡的事物和平凡的群众分不开的。
　　——[中国作家]冯定
一切都会过去的,唯有真理长存。
　　——[俄国作家]陀思妥耶夫斯基
没有抽象的真理,真理总是具体的。
　　——[苏联政治家]列宁
最好是把真理比做燧石,它受到的敲打越厉害,发射出的光辉就越灿烂。
　　——[德国思想家]马克思
真理是严酷的,我喜爱这个严酷,它永不欺骗。
　　——[印度诗人]泰戈尔
真理是美好而又持久的东西。
　　——[古希腊哲学家]柏拉图
真理像颗宝石,虽然不应涂抹颜色,却可放在显眼的地方,使其发出更美妙的光彩。
　　——[美国哲学家]桑塔亚那
真理是认识事物的工具,是人们前进和上升的道路上的阶梯。
　　——[苏联作家]高尔基

真理一旦觉醒,就再也不会消失。
　　——[英国诗人]华兹华斯
真理的小小钻石是多么罕见难得,但一经开采琢磨,便能经久、坚硬而晶亮。
　　——[英国经济学家]贝弗里奇
真理有时可能变得黯淡,但它永远不会熄灭。
　　——[古罗马史学家]李维
真理可以延伸,但不会断裂。
　　——[西班牙小说家]塞万提斯
真理不会由于有人不承认它而蒙受丝毫的损害。
　　——[德国作家]席勒

热爱真理

热爱真理是发现真理最有利的条件。
　　——[法国启蒙思想家]爱尔维修
对真理的最大尊敬就是遵循真理。
　　——[美国作家]爱默生
关键在于要有一颗爱真理的心灵,随时随地碰见真理,就把它吸收进来。
　　——[德国诗人]歌德
对真理的热爱就体现在:知道怎样去发现和珍惜每一事物的好处。
　　——[德国诗人]歌德
首先和最后要求于天才的事,就是热爱真理。
　　——[德国诗人]歌德
我爱我师,我更爱真理。
　　——[古希腊哲学家]亚里士多德

心灵之爱真理，有过于眼睛之爱美丽。

——［英国哲学家］洛克

真理诚然是一个崇高的字眼，然而更是一桩崇高的业绩。如果人的心灵与情感依然健康，则其心潮必将为之激荡不已。

——［德国哲学家］黑格尔

追求真理，发现真理

人的天职在勇于探索真理。

——［波兰科学家］哥白尼

在我所讲的一切中，我只是探求真理，这并不是仅仅为了博得说出真理的荣誉，而是因为真理于人有益。

——［法国启蒙思想家］爱尔维修

对真理的追求要比对真理的占有更可贵。

——［美籍德国人、物理学家］爱因斯坦

在真理和认识方面，任何以权威者自居的人，必将在上帝的嬉笑中垮台！

——［美籍德国人、物理学家］爱因斯坦

真理不是权威的女儿，而是时间的女儿。

——［英国诗人］拜伦

真理好比水果，只有熟透时才能采摘。

——［法国启蒙思想家］伏尔泰

对真理的最初最小的偏离最终会导致成千倍的差异。

——［古希腊哲学家］亚里士多德

既异想天开，又实事求是，这是科学工作者特有的风格，让我们在无穷的宇宙长河中去探索无穷的真理吧！

——［中国文学家、史学家］郭沫若

不用相当的独立工夫，不论在哪个严重的问题上都不能找出真理；谁怕用工夫，谁就无法找到真理。

——［苏联政治家］列宁

一个人要发现卓有成效的真理，需要千百万个人在失败的探索和悲惨的错误中毁掉自己的生命。

——［俄国科学家］门捷列夫

我自己总是觉得好像在海滨玩耍的一个小孩子，有时很高兴地拾着一颗光滑美丽的石子，但真理的大海，我还没有发现。

——［英国科学家］牛顿

通过实践而发现真理，又通过实践而证实真理和发展真理。

——［中国政治家、军事家］毛泽东

尊重真理，坚持真理

尊重人不应该胜于尊重真理。

——［古希腊哲学家］柏拉图

我们只愿在真理的圣坛之前低头，不愿在一切物质的权威之前拜倒。

——［中国文学家、史学家］郭沫若

要坚持真理，不论在哪里也不要动摇。

——［俄国哲学家、作家］赫尔岑

"逆风而行"是要冒风险的，有时可能遭到灭顶之灾，但是在真理问题上，不能让步。

——［中国史学家］翦伯赞

坚持真理的人是伟大的。

——［法国作家］雨果

服从真理，就能征服一切事物。

——［古罗马哲学家、悲剧作家］塞涅卡

科学赐予人类最大的礼物是什么呢？是使人类相信真理的力量。

——［美国科学家］康普顿

只有忠实于事实,才能忠实于真理。

——[中国政治家] 周恩来

必须有勇气正视无情的真理。

——[苏联政治家] 列宁

真理必须一再重复,因为在我的周围谬误也一再被人宣扬。

——[德国诗人] 歌德

不论将来人们将怎样说我,我在每一件事情上都一丝不苟地固守真理,不背事实。

——[德国作曲家] 贝多芬

检验真理

检验真理的工作没有被过去某一个时代的一批学者一劳永逸地完成;真理必须通过它在各个时代受到的反对和打击被人重新发展。

——[印度诗人] 泰戈尔

真理唯一可靠的标准就是永远自相符合。

——[英国空想社会主义者] 欧文

只有人们的社会实践,才是人们对于外界认识的真理性的标准。真理的标准只能是社会的实践。

——[中国政治家、军事家] 毛泽东

最长的剑,最洪亮的吼声,最多数的人,这些都不是衡量真理的尺度。

——[法国作家] 惠奇科特

经得起历史的考验,要准备接受长期的惨败。然而一切都会过去,只有真理留着。

——[俄国作家] 列夫·托尔斯泰

为真理而斗争

无论真理在何处受到伤害,都应去捍卫它。

——[美国作家] 爱默生

为真理而斗争是人生最大的乐趣。

——[意大利科学家] 布鲁诺

正像新生的婴儿一样,科学的真理必将在斗争中不断发展,广泛传播,无往而不胜。

——[美国政治家、科学家] 富兰克林

我生为真理生,死为真理死,除了真理,没有我自己的东西。

——[中国革命家] 王若飞

理直气壮,永远不怕真理,勇敢地拥护真理,把真理告诉别人,为真理而战斗。

——[中国政治家] 刘少奇

要做真理的朋友,达到不惜牺牲的程度,但不要做真理的卫士,落到不能宽容的地步。

——[古希腊数学家] 毕达哥拉斯

揭示真理需要付出代价,但是真理终将战胜一切。

——[美国政治家] 华盛顿

坚持真理是一件艰巨的斗争,也是教育工作;需要好的方法、方式、手段,还有耐性。

——[中国翻译家] 傅雷

真理,哪怕只见到一线,我们也不能让它的光辉变得暗淡,我们要继续战斗。

——[中国地质学家] 李四光

过去的错误的学说不宜忘掉不谈,因为各种真理都要在和错误斗争之中,维持它们的生命。

——[法国史学家] 克罗齐

真理与谬误

我们今日所唾弃的谬误,很久以前却是真理。

——[美国诗人] 惠蒂尔

真理属于人类，谬误属于时代。

——[德国诗人] 歌德

使人们宁愿相信谬误而不愿热爱真理的原因，不仅由于探索真理是艰苦的，还在于谬误更能迎合人类某些恶劣的天性。

——[英国哲学家] 培根

真理与谬误是同一个来源，这是奇怪的但又是确实的，所以我们任何时候都不应该粗暴地对待谬误，因为在这样做的同时，我们就是在粗暴地对待真理。

——[德国诗人] 歌德

只要再多走一小步，仿佛是向同一方向迈的一小步，真理便会变成错误。

——[苏联政治家] 列宁

对真理的错误理解，不会毁坏真理本身。

——[俄国文艺评论家] 别林斯基

包含着某些真理因素的谬误是最危险的。

——[英国经济学家] 亚当·斯密

谬误多种多样，而正确却只有一种，这就是失败容易成功难、脱靶容易中靶难的缘故。

——[古希腊哲学家] 亚里士多德

谬误之中有真理，真理之中有谬误。

——[英国诗人] 勃朗宁

谬误不断地在行动中重复，而我们在口头上不倦地重复的却是真理。

——[德国诗人] 歌德

智慧 智慧是人生经验的综合

智慧的特征

智慧的可靠标志就是能够在平凡中发现奇迹。

——[美国作家] 爱默生

智慧的一个特征就是不做莽撞蛮干的事。

——[美国经济学家] 梭罗

智慧只在于一件事，就是认识那善于驾驭一切的思想。

——[古希腊哲学家] 赫拉克利特

人的智慧掌握着三把钥匙，一把开启数字，一把开启字母，一把开启音符。知识、思想、幻想就在其中。

——[法国作家] 雨果

智慧有三果：一是思虑周到，二是语言得当，三是行为公正。

——[古希腊哲学家] 德谟克利特

完全的智慧有四部分：智慧，正当做事的原则；正义，公正处理公私事务的原则；坚韧，不避艰难的原则；节制，压抑欲望淡泊自持的原则。

——[古希腊哲学家] 柏拉图

智慧是人生经验的综合。

——[苏联作家] 萨哈诺夫

智慧是一种透视，一种反想，一种远瞻；它是人生含蕴的一种放射性；它是从人生深处发出来的，同时它可以烛照人生的前途。

——[中国学者] 罗家伦

精明和智慧是非常不同的两件事。精明的人是精细考虑他自己利益的人；

智慧的人是精细考虑他人利益的人。

———［英国诗人］雪莱

聪明睿智的特点在于：只需要看到和听到就能长久地考虑和更多地理解。

———［意大利科学家］布鲁诺

智慧，不是死的默念，而是生的沉思。

———［荷兰哲学家］斯宾诺莎

智慧不仅仅存在于知识之中，而且还存在于运用知识的能力。

———［古希腊哲学家］亚里士多德

智慧越是遮掩，越是明亮，正像你的美貌因为蒙上黑纱而十倍动人。

———［英国诗人、戏剧家］莎士比亚

智慧的意义

智慧胜于知识。

———［法国物理学家］帕斯卡

智慧充斥着海洋和大地的纵深处，使我们的思维直冲霄汉，穿过茫茫宇宙给我们指明道路。

———［英国哲学家］洛克

智慧是一切力量中最强大的力量，是世界上唯一自觉活着的力量。

———［苏联作家］高尔基

学问是知识的聚集，是一种滋养人生的原料，而智慧却是陶冶这原料的熔炉。

———［中国学者］罗家伦

实际上，我们唯一具有的真正资源是我们的智慧。

———［英国文学家］查里斯·帕希·斯诺

靠智慧能赢得财产，但没人能用财产换来智慧。

———［美国作家］贝泰勒

智慧之于灵魂，犹如健康之于身体。

———［法国作家］拉罗什富科

我们最稳当的保证人就是自己的智慧。

———［美国政治家］华盛顿

坚定不移的智慧是最宝贵的东西，胜过其余的一切。

———［古希腊哲学家］德谟克利特

智慧的拥有者

愈是睿智的人，愈有宽广的胸襟。

———［法国作家］斯达尔夫人

认识自身的缺点，是一个人最高智慧的表现。

———［法国哲学家］罗休夫柯

如果智慧的拥有者不善于合理、谨慎地利用它，那么对其本人来说，智慧就是危险的武器。

———［法国作家］蒙田

智者的坚定不过是把焦虑深藏于心的艺术。

———［法国作家］拉罗什富科

没有智慧的人，就会受人欺骗，被人迷惑，让人剥削。只有具有思想的人，才是自由和独立的人。

———［德国哲学家］费尔巴哈

一个聪明人的问题之中已包含着一半答案。

———［以色列诗人］所罗门·伊本·加比洛尔

对于有杰出的智慧的人来说，热情只应该是一个动力。正像风对于大海一样，风卷起海浪，使大海发怒，气势雄伟，然后风消失了，大海还是大海。

———［法国作家］小仲马

研究哲理而外表不像研究哲理，在嬉笑中做成别人严肃认真地做的事，这是最高的智慧。

———［美国作家］爱默生

真正高明的人，就是能够借助别人的智慧来使自己不受蒙蔽的人。

——[古希腊哲学家]苏格拉底

智慧的获得

智慧是勤劳的结晶，成就是劳动的化身。

——[捷克斯洛伐克作家]伏契克

只有心灵的改善，才能获得真正的智慧。

——[德国哲学家]费希特

智慧是经验的女儿。

——[意大利画家]达·芬奇

等到你最后登上顶峰时，你将羞愧地发现：如果你具有找到正确道路的智慧，本有一条阳关大道可以直达顶巅。

——[德国哲学家]赫姆霍茨

那脑袋里的智慧，就像打火石里的火花一样，不去打它是不肯出来的。

——[英国诗人、戏剧家]莎士比亚

智慧的获得不在于年岁，而在于品性。

——[古罗马喜剧作家]普劳图斯

智谋出于急难，巧计出于临危。

——[英国诗人、戏剧家]莎士比亚

智慧自苦难中得来。

——[古希腊剧作家]埃斯库罗斯

不耻下问者求智易，趾高气扬者得智难。

——[英国诗人]华兹华斯

最能显示出一个人智慧的是，能在各种危险之间做出权衡，并选择最小的危险。

——[意大利政治思想家]马基雅维利

冷静思考的能力，是一切智慧的开端，是一切善良的源泉。

——[奥地利精神分析学家]弗洛伊德

智慧与成熟同至。

——[捷克教育家]夸美纽斯

善于在做一件事的开端识别时机，这实在是一种极难得的智慧。

——[英国哲学家]培根

人的智慧，总是在不断改善和提高自己的生活中而真正表现出来的。

——[中国作家]冯定

奇迹往往是在逆境中智慧迸发的火花。

——[德国诗人]歌德

智慧的运用

铁不用就会生锈，水不流就会发臭，人的智慧不用就会枯萎。

——[意大利画家]达·芬奇

智慧的标志是审时度势之后再择机行事。

——[古希腊诗人]荷马

如果智慧的人不能使自己受益，那么他的智慧就等于零。

——[古罗马政治家、雄辩家]西塞罗

决定问题，需要智慧，贯彻执行时则需要耐心。

——[古希腊诗人]荷马

智慧必须每天使用，否则就会受损。

——[美国政治家、科学家]富兰克林

缺乏智慧的幻想会产生怪物，与智慧结合的幻想是艺术之母和奇迹之源。

——[西班牙画家]戈雅

认识日常生活中摆在我们眼前的事物，就是大智慧。

——[英国诗人]弥尔顿

智慧的缺失

无知是智慧的黑夜，是没有月亮、

没有星星的黑夜。

——[古罗马政治家、雄辩家] 西塞罗

没有智慧的蛮力是没有什么价值的。

——[俄国寓言作家] 克雷洛夫

确信自己是很聪明的人，往往就是缺少智慧或者根本没有智慧的人。

——[法国作家] 拉布吕耶尔

没有智慧的勇敢是无济于事的。

——[古希腊悲剧家] 欧里庇得斯

不诚实的智慧只不过是诡计和欺诈。

——[英国诗人、剧作家] 本·琼森

当智慧骄傲到不肯哭泣，庄严到不肯欢乐，自满到不肯看人的时候，就不成为智慧了。

——[黎巴嫩作家] 纪伯伦

哲理　人不能两次踏进同一条河流

对　比

有了阴影，光明才更具耀眼。

——[德国作家] 保尔·海泽

若把黑白和善恶放到一处，相形之下，彼此才可见得分明。

——[英国诗人] 乔叟

在一座森林里面你找不到两片彼此相同的树叶。

——[俄国作家] 列夫·托尔斯泰

两个人在一起，不出半小时，必有一个显示出对另一个的优势。

——[美国政治家] 约翰逊

金子放在金盘子里，不显得怎么样，然而，把金子放在泥土上，它就立即闪光耀眼。

——[法国作家] 雨果

变　化

在辩证哲学看来，不存在任何一成不变的、绝对的、神圣的东西。

——[德国思想家] 马克思

太阳每天都是新的。

——[古希腊哲学家] 赫拉克利特

人不能两次踏进同一条河流。

——[古希腊哲学家] 德谟克利特

万事万物都朝反面转化。

——[英国诗人、戏剧家] 莎士比亚

各种现象都会经常出现，世间没有任何东西只出现一次。

——[德国诗人] 歌德

一切都在运动之中，人本身也在不断地运动。因此，人的一切也只能解释为运动。

——[俄国作家] 列夫·托尔斯泰

只有变化是永恒的。

——[古希腊哲学家] 赫拉克利特

静止不动的事物比运动中的事物更容易损坏。

——[西班牙思想家] 葛拉西安

每个人都不同于他人，每一天他也不同于自身。

——[英国诗人] 蒲柏

生存就是变化，变化就是累积经验，累积经验就是无休止地创新自己。

——[法国哲学家] 柏格森

转化一切难堪的事，只要向着正

确的方向进行,都会成为好事。

——[古希腊悲剧诗人]索福克勒斯

得 失

智者千虑,必有一失;愚者千虑,必有一得。

——[中国古代文学家、史学家]司马迁

太如意的生活便是平凡的生活,太容易获得的东西便不是贵重的东西。

——[中国作家]茅盾

越难得到的东西就越想得到。

——[法国作家]巴尔扎克

得失之心未去,则不得;得失之心去,则得之。

——[中国古代哲学家]陆九渊

求则得之,舍则失之,是求有益于得也,求在我者也。求之有道,得之有命,是求无益于得也,求在外者也。

——[中国古代思想家]孟子

进修专在己,得失尽由人。

——[中国古代文学家]司马光

每把剑都有双刃,一边伤了人,另一边便伤了自己。

——[俄国作家]屠格涅夫

手中的一根羽毛也强如空中的一只鸟。

——[英国哲学家]赫伯特

希望不正当地得利,那就是损失的开端。

——[美国作家]爱默生

文明的人为自己购置了马车,于是他失去了使用双足的机会。

——[美国作家]爱默生

一有野心就要失去天真的感情。

——[法国作家]巴尔扎克

为谋权力而失去自由,或为谋求控制他人的权力而失去控制自己的能力,这是一种奇怪的欲望。

——[英国哲学家]培根

我们往往在享有某一件东西的时候,一点不看重它的好处;等到失掉它以后,却会格外夸张它的价值,发现它在我们手里的时候所看不出来的优点。

——[英国诗人、戏剧家]莎士比亚

小人其未得也,则忧不得;既已得之,又恐失之。是以有终身之忧,无一日之乐。

——[中国古代思想家]荀子

进 退

为了更好地一跃而后退。

——[苏联政治家]列宁

朝一个方向前进,差不多总是以从另一个方向后退作为代价的。

——[苏联作家]高尔基

流水在碰到抵触的地方,才把它的活力解放。

——[德国诗人]歌德

越是受到压抑的东西就越是拐弯抹角地寻找出路。

——[苏联作家]瓦西列夫

为了进攻而防御,为了前进而后退,为了向正面而向侧面,为了走直路而走弯路,是许多事物在发展过程中所不可避免的现象。

——[中国政治家、军事家]毛泽东

正 反

当你背向太阳的时候,你只看到自己的影子。

——[黎巴嫩作家]纪伯伦

风可以把蜡烛吹灭,也可以把篝

火吹旺。

——[法国作家] 拉罗什富科

最高的树被风吹得最弯。

——[意大利画家] 达·芬奇

翻腾得最高的浪头沉得最低；最高的松树投下的影子最长。

——[黎巴嫩作家] 纪伯伦

旧事物是一切新事物的源泉。

——[俄国文艺评论家] 别林斯基

相反的东西结合在一起，不同的音调造成最美的和谐，这都是通过斗争而产生的。

——[古希腊哲学家] 德谟克利特

正 邪

漂亮的词句可以导致品行端正，但是品行不端正的人只能用漂亮的词句来说谎。

——[法国作家] 罗曼·罗兰

善从何处而来，恶也从何处而生，但避免邪恶的方法也会应运而生。

——[古希腊哲学家] 德谟克利特

我经常注意的是我敌人的优点，并且发现这样做大有用处。

——[德国诗人] 歌德

爱你的敌人吧，因为他们把你的不足告诉了你。

——[美国政治家、科学家] 富兰克林

智者在敌人身上发现的用处比愚人在朋友身上发现的用处更多。

——[西班牙思想家] 葛拉西安

笑声响亮常常证明心灵的空虚。

——[英国作家] 詹姆斯·乔伊斯

异 同

自然是由联合对立物造成最初的和谐，而不是由联合同类的东西。

——[古希腊哲学家] 亚里士多德

对于某个人有利的东西，对于另一个人也许有害。

——[古希腊哲学家] 赫拉克利特

闪闪发光的，并不都是金子。

——[西班牙小说家] 塞万提斯

所有的果实，都曾经是鲜花；然而，却不是所有的鲜花都能成为果实。

——[法国作家] 雨果

存 在

凡属不可避免的就是理所当然的。

——[苏联作家] 高尔基

井干方知水可贵。

——[德国音乐理论家] 埃勒特

不是有水的地方都有青蛙，但是青蛙叫的地方必定有水。

——[德国诗人] 歌德

无限在有限之中发现了自身，这虽是一种矛盾的现象，但却是扎根在创造基础上的一种矛盾现象。

——[印度诗人] 泰戈尔

对 应

天下物无独必有对。

——[中国近代思想家] 魏源

错误同真理的关系，就像睡梦同清醒的关系一样。一个人从错误中醒来，就会以新的力量走向真理。

——[德国诗人] 歌德

富人觉得世上最好的东西是爱，穷人觉得世上最好的东西是钱。

——[英国作家] 布雷南

最伟大的人物总是通过某种弱点

同他们的时代联系在一起。
　　——[德国诗人]歌德
傻瓜旁边必然有骗子。
　　——[法国作家]巴尔扎克
贵以贱为本，高以下为基。
　　——[中国古代思想家]老子
痛苦总是守在欢乐旁边。
　　——[法国作家]雨果
沉默蕴蓄着语言。
　　——[印度诗人]泰戈尔

相　对

人走上患难的道路，每一分钟都显得很长很长。
　　——[法国作家]雨果
在瞎子的国度里，独眼龙就是国王。
　　——[法国作家]莫泊桑
只有当你身处最低的山谷的时候，你才能知道置身最高的山峰会有多么壮丽。
　　——[美国政治家]尼克松
有天地之大，故觉万物之小；有万物之小，故觉天地之大。
　　——[中国古代思想家]葛洪
葡萄酒对普通人而言是百药之长，但对发烧之人却有害，难道即因此便说它不好吗？
　　——[意大利作家]薄伽丘
黑夜使眼睛失去它的作用，但却使耳朵的听觉更为灵敏。
　　——[英国诗人、戏剧家]莎士比亚
看得见的事物是短暂的，看不见的事物才是永恒的。
　　——[美国作家]海伦·凯勒
海水是最纯洁的，又是最不纯洁的：对于鱼，它是能喝的和有益的；对

于人，它是不能喝的和有害的。
　　——[古希腊哲学家]赫拉克利特
疾病使健康舒服，坏使好舒服，饿使饱舒服，疲劳使休息舒服。
　　——[古希腊哲学家]赫拉克利特
不清不见尘，不高不见危，不广不见削，不盈不见亏。
　　——[中国古代思想家]王充
平则虑险，安则虑危。
　　——[中国古代思想家]荀子
有兴必有废，有盛必有衰。
　　——[中国古代文学家]罗贯中
尺有所短，寸有所长；物有所不足，智有所不明。
　　——[中国古代文学家]屈原
在高处的事物不一定就高；在低处的也不一定就低。
　　——[英国作家]狄更斯

因　果

源洁则流清，形端则影直。
　　——[中国古代诗人]王勃
源远者流长，根深者叶茂。
　　——[中国古代史学家]班固
门内有君子，门外君子至。
　　——[中国古代作家]冯梦龙
骤长之木，必无坚理；早熟之禾，必无嘉实。
　　——[中国古代学者]徐祯稷
种牡丹者得花，种蒺藜者得刺。
　　——[中国作家]鲁迅

祸　福

祸兮福之所倚，福兮祸之所伏。
　　——[中国古代思想家]老子
善为天下者，因祸而为福，转败而

为功。

　　——[中国古代政论家]贾谊

塞翁失马焉知非福。

　　——[中国古代诗人]陆游

幸运并非没有许多的恐惧与烦恼；厄运也并非没有许多的安慰与希望。

　　——[英国哲学家]培根

笑之频者，泣必深；生之急者，亡必疾。

　　——[中国古代文学家]田艺蘅

对人的最大考验，是在他最幸运的时刻。

　　——[英国博物学家]华莱士

极　端

"物极必反"，错误成了堆，光明就会到来。

——[中国政治家、军事家]毛泽东

冰火两极，只有相互补充，配合得当，才会产生最完美的和谐。

　　——[奥地利作家]茨威格

天道之数，至则反，盛则衰。

　　——[中国古代政治家]管仲

楼上还有楼，山外还有山，天上还有天。

　　——[德国诗人]歌德

知识愈高，疑问愈多。

　　——[德国诗人]歌德

少则多，多则惑。

　　——[中国古代思想家]老子

最芬芳的花蕾中有蛀虫。

——[英国诗人、戏剧家]莎士比亚

全则必缺，极则必反，盈则必亏。

　　——[中国古代政治家]吕不韦

盛必有衰而生必有死。

　　——[中国古代文学家]欧阳修

爱极多成恨，欢余只是愁。

——[中国剧作家、诗人]田汉

最肥沃的土壤上最容易生长莠草。

——[英国诗人、戏剧家]莎士比亚

人们越是想欺骗别人时，自己越是容易受骗。

　　——[法国作家]拉罗什富科

最成熟的果子最先落地。

——[英国诗人、戏剧家]莎士比亚

把简单的事情考虑得复杂，可以发现新领域；把复杂的现象看得简单，可以发现新规律。

　　——[英国科学家]牛顿

我们最熟悉的事物，往往是我们最不了解的。

　　——[中国学者]周国平

太刚则折，太柔则废。

　　——[中国古代史学家]班固

思想　思想一旦失去控制，行为就会脱离轨道

思想的穹窿是灵魂的宫殿。

　　——[英国诗人]拜伦

人类之思想，所以能高出其他动物，而且进步不已者，因其有复杂之语言，而又有统一之文字以记载之。

　　——[中国教育家]蔡元培

思想伟大，行为必须高尚。

　　——[法国作家]法朗士

形式是一只金瓶,思想之花插入其内,便可流芳百世。

——[法国作家]法朗士

思想美是任何美都无法与之相比的。

——[美国作家]库克

思想走在行动之前,就像闪电走在雷鸣之前一样。

——[德国诗人]海涅

人在思想上每有所开悟,都是一次翻新;人在志趣上每有所感发,都是一次向上。人生有所成就无不资于此。

——[中国学者]梁漱溟

人的正确思想,只有从社会实践中来,只能从社会的生产斗争、阶级斗争和科学实验这三项实践中来。

——[中国政治家、军事家]毛泽东

人的社会存在,决定人的思想。而代表先进阶级的先进思想,一旦被群众掌握,就会变成改造社会、改造世界的物质力量。

——[中国政治家、军事家]毛泽东

思想是人的本能。但对一个人的错误,以微微一笑置之,却是神了。

——[中国作家]林语堂

人在杠杠中久了,就成了"囚";人有时因环境条件的限制不能离开杠杠,可是心可以,心在杠杠外就是"思"。人虽在杠内,可以想着窗外的蓝天,只要思想不受到有形杠杠的限制,仍然可以有无限的想象空间。

——[中国作家]罗兰

试图以武力来征服思想的人是暴君,而向思想屈服的人是奴隶。

——[美国律师]英格索尔

任何强大的军队都不可能抵挡住思想的力量。

——[法国作家]雨果

人们能够抵御武装的入侵,却阻挡不住思想的渗透。

——[法国作家]雨果

人的思想是不可征服的。

——[英国诗人]华兹华斯

唯有思想是无法流放的。

——[古罗马诗人]奥维德

苛政只能称雄一时,思想却能统治万代。

——[美国作家]爱默生

扼杀思想的人,是最大的谋杀犯。

——[法国作家]罗曼·罗兰

能够带来思想快乐的东西,只能是人类智慧至高的产物。比这再低一档的东西,只会给人带来痛苦;而这种低档货,就是出于功利的种种想法。

——[中国作家]王小波

脑袋对于人是装思想的,如果在这个圆疙瘩里并没有装思想,怎么能说他有脑袋?

——[中国作家]马识途

思想是物质文明、精神文明的源泉,思想也是惹是生非、招灾闯祸的根源。

——[中国剧作家]沙叶新

思想一旦失去控制,行为就会脱离轨道。

——[古希腊诗人]荷马

理论　理论脱离实践是最大的不幸

一个人往往有正确的行动，却很少有正确的理论。

——[美国作家]哈伯德

能作正确理论的人，也会创造。谁想创造，必须学会理论。

——[德国文艺理论家]莱辛

一个民族想要站在科学的最高峰，就一刻也不能没有理论思维。

——[德国思想家]恩格斯

没有革命的理论就不会有革命的运动。

——[苏联政治家]列宁

理论只要说服人，就能掌握群众；而理论只要彻底，就能说服人。

——[德国思想家]马克思

理论在一个国家满足的程度，决定于理论满足于这个国家的需要的程度。

——[德国思想家]马克思

感觉只解决现象问题，理论才解决本质问题。

——[中国政治家、军事家]毛泽东

真正的理论只有一种，就是从客观实际抽出来又在客观实际中得到了证明的理论。

——[中国政治家、军事家]毛泽东

指导一个伟大的革命运动的政党，如果没有革命理论，没有历史知识，没有对于实际运动的深刻的了解，要取得胜利是不可能的。

——[中国政治家、军事家]毛泽东

科学就是整理事实，以便从中得出普遍的规律和结论。

——[英国博物学家]达尔文

理论是军官，实践是士兵。

——[意大利画家]达·芬奇

学习理论一定要联系实际。

——[中国政治家]陈云

理论脱离实践是最大的不幸。

——[意大利画家]达·芬奇

纯粹的理论除了争辩之外毫无价值。

——[德国哲学家]利希滕贝格

实践　纸上得来终觉浅，绝知此事要躬行

实践是理论产生与发展的源泉

实践——科学的皇后。

——[英国哲学家]培根

书斋中不能发展理论。

——[中国政治家、军事家]毛泽东

在一个小房间里，如果坐着不动，就意识不到墙。有所动作，碰壁了，才意识到墙。

——[日本学者]土光敏夫

如何认识外界的问题，在实践以外是不能解决的。

——[中国政治家、军事家]毛泽东

知之尽,则实践之而已。实践之,乃心所素知,行焉皆顺。故乐莫大焉。

——[中国古代学者]王夫之

修学好古,实事求是。

——[中国古代史学家]班固

夫学问岂以他求,不过欲明此理而力行之耳。

——[中国古代学者]朱熹

一个人怎样才能认识自己呢?绝不是通过思考,而是通过实践。

——[德国诗人]歌德

没有人事先了解自己到底有多大的力量,直到他试过以后才知道。

——[德国诗人]歌德

实践"不仅具有普遍的品格,而且具有绝对现实的品格"。

——[德国哲学家]黑格尔

只有通过实践才能改造世界

没有调查,就没有发言权。

——[中国政治家、军事家]毛泽东

哲学家们只是用不同的方式解释世界,而问题在于改变世界。

——[德国思想家]马克思

没有实践,如同树林没有果实。

——[波斯诗人]萨迪

相信生活,它给人的效益比任何一本书籍都好。

——[德国诗人]歌德

只有不怕碰钉子,一门心思地去干,忍耐力和实践力才能变成自己的血肉。

——[日本学者]德田虎雄

人的智力是按照人如何学会改变自然界而发展。

——[德国思想家]恩格斯

人类用认识的活动去了解事物,用实践的活动去改变事物;用前者去掌握宇宙,用后者去制造宇宙。

——[法国历史学家]克罗齐

知者行之始,行者知之成。

——[中国古代学者]王守仁

我们改革开放的成功,不是靠本本,而是靠实践,靠实事求是。

——[中国政治家]邓小平

纸上得来终觉浅,绝知此事要躬行。

——[中国古代诗人]陆游

脱离实践的理论是灰色的

最聪明的人最容易受骗,他们可能有许多不同寻常的知识,但他们却不知道生活中最普通的需要。

——[西班牙思想家]葛拉西安

灰色的理论到处都有,我的朋友,只有生活之树四季常青,郁郁葱葱。

——[德国诗人]歌德

倘只看书,便变成书橱。

——[中国作家]鲁迅

学者不肯努力等于情人没有金钱,旅人没有常识等于鸟儿没有同翼;理论家不去实践等于树木不结果实,圣徒没有学识等于屋子没有门户。

——[波斯诗人]萨迪

实践的成功也可以用来印证理性,颇有像算术里演算过程很长时可以用验算来免除演算错误那样。

——[德国数学家]莱布尼兹

从理想到实在的过渡,只有在实践哲学中才有它的地位。

——[德国哲学家]费尔巴哈

理论与实践的相互作用

今天在实践中证明的东西，就是过去在想象中存在的东西。

——[美国诗人]布莱克

行之力，则知愈进；知之深，则行愈达。

——[中国古代学者]朱熹

除了实践以外，没有别的办法可以识别错误。

——[法国启蒙思想家]狄德罗

人类用认识去了解事物，用实践活动去改变事物；用前者去掌握宇宙，用后者去创造宇宙。

——[意大利哲学家]克罗齐

没有经过实践检验的理论，不管它么漂亮，都会失去分量，不会为人所承认；没有以有分量的理论作基础的实践一定会遭到失败。

——[俄国科学家]门捷列夫

理论所不能解决的疑难问题，实践将为你解决。

——[德国哲学家]费尔巴哈

经验　一个有经验的人比一个有学问的人看问题更正确

一克的经验抵得上一吨的理论。

——[英国哲学家]塞西尔

生活中最有用的东西是自己的经验。

——[英国诗人]司各特

经验才是真正的教师。

——[意大利画家]达·芬奇

经验是学费最高的学校，但它是唯一可以学到东西的学校。

——[美国政治家、科学家]富兰克林

我的庇护神是狄迪莫斯盲人，他坚持对每一件东西都要亲手摸过。

——[法国启蒙思想家]伏尔泰

耳闻之不如目见之，目见之不如足践之，足践之不如手辨之。

——[中国古代学者]刘向

求知可以改进人性，而经验又可以改进知识本身。……学问虽然指引方向，但往往流于浅泛，必须依靠经验才能扎下根基。

——[英国哲学家]培根

为了要理解，必须从经验上开始理解、研究，从经验升到一般，为了学会游泳，必须钻到水中。

——[苏联政治家]列宁

除了经验方法之外，没有任何一种方法可以达到真正的知识；经验之外或经验之上的思想领域是不存在的。

——[英国哲学家]培根

没有一个人的知识能胜过经验。

——[英国哲学家]洛克

谚语很少出错，因为它们出自一切学问的根源经验。

——[西班牙小说家]塞万提斯

一个有经验的人比一个有学问的人看问题更正确。

——[法国作家]大仲马

我认为，在经验的指导下读书，价值要大得多，因为经验是他们的老师的导师。

——[意大利画家]达·芬奇

理智

理智用于律己,怜悯用于谅人;前者是法律,后者是特权

逃避愚昧,即理智之始。

——[美国博物学家]华莱士

理智是在愚昧的废墟之上建立起来的。

——[英国词典编辑家]富勒

冷静、质疑是理智的筋骨。

——[美国政治家]汉密尔顿

理性分割一切,直觉连接一切。

——[英国思想家]莱文

理智的作用仅在于认识这世界是如此,反之,意志的努力即在于使得这世界成为应如此。

——[德国哲学家]黑格尔

理智是一颗冷酷的太阳,它能放射光明,可是却教人眼花,看不见。在没有水分与阴影的光明底下,心灵会褪色,血会干枯。

——[法国作家]罗曼·罗兰

最贤明的人就不那样信赖经验,而毋宁尽可能地去努力探求几分理由,以便判断在什么时候应该例外。

——[德国数学家]莱布尼茨

当人具有希望和信仰的时候,理性才是有效的。

——[美国哲学家、心理学家]弗洛姆

我们没有足够的能力完全遵循我们的理智。

——[法国作家]拉罗什富科

理智就是利益。

——[英国政治思想家]哈林顿

理智的人使自己适应这个世界,不理智的人却硬要世界适应自己。

——[英国作家]萧伯纳

思想的动摇并非在正确与错误间左右不定,而是一种理智与非理智之间的徘徊。

——[瑞士心理学家]荣格

理智有它的偏见;感觉有它的不定性。

——[法国启蒙思想家]狄德罗

人们的情感的力量一般来说要比理智更强大。

——[英国思想家]霍布斯

科学地探求真理要求我们的理智永远不要狂热地坚持某种假设。

——[法国作家]莫洛亚

过分冷静地思考,缺乏感情冲动,也必然使人的心理变态。

——[苏联作家]瓦西列夫

若要把感性的人变为理性的人,唯一的路径是先使他成为审美的人。

——[德国作家]席勒

理性美可以充分达到其自身。

——[美籍德国人、物理学家]爱因斯坦

明智的放弃胜过盲目的固执。

——[中国作家]林语堂

没有理智,便一事无成。

——[古罗马哲学家、悲剧作家]塞涅卡

理智用于律己,怜悯用于谅人;前者是法律,后者是特权。

——[英国诗人]德莱顿

理智是心灵中直立的形象。

——[英国数学家、经济学家]杨格

去小智而大智明。

——[中国古代思想家]庄子

聪明

一个聪明的脑袋胜过一百条粗壮的手臂

聪明的人就是理智的人

聪明人如同月亮，只将其发光的一面朝着世界。

—— [英国学者] 柯林斯

聪明人的特点有三：一是劝别人做的事自己去做，二是决不去做违背自然界的事，三是容忍周围人们的弱点。

—— [俄国作家] 列夫·托尔斯泰

别笑得太多，聪明人笑在最后。

—— [英国哲学家] 赫伯特

一个聪明人看到他应该看到的东西，而不是看到他能够看到的一切。

—— [法国作家] 蒙田

一个人越是聪明，就越容易发现别人身上的新鲜之处；而凡夫俗子则根本看不到人与人之间的区别。

—— [法国科学家、散文家] 帕斯卡尔

一个狡猾的人与一个聪明的人之间，确有一种很大的差异，这差异不但是在诚实上，而且是在才能上。

—— [英国哲学家] 培根

聪明人决不会徒手和狮子搏斗，也决不会赤手抵挡刀剑。

—— [波斯诗人] 萨迪

聪明的人并不是无论何时都聪明。

—— [美国作家] 爱默生

绝顶聪明的人善于掩盖自己的聪明。

—— [法国作家] 拉罗什富科

做得好是最大的聪明

我们其实比自己所认识的要聪明些。

—— [美国作家] 爱默生

知道怎样善用自己的聪明，那就是大智。

—— [英国作家] 王尔德

想得好是聪明；计划得好更聪明；做得好是最聪明而又最好。

—— [法国政治家、军事家] 拿破仑

聪明睿智的特点就在于，只需看到和听到一点，就能长久地考虑和更多地理解。

—— [意大利科学家] 布鲁诺

人变得聪明，并不是凭经验，而是凭对付经验的能力。

—— [英国作家] 萧伯纳

在别人的事上做到聪明，要比在自己的事上做到聪明来得容易。

—— [法国作家] 拉罗什富科

一个聪明的脑袋胜过一百条粗壮的手臂。

—— [英国作家] 托马斯·富勒

没有愚蠢就无所谓聪明

傻瓜的愚蠢往往是聪明人的砾石。

—— [英国诗人、戏剧家] 莎士比亚

聪明人依赖傻瓜甚于依赖聪明人。

—— [英国学者] 柯林斯

傻子自以为聪明，而聪明人知道自己是傻瓜。

—— [英国诗人、戏剧家] 莎士比亚

聪明人喜欢学习，可是傻瓜却喜欢教导。

——［俄国作家］契诃夫

聪明的人在别人的错误中学习，愚蠢的人在自己的错误中学习。

——［英国出版商］博恩

如果一个聪明人干了一件蠢事，那就不会是一件小小的蠢事。

——［德国诗人］歌德

智者聪明过度，就会被人当成傻瓜。

——［美国作家］爱默生

聪明人变成了痴愚，是一条最容易上钩的游鱼；因为他凭恃才高学广，看不见自己的狂妄。

——［英国诗人、戏剧家］莎士比亚

愚蠢的人到远处去寻找幸福，聪明的人就在自己脚底下耕耘幸福。

——［美国物理学家］奥本海默

聪明人对广阔的可能看得远，傻子则几乎只把实际存在的都当做可能。也许就是这一点使得一个很怯懦而另一个很冒失。

——［法国启蒙思想家］狄德罗

在事情发生之后，即使一个笨人也可以装作聪明。

——［古希腊诗人］荷马

聪明人想了再说，傻瓜说了再想。

——［阿根廷作家］科尔顿

傻瓜说出了许多聪明话，尽管还不及聪明人说的傻话那么多。

——［英国作家］托马斯·富勒

愚蠢 愚蠢给人的痛苦远胜于命运

愚蠢的特点

愚蠢是人们自招的不幸。

——［古希腊新喜剧作家］米南德

如果说贫穷是罪恶之母，那么愚蠢便是罪恶之父。

——［法国作家］拉布吕耶尔

愚蠢被误认为是命运之神犯下的罪过。

——［古希腊诗人］荷马

愚蠢具有拙劣、卑鄙、下贱、奴性的特征，它揭示了人类许多最令人痛苦的病症。

——［古罗马哲学家、悲剧作家］塞涅卡

愚妄的主要特点便是自以为聪明。

——［英国诗人］德莱顿

人类的顽固愚蠢永远是一切事物的阻碍。

——［苏联作家］高尔基

愚蠢的体现

愚蠢的人经常显示厚颜的暴力。

——［美国作家］爱默生

痴呆愚蠢有两种表现：或者沉默，或者多嘴。

——［法国作家］巴尔扎克

美貌和愚蠢历来是匹配的一对。

——［美国政治家、科学家］富兰克林

要求旁人都合我们的脾气，那是很愚蠢的。

——［德国诗人］歌德

知识不存在的地方，愚蠢便自命为科学。

——[英国作家] 萧伯纳

人类的愚蠢存在于大量的思想之中，只不过是愚蠢的思想而已。

——[法国作家] 蒙田

愚蠢与天真如此相似，以致它们虽有根本的区别，却很难加以区分。

——[英国诗人] 柯珀

想要彻头彻尾地聪明，是极大的愚昧。

——[法国作家] 拉罗什富科

只见人之过而不知己之失，乃愚昧的天性。

——[古罗马政治家、雄辩家] 西塞罗

愚蠢的产生

愚蠢总是在舌头跑得比头脑快时产生。

——[俄国作家] 彼德

如果你追踪机智，结果却会抓住愚蠢。

——[法国启蒙思想家] 孟德斯鸠

聪明过度就是愚蠢。

——[美国作家] 纳什

最精妙的智慧能产生最精妙的愚蠢。

——[法国作家] 拉罗什富科

眨巴着双眼效法愚蠢的先例比自己开动脑筋要省事得多。

——[英国诗人] 柯珀

愚蠢的人

自认非常聪明的人，通常是大蠢材。

——[阿根廷作家] 科尔顿

愚蠢的本质是只看到别人的过失而忘记自己的错误。

——[古罗马政治家、雄辩家] 西塞罗

天使不敢践踏的地方，蠢材蜂拥而至。

——[英国诗人] 蒲柏

愚蠢总希望自己有追随者与伙伴,而不希望孤行。

——[西班牙小说家] 塞万提斯

当一个蠢人在做连他自己都觉得羞耻的事时,他总是宣称他在履行职责。

——[英国作家] 萧伯纳

明智的人因为有话要说才说话。愚蠢的人则为了必须说话而说话。

——[古希腊哲学家] 柏拉图

非做不可的事，聪明人一开始就做，傻瓜却要等到最后才做。

——[捷克斯洛伐克作家] 哈谢克

没有终身都干蠢事的人，也没有一辈子不干蠢事的人。

——[英国哲学家] 赫伯特

有时一个蠢货会有才能，但永远不会有判断力。

——[法国作家] 拉罗什富科

当恩宠和财富抛弃了某人，我们就会发现他身上隐藏着愚蠢，而这种愚蠢过去从未有人察觉。

——[法国作家] 拉布吕耶尔

愚人之心在口上，智者之口在心中。

——[美国政治家、科学家] 富兰克林

傻瓜的天堂是智者的地狱。

——[英国词典编辑家] 富勒

傻瓜的愚蠢往往是聪明人的砺石。

——[英国诗人、戏剧家] 莎士比亚

一个傻瓜眼中的树木绝不会和一个聪明人眼中的树林完全相同。

——[英国诗人] 布莱克

大多数傻瓜以为他们只是无知而已。

——[美国政治家、科学家] 富兰克林

在我们生活的这个世界上，一个

傻瓜会造成许多傻瓜，而一个智者只能造成几个智者。

　　——[德国哲学家] 利希腾贝格

世上有四种人：恋人、投机者、旁观者和傻瓜。其中最快活的是傻瓜。

　　——[英国画家] 泰纳

愚人的问题比最聪明的人所回答的还要多。

　　——[英国作家] 斯威夫特

愚蠢的后果

愚昧将使你达不到任何成果，并在失望和忧郁之中自暴自弃。

　　——[意大利画家] 达·芬奇

最大的危险在于半智半愚。

　　——[德国诗人] 歌德

待到愚蠢全部绝迹，人们就会感到，世界上有它们比没有它们好。

　　——[英国政论家] 哈利法克斯

结果中蕴含的愚蠢往往比动机中蕴含的恶意更残酷。

　　——[英国政论家] 哈利法克斯

一旦被愚蠢的朋友引为知己，你立刻会有危险临头。

　　——[英国政论家] 哈利法克斯

愚蠢给人的痛苦远胜于命运。

　　——[英国数学家、经济学家] 杨格

错误　　人非圣贤，孰能无过？ 过而能改，善莫大焉

人生难免犯错误

只有什么事也不干的人，才不至于犯错误，而这恰好是他最基本的错误。

　　——[苏联作家] 阿·托尔斯泰

每个人在他的一生中都应该感谢他的错误。

　　——[美国作家] 爱默生

尽可能少犯错误，这是人的准则；不犯错误，那是天使的梦想。尘世上的一切都是免不了错误的。错误犹如一种地心吸力。

　　——[法国作家] 雨果

没有错误的人犹如纸牌上的皇后，毫无生气。

　　——[英国诗人] 丁尼生

但是只有死人才不犯错误，因为他们不会活动。

　　——[苏联作家] 高尔基

有的人不犯错误，那是因为他从来不去做任何值得做的事。

　　——[德国诗人] 歌德

既然太阳上也有黑点，"人世间的事情"就更不可能没有缺陷。

　　——[俄国哲学家] 车尔尼雪夫斯基

只要进取，就会有错误。

　　——[德国诗人] 歌德

人的一生可能犯的最大错误，就是经常担心犯错误。

　　——[美国作家] 哈伯德

世界上的事，最奇怪的就是，越是当事人越是会犯错误。

　　——[法国诗人] 缪塞

我们所犯的错误中有一半是因为我们该用理智的时候用了感情，而该用感情的时候又用了理智。

　　——[英国学者] 柯林斯

要允许别人犯错误

既要热爱真理，也要原谅错误。

——[法国启蒙思想家] 伏尔泰

我始终相信，只有用放大镜来看自己的错误，而用相反的方法来看待别人的错误，才能对于自己和别人的错误有一个比较公正的评价。

——[印度政治家] 甘地

我们比较容易承认行为上的错误、过失和缺点，而对于思想上的错误、过失和缺点则不然。

——[德国诗人] 歌德

害怕错误，就是害怕真理。

——[德国哲学家] 黑格尔

有识者把过失分为两类：一类过失，它的影响只局限于本人；另一类过失，它的影响要殃及他人……凡是殃及他人的过失，只有等受害者肯谅解时，这种过失才能得到补偿。

——[印度作家] 鲁斯瓦

要学会从错误走向正确

从错误中比从混乱中易于发现真理。

——[英国哲学家] 培根

正确的结果，是从大量错误中得出来的，没有大量错误做台阶，也就登不上最后正确结果的高座。

——[中国科学家] 钱学森

永远正确是最大的错误。

——[英国作家] 塞缪尔·巴特勒

最好的好人，都是犯过错误的过来人；一个人往往因为有一点小小的缺点，将来会变得更好。

——[英国诗人、戏剧家] 莎士比亚

我认为，一个人最大的错误莫过于忽略自己的错误。

——[英国作家] 卡莱尔

一个人有勇气承认自己的错误，也可以获得某种程度的满足感。这不只可以清除罪恶感和自我卫护的气氛，而且有助于解决这项错误所制造的问题。

——[美国教育家、作家] 卡耐基

让一个人了解自己的错误是一回事，让其懂得真理则是另一回事。

——[英国哲学家] 洛克

我们有时从错误中学到的东西，可能比从美德中学到的还要多。

——[美国诗人] 朗费罗

错误同真理的关系，就像睡梦同清醒的关系一样。一个人从错误中醒来，就会以新的力量走向真理。

——[德国诗人] 歌德

不要重复错误，及时改正错误

错误是不可避免的，但是不要重复错误。

——[中国政治家] 周恩来

每个人都有错，但只有愚者才会执迷不悟。

——[古罗马政治家、雄辩家] 西塞罗

夫过者自大贤所不免，然不害其卒为大贤者，为其能改也。故不贵于无过，而贵于能改过。

——[中国古代学者] 王守仁

一时的失误不会毁掉一个性格坚强的人。

——[俄国哲学家] 车尔尼雪夫斯基

任何人都可能犯错误，除蠢人外，谁也不想坚持错误。

——[奥地利作家] 茨威格

71

只要我们还年轻,犯错误是完全正常的,但我们不应当把错误继续带到老年。

——[德国诗人] 歌德

错误和挫折教训了我们,使我们比较地聪明起来了,我们的事情就办得好一些。任何政党,任何个人,错误总是难免的,我们要求犯得少一点。犯了错误则要求改正,改正得越迅速,越彻底,越好。

——[中国政治家、军事家] 毛泽东

人的最高尚行为除了传播真理外,就是公开放弃错误。

——[德国经济学家] 李斯特

4

道德与修养

德可以分为两种：一种是智慧的德，另
一种是行为的德。前者是从学习中得来的，
后者是从实践中得来的。

—— [古希腊哲学家] 亚里士多德

道德 即使品德穿着褴褛的衣裳，也应该受到尊敬

道德的根本是自制心和克己心

无私是稀有的道德，因为从它身上是无利可图的。

——[德国诗人]布莱希特

人们宣扬的一切道德——家庭的道德、社会的道德，只有失掉了利己主义才是美好的，只有在为了亲爱者——好儿女或好配偶，而牺牲了自己神圣的思想时才是美好的！

——[法国作家]罗曼·罗兰

道德的根本，是自制心和克己心，使自身的本能服从全体。

——[德国哲学家]费希特

优良的品性是内心真正的财富，而衬显这品性的是良好的教养。

——[英国哲学家]洛克

好行善事，关心别人，这也是一种品德。

——[法国作家]雨果

德行是灵魂的力量和生气。

——[法国启蒙思想家]卢梭

道德观是人的独特品质的一个组成部分。

——[印度诗人]泰戈尔

有比快乐、艺术、财富、权势、知识、天才更宝贵的东西值得我们去追求，这极为宝贵的东西就是优秀而纯洁的品德。

——[英国作家]斯迈尔斯

道德中的最大秘密就是爱，或者说，就是逾越我们自己的本性，而融入旁人的思想、行为或人格中存在的美。

——[英国诗人]雪莱

道德感是后天获得的

完美的人格，高尚的品德，是从实际生活中锻炼出来的。

——[德国哲学家]叔本华

良好的品德是在与坏倾向做顽强斗争中培养出来的。

——[德国心理学家]德克斯特

道德感并非生来固有，而是后天获得的。

——[英国哲学家]穆勒

用鼓励和说明的言语来造就一个人的道德，显然比用法律和约束更能成功。

——[古希腊哲学家]德谟克利特

德可以分为两种：一种是智慧的德，另一种是行为的德。前者是从学习中得来的，后者是从实践中得来的。

——[古希腊哲学家]亚里士多德

谁能从道德败坏的地方脱出来，还保持洁白，便是有了更伟大的道德。

——[波兰作家]显克微支

当良心、羞耻心、责任心和事业心在你的心灵中永远扎下根来的时候，你就会形成一种有道德的个性。

——[苏联教育家]苏霍姆林斯基

美德大都包含在良好的习惯之内。

——[中国小说家]郁达夫

应知学问难，在乎点滴勤。尤其

75

难上难，锻炼品德纯。

——[中国军事家、外交家] 陈毅

完美的人格，高尚的品德，是从实际生活锻炼出来的。

——[德国哲学家] 叔本华

一切美德都是由于放弃自我而成的，果实之所以极度甘美，便是由于企求萌芽使然。

——[法国作家] 纪德

对一个人的评价要看他真实的品德

最有道德的人，是那些有道德却不需由外表表现出来而仍满足的人。

——[古希腊哲学家] 柏拉图

要是一个人的全部人格、全部生活都奉献给一种道德追求，要是他拥有这样的力量……那我们在这个人的身上就看到崇高的善。

——[俄国哲学家] 车尔尼雪夫斯基

道德和才艺是远胜于富贵的资产。堕落的子孙可以把显贵的门第败坏，把巨富的财产荡毁，而道德和才艺却可以使一个凡人成为不朽的神明。

——[英国诗人、戏剧家] 莎士比亚

即使品德穿着褴褛的衣裳，也应该受到尊敬。

——[德国作家] 席勒

对一个人的评价，不可视其财富出身，更不可视其学问的高下，而要看他真实的品德。

——[英国哲学家] 培根

人有了人格的自尊，必不甘堕落为禽兽，而品德也必自然提高。

——[古希腊哲学家] 苏格拉底

一个有道德的人是一个心里感到诱惑就对诱惑进行反抗，而决不屈从于它的人。

——[奥地利精神分析学家]弗洛伊德

一个人的美德不应由他特殊的行动来衡量，而应由他日常的品行来衡量。

——[法国科学家、散文家]帕斯卡尔

道德重在实行

道德不是记熟几句格言就可以了事的，要重在实行。

——[中国教育家] 蔡元培

应该热心地致力于遵照道德行事，而不要空谈道德。

——[古希腊哲学家] 德谟克利特

德行善举是唯一不败的投资。

——[美国经济学家] 梭罗

道德败坏者必然堕落

如果道德败坏了，趣味也必然会堕落。

——[法国启蒙思想家] 狄德罗

人在达到德性的完备时是一切动物中最出色的动物；但如果他一意孤行，目无法律和正义，他就成为一切禽兽中最恶劣的禽兽。

——[古希腊哲学家] 亚里士多德

道德面貌渺小的地方，不会有伟大的人物出现。

——[法国作家] 罗曼·罗兰

道德的恩惠是时间和劳力的节约。道德的损害是良心的完全麻痹。

——[日本小说家] 芥川龙之介

良心

人生做错了一件事，良心就永久不得安宁

良心是一种内心的感觉

世界上还有些比国家更重要的，那便是人类的良心。

——[法国作家] 罗曼·罗兰

良心才是我们唯一不可收买的至宝。

——[英国小说家] 菲尔丁

照耀人的唯一的灯是理性，引导生命于迷途的唯一手杖是良心。

——[德国诗人] 海涅

良心是一种根据道德准则来判断自己的本能，它不只是一种能力，它是一种本能。

——[德国哲学家] 康德

良知：一种细微的、平静的声音，它让少数派坦白。

——[中国学者] 章太炎

良心是一种内心的感觉，是对于躁动于我们体内的某种异常愿望的抵制。

——[奥地利精神分析学家] 弗洛伊德

良心是我们自己对自己的反应。

——[美国哲学家、心理学家] 弗洛姆

良心是由人的知识和全部生活方式来决定的。

——[德国思想家] 马克思

当理智和感情完全一致的时候，良心的声音就会在心灵中占据统治地位。

——[苏联教育家] 苏霍姆林斯基

凡是对真理没有虔诚的热烈的敬意的人，绝对谈不到良心，谈不到崇高的生命。

——[法国作家] 罗曼·罗兰

良心是社会秩序的保卫神

良心始终是不顾一切人为的法则而顺从自然的秩序。

——[法国启蒙思想家] 卢梭

良心是守护个人为自我保存所启发的社会秩序的保护神。

——[英国作家] 毛姆

使人做自己举止行为的最严厉的评判者的力量是什么?是良心，它成为行为和理智的捍卫者。

——[苏联教育家] 苏霍姆林斯基

良心是信念的感情哨兵。

——[苏联教育家] 苏霍姆林斯基

良心就是共同商议好的理所当然的东西。

——[苏联作家] 高尔基

高尚的人无论走向何处，身边总有一个坚强的捍卫者——那就是，良心。

——[英国诗人] 司各特

良心的法则，我们自诩为出自天性，其实却源于风俗。

——[法国作家] 蒙田

要听从良心的呼唤

啊! 良心! 良心! 人类最忠实的朋友。

——[苏联作家] 高尔基

良心通常只以沉默的形式说话。

——[德国哲学家] 海德格尔

只有在良心和羞耻心的良好基础

上,人的心灵中才会产生良知。

——[苏联教育家] 苏霍姆林斯基

一个人必须学会怎样听见和理解良心的呼唤,以便按良心而行动。

——[美国哲学家、心理学家] 弗洛姆

当理智和感情完全一致的时候,良心的声音就会在心灵中占据统治地位。

——[苏联教育家] 苏霍姆林斯基

凡是对他人有害的,对我也是有害的;凡是对他人有益的,对我也是有益的;良心总是这样说的。

——[俄国作家] 列夫·托尔斯泰

一个良知纯洁的人,觉得人生是件甜美而快乐的事。

——[俄国作家] 列夫·托尔斯泰

每个人的良心就是为他引航的最好向导。

——[英国作家] 司各特

人应当无愧于自己的良心

压抑自己良心的声音,这是很危险的事情。

——[苏联教育家] 苏霍姆林斯基

当你感到自己是一个人时,唯一的限制就是良知。

——[法国小说家] 杜伽尔

守法和有良心的人,即使有迫切的需要也不会偷窃,可是,即使把百万金元给了盗贼,也没法指望他从此不偷不盗。

——[俄国寓言作家] 克雷洛夫

对人民来说,唯一的权力是法律;对个人来说,唯一的权力是良心。

——[法国作家] 雨果

良心这玩意儿使人变胆怯。想做小偷,害怕谴责;想谩骂、中伤又怕叱责……良心是在人内心造反的最怕寂寞的家伙。

——[英国诗人、戏剧家] 莎士比亚

人生做错了一件事,良心就永久不得安宁。

——[中国翻译家] 傅雷

永不沉睡的良心,不断地鞭笞着人们。

——[法国作家] 蒙田

良心自问正当的,对流言一笑置之。

——[古罗马诗人] 奥维德

对于道德的实践来说,最好的观众就是人们自己的良心。

——[古罗马政治家、雄辩家] 西塞罗

良心的死灰是最令人伤心的事情

没有良心的人,等于一无所有。

——[法国作家] 拉伯雷

谁做了缺德事而只害怕被判刑,不由于自己行为不轨而责备自己,而是由于想到痛苦的后果才胆战心惊,这种人也没有良心,而只有良心的表面罢了。

——[德国哲学家] 康德

凡是对真理没有虔诚热烈的敬意的人,绝对谈不到良心,谈不到崇高的生命,谈不到高尚。

——[法国作家] 罗曼·罗兰

人如果没有良心,哪怕有天大的聪明也活不下去。

——[苏联作家] 高尔基

使良心屈从于信条,或理念,或传统,甚至是内在冲动,那是我们的堕落。

——[英国作家] 劳伦斯

一个人最伤心的事情,无过于良心的死灰,一个社会最伤心的现象,无过于正义的沦亡。

——[中国文学家、史学家] 郭沫若

品格　我们的所作所为足以说明我们是什么样的人

品格是一种内在的力量

品格是一种内在的力量，它的存在能直接发挥作用，而无需借助任何手段。

——[美国作家] 爱默生

品格可以为青春增添光彩，为皱纹和白发增添威严。

——[美国作家] 爱默生

品格如同树木，名声如同树阴。

——[美国政治家] 林肯

品行在我们生活中占据四分之三的位置，它是我们生活中的头等要事。

——[英国诗人] 阿诺德

品行是一个人的内在，名誉是一个人的外貌。

——[英国诗人、戏剧家] 莎士比亚

名气，是世上所有男人跟女人对我们的评价，品格则是上帝跟天使对我们的认识与了解。

——[美国政论家] 潘恩

并不是每一个外表美好的人都有完美的心灵；因为品行在于内心，而不在于外表。

——[波斯诗人] 萨迪

品行是一种很复杂的成果，不仅是意识的成果，而且也是知识、力量、习惯、技能、适应、健康以及最重要的社会经验的成果。

——[苏联教育家] 马卡连柯

一个人的真正权势及钱财产业，不在他的居处、地位或外在关系，而在他自己的品格之中。

——[美国作家] 比彻

良好品格是人性的最高表现

不为私利是世界上最好的一种品德。无私和忘我的精神有多么伟大和美好！

——[法国作家] 大仲马

对一切事情都喜欢，做到准确、严格、正规，这些都不愧是高尚心灵所应有的品质。

——[俄国作家] 契诃夫

良好品格是人性的最高表现。好的品性不仅是社会的良心，而且是国家的原动力；因为世界主要是被德性统治。

——[英国作家] 斯迈尔斯

不管时代的潮流和社会的风尚怎样，人总可以凭着自己高贵的品质，超脱时代和社会，走自己正确的道路。

——[美籍德国人、物理学家] 爱因斯坦

心眼不多可是品性端正的人，倒经常能看穿最狡猾的骗子的诡计。

——[德国诗人] 歌德

完美的品格，是背地里也做可以公开于世的事情。

——[法国作家] 罗曼·罗兰

始终不渝地忠实于自己和别人，就能具备最伟大才华的最高贵品质。

——[德国诗人] 歌德

任何本领都没有比良好的品格与态

度更易受人欢迎,更易谋得高尚的职位。
——[英国哲学家]培根

人的品格总会让别人知道

人们以为品格善恶的表露,是出于明显的行动,却不知在不知不觉之间已泄露了自己的品格。
——[美国作家]爱默生
品格可能在重大时刻表现出来,但它却是在无关重要的时刻形成的。
——[英国诗人]雪莱
人的品格总会让别人知道。哪怕最诡秘的言行,最不可告人的目的,也能反映出一个人的品格。
——[美国作家]爱默生
我们的所作所为足以说明我们是什么样的人。人品给人的印象是意志改变不了的。
——[美国作家]爱默生
被讥讽的事物最能体现讥讽者的品格。
——[德国诗人]歌德

人们似乎没有看到他们对于世界的看法就是他们品质的流露。
——[美国作家]爱默生

品格的形成

可以给予忠告,但不能给予品性。
——[美国政治家、科学家]富兰克林
真正的教育是品格修养之指导。
——[中国教育家]陶行知
才能可以在独处中培养,品格最好还是在世界的汹涌波涛中形成。
——[德国诗人]歌德
人的品行犹如一道篱笆,粉刷并不能使之更坚固。
——[美国歌唱家]罗伯逊
成人人格的影响,对年轻人来说,是任何东西都不能代替的最有用的阳光。
——[俄国教育家]乌申斯基
建筑人格长城的基础就是道德。
——[中国教育家]陶行知

教养

教养就是习惯于从最美好的事物中得到满足

教养是一个人文明程度的表现

优良的品性是内心真正的财富,而衬托这品性的是良好的教养。
——[英国哲学家]洛克
教养中寄寓着极大的向往——对美好和光明的向往。它甚至还有一个更大的向往——使美好和光明战胜一切的向往。
——[英国诗人]阿诺德

在男人身上,智慧和教养最要紧,漂亮不漂亮,对他来说倒算不了什么! 要是你头脑里没有教养和智慧,那你哪怕是美男子,也还是一钱不值。
——[俄国作家]契诃夫
对别人述说自己,这是一种天性;因此,认真对待别人向你述说的他自己的事,这是一种教养。
——[德国诗人]歌德

性情的修养,不是为了别人,而是为自己增强生活能力。

——[日本社会活动家] 池田大作

修养之于心,其重要犹如食物之于身体。

——[古罗马政治家、雄辩家] 西塞罗

努力改善自身才能成为有教养的人

要想有教养,就要去了解全世界都在谈论和思索的最美好的东西。

——[英国诗人] 阿诺德

要使人成为真正有教养的人,必须具备三个品质:渊博的知识、思维的习惯和高尚的情操。

——[俄国哲学家] 车尔尼雪夫斯基

教养不是轻易地从别处买来贴在身上的东西,而是从你本人的生命里层、皮肤底层渗透出来的光彩夺目的情操。

——[日本社会活动家] 池田大作

要想成为有教养的人,就应当用自然的禀赋和实践,此外还宜于从少年时就开始学习。

——[古希腊思想家] 普罗塔哥拉

每一个明辨事理的人都会模仿他所在之地的良好教养,并与之看齐。

——[英国作家] 切斯特菲尔德

宏则希望远大,毅则艰苦卓绝,百折不回。青春修养,果能做宏毅二字,成功者盖十之八九也。

——[中国革命家] 陈独秀

虔诚不是目的,而是手段,是通过灵魂的最纯洁的宁静而达到最高修养的手段。

——[德国诗人] 歌德

以我们一般人而言,最简便的修养方法是读书。

——[中国学者] 梁实秋

一个有教养的人是不轻易炫耀他肚子里的学问的,他可以讲很多东西,但他认为还有许多东西是他讲不好的。

——[法国启蒙思想家] 卢梭

凡有良好教养的人都有一禁诫:勿发脾气。

——[美国作家] 爱默生

关心公益应当是每个有相当教养的人所共同的。

——[俄国作家] 列夫·托尔斯泰

有教养的人或受过理想教育的人,不一定是个博学的人,而是个知道何所爱何所恶的人。

——[中国作家] 林语堂

啊,有修养的人多快乐!甚至别人觉得是牺牲和痛苦的事,他也会感到满意、快乐;他的心随时都在欢跃,他有说不尽的欢乐。

——[俄国哲学家] 车尔尼雪夫斯基

正确的教育在于使外表上的彬彬有礼和人的高尚教养同时表现出来。

——[德国诗人] 歌德

修己而不责人。

——[中国古代史学家] 左丘明

日省其身,有则改之,无则加勉。

——[中国古代学者] 朱熹

修身洁行,言必由绳墨。

——[中国古代政治家、诗人] 王安石

缺乏教养的人是粗鲁的

不要把痰吐在井里,哪天你口渴的时候,也要上井边来喝水的。

——[俄国寓言作家] 克雷洛夫

当众窃窃私语是没有教养的表现。

—— [西班牙作家] 略萨

反唇相讥，恶语相加，是有失一个哲学家（即科学家）和追求真理者的身份的。

—— [英国诗人] 哈维

在缺乏教养的人身上，勇敢就会成为粗暴，学识就会成为迂腐，机智就会成为逗趣，质朴就会成为粗鲁，温厚就会成为谄媚。

—— [英国哲学家] 洛克

没有教养、没有学识、没有实践的人的心灵好比一块田地，这块田地即使天生肥沃，但倘若不经耕耘和播种，也是结不出果实来的。

—— [德国作家] 格里美尔斯豪森

美德 你的美德即是你灵魂的健康

由美德燃起的爱永远燃起其他的爱，只要它的光焰向外射放出来。

—— [意大利诗人] 但丁

真正的美德就像河流一样，越深越无声。

—— [英国政论家] 哈利法克斯

你的美德即是你灵魂的健康。

—— [德国哲学家] 尼采

人的美德的荣誉比他财富的名誉不知大多少倍。岂不见多少人在钱财上一贫如洗，但在美德上却是富豪呢？

—— [意大利画家] 达·芬奇

美德是天使，但它是盲目的天使，必须请求"知识"给它指引通向其目的地的路径。

—— [美国教育家] 霍勒斯

最高的美德便是为旁人着想。

—— [法国作家] 雨果

最有美德的人，是那些有美德而不从外表表现出来却仍然感到满足的人。

—— [古希腊哲学家] 柏拉图

做一个正直的人，就必须把灵魂的高尚与精神的明智结合起来。

—— [法国启蒙思想家] 爱尔维修

探索别人身上的美德，寻找自己身上的恶习。

—— [美国政治家、科学家] 富兰克林

甘居下位不算美德；能往下降才是美德，承认低于我们的事物高于我们，也是一种美德。

—— [德国诗人] 歌德

美德是一种战争状态，我们生活于其中，就要常常与自己作斗争。

—— [法国思想家] 卢梭

美德的最大秘密就是爱，或者说，就是逾越我们自己的本性，而融入旁人的思想、行为或人格中存在的美。

—— [英国诗人] 雪莱

幸运的美德是节制，逆境的美德是坚忍。

—— [英国哲学家] 培根

好人死了，尽管生命结束，而他们的美德并不消失；坏人死了，他们的一切统统消亡，并随同他们的尸体埋入地下。

—— [古希腊悲剧家] 欧里庇得斯

点燃了的火炬不是为了火炬本身，就像我们的美德应该超过自己照亮别人。

—— [英国诗人、戏剧家] 莎士比亚

真诚

始终不渝地忠实于自己和别人

真诚是人生最高的美德

诚者,天之道;思诚者,人之道也。

——[中国思想家] 孟子

真诚是人生最高的美德。

——[英国作家] 乔叟

讲真话是演说家的美德。

——[古希腊哲学家] 柏拉图

始终不渝地忠实于自己和别人,就能具备最伟大的才华和最高的贵品质。

——[德国诗人] 歌德

诚实是智慧之书的第一章。

——[美国政治家] 杰弗逊

没有诚实何来尊严?

——[古罗马政治家、雄辩家] 西塞罗

诚实是人生的命脉,是一切价值的根基。

——[美国作家] 德莱塞

诚实是一个人得以保持的最高尚的东西。

——[英国诗人] 乔叟

忠诚需要完完全全的真实。

——[法国画家] 夏尔丹

世界上最聪明的人是最诚实的人

诚实和勤奋,应当成为你永久的伴侣。

——[美国政治家、科学家] 富兰克林

我的座右铭:第一是诚实,第二是勤勉,第三是专心工作。

——[美国教育家、作家] 卡耐基

诚实人说的话,像他的抵押品那样可靠。

——[西班牙小说家] 塞万提斯

世界上最聪明的人是最老实的人,因为只有老实人才能经得起事实和历史的考验。

——[中国政治家] 周恩来

始终不渝地忠实于自己和别人,就能具备最伟大才华的最高贵品质。

——[德国诗人] 歌德

你要宣扬你的一切,不必用你的言语,要用你的本来面目。

——[法国启蒙思想家] 卢梭

随时准备开诚布公地说出你的想法,那样,卑鄙的人就会远远避开你。

——[美国诗人] 布莱克

当一个人不仅对别人,甚至对自己都不会有一丝欺骗的时候,他的这种特性就是真挚。

——[俄国作家] 柯罗连科

要让新结识的人喜欢你,愿意多了解你;诚恳老实是最可靠的办法,是你能够使出来的"最大的力量"。

——[美国作家] 艾琳·卡瑟拉

我宁愿以诚实获得一百名敌人的攻击,也不愿以伪善获得十个朋友的赞扬。

——[匈牙利诗人] 裴多菲

我希望自己有足够的勇气和美德来保持我认为是所有头衔中最令人羡慕的品质——一个"老实人"的品质。

——[美国政治家] 华盛顿

走正直诚实的生活道路,必定会有一个问心无愧的归宿。

——[苏联作家] 高尔基

痛苦也有它的庄严，能够使俗人脱胎换骨。要做到这一步，只要做人真实就行。

——[法国作家] 巴尔扎克

我要求别人诚实，我自己就得诚实。

——[俄国作家] 陀思妥耶夫斯基

真诚才能打动人心

真者，精诚之至也，不精不诚，不能动人。

——[中国古代思想家] 庄子

诚实是最好的政策。

——[美国政治家、科学家] 富兰克林

至诚则金石开。

——[中国近代启蒙思想家] 康有为

人与人之间的相互关系中对人生的幸福最重要的莫过于真实、诚意和廉洁。

——[美国政治家、科学家] 富兰克林

真正的魅力是真诚的自我表露……当你把自己独有的一面显示别人，魅力就随之而来。

——[意大利影星] 索菲娅·罗兰

伟大的诚实是雄辩的利斧。

——[法国] 罗曼·罗兰

坦白直爽最能得人心。

——[法国作家] 巴尔扎克

唯有真诚者才能识别真诚

虚伪的真诚，比魔鬼更可怕。

——[印度诗人] 泰戈尔

像我们所有的节操一样，诚实应当分成消极与积极两类。消极的诚实便是在没有发财的机会时，他是诚实的；积极的诚实是每天受着诱惑而毫不动心，例如收账员的诚实。

——[法国作家] 巴尔扎克

你必须对你自己忠实，正像有了白昼才有黑夜一样，对自己忠实，才不会对别人欺诈。

——[英国诗人、戏剧家] 莎士比亚

被人揭下面具是一种失败，自己揭下面具是一种胜利。

——[法国作家] 雨果

唯有真诚者才能识别真诚。

——[英国作家] 卡莱尔

巧诈不如拙诚。

——[中国古代思想家] 韩非

只有在自己诚实之时，才会一眼看出身旁不诚实的人。

——[日本社会心理学家] 加藤谛三

正直　离开了正直和信任，就没有爱情，没有友谊

坦白正直地待人是人性的光荣

聪明正直者为神。

——[中国古代文学家] 柳宗元

为人善良和正直才是最光荣。

——[法国思想家] 卢梭

即使那些行为并不坦白正直的人也会承认坦白正直地待人是人性的光荣。

——[英国哲学家] 培根

离开了正直和信任，就没有爱情，没有友谊。

——[苏联作家] 普里列扎耶娃

其身正，不令而行

人要正直，因为在其中有雄辩和德行的秘诀，有道德的影响力。

——[瑞士作家] 阿密埃尔

能保有这高贵与正直，即使在财富地位上没有大收获，内心也是快乐和满足的。

——[中国作家] 罗兰

其身正，不令而行；其身不正，虽令不从。

——[中国古代思想家] 孔子

给人幸福的不是身体上的好处，也不是财富，而是正直和谨慎。

——[古希腊哲学家] 德谟克利特

你如果要避免永远的刑罚，就必须走正直而狭窄的路。

——[美国作家] 德莱塞

大胆地走正直的道路

做一个圣人，那是特殊情形；做一个正直的人，那却是为人的正轨。

——[法国作家] 雨果

对一个有优越才能的人来说，懂得平等待人，是最伟大、最正直的品质。

——[英国散文家] 斯梯尔

我大胆地走正直的道路，绝不有损

于正义与真理而诏媚和敷衍任何人。

——[法国启蒙思想家] 卢梭

你若正直，不要怕人诽谤。

——[波斯诗人] 萨迪

有德必有勇，正直的人决不胆怯。

——[英国诗人、戏剧家] 莎士比亚

做个正直的人，就必须把灵魂的高尚与精神的明智结合起来。

——[法国启蒙思想家] 爱尔维修

正像太阳会从乌云中探出头来一样，布衣粗服，可以格外显出一个人的正直。

——[英国诗人、戏剧家] 莎士比亚

正直的人最吃力的工作是经常把难消除的恶念从人类的灵魂上消除出去。

——[法国作家] 雨果

正直的人必须和正直的人为伍，因为谁能够那样刚强，不受诱惑呢？

——[英国诗人、戏剧家] 莎士比亚

正直的人是一切人中最不为不安所苦者，不正直的人永远为不安所苦。

——[古希腊哲学家] 伊壁鸠鲁

做好人容易，做正直的人却难。

——[法国作家] 雨果

一个正直的人要经过长久的时间才能看得出来，一个坏人只要一天就认得出来。

——[古希腊诗人] 索福克拉斯

谦虚　当我们是大为谦卑的时候，便是我们最近于伟大的时候

谦虚是最宝贵的美德

善良和谦虚是永远不应令人厌恶

的两种品德。

——[英国发明家] 斯蒂文森

一种美德的幼芽、蓓蕾，这是最宝贵

的美德,是一切道德之母,这就是谦逊。

——[西班牙小说家]加尔多斯

智慧是宝石,如果用谦虚镶边,就会更加灿烂夺目。

——[苏联作家]高尔基

谦逊是一切美德的基础。

——[英国诗人]贝利

一切真正的和伟大的东西,都是淳朴而谦虚的。

——[俄国文艺评论家]别林斯基

当我们是大为谦卑的时候,便是我们最近于伟大的时候。

——[印度诗人]泰戈尔

虚心使人进步,骄傲使人落后,我们应当永远记住这个真理。

——[中国政治家、军事家]毛泽东

谦和的态度,常会使别人难以拒绝你的要求,这也是一个人无往不胜的要诀。

——[日本电子之父]松下幸之助

虚心对于任何人,在任何时间和任何地点,做任何事情都是非常必要的。

——[中国史学家]邓拓

对上级谦恭是本分,对平辈谦逊是和善,对下级谦逊是高贵,对所有的人谦逊是安全。

——[古希腊哲学家]亚里士多德

感到自己渺小的时候,才是巨大收获的开头。

——[德国诗人]歌德

宁肯谦虚些,但要扎实些。

——[苏联军事家]伏龙芝

人因为博学才谦逊

不管人们把你们评价得多么高,但你们永远要有勇气对自己说,我是个毫无所知的人。

——[俄国生理学家]巴甫洛夫

你愈是少说你的伟大,我将愈想到你的伟大。

——[英国哲学家]培根

人因为博学才谦逊,因为勇于牺牲才力量无比。

——[英国诗人]吉卜林

若想得到好评,就不要过分地罗列自己的优点。

——[法国物理学家]帕斯卡

旅行使人变得谦虚。因为,它使你领悟,人在世界上所占的地位是多么的渺小。

——[法国作家]福楼拜

在正确意义上:唯有苦恼,才会使人变谦虚。

——[瑞士学者]希尔泰

微少的知识使人骄傲,丰富的知识则使人谦逊,所以空心的禾穗高傲地举头向天,而充实的禾穗则低头向着大地,向着它们的母亲。

——[意大利画家]达·芬奇

谦逊基于力量,高傲基于无能。

——[德国哲学家]尼采

只有坚强的人才谦虚。

——[俄国哲学家、作家]赫尔岑

谦虚的人固有自知之明

傻子自以为聪明,但聪明人知道自己是个傻子。

——[英国诗人、戏剧家]莎士比亚

知道自己知道什么,也知道自己不知道什么,这就是真正的知识。

——[美国经济学家]梭罗

一个真正的伟人其第一个考验即

是谦让。

——[英国政论家]罗斯金

伟人多谦虚，小人多骄傲。太阳穿一件朴素的光衣，白云却披了灿烂的裙裾。

——[印度诗人]泰戈尔

不炫耀自己本领的人才是真有本领。

——[法国作家]拉罗什富科

为人当以谦逊为荣，骄傲为耻。

——[法国作家]蒙田

谦虚的男人决不讲述自己的事。

——[法国作家]拉布吕耶尔

知人者智，自知者明。

——[中国古代思想家]老子

人只有借着比较才能知道自己。

——[俄国作家]列夫·托尔斯泰

小人以己之过为人之过，每怨天而尤人；君子以人之过为己之过，每反躬而责己。

——[中国作家]弘一大师

自我炫耀者是天下最悲哀的人

炫耀自己的知识就等于看不到光明。

——[美国政治家、科学家]富兰克林

天下最悲哀的人莫过于本身没有足以炫耀的优点，却又将其可怜的自卑感，以令人生厌的自大、自夸来掩饰。

——[美国教育家、作家]卡耐基

凡过于把幸运之事归功于自己的聪明和智谋的人多半结局是很不幸的。

——[英国哲学家]培根

念念不忘自己长处的人，会使别人想起他的短处。

——[英国评论家]赫兹里特

不谦虚的话只能有这个辩解，即缺少谦虚就是缺少见识。

——[美国政治家、科学家]富兰克林

对骄傲的人不要谦虚，对谦虚的人不要骄傲。

——[美国政治家]杰弗逊

过分的谦虚并不可取

过分的谦虚，是对自然的一种忘恩负义。

——[法国哲学家]拉梅特利

过分谦逊会产生暴戾，软弱让步会产生自私。

——[英国作家]夏·勃朗特

谦卑要适当，这才最保险。

——[英国诗人]史密斯

把高傲伪装起来，并不就是谦虚。不如暴露自己某些不能克制的缺点，把它变成一种力量。

——[法国小说家]杜伽尔

自制　知道在适当的时候自动管制自己的人就是聪明人

自制或忍耐是理性能力的一种完美，它对情欲持久反抗，以免理性能力之沦丧。

——[意大利哲学家]阿奎那

自制是金光灿灿的马缰。

——[英国作家]伯顿

谨慎和自制是智慧的源泉。

——[英国诗人]彭斯

自尊、自知、自制，只有这三者才能把生活引向最尊贵的王国。

——[英国诗人] 丁尼生

我觉得一个人的生活如缺少了自身的节律，那么他就与禽兽无异。人之所以为人，就因为他能抑制自己。

——[印度政治家] 甘地

凡是能使我们的精神获得自由而又不给我们自制能力的事物，都是毁灭性的。

——[德国诗人] 歌德

有了自制力，就不会与人翻脸，或暴露出足以引起不幸的弱点。

——[美国发明家] 莱特

知道在适当的时候自动管制自己的人就是聪明人。

——[法国作家] 雨果

人最重要的价值在于克制自己本能的冲动。

——[英国作家] 塞缪尔·约翰生

能够把握住自己的人很快就能控制别人。

——[英国作家] 托马斯·富勒

自我控制是最强者的本能。

——[英国作家] 萧伯纳

征服自己的一切弱点，正是一个人伟大的起始。

——[中国作家] 沈从文

如果你不能统治你的国家，至少你应当设法统治自己。

——[英国作家] 萧伯纳

我以为，克制自己欲望的人比战胜敌人的人更勇敢，因为征服自我是最艰难的。

——[古希腊哲学家] 亚里士多德

明智地克制自己就是有力量的表现。

——[美国诗人] 洛威尔

抑制自己，免于愤怒的最好办法是：当别人愤怒时，你冷静观察那是怎样的一副德性。

——[古罗马哲学家、悲剧作家] 塞涅卡

征服自己的感情和愤怒，就能征服一切。

——[古罗马诗人] 奥维德

最大的胜利就是战胜自己。

——[苏联作家] 高尔基

倘若你想征服全世界你就得征服自己。

——[俄国作家] 陀思妥耶夫斯基

自制力知道，最有分寸的欲望并不是为所欲为的，而是适可而止的。

——[古罗马哲学家、悲剧作家] 塞涅卡

人的自制犹如火车的制动闸，当你发现方向错了，用它是有益的；如果方向正确，用了它却是有害的。

——[英国哲学家] 罗素

宽容 心不是靠武力征服，而是靠爱和大度征服

宽容即要能容人

宽恕人家所不能宽恕的，是一种高贵的行为。

——[英国诗人、戏剧家] 莎士比亚

能宽恕别人是一件好事，但如果能

将别人的错误忘得一干二净那就更好。
　　——［英国诗人］勃朗宁
宽宏精神是一切事物中最伟大的。
　　——［英国空想社会主义者］欧文
能有容纳各种不同意见的雅量是
文化所表现的一个好现象。
　　——［德国哲学家］尼采
若无宽恕，生命将被永无休止的
仇恨和报复所控制。
　　——［俄国诗人］莱蒙托夫
大肚能容，容天下难容之事，慈颜
常笑，笑世间可笑之人。
　　——［中国古代皇帝］朱元璋
容许别人有行动和判断的自由，
对不同于自己或传统观点的见解，要
有耐心和公正的容忍。
　　——［美国学者］房龙
当你宽容别人的时候，你就不会
感到自己和别人站在敌对的位置。
　　——［中国作家］罗兰
江海不与坎井争其清，雷霆不与
蛙蚓斗其声。
　　——［中国古代学者］刘基
让我们尽量相信每个有坏处的人
都有他值得人同情和原谅的地方。一
个人的过错，常常并不只是他一个人
所造成的。
　　——［中国作家］罗兰
与人为善就是善于宽谅。
　　——［美国诗人］弗罗斯特
紫罗兰把它的香气留在那踩扁了
它的脚踝上，这就是宽恕。
　　——［美国作家］马克·吐温
能容小人，方成君子。
　　——［中国古代作家］冯梦龙
没有什么人比那些不能容忍别人

错误的人更经常犯错误的。
　　——［法国作家］拉罗什富科

宽容相谅是良好人际关系的基础

读书可以广智，宽恕可以交友。当
你能以豁达光明的心地去宽容别人的
错误时，你的朋友自然就多了。
　　——［中国作家］罗兰
谁若想在困厄时得到援助，就应
在平日待人以宽。
　　——［波斯诗人］萨迪
宽容产生的道德上的震动比责罚
产生的要强烈得多。
　　——［苏联教育家］苏霍姆林斯基
宽恕和受宽恕的难以言喻的快乐，
是连神明都会为之羡慕的极大乐事。
　　——［美国作家］哈伯德
我宽恕你，你便原谅我，这是千古
不变的道理。
　　——［英国诗人］布莱克
虽然整个社会都建立在互不相让
的基础上，可是良好的关系却是建筑
在宽容相谅的基础上的。
　　——［英国作家］萧伯纳
心不是靠武力征服，而是靠爱和
大度征服。
　　——［荷兰哲学家］斯宾诺莎
忘却即是宽恕。
　　——［美国作家］菲茨杰拉德

心胸宽广的人是最明理的人

如果他能原谅宽容别人冒犯，就
证明他的心灵乃是超越了一切伤害的。
　　——［英国哲学家］培根
那些最明理的人，永远都是最宽

容的人。
　　——[法国启蒙思想家] 爱尔维修
　　对于所受的伤害，宽恕比复仇更高尚，鄙视比雪耻更有气派。
——[美国政治家、科学家] 富兰克林
　　无论天使或人，都决不会因为过分宽容而遇到危险。
　　　　　　　　——[英国哲学家] 培根
　　尽量宽恕别人，而决不要原谅自己。
　　　　　　　——[古罗马诗人] 贺拉斯
　　残酷地批评自己，无限地宽恕别人，这才有进步。
　　　　　　　　　——[中国作家] 叶紫

宽容并不等于放纵罪恶

　　我们常常原谅那些使我们厌烦的人，却不能原谅那些察觉我们厌烦的人。
　　　　　——[法国作家] 拉罗什富科

　　你对愚人过于宽纵，他将更加倨傲不恭。
　　　　　　　　——[波斯诗人] 萨迪
　　谁都饶恕与谁都不饶恕同样残忍。
——[古罗马哲学家、悲剧作家] 塞涅卡
　　聪明人对于恶徒的无礼决不可宽容。因为这对双方都会有害；前者的威严受到损失，后者的气焰将更为嚣张。
　　　　　　　　——[波斯诗人] 萨迪
　　事事皆通，也即一窍不通；事事宽容，也即毫无宽容。
　　　　　——[西班牙哲学家] 乌纳穆诺
　　说"我能原谅，但我忘不了"，是"我不能原谅"的另一种说法。
　　　　　　　　——[美国作家] 比彻
　　宽容并不等于放纵。
　　　　　　　——[中国学者] 俞吾金

自尊　人应尊敬自己，并应自视能配得上最高尚的东西

自尊自爱是一切伟大事业的渊源

　　自尊心是一个人灵魂中的伟大杠杆。
　　　　——[俄国文艺评论家] 别林斯基
　　自尊心是一种美德，是促使一个人不断向上发展的一种原动力。
　　　　　　　　——[英国作家] 毛姆
　　自重是一个人整日穿着的最华贵的衣饰，它能激起人们最高尚的情感。
　　　　　　　——[英国作家] 斯迈尔斯
　　自尊自爱，作为一种力求完善的动力，是一切伟大事业的渊源。
　　　　　　　——[俄国作家] 屠格涅夫
　　自信心与自尊心是相辅相成的，

　　没有自尊心的人，决不会有自信心。
　　　　　　　　——[英国作家] 毛姆
　　人不可有傲气，但不可无傲骨。
　　　　　　　——[中国画家] 徐悲鸿

自尊者才会得到别人的尊重

　　一个正直的人，无论在什么地方，都应该知道自重。
　　　　　　　——[法国作家] 巴尔扎克
　　人应尊敬自己，并应自视能配得上最高尚的东西。
　　　　　　　——[德国哲学家] 黑格尔
　　谁自重，谁就会得到尊重。
　　　　　　　——[法国作家] 巴尔扎克

尊重上帝要先于圣人，尊重英雄要先于常人，尊重父母要先于他人，然而最重要的是尊重自己。

——[古希腊数学家]毕达哥拉斯

真能自尊者，有皑皑冰雪之志节，然后能显其落落云鹤之精神；有谡谡松风之德操，然后能载其岳岳千仞之气概。

——[中国近代启蒙思想家]梁启超

无论是别人在跟前或者自己单独的时候，都不要做一点卑劣的事情：最要紧的是自尊。

——[古希腊数学家]毕达哥拉斯

尊重自己的同时也要尊重别人

卑己而尊人是不好的，尊己而卑人也是不好的。

——[中国教育家]徐特立

一个自重的人具有重大的价值，他须得高尚与善良俱全……他对高贵者矜持，对普通人和蔼。

——[古希腊哲学家]亚里士多德

自尊心是一个膨胀的气球，戳上一针就会发出大风暴来。

——[法国启蒙思想家]伏尔泰

自尊不是轻人，自信不是自满，独立不是孤立。

——[中国教育家]徐特立

在影响学生的内心世界时，不应挫败他们心灵中最敏感的一个角落——人的自尊心。

——[苏联教育家]苏霍姆林斯基

5

心灵与情感

世界上最宽阔的东西是海洋，比海洋更宽阔的是天空，比天空更宽阔的是人的心灵。

——［法国作家］雨果

心灵

要散布阳光到别人心里，先得自己心里有阳光

心灵美

人的美并不在于他的外表，而在于他的内心，我们常常会厌恶他漂亮的外表。

——[俄国剧作家] 奥斯特洛夫斯基

仪表、衣着、装饰的美好固然可以给人以美感，而心灵的美、智慧的美、行为的美所能够激发起的人们的美感，总是要比前者强烈得多。

——[中国作家] 秦牧

心地善良总是和美貌连在一起的。常言说得好，面容是内心的镜子。

——[西班牙作家] 巴尔德斯

外表美的缺陷可以用内心美来弥补，而心灵的卑劣却不是外表美可以抵消的。

——[中国作家] 秦牧

要散布阳光到别人心里，先得自己心里有阳光。

——[法国作家] 罗曼·罗兰

最高贵的心，有着最高贵的满足。

——[荷兰哲学家] 斯宾诺莎

心灵的力量

英勇是一种力量，但不是腿部和臂部的力量，而是心灵和灵魂的力量。

——[法国作家] 蒙田

心比思想更有权威。

——[匈牙利诗人] 裴多菲

心灵有它自己的地盘，在那里可以把地狱变成天堂，也可以把天堂变成地狱。

——[英国诗人] 弥尔顿

任何一种文化不经过心灵的重塑和体验，就会丧失人性，缺乏人道精神。

——[美国作家] 海伦·凯勒

永远要记住，你的心灵就是你一生的宝藏，你要不断地挖掘它。

——[美国教育家、作家] 卡耐基

心灵的伟大表现得并不明显，因为它总是把自己隐藏起来，一点小小的创见往往就是它的全部表现。

——[法国作家] 司汤达

心灵与自然相结合才能产生智慧，才能产生想象力。

——[美国经济学家] 梭罗

心灵的净化

和自己的心进行斗争是很难堪的，但这种胜利往往标志着这是深思熟虑的人。

——[古希腊哲学家] 德谟克利特

世界上最宽阔的东西是海洋，比海洋更宽阔的是天空，比天空更宽阔的是人的心灵。

——[法国作家] 雨果

如烟往事俱忘却，心底无私天地宽。

——[中国政治家] 陶铸

伟大的心像海洋一样，永远不会封冻。

——[英国政论家] 白尔尼

心灵的外化

人应该装饰的是心灵，不是肉体。

——[苏联作家] 高尔基

世界上的人从外表看来是各色各样的,但是如果把内心稍稍揭开,那种无所依归和心灵不安的情况,则是彼此相通的。

—— [苏联作家] 高尔基

男人的嘴是通向心灵的门户,女人的嘴是倾诉心事的窗口。

—— [美国作家] 安·比尔斯

心灵最深切关注的一切,只能经由嘴唇吐出的言辞讨论。

—— [德国诗人] 歌德

唯有人的心灵才是真实的。严格来说,相貌不过是一种面具,真正的人在人的内部。

—— [法国作家] 雨果

心与心之间的距离是最近的,也是最远的。

—— [中国学者] 周国平

头脑跟心灵一样最忌空虚。心灵空虚能够产生爱情,头脑空虚往往产生憎恨。

—— [法国作家] 雨果

情感

情感的本身来源于我们的需要,而情感的发展则来源于我们的认识

情感是痛苦与快乐的源泉

情感就是对自己的爱,对痛苦的忧虑,对死亡的恐惧和对幸福的向往。

—— [法国启蒙思想家] 卢梭

情感——这是道德信念、原则和精神力量的核心和血肉;没有情感,道德就会变成枯燥无味的空话,只能培养伪君子。

—— [苏联教育家] 苏霍姆林斯基

与其过有思想的生活,莫如去体验有情感的生活。

—— [英国诗人] 济慈

谁脸上不发出光明,谁就永远不会变成一颗星。

—— [英国诗人] 布莱克

爱能毁灭一切,也能造成一切。

—— [中国武侠小说家] 古龙

人们无穷无尽地痛斥情感,人们把人的一切痛苦都归罪于情感,而忘记了情感也是它一切快乐的源泉。

—— [法国启蒙思想家] 狄德罗

人类具有丰富的情感

情感,是指嗜欲、愤怒、恐惧、自信、嫉妒、喜悦、友情、憎恨、渴望、好胜心、怜悯心和一般伴随痛苦或快乐的各种感情。

—— [古希腊哲学家] 亚里士多德

所有情感都有自己特定的声调、姿势和面孔,正是这种好或坏、愉快或不快的添加使人们喜爱或讨厌它们。

—— [法国作家] 拉罗什富科

人的感情和行为千差万别,正如在鹰钩鼻子和塌鼻子之间,还可能有各式各样的鼻子。

—— [德国诗人] 歌德

野心、贪婪、自爱、虚荣、友谊、慷慨、公共精神,这些在不同程度上掺杂在一起而遍布社会的情感,有史以来一直是所有行动和事业的动因。它们已为人类所注视。

—— [英国哲学家] 休谟

最深沉的感情往往是以最冷漠的方式表现出来的，最轻浮的感情常常是以最热烈的方式表现出来的。

——［中国诗人］汪国真

情感丰富固然是一切美德的源泉，但也是酿成许多灾难的始因。

——［美国政治家］杰弗逊

多情的人，就难免脆弱。一个人的本身若是很脆弱，无论他的剑法多么坚强，都已不足惧。

——［中国武侠小说家］古龙

情感的显露与倾泄

女人哭泣是一种由沉重而轻松的快慰，男人哭泣是一种由无奈而绝望的痛苦。

——［中国作家］原野

眼泪是悲哀的无声的言辞。

——［法国启蒙思想家］伏尔泰

不会哭的年轻人是野蛮人，不会笑的老年人是傻瓜。

——［美国哲学家］桑塔亚那

眼色是女子们常用以补充她们对于一个男子的意见。

——［法国作家］小仲马

人们用迸发出的歌唱来发泄强烈的情感，像我们观察到人们在最伤心和最欢乐的时候所表现的。

——［意大利哲学家］维柯

只有深哀和极乐才能显露你的真实。

——［黎巴嫩作家］纪伯伦

情感的变化无常

人可以控制行为，却不能约束感情，因为感情是变化无常的。

——［德国哲学家］尼采

在不同的环境中，人类的情感怎样变幻无常啊！我们今天所爱的，往往是我们所恨的；我们今天所追求的，往往是我们明天所逃避的；我们今天所愿望的，往往是我们明天所害怕的，甚至是胆战心惊的。

——［英国小说家］笛福

我不喜欢情感中的三种变化：悲伤时忽然发笑；忧郁时突然暴跳；愤怒时突然恐惧。特别是最后一种，我厌恶并且鄙夷。

——［中国作家］刘心武

情感的本身来源于我们的需要，而情感的发展则来源于我们的认识。

——［法国启蒙思想家］卢梭

情感衰退使杰出的人衰退。

——［法国启蒙思想家］狄德罗

不做情感的奴隶

理性为感情所掌握，如同一个软弱的人落在泼辣的妇人手中。

——［波斯诗人］萨迪

情感在很大程度上依赖于悟性。由于情感的活动，我们的理性才能够趋于完善。

——［法国启蒙思想家］卢梭

情感像吹动帆船的风力，理智则是把持方向的舵手。

——［德国经济学家］舒尔茨

做自己感情的奴隶比做暴君的奴仆更为不幸。

——［古希腊数学家］毕达哥拉斯

所有一切我们能够加以控制的情感都是合法的，所有一切反过来控制我们的欲念就是犯罪。

——［法国启蒙思想家］卢梭

只受感情支配的人无异于精神上的幼儿。

—— [日本社会活动家] 池田大作

所有的感情在本性上都是好的，我们应当避免的只是它们的误用或滥用。

—— [法国哲学家] 笛卡尔

我们对于情感的理解愈多，则我们愈能控制情感，则心灵感受情感的痛苦也愈少。

—— [荷兰哲学家] 斯宾诺莎

人的情感，人的理智，这两重灵性的发达与天赋，不一定是平均的。有些人，是理智胜于情感，有些人是情感溢于理智。

—— [中国作家] 郁达夫

快乐

快乐之道不在做自己喜爱的事，而在喜爱自己不得不做的事

我们所谓的快乐是指身体的无痛苦和灵魂的无纷扰。

—— [古希腊哲学家] 伊壁鸠鲁

人生最大的快乐不在于占有什么，而在于追求什么的过程。

—— [加拿大作家] 班廷

有一个方法可以让自己好看，就是尽量保持快乐的心境。

—— [中国台湾诗人] 席慕蓉

快乐就是健康，忧郁就是疾病。

—— [美国作家] 马克·吐温

就是最丑陋的人，脸上若有了从心底发出的笑容，看起来也会显得容光焕发，可爱得多。

—— [中国武侠小说家] 古龙

要想别人快乐，先得自己快乐。

—— [法国作家] 罗曼·罗兰

唯独具有最高尚和最快乐性格的人才会感染周围的人的快乐。

—— [俄国作家] 陀思妥耶夫斯基

快乐之道不在做自己喜爱的事，而在喜爱自己不得不做的事。

—— [英国小说家] 巴里

悲痛能够自足，但要理解欢乐的全部价值，你必须找一个人分享它。

—— [美国作家] 马克·吐温

还有谁比一个身体健康，没有债务和问心无愧的人更快乐？

—— [英国经济学家] 亚当·斯密

"留住快乐，忘记烦恼"，这就是我们找到快乐生活的秘诀之一。

—— [中国作家] 罗兰

一个人生活上的快乐，应该来自尽可能减少对外来事物的依赖。

—— [古罗马哲学家] 爱比克泰德

我所知道的最大的快乐是：暗地里做一件好事，而偶然地被发现。

—— [法国小说家] 左拉

并不是我们所拥有的东西使我们快乐，而只有我们喜欢的东西才能给我们带来快乐。

—— [英国作家] 伯顿

人的智慧就是快乐的源泉。

—— [意大利作家] 薄伽丘

一个不欣赏自己的人，是难以快乐的。

—— [中国作家] 三毛

牙齿痛的人，想世界上有一种人

最快乐，那就是牙齿不痛的人。
——[英国作家]萧伯纳
快乐的心情使一碟菜成为盛宴。
——[法国作家]罗曼·罗兰
我们为欢乐而生，为欢乐而战斗，我们也将为欢乐而死。因此，永远也不要让悲哀同我们的名字联系在一起。
——[捷克斯洛伐克作家]伏契克
快乐在人生里，好比引诱孩子吃药的方糖，更像跑狗场里引诱狗赛跑的电兔子。几分钟或几天的快乐诱我们活了一世，忍受着许多痛苦。我们希

望它来，希望它留，希望它再来——这三句话概括了整个人类努力的历史。
——[中国学者]钱钟书
欢笑是人类的专利。
——[法国作家]拉伯雷
笑是生活中不可缺少的甘甜调料，没有笑声的生活是一种酷刑。没有笑，生活就不成其生活。
——[中国相声艺术家]侯宝林
最虚度的一天就是没有笑的那天。
——[法国作家]尚福尔
谁笑到最后，谁就笑得最好。
——[英国剧作家]范布勒

灵魂　追求对灵魂好的东西，就是追求神圣的东西

灵魂就是主宰我们的帝王。
——[古罗马哲学家、悲剧作家]塞涅卡
一个伟大的灵魂，会强化思想和生命。
——[美国作家]爱默生
世界上唯一有价值的东西就是一个人充满活力的灵魂。
——[美国作家]爱默生
追求对灵魂好的东西，是追求神圣的东西；追求对肉体好的东西，是追求凡俗的东西。
——[古希腊哲学家]德谟克利特
灵魂的力量比任何命运都强大……凭着自己的力量，他既能造福于生活，也能给生活带来不幸。
——[古罗马哲学家、悲剧作家]塞涅卡
有灵魂的人可以在诗中找到知己。
——[英国小说家]梅瑞狄斯
眼底江山皆净域，毫端兰竹见灵魂。
——[中国书法家]许乃钊

与心作斗争是很难的，因为每一个愿望都是以灵魂为代价换来的。
——[古希腊哲学家]赫拉克利特
在任何地方，人的灵魂都站在光明与黑暗两个半球之间，处在必要与自由意志两处永远敌对的帝国的边界上。
——[英国作家]卡莱尔
灵魂如果没有确定的目标，它就会丧失自己，因为俗语说得好，无所不在等于无所在。
——[法国作家]蒙田
在衣着上你可以不修边幅，但切不可让灵魂染上污点。
——[美国作家]马克·吐温
物质上的不足是容易弥补的，而灵魂的贫穷则无法补救。
——[法国作家]蒙田
人一旦失去了灵魂，就会手足无措。
——[英国作家]塞缪尔·约翰生

人类明白了肉体的药不灵验时，才寻找出灵魂之药。

——[德国哲学家] 费希特

从历史上看，死抱住僵化的观点不放是绝对无法砸断锁链或解放人类灵魂的。

——[美国作家] 马克·吐温

感情

在感情的世界里，情深意真的人自然会心心相通

感情的力量

感情虽然难以控制，但却是一种强大的动力。

——[美国作家] 爱默生

感情有股熏陶的力量：一个人不论如何粗俗，只要表现出一股真实而强烈的情感，就有种特殊的气息，使容貌为之改观，举动有生气，声音有音色。

——[法国作家] 巴尔扎克

感情在无论什么东西上都能留下痕迹，并且能穿越空间。

——[法国作家] 巴尔扎克

人们的自觉行动是受感情支配的。

——[英国空想社会主义者] 欧文

感情和愿望是人类一切努力和创造的背后动力。

——[美籍德国人、物理学家] 爱因斯坦

感情的交流与沟通

任何感情只有在自然的时候才有价值。

——[俄国作家] 柯罗连科

只有经受了考验，经历了生活患难的感情，才是真正的感情。

——[苏联作家] 格·马尔科夫

等到肉体衰老之后，对人生无所期待的时候，无拘无束的感情才恢复它们的地位，而像小孩子一样的眼泪也会重新流出来。

——[法国作家] 罗曼·罗兰

唯有恰如其分的感情才最容易为人们所接受，所珍惜。

——[法国作家] 蒙田

不尊重别人感情的人，最终只会引起别人的讨厌和憎恨。

——[美国教育家、作家] 卡耐基

在感情的世界里，尽管关山阻隔，情深意真的人自会心有灵犀。

——[奥地利作家] 茨威格

感情的滥用

所有的感情在本质上都是好的，我们应当避免的只是对它们的误用或滥用。

——[法国哲学家] 笛卡尔

这是人类的弱点：人人都喜欢表露感情，以致在内心的冲动中暂时忘掉了日常生活的利益。

——[俄国哲学家] 车尔尼雪夫斯基

多愁善感是用自己并非真正具有的感情消磨自己。

——[英国作家] 劳伦斯

在人类所有的行为中，还有什么比"感情"这两个字更重要的？感情有时候非常温和，有时却比刀锋更利，时时刻刻都会在无形无影间令人心如刀割，只恨自己为什么还没有死？

——[中国武侠小说家] 古龙

感情的长处在于会使我们迷失方向，而科学的长处就在于它是不动感情的。

——[英国作家]王尔德

一个考虑是非问题的人应该排除憎恨、友好、愤怒和怜悯的感情。

——[古罗马政治家、军事家]恺撒

激情

高度激动的时刻和对这种时刻的回忆，是人的最珍贵的财富

激情与人生

真正的激情，是人们藏在内心的激情。

——[法国作家]乔治·桑

人受激情驱使时才是真正伟大的。

——[英国作家]迪斯累里

激情不过是一种强化了的好的或者坏的品质而已。

——[德国诗人]歌德

激情是一种希望，这种希望可能变成失望。激情同时意味着痛苦和过度。希望破灭时，激情便终止了。

——[法国作家]巴尔扎克

爱欲需要激情，激情则来自原始生命力。

——[美国心理学家]罗洛·梅科

高度激动的时刻和对这种时刻的回忆是人的最珍贵的财富。

——[保加利亚作家]瓦西列夫

三种单纯然而极其强烈的激情支配着我的一生，那就是对于爱情的渴望，对于知识的渴求，以及对于人类苦难痛彻肺腑的怜悯。

——[英国哲学家]罗素

我们的生命中断之日，才是我们的激情终止之时。

——[法国作家]拉罗什富科

缺乏激情是平庸的象征。

——[法国作家]巴尔扎克

激情的产生

在人的内心，激情永远产生；一种激情的消逝几乎总是意味着另一种激情的产生。

——[法国作家]拉罗什富科

我们的激情实际上像火中的凤凰一样，当老的被焚化时，新的又立刻在它的灰烬中出生。

——[德国诗人]歌德

人生中有这样的时刻，心胸充满了激情，偶尔这感情激荡着像卵石投入水中；快活的话语如泉水涌出，它的秘密撒在地上像水一样难以收拢。

——[美国诗人]朗费罗

人的激情是四通八达的道路，条条道路通激情。

——[法国社会学家]沃夫纳格

激情对于人生只不过是一个偶然发生的事件。这个偶然只发生于优秀的人们心中。

——[法国作家]司汤达

激情的意义

假如没有激情，世界上任何伟大的事业都不会成功。

——[德国哲学家]黑格尔

天性中的激情部分的确会产生野蛮,如果加以适当训练就可能成为勇敢,如果搞得过了头,就会变成严酷粗暴。

——[古希腊哲学家] 柏拉图

在热情的激昂中,灵魂的火焰才有足够的力量把造成天才的各种材料熔于一炉。

——[法国作家] 司汤达

人受激情驱使时才是真正伟大的。

——[英国作家] 迪斯累里

激情的最大努力是战胜物质利益。

——[法国作家] 拉布吕耶尔

智慧的最大成就,也许要归功于激情。

——[法国社会学家] 沃夫纳格

表演家如果没有一点激情,就产生不了强烈的艺术效果。

——[美国作家] 爱默生

高度的激情,自然是复杂而多变的。爱情使我们成为诗人,死亡的临近可以使我们成为哲学家。

——[美国哲学家] 桑塔亚纳

有害的激情

强烈的激情是不治之症。可能医治它的东西首先正是对它真正危险的东西。

——[德国诗人] 歌德

芸芸众生往往受激情、爱好之惑而酿成过失。

——[英国哲学家] 洛克

激情有自己不义的嗜好,使它的主人做出非常危险的事情。我们应当

谨防他们,即使在激情表现得似乎最合乎理性的时候。

——[俄国诗人] 莱蒙托夫

天性中的激情部分的确会产生野蛮;如果加以适当训练就可能成为勇敢,如果搞得过了头,就会变成残酷。

——[古希腊哲学家] 柏拉图

激情常使最精明的人变成疯子,使最愚蠢的傻瓜变得精明。

——[法国作家] 拉罗什富科

激情的猛烈性和连续性可以造成疯狂:这种激情,要么是很大的虚荣心(通常称为骄傲和自负),要么是严重的沮丧心情。

——[英国思想家] 霍布斯

激情的控制

人应当具有激情,但是也应当具有驾驭激情的本领。

——[丹麦物理学家] 玻尔

假如我们得以控制住激情,主要因为它还不够强烈,而不是因为我们有力量控制它。

——[法国作家] 拉罗什富科

要遏制邪恶,挫伤激情不是办法,而应力图使它的这种活力为我们的德性服务。

——[美国作家] 比彻

没有激情和矛盾也就没有生活,没有诗歌。但是这些激情和矛盾应当是有理性和人性的,它们的结果应当引导人们去达到自己的目标。

——[俄国文艺评论家] 别林斯基

热情

有了伟大的热情,才有伟大的行动

热情是普遍的人性。没有了热情,便没有宗教、历史、浪漫和艺术。

——[法国作家] 巴尔扎克

热忱不只是外在的表现,它发自于内心。热忱来自你对自己正在做的某件工作的真心喜爱。

——[美国教育家、作家] 卡耐基

热情如水似火,它既是我们忠实的仆人同时也是最乖戾的主人。

——[古希腊寓言作家] 伊索

热情,不小心的时候是自焚的火焰。

——[黎巴嫩作家] 纪伯伦

热情,这是盲目之爱的显著标志。

——[加拿大文学家] 比尔斯

热情是一种折磨少不更事者的神经错乱症,是一种表现在散漫懈怠之前的激情。

——[加拿大文学家] 比尔斯

热情常使最机灵的人变成疯狂;同时也可使最愚蠢的人变得聪明起来。

——[法国作家] 拉罗什富科

热情一开口,就必然成为使人屈服的第一流的演说家。

——[法国作家] 拉罗什富科

热情是一种非常可贵的动力,但是同一切动力一样,必须充分认识其各方面的影响,才能用得恰当。

——[英国经济学家] 贝弗里奇

燃烧的热忱,凭着切实有用的知识与坚韧不拔,是造就成功的最常见的特性。

——[美国教育家、作家] 卡耐基

热情和灵感是不为意志所左右的,是不由钟表来调节的,是不会依照预定的日子和钟点迸发出来的。

——[德国哲学家] 费尔巴哈

热情有极大的价值,只要我们不因此忘乎所以。

——[德国诗人] 歌德

当我们对热情有了明确判别的观念,热情就不再是热情了。

——[荷兰哲学家] 斯宾诺莎

当热情占支配地位时,可以证明理性是多么脆弱。

——[英国诗人] 德莱顿

热情,像熊熊的火焰,是一切的原动力! 有了伟大的热情,才有伟大的行动。

——[中国革命家] 王若飞

任何热情都将随着年岁而逐渐销声匿迹。

——[法国启蒙思想家] 伏尔泰

同情

通过同情去理解并且经受别人的痛苦,自己也会内心丰富

真正的文化以同情和赞美为生,而不是以憎厌和轻蔑为生。

——[美国心理学家] 威廉·詹姆斯

谁对别人如果没有同情心,他自

己也不会得到怜悯。

  ——[波斯诗人] 萨迪

  心心相印的人，在悲哀之中必然会发出同情的共鸣。

  ——[英国诗人、戏剧家] 莎士比亚

  真正的同情，在忧愁的时候，不在快乐的期间。

  ——[中国散文家] 冰心

  一个人如果对待陌生人亲切而有礼貌，那他一定是一位真诚而富有同情心的好人，他的心常和别人的心联系在一起，而不是孤立的。

  ——[英国哲学家] 培根

  对于一个病人来说，仁爱、温和、兄弟般的同情，有时甚至比药物更灵。

  ——[俄国作家] 陀思妥耶夫斯基

  才华需要同情，需要有人了解。

  ——[俄国作家] 陀思妥耶夫斯基

  如果人们都能以同情慈善，以人道的行径来剔除祸根，则人生的灾患便可消灭过半。

  ——[美国发明家] 爱迪生

  与快活的伙伴为伍，忧郁的灵魂活不成；置身于悲哀的团体中，悲哀最感到高兴：真挚的苦痛得到了同病相怜的同情，于是乎心满意足，于是乎感激涕零。

  ——[英国诗人、戏剧家] 莎士比亚

  陪着哭泣的人流泪，多少会使他感到几分安慰，但若满心的怨苦被人嘲笑，却是双重的死刑。

  ——[英国诗人、戏剧家] 莎士比亚

  应当善于原谅弱点，甚至原谅恶习，应当善于同情，而不是善于严惩。

  ——[俄罗斯剧作家] 罗佐夫

  通过同情去理解并且经受别人的痛苦，自己也会内心丰富。

  ——[奥地利作家] 茨威格

  无论你的悲伤有多深切，也不要期望同情，因为同情本身包含了轻蔑。

  ——[古希腊哲学家] 柏拉图

  如果丑陋的人偏想要别人称赞他美，跛脚的人偏想表现矫健，那么这种原来引起我们同情的不幸情况只会引起我们讪笑了。

  ——[英国小说家] 菲尔丁

  欺骗的友谊是痛苦的创伤，虚伪的同情是锐利的毒箭。

  ——[苏联政治家] 列宁

  同情有点像吗啡，它起初对于痛苦确实是最有效的解救和治疗灵药，但如果不知道使用的分量和停止的界限，它就会变成最可怕的毒物。

  ——[奥地利作家] 茨威格

  过多的同情是错误的。当然，过少的同情更是错误的，在这方面就像其他任何事情一样。走极端都是不好的。

  ——[英国哲学家] 罗素

怜悯　谁也不喜欢成为别人怜悯的对象

  怜悯常常是一种对表现在他人损失中的我们自己的损失的情感，是对我们今后可能遭到的不幸的一种先见。

  ——[法国作家] 拉罗什富科

怜悯是奉献给女性的致命的感情。
　　——[英国作家] 巴勒姆
"讽刺"和"怜悯"是一对善良的忠告者。前者含着微笑使人生可爱，而后者噙着泪水使人生神圣。
　　——[法国作家] 法朗士
怜悯属于悲哀一类，与对某些人的爱或者善意纠缠在一起，这些人，我们认为受到了他们本不应受到的某种苦难的折磨。
　　——[法国哲学家] 笛卡尔
谁也不喜欢成为别人怜悯的对象。
　　——[法国作家] 阿兰
如果你怜悯他们的浅薄，你就不会再为他们的行为而气恼。
　　——[中国作家] 罗兰

怜悯……那些感到自己非常软弱，并易受到厄运摆弄的人，比他人更倾向这种情况，因为他们认为他人受到的苦难也有可能发生在自己身上。因此，他们更多地是怀着对自己的爱怜，而不是对他人的爱怜被推动着去怜悯。
　　——[法国哲学家] 笛卡尔
怜悯是一笔借款，为小心起见，还是不要滥用的好。
　　——[法国作家] 罗曼·罗兰
一个遵循理性的命令而生活的人，必尽量努力使他自己勿为怜悯之情所动。
　　——[荷兰哲学家] 斯宾诺莎

幸福

只有在对美好事情的自觉追求中，才有真正的幸福

幸福是一种美好感觉

幸福的概念是极不确定的，虽然人人皆欲得之，却无人能明确地、连贯地说出他所希望与祈求的到底是什么。
　　——[德国哲学家] 康德
生活充实就是幸福。
　　——[美国作家] 爱默生
幸福不在于占有畜群，也不在于占有黄金，它的居处是在我们的灵魂当中。
　　——[古希腊哲学家] 德谟克利特
生活最高的奖赏、人生最大的幸运，就是有一种与生俱来的强烈爱好，使你可以在追求中赢得事业和幸福。
　　——[美国作家] 爱默生

使人幸福的不是体力，也不是金钱，而是正义和多才。
　　——[古希腊哲学家] 德谟克利特
如果幸福在于肉体的快感，那么就应当说，牛找到草料吃的时候是幸福的。
　　——[古希腊哲学家] 赫拉克利特
幸福的人就是善于享受自然恩惠的人；不幸的人就是没有能力利用自然恩惠的人。
　　——[法国启蒙思想家] 霍尔巴赫
创造，或者酝酿未来的创造，这是一种必要性：幸福只能存在于这种必要性得到满足的时候。
　　——[法国作家] 罗曼·罗兰
一个农夫或一个哲学家也许会同样满足，但却决不可能同样幸福。幸福是由多种愉快的自我意识组合而成的。

——[英国作家]塞缪尔·约翰生

希望本身就是一种幸福，而且说不定是这个世界所能提供的最主要的幸福。

——[英国作家]塞缪尔·约翰生

真正的幸福只有当你真实地认识到人生的价值时，才能体会到。

——[科威特作家]穆尼尔·纳素夫

一个人有了远大的理想，就是在最艰苦的时候，也会感到幸福。

——[中国教育家]徐特立

幸福的生活存在于心绪的宁静之中。

——[古罗马政治家、雄辩家]西塞罗

幸福生活在很大程度上必然是恬静的生活，因为真正的快乐只能存在于恬静的气氛中。

——[英国哲学家]罗素

要幸福的唯一办法就是只把自己囚禁在艺术中，而把别的事情都看做是无关紧要的。

——[法国作家]福楼拜

一个人的幸福就在于做自己的真正工作。

——[古罗马哲学家]马可·奥勒利乌斯

最大的幸福在于我们的缺点得到纠正，和我们的错误得到补救。

——[德国诗人]歌德

最大的幸福在于憧憬，而真正的憧憬是以那些得不到的东西为对象。

——[德国诗人]歌德

我在人生残酷无情地战斗中找到生活的乐趣，我的快乐来自学到某些东西。

——[瑞典作家]斯特林堡

人生至高的幸福，便是感到自己有人爱。

——[法国作家]雨果

幸福在于趣味，而不在于事物。我们幸福在于我们拥有自己的所爱，而不在于我们拥有其他人觉得可爱的东西。

——[法国作家]拉罗什富科

人生的幸福大而分之，可归为两种：一种是因欲望的满足而感到的幸福，另一种是生命自体的跃动和充实感所产生的幸福。

——[日本社会活动家]池田大作

为了不断地感到幸福，那就需要：(1)善于满足现状；(2)很高兴地感到："事情原本可能更糟呢！"

——[俄国作家]契诃夫

幸福：从观察别人的不幸而产生的舒适心情。

——[加拿大文学家]比尔斯

如果一个人觉得自己是最不幸的，纵然他统治了世界，也还是不幸福的。

——[古罗马哲学家、悲剧作家]塞涅卡

谁不知足，谁就不会幸福，即便他是世界的主宰也不例外。

——[古希腊哲学家]伊壁鸠鲁

幸福存在于对它追求的过程之中

幸福是一个不断渴望的过程，从一个目标到另一个目标；达到前者就开辟了通向后者的道路。

——[英国思想家]霍布斯

幸福永远存在于人类不安的追求中，而不存在于和谐与稳定之中。

——[中国作家]鲁迅

能把自己生命的终点和起点连接起来的人是最幸福的人。

——[德国诗人]歌德

只有在对美好事情的自觉追求中，才有真正的幸福。

——[苏联作家]高尔基

幸福并不在于享有幸福，而是在于争取幸福、追求幸福。

——［苏联雕塑家］安德列耶夫

有两条路可以得到幸福，即消除欲望或增加财富。

——［美国政治家、科学家］富兰克林

当你追求幸福时，幸福往往逃避你；但当你逃避幸福，幸福却又常常跟随你。

——［英国作家］海伍德

幸福的最大秘诀是：与其使外界的事物适应自己，不如使自己去适应外界的事物。

——［英国化学家］波普

幸福只是相对的

一个人永远不会像他想象的那么痛苦，也不可能像他希望的那样幸福。

——［法国作家］拉罗什富科

我们更感兴趣的是使他人相信我们是幸福的，而不是力图使我们自己感到幸福。

——［法国作家］拉罗什富科

有研究的兴趣的人是幸福的！能够通过研究使自己的精神摆脱妄念并使自己摆脱虚荣心的人更加幸福。

——［法国］拉梅特利

长久的幸福，会因为它持续得太久而自行消失。

——［德国哲学家］利希滕贝格

最幸福的人只是受苦最少而已，最痛苦的人只是享乐最少而已。

——［法国启蒙思想家］卢梭

再大的幸福，再快乐的生活，也有尽头。

——［德国诗人］歌德

一无所有的人是有福的，因为他

们将获得一切！

——［法国］罗曼·罗兰

宇宙之间的节奏不知有多少种，幸福只是其中的一个节拍而已；人生的钟摆永远在两极中摇晃，幸福只是其中的一极；要使钟摆停止在一极上，只能把钟摆折断。

——［法国作家］罗曼·罗兰

如果我们仅仅希望幸福，那很容易实现；但我们若希望比别人幸福，就几乎总会感到困难，因为我们总把别人想象得比实际情形更加幸福。

——［法国启蒙思想家］孟德斯鸠

幸福的真谛在于与人共享

只有整个人类的幸福才是你的幸福。

——［德国哲学家］狄慈根

幸福是在于为别人而生活。

——［俄国作家］列夫·托尔斯泰

幸福越与人共享，它的价值越增加。

——［日本小说家］森村诚一

我们在分给他人幸福的同时，也能正比例地增加自己的幸福。

——［英国哲学家］边沁

每个人可能的最大幸福是在全体人所实现的最大幸福之中。

——［法国小说家］左拉

绝大多数人的幸福都是十分紧密地与他人，与他们的亲人、朋友、民族的幸福交织在一起的。

——［德国伦理学家］包尔生

个人幸福只能按照个人为增进并扩大周围一切人的幸福所做的积极努力的程度而增进并扩大。

——［英国空想社会主义者］欧文

为人类的幸福而劳动，这是多么

壮丽的事业,这个目的有多么伟大!

——[法国空想社会主义者] 圣西门

如果有一天,我能够对我们的公共利益有所贡献,我就会认为自己是世界上最幸福的人了。

——[俄国作家] 果戈理

做好事的乐趣乃是人生唯一可靠的幸福。

——[俄国作家] 列夫·托尔斯泰

自己找幸福容易,给别人谋幸福难。

——[俄国作家] 列夫·托尔斯泰

人在履行职责中得到幸福,就像一个人驮着东西,可心头很舒畅。人要是没有它,不尽什么职责;就像驾驶空车一样,也就是说,白白浪费。

——[俄国剧作家] 罗佐夫

幸福不会从天而降

人类从来只有一种斗争,就是追求幸福的斗争。

——[法国作家] 左拉

人类一切努力的目的在于获得幸福。

——[英国空想社会主义者] 欧文

想不付出任何代价而得到幸福,那是神话。

——[中国教育家] 徐特立

我们既没有权利享受财富而不创造财富,也没有权利享受幸福而不创造幸福。

——[英国作家] 萧伯纳

快乐可依靠幻想,幸福却要依靠实际。

——[法国作家] 尚福尔

一个人的幸福主要还是造就于他自己的手,所以诗人说:"人人都可以成为自己的幸福的建筑师。"

——[英国哲学家] 培根

人要想得到幸福,就必须使自己所有的才能、力量和志趣按照自己的本性得到很好的发展,并在自己一生各个相应的阶段得到适当的应用。

——[英国空想社会主义者] 欧文

幸福与不幸

人在幸福之中不可忘记躲在身后的灾害或痛苦。

——[英国诗人] 乔叟

对人来说,除了幸福还经常需要和幸福等量的不幸福。

——[俄国作家] 陀思妥耶夫斯基

幸福和不幸不过是我们想要的东西和我们实际得到的东西之间的比例。

——[德国哲学家] 叔本华

如果痛苦换来的是结识真理、坚持真理,就应自觉地欣然承受,那时,也只有那时,痛苦才将化为幸福。

——[中国] 张志新

你想成为幸福的人吗?但愿你首先学会吃得起苦。

——[俄国作家] 屠格涅夫

幸福有益于健康,悲伤却能发展思维。

——[法国作家] 普鲁斯特

幸福的斗争不论它是如何的艰难,它并不是一种痛苦,而是快乐,不是悲剧的,而是喜剧的。

——[俄国哲学家] 车尔尼雪夫斯基

通往幸福的最错误的途径,莫过于名利、宴乐和奢华生活。

——[德国哲学家] 叔本华

幸福的最大障碍就是期待过多的幸福。

——[法国科学家] 丰特奈尔

痛苦

忍受痛苦,要比接受死亡需要更大的勇气

人生是由各种不同的变故、循环不已的痛苦和欢乐组成的。

——[法国作家] 巴尔扎克

一个人的崇高源于认识到自己的痛苦。

——[法国科学家、散文家] 帕斯卡尔

痛苦本质是缺乏、穷困,以及对于生命维持的焦虑。

——[德国哲学家] 叔本华

有了精神上的痛苦,肉体的痛苦变得微不足道了;但因为精神的痛苦是肉眼看不见的,反倒不容易得到人家同情。

——[法国作家] 巴尔扎克

人生最苦痛的是梦醒了无路可走。

——[中国作家] 鲁迅

只有在痛苦中才获得觉悟。

——[法国政治家、军事家] 拿破仑

强迫自己的内心去回溯痛苦的往事是一种折磨。

——[美国作家] 欧文·斯通

痛苦的成因不在于缺乏什么东西,而在于对那些东西感到需要。

——[法国启蒙思想家] 卢梭

忍受痛苦,要比接受死亡需要更大的勇气。

——[英国小说家] 詹姆斯·巴里

虽然人世充满了痛苦,但也充满了克服痛苦的办法。

——[美国作家] 海伦·凯勒

经受痛苦与忧伤越多的人,越是能忍耐。

——[英国诗人] 华兹华斯

痛苦并非坏事,除非痛苦征服了我们。

——[英国作家] 金斯利

痛苦这把犁刀一方面割破了你的心,一方面掘出了生命的新的水源。

——[法国作家] 罗曼·罗兰

如果你受苦了,感谢生活,那是它给你的一份感觉;如果你受苦了,感谢上帝,说明你还活着。

——[古希腊寓言作家] 伊索

没有哪一个聪明人会否认痛苦与忧愁的锻炼价值。考验越是巨大、严峻、繁杂,对于善于承受考验的人就越有好处。

——[法国启蒙思想家] 卢梭

痛苦总是守候在欢乐旁边。

——[法国作家] 雨果

人类的痛苦达到顶峰之后,必须回降。要么痛苦而死,要么习以为常。

——[法国作家] 罗曼·罗兰

极度的痛苦才是精神的最后解放者,唯有此种痛苦,才强迫我们大彻大悟。

——[德国哲学家] 尼采

害怕自己会受苦的人,已经遭受他所害怕的痛苦。

——[法国作家] 蒙田

我们的担心带来的痛苦不亚于灾祸本身造成的痛苦。

——[法国作家] 阿兰

恐惧

我们唯一应该惧怕的东西就是恐惧自身

恐惧的特点

最卑劣的情操莫过于恐惧。
—— [美国小说家] 福克纳

恐怖不是别的，只是我们见了我们所不喜爱的事物的时候所产生的一种不安的心情而已。
—— [英国哲学家] 洛克

想象中的恐怖远过于实际上的恐怖。
—— [英国诗人、戏剧家] 莎士比亚

艰苦和死亡并不可怕，可怕的是对这两者的恐惧。
—— [古罗马哲学家] 爱比克泰德

最具有毁灭性、最不可控制的恐惧就是莫名其妙的恐惧。因为，别的恐惧只是没有理由而已，而这种恐惧却是丧失了理智。
——[古罗马哲学家、悲剧作家]塞涅卡

恐惧的产生

恐惧不仅产生于勇气的缺乏，有时也会产生于判断力的缺乏。
—— [法国作家] 蒙田

没有希望就没有恐惧，没有恐惧也就没希望。
—— [荷兰哲学家] 斯宾诺莎

恐惧是死神的近亲，羞愧的朋友。羞愧一呼，恐惧必应。
—— [英国诗人] 史文朋

恐惧的产生永远是由于愚昧无知。
—— [美国作家] 爱默生

惧怕失误或失败的心理，往往发端

于工作没干之前就顾虑他人的反应。
—— [日本社会心理学家] 铃木健二

恐惧的后果

人要是惧怕痛苦，惧怕种种疾病，惧怕不测的事件，惧怕生命的危险与死亡，他就会什么也不能忍受。
—— [法国启蒙思想家] 卢梭

没有一种情感能像恐惧那样有效地使精神丧失一切行动与推理的能力。
—— [英国作家] 伯克

恐惧心理比任何东西更有害于创造力的发挥。
—— [法国作家] 司汤达

对危险的惧怕要比危险本身可怕一万倍。
—— [英国小说家] 笛福

莫名的恐惧使得我们沉沦为奴隶。
—— [比利时剧作家] 梅特林克

畏惧敌人徒然丧失了自己的勇气，也就是削弱自己的力量，增加敌人的声势，等于让自己的愚蠢攻击自己。
—— [英国诗人、戏剧家] 莎士比亚

没有一种情绪像恐惧那样易于传染。
—— [法国作家] 蒙田

我们唯一应该惧怕的东西就是恐惧自身。
—— [美国政治家] 罗斯福

消除恐惧

接近事物可以消除对事物的恐惧。
—— [古希腊寓言作家] 伊索

我相信任何人都能通过做他怕做的事克服恐惧，只要他做这件事，一直做到获得一个成功的记录。

——[美国政治家]罗斯福

要克服恐惧和忧虑，请保持忙碌。

——[美国教育家、作家]卡耐基

只要下定决心克服恐惧，便几乎能克服任何恐惧。因为，除了在脑海

中，恐惧无处存身。

——[美国教育家、作家]卡耐基

胜利所带来的最好之事，莫过于解除了胜利对失败的恐惧感。

——[德国哲学家]尼采

谁不经常克服自己的恐惧心理，谁就领悟不到生活的真谛。

——[美国作家]爱默生

孤独　孤独使人振奋，孤立使人毁灭

孤独不是在山上而是在街上，不在一个人里面而在许多人中间。

——[日本哲学家]三木清

喜欢孤独的人不是野兽，就是神仙。

——[英国哲学家]培根

孤独是人的宿命；爱和友谊不能把它根除，但可以将它抚慰。

——[中国学者]周国平

孤独有时是最好的交际，短暂的索居能使交际更甜蜜。

——[英国诗人]弥尔顿

在各种孤独中，人最怕精神上的孤独。

——[法国作家]巴尔扎克

越伟大、越有独创精神的人越喜欢孤独。

——[英国博物学家]赫胥黎

灵感却只有在孤独的时候，才会涌现出来。

——[德国诗人]歌德

孤独，是忧愁的伴侣，也是精神活动的密友。

——[黎巴嫩作家]纪伯伦

人生的苦痛是无穷的，它具有各种各样的形式，但其中最可怜的，最无可挽救的痛苦就是孤独，是永远没有一个伴侣。

——[中国散文家]黄秋耘

在这个世界上最坚强的人是孤独地只靠自己站着的人。

——[挪威戏剧家]易卜生

凡有所作为的人，他们的一生几乎无一例外地都是在孤独中度过。

——[日本学者]箱崎总一

能与自己娓娓而谈的人决不会感到孤独。

——[美国作家]马尔兹

孤独使人振奋，孤立使人毁灭。

——[法国作家]约瑟夫·鲁

当一个人觉得自己需要一个伴侣的时候，他就再也不是一个孤独的人了。

——[法国启蒙思想家]卢梭

要想摆脱孤独的境地，就必须抑制过强的竞争意识。

——[日本学者]箱崎总一

如果你无所事事，就不要独处；如果你独处，就不要无所事事。

——[英国作家]塞缪尔·约翰生

烦恼

没有烦恼就没有进步,烦恼是前进的动力

烦恼是心智的沉溺。
——[美国政治家、科学家] 富兰克林

人人都有烦恼;任何清规戒律都无法使智者解除忧愁,任何勇敢精神都不能使勇士摆脱烦恼。
——[英国诗人] 克雷布

穷人的烦恼在于他们得不到那些钱,富人的烦恼在于他们不能继续拥有那些钱。
——[美国政治家] 胡佛

没有纯粹的快乐,永远都会有烦恼掺杂在我们的幸福中。
——[古罗马诗人] 奥维德

忧郁是因为自己无能,烦恼是由于欲望得不到满足。
——[法国作家] 大仲马

一般来说,艰苦的生活一经变成了习惯,就会使愉快的感觉大为增加,而舒适的生活将会带来无限的烦恼。
——[法国启蒙思想家] 卢梭

如果人的愿望实现一半,他的烦恼便会加倍。
——[美国政治家、科学家] 富兰克林

耗尽我们生命的与其说是重大的悲剧,不如说是琐碎的烦恼或对于时间的经常性浪费。
——[法国作家] 蒙泰朗

世界上最奇怪的事情是,小小的烦恼,只要一开头儿,就会渐渐地变成比原来厉害无数倍的烦恼。
——[美国作家] 马克·吐温

深沉的烦恼、苦闷和痛苦比浅薄和廉价的快乐毕竟要幸福些。
——[中国作家] 赵鑫珊

没有烦恼就没有进步,烦恼是前进的动力。
——[日本社会活动家] 池田大作

只有经历过各种烦恼,才能体会到各种幸福。
——[日本社会活动家] 池田大作

因寒冷而打颤的人,最能体会到阳光的温暖。经历了人生烦恼的人,最懂得生命的可贵。
——[美国诗人] 惠特曼

不要为突如其来的不幸而苦恼。因为不是与生俱来的东西,留也留不住。
——[古希腊寓言作家] 伊索

多愁多虑,多烦多恼,都是庸人自扰。
——[中国政论家] 邹韬奋

经得起各种诱惑和烦恼的考验,才算达到了最完美的心灵的健康。
——[英国哲学家] 培根

对于消除烦恼,工作远比威士忌更能奏效。
——[英国作家] 毛姆

把烦恼当做脸上的灰尘、衣上的污垢,染之不惊,随时洗拂,常保洁净,这不是一种智慧和快乐吗?
——[中国作家] 王蒙

不要跟枕头赌气,先平静地躺下,然后把一切烦恼踢下床去。
——[英国诗人] 库克

憎恨

被人蔑视所引起的憎恨，常常是猛烈的

憎恨的产生与后果

憎恨是要加害于别人并继续增加与扩大的一种欲望。

——［古希腊哲学家］芝诺

恨是一种使我们抵御曾经给我们造成某种伤害的东西的倾向。

——［荷兰哲学家］斯宾诺莎

只要有了仇恨，一个女人就抵得上十个男人。

——［法国作家］雨果

人们对于他们所畏惧的人，日久之后，往往会心怀怒恨。

——［英国诗人、戏剧家］莎士比亚

被人蔑视所引起的憎恨，常常是猛烈的。

——［法国作家］司汤达

当我们的恨太活跃时，它就把我们降低到我们所恨的人之下。

——［法国作家］拉罗什富科

愤恨是毒化精神的毒剂，它使人得不到快乐，并且把争取成功的巨大能量消耗殆尽。

——［美国作家］马尔兹

一个念念不忘旧仇的人，他的伤口将永远难以愈合，尽管那本来是可以痊愈的。

——［英国哲学家］培根

一切伟大的艺术都是从仇恨中萌生的。

——［英国作家］欧文·斯通

爱与恨

没有爱是寂寞的，没有恨也是寂寞的。

——［英国哲学家］培根

恨是一种追求破坏的热切欲望，爱则是一种对某一对象热切肯定。

——［美国哲学家、心理学家］弗洛姆

不能恨就不能真挚地爱，必须把灵魂分做两半，一定要透过恨才能爱。

——［苏联作家］高尔基

人的恨比爱更坚定。如果我讲过一句话曾伤害了某个人，我再对他说多少好话也无济于事。

——［英国传记作家］鲍斯韦尔

爱比恨更有力量。

——［中国作家］巴金

恨和爱一样，是容易使人轻信的。

——［法国启蒙思想家］卢梭

我们能爱恨我们的人，但无法爱我们恨的人。

——［俄国作家］列夫·托尔斯泰

以恨还恨，恨永远存在；以爱还恨，恨自然消失。

——［古印度佛教创始人］释迦牟尼

爱情、友谊和尊重都不能像共同的仇恨那样把人们联合在一起。

——［俄国作家］契诃夫

亲友一旦反目，其仇恨必定是最深的。

——［古罗马史学家］塔西佗

真正的爱就是包含了对于恶的深

113

恶痛绝。虚伪的爱或是肤浅的爱就是不知道何谓憎恶，然而深沉真挚的爱无法掩饰它对恶的憎恨。

—— [日本宗教家] 内村鉴三

愤怒 愤怒是为了别人的过错而惩罚自己

愤怒是一种软弱

易激怒是一种卑贱的素质，受它摆布的往往是生活中的弱者。

—— [英国哲学家] 培根

愤怒这个武器有奇妙的效用。所有的武器都由人类使用，唯独这个武器是它在使用我们。

—— [法国作家] 蒙田

愤怒和悲哀一样，也是一种软弱。

——[古希腊哲学家]马可·奥勒利乌斯

无能者的唯一安慰是恼火。

—— [俄国哲学家] 车尔尼雪夫斯基

动辄发怒是放纵和缺乏教养的表现。

—— [古希腊史学家] 普鲁塔克

处在盛怒之中的人驾驭的是一匹疯马。

——[美国政治家、科学家]富兰克林

愤怒从来都是有理由的，但极少有一个好理由。

——[美国政治家、科学家]富兰克林

愤怒的恶果

愤怒对别人有害，但愤怒时受害最深者乃是本人。

—— [俄国作家] 列夫·托尔斯泰

脸上的愤怒神色完全是毁坏生命

的。如果它常常出现，美貌便开始枯萎，最终便一去不复返了。

—— [古罗马哲学家] 奥勒留

愤恨不平即使有真正的不公平和错误为基础，也不是取得胜利的方法。它很快就会成为一种感情习惯。

—— [美国作家] 马尔兹

愤怒是对于用不正当的方法来伤害别人的一种报复的欲望。

—— [古希腊哲学家] 芝诺

愤怒是为了别人的过错而惩罚自己。

—— [英国诗人] 蒲柏

人要是发脾气就等于在人类进步的阶梯上倒退了一步。

—— [英国博物学家] 达尔文

发一次怒对身体的损害，比发一次热还要厉害。

—— [法国作家] 大仲马

"愤怒"一旦与"愚蠢"携手并进，"后悔"就会接踵而来。

——[美国政治家、科学家]富兰克林

易动肝火的人是听任敌人摆布的囚徒。

—— [波斯诗人] 萨迪

你每发一分钟怒，便失去了60秒钟幸福。

—— [美国作家] 爱默生

制 怒

人感到被轻视时最易发怒。因此，

自信的人不易发怒,他的名誉心阻止了他易怒的情绪。

——[日本哲学家] 三木清

恼怒将理智的灯吹熄，所以在考虑解决一个重大问题时，你必须脉搏缓慢,心平气和,头脑冷静。

——[美国律师] 英格索尔

在人含怒时千万要注意两点：第一不可恶语伤人，第二不可因怒而轻泄隐私。

——[英国哲学家] 培根

当你被激怒时，应努力在愤怒的同时给对手以蔑视，但不可在愤怒中表现出畏惧。

——[英国哲学家] 培根

回避发怒的最佳手段是机智。

——[日本哲学家] 三木清

一发怒，数到十再开口；假如非常愤怒，就数到一百。

——[美国政治家] 杰弗逊

不迁怒,不贰过。

——[中国古代思想家] 孔子

6

气质与风度

人之气质，由于天生，本性难改，唯
读书可变化气质。

——[中国近代名将] 曾国藩

气质 　美只愉悦眼睛，而气质的优雅使心灵入迷

人最宝贵的是保持自己本来的气质。

——[日本政治家] 河野一郎

做一个杰出的人，光有一个合乎逻辑的头脑是不够的，还要有一种强烈的气质。

——[法国作家] 司汤达

时间能安慰我们，而人的气质能够抗拒痛苦的印象。

——[美国作家] 爱默生

美只愉悦眼睛，而气质的优雅使心灵入迷。

——[法国启蒙思想家] 伏尔泰

只要你具备了精神气质的美，只要你有这样的自信，你就会拥有风度自然之美。

——[中国作家] 金马

韵味，可以表明一个人的内涵；谈吐，可以显示一个人的修养；格调，可以说明一个人的情操。

——[中国诗人] 汪国真

男子要有刚强和自由勇敢的气质，哦！他更应该有些深藏的秘密。

——[德国诗人] 歌德

女性的气质是妇女最优秀人品的集中表现。

——[苏联教育家] 苏霍姆林斯基

一个人的态度和气质应使人近而敬之，而不要敬而远之，或近而轻之。

——[中国作家] 一凡

在我们的气质中，美德的种子是由天性播撒的。

——[古罗马政治家、雄辩家] 西塞罗

气质之美与其说是来自内心的修养，不如说它是来自一种对美好事物的欣赏能力。这种欣赏力就使一个人的言谈举止不同流俗。

——[中国作家] 罗兰

山光水色的自然美，对人的气质神韵具有潜移默化的影响，常能使人在风度上于不知不觉间印上它们的影子。

——[中国作家] 金马

美好的气质来自真诚，"造作"永不会产生灵感。

——[中国作家] 罗兰

人的经历都会给人留下气质性痕迹的。

——[中国作家] 柯云路

人之气质，由于天生，本性难改，唯读书可变化气质。

——[中国近代名将] 曾国藩

文不可以学而能，气可以养而致。

——[中国古代文学家] 苏辙

要以学问来变化气质。

——[中国作家] 徐复观

魅力

魅力是女人的力量,正如力量是男人的魅力

魅力是什么

什么叫魅力?它,可能是指一个人具有声望与感化力。

——[日本作家] 原一平

魅力是一种无形的美。

——[意大利影星] 索菲娅·罗兰

魅力有一种能使人开颜,消怒,并且悦人和迷人的神秘品质。

——[美国诗人] 普拉斯

魅力是为远处的赞美者而存在。

——[英国作家] 塞缪尔·约翰生

漂亮的人怀疑自己的智慧,强有力的人怀疑自己魅力。

——[法国作家] 莫洛亚

一个人自己的心灵,还有他的朋友们的感情——这是生活中最有魅力的东西。

——[英国作家] 王尔德

魅力是女人的力量,正如力量是男人的魅力。

——[英国科学家] 霭理斯

魅力的作用与奥秘

美丽使你引起别人的注意,睿智使你得到别人的赏识,而魅力,却使你难以被人忘怀。

——[意大利影星] 索菲娅·罗兰

我生平的野心是,靠我的才能使你的魅力不朽,靠你的魅力使我的才能不朽。

——[中国学者] 周国平

没有魅力的美,就如同没有鱼饵的钓钩。

——[美国作家] 爱默生

女性行为之美的魅力,其精髓在于情态的温柔。

——[中国作家] 金马

世界上最颠倒众生的,不是美丽的女人,而是最有吸引力的女人。

——[中国作家] 柏杨

美貌和魅力原是两种要命的东西,幸而不是所有的美女全都有魅力。往往是相貌平常的女人反而倒有妩媚动人之处。

——[美国作家] 马克·吐温

魅力通常是在智慧之中,而不是在容貌之中。

——[法国启蒙思想家] 孟德斯鸠

我们可以说,一个人的不同于美貌英俊的那种魅力,是我们的尚不知道其规则的一种匀称,是这个人的各种特征以及这些特征和他的外表、神态的一种神秘的和谐。

——[法国作家] 拉罗什富科

人生的一切变化,一切魅力,一切美都是由光阴和阴影构成的。

——[俄国作家] 列夫·托尔斯泰

这个人所拥有的内心世界的境界有多深和多广——这里有着人的魅力的最根本的因素。

——[日本社会活动家] 池田大作

魅力包含技术、真诚和神秘感……一开始它们是一种技术,然后由于真诚，就成为我们的习惯，最终，它会转变为我们独特的、神秘的魅力。

——［意大利影星］索菲娅·罗兰

优雅比美丽更富有魅力。

——［美国作家］爱默生

一切事物都具有魅力，只是魅力各不相同而已；不同事物对于不同的感官的刺激也是有差别的。

——［英国诗人］蒲柏

人们通常讲的魅力是指刻意修饰与自然淳朴的混合，它同时使人既焦虑渴望，又安静平和，魅力是情感的自然流露，如同优雅乃动作的天然体现。

——［法国作家］莫洛亚

魅力的产生与消失

当你把自己独有的一面显示给别人，魅力就随之而来。

——［意大利影星］索菲娅·罗兰

当男女双方互相信任，互相了解以后，他们就找到了使漫长的岁月变得丰富多彩，使生活本身充满魅力的秘密。

——［法国作家］巴尔扎克

男人在爱情上所表现出的机智最富于魅力。

——［法国作家］莫洛亚

从我们心中夺走对美的爱，也就夺走了生活的全部魅力。

——［法国启蒙思想家］卢梭

一旦爱情得到了满足，他人魅力也就荡然无存了。

——［法国剧作家］高乃依

不要过分相信那张娇媚的面容；美是一种魅力，而魅力很快便会消失。

——［古罗马诗人］维吉尔

最有魅力的乐趣也最短暂，难道我们的生活全部仅仅是一次狩猎？

——［美国小说家］梅尔维尔

个性和魅力……是学不会，装不像的。

——［德国小说家］伯尔

风度　优雅的行为举止使人风度翩翩

良好的风度

风度的自然神韵，是灵肉一致的全息摄影。它鲜明，丰满，辐射着温热，发散着柔情。

——［中国作家］金马

友善的言行、得体的举止、优雅的风度，这些都是走进他人心灵的通行证。

——［英国作家］斯迈尔斯

风度表现着一个人的文化教养；是一个人审美观念和精神世界凝成的晶体。

——［中国作家］金马

一个人的行为举止、风度仪表是展现一个人外在魅力的主要方式之一。优雅的行为举止使人风度翩翩。

——［英国作家］斯迈尔斯

我的风度是贵族的，但我的行为却是民主的。

——［法国作家］雨果

美的风度的第一条法则是：请尊

重别人的自由;第二条法则是:请自己表现自由。

—— [德国作家]席勒

真正的风度是富有弹性的。它能适应各种不同的情况,能与各个不同社会阶层打成一片,懂得什么时候该穿上粗布长袍上街。

—— [法国作家]巴尔扎克

风度的形成

只要你具备了精神气质的美,只要你有这样的自信,你就会拥有风度的自然之美。

—— [中国作家]金马

多读一些书,让自己多有一点自信,加上你因了解人情世故而产生的一种对人对物的爱与宽恕的涵养。那时,你自然就会有一种从容不迫,雍容高雅的风度。

—— [中国作家]罗兰

美是一朵鲜艳的花,风度是一棵常青的树;时间是美的敌人,却是风度的朋友。

—— [中国诗人]汪国真

庄严的神态,是人们发明出来的用以掩盖精神缺陷的一种身体的奥妙。

—— [法国作家]拉罗什富科

彬彬有礼的风度,主要是自我克制的表现。

—— [美国作家]爱默生

驾驭语言的能力能使你变得高雅。

—— [英国诗人]蒲柏

优雅之于身体,犹如良知之于精神。

—— [法国作家]拉罗什富科

潇洒的风度和幽雅的谈吐是与生俱来的,或者是从摇篮时期起就开始教育培养出来的。

—— [法国作家]巴尔扎克

仅有丽质而无幽雅的神态,犹如鱼钩上未放钩饵。

—— [美国作家]爱默生

仪表

仪表……它或者可以同时理解为魅力、风度

外表会显现出人的个性

人的相貌是天生的,但人的仪表却是后天的,是可控制也可以转变的。

—— [中国学者]何新

仪表……它或者可以同时理解为魅力、风度。

—— [中国学者]程乃珊

外表决定了别人对你的第一印象。

—— [日本推销专家]原一平

外表的整洁和文雅应当是内心纯洁和美丽的表现。

—— [俄国文艺评论家]别林斯基

衣服和风度并不能造就一个人;但对一个已经造就的人,它们可以大大增进他的仪表。

—— [美国作家]比彻

年轻人应该装束得华丽潇洒一些,表示他的健康活泼,正像老年人应该装束得朴素大方一些,表示他的矜严庄重一样。

—— [英国诗人、戏剧家]莎士比亚

一个人的服饰打扮也毕竟体现了她的审美品味。而这内在的品味，应该就是智慧，历练的结果。

——[中国作家]素素

适当的整洁不等于奢侈浪费，不必要的肮脏落破不等于艰苦和前进。

——[中国作家]夏衍

外表会显现出你的个性。

——[日本推销专家]原一平

我深信，再也没有什么比人的外表——与其说是外表本身，不如说是对外表动人不动人的信念，对人的发展具有更惊人的影响了。

——[俄国作家]列夫·托尔斯泰

不要单纯以外表取人

外观往往和事物的本身完全不符，世人却容易为表面的装饰所欺骗。

——[英国诗人、戏剧家]莎士比亚

人应该透过衣着洞察别人，而且还要学会忽视衣着。

——[英国作家]卡莱尔

以时装自炫者，裁缝匠之玩物。

——[中国教育家]蔡元培

让漂亮衣服和漂亮家具给吓倒，这种毛病在咱们每一个人身上都未免太常见了。

——[英国作家]狄更斯

最讨厌的是自以为有学问的女人和自以为生得漂亮的男人。

——[中国作家]张爱玲

仪表、衣着、装饰的美好固然可以给人以美感，而心灵的美、智慧的美、行为的美所能够激发起的人们的美感，总是要比前者强烈得多。

——[中国作家]秦牧

形象　人的外貌和肉体只有作为美的精神性格的一种表情才是真正美的

外表美与内在美

外表的美永远比内在的美容易发现。

——[中国翻译家]傅雷

从生活中去发现人的精神和体态的美，这是一种高尚的、典雅的、无邪的美。

——[中国漫画家]华君武

人的面部表情和姿容举止展示着人的心灵和感情。

——[中国学者]何新

人的外貌和肉体只有作为美的精神性格的一种表情才是真正美的；离开这种美的精神性格的表情，它就没有真

正美的意义，它不过是一具尸体而已。

——[中国美学家]施昌东

一个人的美，其五官的位置只占其中的百分之十。

——[中国学者]程乃珊

长得并不漂亮的小树，可能寄托着不被暴力所屈服的美。

——[中国文艺评论家]王朝闻

美比漂亮的价值高。

——[中国画家]吴冠中

一个品质高尚的人，永远是年轻和美丽的。

——[中国诗人]冯雪峰

人的生活经历往往烙印在外貌上。

—— [中国画家] 吴冠中

美,首先征服人的感官,然后才是人心;优雅,首先征服人心,然后才是人的感官。

—— [中国诗人] 汪国真

人体美

人体既具极度变化之美,同时更是整齐之美。

—— [中国画家] 刘海粟

人体是神圣之物,是自然界中最完美的对象。

—— [意大利画家] 达·芬奇

正因为人的形体美不是(也不可能是)时代风尚或时髦趣味的产物,所以女性美是永恒的。

—— [美国舞蹈家] 邓肯

人体具有不可思议之情感,从曲线内表现出一种不息之流动与生机,能使心灵与肉体和谐,是以成自然美与精神美之极致。

—— [中国画家] 刘海粟

在任何民族中,没有比人体的美更能激起富有感官的柔情了。

—— [法国雕塑家] 罗丹

体态匀称、发育健康,构成一个和谐的整体。它给予人以端庄、优雅、圣洁、高尚的感觉,引起人们对世俗生活的兴趣,激起奋发上进的精神。

—— [意大利画家] 米开朗琪罗

美貌

美貌之于女人犹如才智之于男子,是至关重要的

美和美貌

人的一切都应该是美丽的:面貌,衣裳,心灵和思想。

—— [俄国作家] 契诃夫

美有三个要素:第一,是一种完整或完美,凡是不完整的东西就是丑的;第二,是适当的比例或和谐;第三,是鲜明,所以鲜明的颜色是公认为美的。

—— [意大利哲学家] 阿奎那

美貌和幸福的关系,在所有时代都使年轻人激动不已。

——[苏联作家]贝·列·列昂尼多娃

谁要是没见过愁苦中的美人,他就没看到过绝色美人。

—— [英国小说家] 菲尔丁

姑娘的心里最珍视的东西是她们自己的美貌。

—— [古罗马诗人] 奥维德

美就是性格的表现。

—— [法国雕塑家] 罗丹

美是道德纯洁、精神丰富和体魄健全的强大源泉。

—— [苏联教育家] 苏霍姆林斯基

美丽的东西是一把钥匙,让我见到一切从没见过的,知道一切从不知道的。

—— [印度诗人] 泰戈尔

美都是从灵魂深处发出的,因为大自然景象不可能具有绝对的美,这美感隐藏在创造或者观察他们的那个人的灵魂里。

—— [俄国文艺评论家] 别林斯基

面孔是灵魂的镜子。

——[苏联作家] 高尔基

外表在一个人的生活中具有很大的意义。很难想象一个肮脏的、马马虎虎的人，他竟能注意自己的行为。

——[苏联教育家] 马卡连柯

美貌之于女人犹如才智之于男子，是至关重要的。

——[英国作家] 切斯特·菲尔德

假如美丽的姑娘是陷阱，那么每个聪明的男子都喜欢跳入这个陷阱。

——[英国作家] 王尔德

美貌的两重性

美好的容貌，常使人的命运走向两端：幸运与不幸。幸运，包括爱、机会等等；不幸，包括嫉恨、灾难等等。

——[中国诗人] 汪国真

美貌常常比酒更坏，因为它能使持有者和欣赏者双方沉醉。

——[奥地利作家] 齐默尔曼

从一定意义上讲，美好的容貌是一张通行证。不过这张通行证，可以使人上天堂，也可以使人下地狱。

——[中国诗人] 汪国真

为容貌的美丑所束缚而不考虑关系到整个人生的幸福，是人生中、特别是青春时代的人生中最大的错误。

——[日本社会活动家] 池田大作

美貌是一层面纱，它常常用来遮掩许多缺点。

——[俄国作家] 列夫·托尔斯泰

美貌，是妇女迷住情人、吓死丈夫的力量。

——[美国作家] 安·比尔斯

美貌比金银更容易引起盗心。

——[英国诗人、戏剧家] 莎士比亚

依仗容貌的人往往由于容貌而毁灭。

——[日本社会活动家] 池田大作

美貌并不是最重要的

人并不是因为美丽才可爱，而是因为可爱才美丽。

——[俄国作家] 列夫·托尔斯泰

上帝喜欢相貌平平的人，因此，他所创造的大多数人都是这样的。

——[美国政治家] 林肯

我一贯认为男人的容貌如何是无关紧要的。我更感兴趣的是一个人的头脑，而不是他的外貌。

——[英国作家] 毛姆

鸟美在羽翼，人美在学识。

——[苏联作家] 高尔基

有一种东西，比我们的面貌更像我们，那便是我们的表情；还有另一种东西，比表情更像我们，那便是我们的微笑。

——[法国作家] 雨果

美貌第一眼看上去美妙极了；但在屋里待上三天之后，有谁还会看它呢？

——[英国作家] 萧伯纳

美貌只能迷住人的眼睛，美德才能动人的心灵。

——[英国诗人] 蒲柏

一个漂亮女人能够引起我的欣赏，却不能使我迷恋。使我迷恋的是那种有灵性的美，那种与一切美的事物发生内在感应的美。

——[中国学者] 周国平

外貌只能夸耀一时；真美方能百世不殒。

——[德国诗人] 歌德

五官端正并不等于美。

——[中国画家] 吴冠中

美丽的身材可以吸引真正的倾慕者,但是要持久地吸引他们,需要有美丽的灵魂。

——[阿根廷作家] 科尔顿

丽质只可以自己欣赏;优美才使人无法抵抗。

——[英国诗人、戏剧家] 莎士比亚

人的美丽可爱,不仅仅是由于他的容貌,首先决定于他的精神面貌。一个品质高尚的人,永远是年轻和美丽的。

——[中国诗人] 冯雪峰

美貌与岁月

没有德性的美貌,是转瞬即逝的;可是因为在你的美貌之中,有一颗美好的灵魂,所以你的美貌是永存的。

——[英国诗人、戏剧家] 莎士比亚

越是漂亮的脸蛋,越是经不起岁月的摧残。

——[英国诗人、戏剧家] 莎士比亚

虽然人能长得玫瑰一样美丽,但她的美貌终有一天要消失。

——[英国诗人] 史文朋

年轻而貌不美则一无价值,貌美而不年轻也毫无价值。

——[法国作家] 拉罗什富科

不要过分相信那张娇媚的脸;美是一种魅力,而魅力很快便会消失。

——[古罗马诗人] 维吉尔

美貌会产生奇迹。一切精神的缺陷,在一个美人的身上不但引不起罪恶,反而会特别地动人;恶习在她们身上也会显得高雅;可是一旦人老珠黄不值钱,女人就得比男人聪明二十倍,才能够引起别人的尊敬,如果不能引起爱慕的话。

——[俄国作家] 果戈理

世界上有两样东西最耀眼而又最易破损:一是女人的脸,二是陶器。

——[英国作家] 斯威夫特

在生活里,我们命中碰到的一切美好的东西,都是以秒计算的。

——[苏联作家] 高尔基

身体的有力和美是青年的好处,至于智慧的美则是老年所特有的财产。

——[古希腊哲学家] 德谟克利特

我要强调,女性真正的美是在于更为内在的生命本身的美。单纯表面的美无疑会受到年龄的制约。

——[日本社会活动家] 池田大作

美与丑

世上没有丑陋的情人,也没有漂亮的囚犯。

——[美国政治家、科学家] 富兰克林

美貌是转瞬即逝的——可是丑陋是永久的。

——[法国作家] 巴尔扎克

绝对的丑陋是没有的。

——[英国政论家] 罗斯金

漂亮不等于美,不该漂亮的漂亮是丑。

——[中国文艺评论家] 王朝闻

我觉得人的美貌就在于一笑:如果这一笑增加了脸上的魅力,这脸就是美的;如果这一笑不使它发生变化,它就是平平常常的;如果这一笑损害了它,它就是丑的。

——[俄国作家] 列夫·托尔斯泰

不管一个人的容貌多丑,当他因美德和才智而闻名时,他决不会显得丑陋,即使丑陋也不会给人留下坏印象。

——[法国作家] 拉布吕耶尔

美高于善,善胜过丑。

——[英国作家]王尔德

不贞洁的美是一种耻辱。

——[古希腊诗人]荷马

丑的东西往往要戴上美的面具,丑的东西呈现在人们面前的时候,往以美出现。

——[中国作家]云杉

与生俱来的丑与美,是个一次成形的即兴创作,不容你参与修改。

——[中国作家]张抗抗

如果面貌长得丑,就不要怨镜子。

——[俄国作家]屠格涅夫

审美　审美的感官需要文化修养……借助修养才能了解美,发现美

审美的概念

人的心理本性使人能够有审美的概念,不能只限于喜爱美的事物,还要善于理解它。

——[俄国哲学家]车尔尼雪夫斯基

美是主体的,而且只存在于观察者的心目中。

——[英国哲学家]罗素

我们周围有光也有颜色,但是我们自己的眼里如果没有光和颜色,也就看不到外面的光和颜色了。

——[德国诗人]歌德

绝对的美的标准是不存在的,并且也不可能存在,历史发展过程中人们对美的概念无疑是在变化着的。

——[俄国理论家]普列汉诺夫

有些事物立刻引起美的快感,我们具有适于感觉到这种美的快感的感官,而且美的快感和在见到事物时由自私所产生的那种快乐是迥然不同的。

——[英国美学家]哈奇生

美都是从灵魂深处发出的,因为大自然景象不可能具有绝对的美,这美感隐藏在创造或者观察他们的那个人的灵魂里。

——[俄国文艺评论家]别林斯基

美的事物在人们心中所唤起的感觉,是类似我们当着亲爱的人面前时洋溢我们心中的那种愉快。

——[俄国哲学家]车尔尼雪夫斯基

美就是性格的表现。

——[法国雕塑家]罗丹

理想美是一个事物的美的表现。

——[德国作家]席勒

美是到处都有的,对于我们的眼睛,不是缺少美,而是缺少发现。

——[法国雕塑家]罗丹

只要哪儿有美,人们就强烈地感受到它。

——[法国启蒙思想家]狄德罗

美的东西首先是感觉上的:它诉诸感官;它是令人愉快的,是未经理想化的本能冲动的对象。

——[美国哲学家]马尔库塞

美感的主要特征是一种赏心悦目的快感。

——[俄国哲学家]车尔尼雪夫斯基

只有强有力的人才懂得爱,只有

爱才能把握美，只有美才形成艺术。
——[德国作曲家] 瓦格纳
爱美之心人人有之，这是人的天性，也是人们热爱生活、追求美的动力源泉。
——[法国作家] 安格尔

审美修养

如果不增强审美修养，就不可能与音乐家有共同的语言，也就很难欣赏奏鸣曲的美。
——[德国作曲家] 贝多芬
在活生生的现实里有很多美的事物，或者更确切地说，一切美的事物只能包括在活生生的现实里。
——[俄国文艺评论家] 别林斯基
人天生就有分辨善恶、美丑的能力。
——[英国美学家] 夏夫兹博里
只有审美的趣味才能导致社会和谐，因为它在个体身上奠定了和谐。
——[德国作家] 席勒
若要把感性的人变为理性的人，唯一的路径是先使他成为具有审美能力的人。
——[德国作家] 席勒
有了审美的能力，一个人的心灵就能在不知不觉中接受各种美的观念，并且最后接受同美的观念相联系的道德观念。
——[法国启蒙思想家] 卢梭

我自己虽然不是画家，没有亲手制作美的力量，我却有审美的感觉、审美的理智，所以我才感觉到在我外面的美。
——[德国哲学家] 费尔巴哈
如果你想得到艺术的享受，那你就必须是一个有艺术修养的人。
——[德国思想家] 马克思
一个关于美的判断，只要夹杂着极少的利害感在里面，就有偏爱而不是纯粹的欣赏判断了。
——[德国哲学家] 康德
人们说，谈到审美趣味无可争辩，只是对于感性方面的审美趣味来说，这话才是对的。
——[法国启蒙思想家] 伏尔泰
审美的感官需要文化修养……借助修养才能了解美，发现美。
——[德国哲学家] 黑格尔
如果你对于音乐没有欣赏力，没有感觉，那么你所听到的最美的音乐，也只是像听耳边吹过的风，或者脚下流过的水一样。
——[德国哲学家] 费尔巴哈
艺术中坏的审美趣味，在于只知喜爱矫揉造作的雕饰，感觉不到美的自然……
——[法国启蒙思想家] 伏尔泰

举止

优美就在于：每一个举动与姿势都是最轻便、最适当、最自然地做成的

人们的举止应当像他们的衣服，不可太紧或过于讲究，应当宽舒一点，以便于工作和运动。
——[英国哲学家] 培根

品德，应该高尚些；处世，应该坦率些；举止，应该礼貌些。
——[法国启蒙思想家] 孟德斯鸠
优美就在于：每一个举动与姿势

都是最轻便、最适当、最自然地做成的。

——[德国哲学家] 叔本华

要做一个襟怀坦白、光明磊落的人，不管是在深藏内心的思想活动中，还是在表露于外的行为举止上都是这样。

——[挪威小说家] 温塞特

从容不迫的举止，比起咄咄逼人的态度，更能令人心折。

——[中国作家] 三毛

优美的体形胜过漂亮的脸蛋；而优雅的举止胜过优美的体形……举止是一种最高雅的艺术。

——[美国作家] 爱默生

在我看来，举止就像心灵的衣裳，而且具备衣裳的特点。因为举止应当合乎时尚，而不应稀奇古怪；它应在体现出心灵美的同时又能掩饰其不足。

——[英国哲学家] 培根

相貌的美高于色泽的美，而秀雅合适的动作的美，又高于相貌的美，这是美的精华。

——[英国哲学家] 培根

言谈举止，至微至粗之事，皆当合理。

——[中国古代学者] 黄宗羲

举止不能太拘谨，太呆板。

——[英国哲学家] 培根

坏的习惯必须打破，好的习惯必须加以培养，然后我们才能希望我们的举止坚定不移始终如一地正确。

——[美国政治家、科学家] 富兰克林

人的举止应该因时而异。

——[西班牙小说家] 塞万提斯

穿着　服装往往可以表现人格

穿着的重要性

漂亮的服装将为你叩开所有的大门。

——[英国作家] 托马斯·富勒

服装和举止不能造就一个人，但对一个已经造就的人，它们可以大大增进他的仪表。

——[美国作家] 比彻

无论如何，一个人应永远保持有礼貌和穿着整齐。

——[瑞典作家] 海登斯坦

我们都是亚当的后代，但衣着造成了我们之间的差异。

——[英国词典编辑家] 富勒

精致服装的好处仅是为你赢得尊敬所需要的手段。

——[英国作家] 塞缪尔·约翰生

装饰的华丽可以显示出一个人的富有，优雅可以显示出一个人的趣味。

——[法国启蒙思想家] 卢梭

只有当你想得到别人的尊重而又没有其他办法时，漂亮的衣服才能派上用场。

——[英国作家] 塞缪尔·约翰生

切忌衣冠不整

我们的衣着既不要过于艳丽而俗气，也不可破烂而肮脏。

——[古罗马哲学家、悲剧作家] 塞涅卡

与其穿了不合身材的衣服，还不

如赤裸。

—— [中国诗人] 艾青

衣服不利索是精神萎靡的表现。

—— [西班牙小说家] 塞万提斯

衣冠不正,则宾者不肃。进退无仪,则政令不行。

—— [中国古代军事家] 管仲

年轻人应该装束得华丽潇洒一些,表示他的健康活泼,正像老年人应该装束得朴素大方一些,表示他的矜严庄重一样。

—— [英国诗人、戏剧家] 莎士比亚

穿着华丽不是生活的第一要义

如果我们把穿着打扮当做生活的第一要义,那么我们的价值连衣服都不如。

—— [英国评论家] 赫兹里特

那些偶像的穿戴和装饰看起来很华丽,但是,可惜! 它们是没有心的。

—— [古希腊哲学家] 德谟克利特

当人穿着漂亮的衣服,就会显得精神振作,脾气温和,但并不会由此赢得信任。

—— [英国作家] 狄更斯

对于一个明智而懂事的人而言,衣着的第一要求,应永远是得体和整洁。

—— [美国政治家] 华盛顿

人应该透过衣着洞察别人,而且还要学会忽视衣着。

—— [英国作家] 卡莱尔

不管你穿什么样的衣服,人总还是那样的人。

—— [法国作家] 罗曼·罗兰

谁一味讲究穿着,谁的智力就有缺陷。

—— [英国作家] 切斯特菲尔德

我认为,穿带补丁的衣服并不低人一等。但我肯定,人总是希望穿件时髦的、至少是清洁而无补丁的衣服,甚至把这看得比拥有良知还重要。

—— [美国经济学家] 梭罗

必要的时候不妨把衣服穿得马虎一点,可是心灵必须保持整洁才行。

—— [美国作家] 马克·吐温

讲究衣着是一件十分愚蠢的事情,但对一个男人来说,不讲究衣着更加愚蠢。

—— [英国作家] 切斯特菲尔德

使人成为君子的并不是讲究的衣着。

—— [英国词典编辑家] 富勒

情操上的任何微瑕都会使你美丽的服饰失去全部魅力。

—— [美国作家] 爱默生

我们的穿着必须给人一种整洁的印象,服饰不必过分考究,只要不邋遢就行。

—— [古罗马政治家、雄辩家] 西塞罗

尽你的财力购制贵重的衣服,可是不要炫新立异,必须富丽而不浮艳,因为服装往往可以表现人格。

—— [英国诗人、戏剧家] 莎士比亚

冠服不尚奢华,而容仪不可不饰。

—— [中国教育家] 张元济

再漂亮的时装也会很快过时。

—— [英国词典编辑家] 富勒

最朴素的往往是最华丽的,最简单的往往最时髦,素装淡抹常常胜过浓妆艳服。

—— [法国作家] 莫洛亚

你们不见美貌的青年穿戴过分反而折损了他们的美吗? 你不见山村妇女,穿着朴实无华的衣服反比盛装的妇女要美得多吗?

—— [意大利画家] 达·芬奇

男人与女人的穿着

男人由衣服来相配，女人则自己去配衣服。

——[英国作家] 豪厄尔

服饰是女人容貌的一部分，衣装不整齐就等于是容貌不端正或有伤痕。

——[英国小说家] 哈代

外套、手套、帽子和披肩，是美人的调味汁、香料和夹肉面包。

——[英国诗人] 胡德

高跟鞋是由一个爱好亲吻前额的女士发明的。

——[英国哲学家] 穆勒

打扮　舒适自然的打扮，其实才是对个人生命最大的认识和尊敬

首先，你要了解自己，然后，根据你的情况精心地打扮自己。

——[古罗马哲学家] 爱比克泰德

在这大千世界，变化最多的莫过于女人的头饰。

——[英国文学评论家] 艾迪生

一个相当标致的女人可以无需装饰品的帮助，而是运用艺术的手法，把化妆下降到次要地位，而突出自己朴素的美。

——[法国作家] 巴尔扎克

讲究的女子，虽然也可以在化妆中寻求感官和美的满足，但她打扮得适合自己的外貌；衣服的颜色衬托出她的肤色美，款式能显耀出或修正出她的身段。她所珍惜的是被装饰的自己，而不是装饰她的物质。

——[法国作家] 西蒙·德·波伏娃

装饰可以使活生生的女人得到幸福，同时也可以使别人感到美的享受和幸福。

——[法国启蒙思想家] 卢梭

没有香气的女人最好闻。

——[古罗马哲学家] 普拉图斯

舒适自然的打扮，其实才是对个人生命最大的认识和尊敬。

——[中国作家] 三毛

化妆品对于女人来说，是信心；对男人而言，是幻觉。

——[中国台湾漫画家] 朱德庸

一个女人可以用化妆品来使她出一出风头，但要获得别人的喜爱，还要依赖她的人品。

——[法国思想家] 卢梭

棍子一经装饰也会面目全非。

——[西班牙小说家] 塞万提斯

装饰不过是一道把船只诱进凶涛险浪的怒海中去的海岸，又像是遮掩着一个黑丑蛮横妇女的一道美丽的面幕；总而言之，它是狡诈的世上用来欺诱智士的似是而非的真理。

——[英国诗人、戏剧家] 莎士比亚

一个打扮并不华贵却端庄严肃而有美德的人是令人肃然起敬的。

——[英国哲学家] 培根

131

幽默 人生没有幽默,就像春天没有鲜花

所谓幽默,是到口的肥鸭竟然飞了而一笑置之。

——[美国作家] 休斯

人类几乎是普遍地爱好谐趣,是自然界唯一的会开玩笑的生物。

——[美国作家] 爱默生

一盎司的幽默比一磅的证据还有说服力。

——[英国空想社会主义者] 欧文

幽默有一种魅力。它在男人心中唤起的往往是敬意,在女人心中唤起的常常是爱情。

——[中国诗人] 汪国真

如果把幽默感比做一个孩子的话,那他的父母就分别是生活和悠闲。

——[美国作家] 马克·吐温

生活中没有哲学还可以对付过去,然而没有幽默则只有愚蠢的人才能生存。

——[苏联诗人] 普里什文

人生没有幽默,就像春天没有鲜花。

——[日本社会活动家] 池田大作

幽默如从天而降的湿润细雨,将我们孕育在一种人与人之间友情的愉快与安适的气氛中。它犹如潺潺溪流或者照映在碧绿如茵的草地上的阳光。

——[中国作家] 林语堂

诙谐幽默是人们在社交场上所穿的最漂亮的服饰。

——[英国小说家] 萨克雷

真正的幽默板着面孔,而周围的人们却围着它笑;虚假的幽默本身笑个不停,而周围的人们却板着面孔。

——[英国文学评论家] 艾迪生

制作幽默的秘诀不是快乐而是忧伤。天堂里没有幽默。

——[美国作家] 马克·吐温

幽默带来悟力和宽容,冷嘲则带来深刻而不友善的理解。

——[美国作家] 雷普利尔

没有幽默滋润的国民,其文化必日趋虚伪,生活必日趋欺诈,思想必日趋迂腐,文学必日趋干枯,而人的心灵必日趋顽固。

——[中国作家] 林语堂

幽默感就是分寸感。

——[黎巴嫩作家] 纪伯伦

幽默当然用笑来发泄,但是笑未必就表示着幽默。

——[中国学者] 钱钟书

幽默是最好的医生。

——[法国作家] 彼得

7

性格与心态

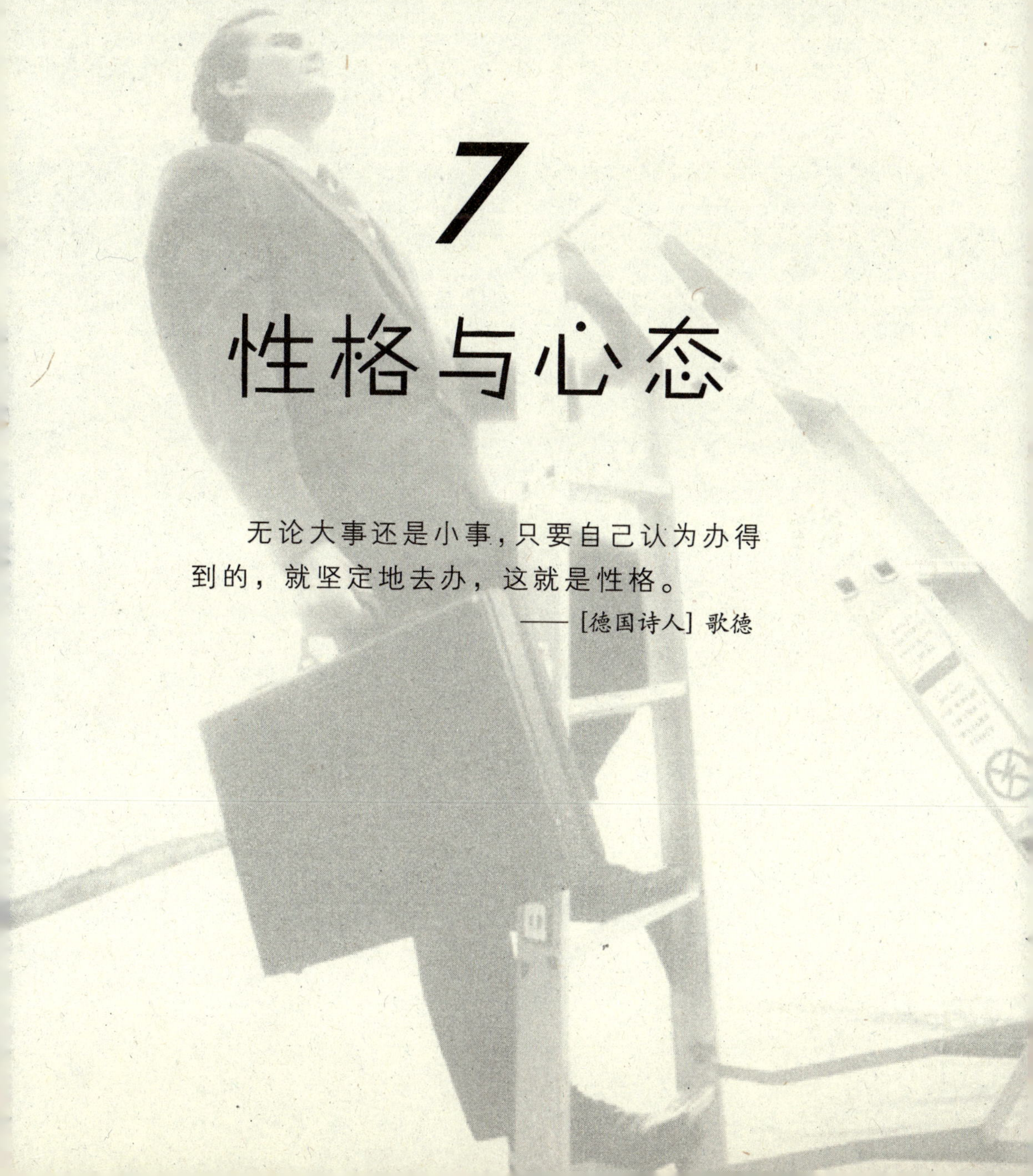

无论大事还是小事，只要自己认为办得到的，就坚定地去办，这就是性格。

——［德国诗人］歌德

性格　江山易改,禀性难移

性格决定命运

人的性格,就是他的命运。

——[古希腊哲学家] 赫拉克利特

习惯形成性格,性格决定命运。

——[英国作家] 毛姆

性格不仅使人的行动前后一致并合乎理性,它也是人适应社会的基础。

——[美国哲学家、心理学家] 弗洛姆

最重要的不是头脑,而是指导头脑的东西——性格、心灵、崇高的品性、教养。

——[俄国作家] 陀思妥耶夫斯基

造就政治家的,决不是超凡出众的洞察力,而是他们的性格。

——[法国启蒙思想家] 伏尔泰

无论大事还是小事,只要自己认为办得到的,就坚定地去办,这就是性格。

——[德国诗人] 歌德

怯懦的动物总是成群结队地行走。只有狮子在旷野中独往独来。

——[法国诗人] 维尼

凡是天性刚强的人,必定有自强不息的力量。

——[法国作家] 罗曼·罗兰

性格是幸福的基础,幸福是对性格的认可。

——[美国哲学家] 桑塔亚纳

对于健康的人来说,身体上的缺陷和经济、教育、社会上的缺点远没有性格上的弱点那么重要。

——[美国社会心理学家] 马斯洛

一个人的性格决定他的际遇。如果你喜欢保持你的性格,那么,你就无权拒绝你的际遇。

——[法国作家] 罗曼·罗兰

形形色色的性格

有些人坦率,真诚待天下;有些人隐晦,藏头不露尾。

——[英国诗人] 蒲柏

特别富于孩子气的性格不仅反应激烈,行动也充满着活力。

——[德国诗人] 歌德

一个有良好、温和、优雅性格的人,就是在贫乏的环境中也能怡然自得。

——[德国哲学家] 叔本华

开朗的性格不仅可以使自己保持心情的愉快,而且可以感染你周围的人们,使他们也觉得人生充满了和谐和光明。

——[法国作家] 罗曼·罗兰

一清如水的生活,诚实不欺的性格,在无论哪个阶层里,即使心术最坏的人也会对之肃然起敬。

——[法国作家] 巴尔扎克

性情上的温和是善,原则上的温和是恶。

——[美国政论家] 潘恩

淡漠的人要么是哲学家,要么是浅薄的、自私自利的人。

——[俄国作家] 契诃夫

卑鄙与伟大、恶毒与善良、仇恨与热爱是可以互不排斥地并存在同一颗

135

心里的。

—— [英国作家] 毛姆

奔放的性格有勇往直前的好处，含蓄的性格有迂回委婉的优点。把握自己的性格特色，就是每个人处世风格成功的道路。

—— [法国作家] 罗曼·罗兰

性格的形成与改变

天才在孤独中最易培养，性格在暴风雨中最易形成。

—— [德国诗人] 歌德

要形成一个有道德的性格，既需要一种天赋的向善心，又需要良好的生活环境。

—— [美国哲学家] 弗兰克·梯利

伟大的人并不是能够改变物质的人，而是能够改变自己心境的人。

—— [美国作家] 爱默生

不停顿地享受将会造成疲弱，而处于疲弱中，我们将失去性格的刚强。

—— [德国作家] 席勒

人的性格从其全部最本质的条件上讲是决定于教育的。

—— [英国小说家] 德文

江山易改，禀性难移。

—— [中国古代思想家] 孟子

只有长期养成的习惯才能多少改变人的天生气质和性格。

—— [英国哲学家] 培根

冷酷和温柔对于培植生命来说同样需要，必须在各种不同条件下锤炼人的性格。

—— [印度作家] 普列姆昌德

两种不同性格的会合就像是两种不同化学物质的接触：一旦发生反应，两者都得转化。

—— [瑞士心理学家] 荣格

冲动可以逐渐变成那不会轻易改变的行为习惯，这时就形成了性格。

—— [美国心理学家] 威廉·詹姆斯

我们的性格是我们行为的结果。

—— [古希腊哲学家] 亚里士多德

怎样识别各种性格

就像从很小的孔穴能窥见阳光一样，细小的事情刻画出人的性格。

—— [英国作家] 斯迈尔斯

根据一个人的兴趣可以判断他的性格。

—— [德国诗人] 歌德

只有深哀和极乐才能显露你的真实。

—— [黎巴嫩作家] 纪伯伦

我们判断个人的情况，不能只看开头，还应该看到结尾。

—— [古希腊寓言作家] 伊索

最足以显示一个人的性格的，莫过于他所嘲笑的是什么东西了。

—— [德国诗人] 歌德

人们在大事上往往表现很得体，而在小事上原形毕露。

—— [法国作家] 尚福尔

人的快乐——这是最能使人原形毕露的。有些人的性格您很久都捉摸不透，可是只要这个人由衷地纵声大笑起来，您对他的整个性格就会忽然了如指掌。

—— [俄国作家] 陀思妥耶夫斯基

满口甜言蜜语的人，是性格险恶的人。

—— [法国物理学家] 帕斯卡

人以三事见性格：赏钱、酒量和脾气。

—— [英国作家] 王尔德

只有在琐事上，而且在毫无戒备时，一个人的性格才会暴露得淋漓尽致。

—— [德国哲学家] 叔本华

自我

聪明的人只要能认识自己,便什么也不会失

认识自我,相信自我

世界上最重要的事就是认识自我。

——[法国作家] 蒙田

在宇宙的中心,回响着那个坚定神秘的音符:"我"。

——[英国诗人] 彼得·波特

人人都希望他的内心生活中有一个不容任何人钻进来的角落,正如人人都有希望有一个自己独用的房间。

——[俄国哲学家] 车尔尼雪夫斯基

探索自然时,我品味了自我,不过是在一个大杯里,杯里盛着我自己的生命。

——[英国科学家] 霍普金斯

我存在,乃是所谓生命的一个永久的奇迹。

——[印度作家] 泰戈尔

人应尊敬他自己,并应自视能配得上最高尚的东西。

——[德国哲学家] 黑格尔

要有所行动,然后认识自己。

——[法国作家] 蒙田

聪明的人只要能认识自己,便什么也不会失去。

——[德国哲学家] 尼采

别人借我们过去所做的事判断我们,然而,我们判断自己,却是凭我们将能做些什么事。

——[美国诗人] 朗费罗

也许人类最真实的尊严就是能够轻视自我。

——[美国哲学家] 桑塔亚那

人怎么能够认识他自己呢?通过观察;可能的,必须通过行动。你去试验完成你的职责吧,你立刻就知道,你是怎样的人。

——[德国诗人] 歌德

在一番激烈抗争之余,当濒临绝望之际,倏然返回自我的人,即可认清自己和世界,进而改变自己的所有本质,超越自身和一切的痛苦,进入无比崇高、平静、幸福的境界。

——[德国哲学家] 叔本华

你在哪里找到了自我? 通常是在你所经历过的最销魂的时刻。

——[奥地利诗人] 霍夫曼斯塔尔

至关重要的, 不要旁人以为你是什么,而是你自己实际是什么。

——[印度哲学家] 室利阿罗频多

舍却自己是寻到自己的最好办法。

——[印度哲学家] 室利阿罗频多

先打量自己,再纠正自己。

——[德国哲学家] 尼采

对于宇宙, 我微不足道;可是,对于我自己,我就是一切。

——[法国作家] 辛涅科尔

做你自己的, 是你能给别人最好的建议。

——[美国经济学家] 梭罗

你应庆幸自己是世上独一无二的,应该将自己的禀赋发挥出来。

——[美国教育家、作家] 卡耐基

在所有缺点中, 最无可救药的是轻视我们自己。

——[法国作家] 蒙田

137

凡是有点干劲的,有点能力的,有点主见的人,他总是相信自己。

——[中国政治家] 邓小平

如果你真的相信自己,并且深信自己一定能达到梦想,你就真的能够步入坦途,而别人也会更需要你。

——[美国企业家] 戴尔

我的脑子很简单,只有一个概念:我能成! 我一定能学成。

——[中国京剧艺术家] 袁世海

自己丰富才能感知世界的丰富;自己好学才能感知世界的新奇;自己善良才能感知世界的美好;自己坦荡才能逍遥地生活在天地之间。

——[英国诗人] 蒲柏

战胜自我

胜己比胜人更加光荣。

——[英国作家] 毛姆

人的命运,主要掌握在自己手中。

——[英国哲学家]培根

你的命运藏在你自己的胸里。

——[德国作家] 席勒

正是驱使你向前的东西本身成了压在你身上的重担。

——[古希腊哲学家] 苏格拉底

我是我自己最大的敌人——也是我自己不幸命运的起因。

——[法国政治家、军事家] 拿破仑

我早已致力于我决心保持的东西。我将沿着自己的路走下去,什么也无法阻止我对它的追求。

——[德国哲学家] 康德

我应该比较而且应该超过的不是别人,正是我自己。

——[意大利歌唱家] 帕瓦罗蒂

在获得胜利之后而能克制自己的人,获得了双重的胜利。

——[英国哲学家] 培根

自己就是主宰一切的上帝,倘若你想征服全世界,你就得征服自己。

——[美国作家] 海明威

成功靠运气,失败在自己。

——[德国诗人] 歌德

自我征服是最大的胜利。

——[古希腊哲学家] 柏拉图

不能制约自己的人,不能称他为自由人。

——[古希腊数学家] 毕达哥拉斯

你越是放弃自我,相应地你也越变得伟大而又真实。

——[德国哲学家] 费尔巴哈

聪明人不注意自己不可能得到的东西,也不会为它们烦恼。

——[英国哲学家] 赫伯特

靠自己的力量发展

自由个人的发展,乃完善社会发展之第一条件。

——[印度哲学家] 室利阿罗频多

只要人是活着的,人的前途就永远取决于自己。

——[德国哲学家] 雅斯贝尔斯

在这个世界上最坚强的人是孤独地、只靠自己站着的人。

——[挪威戏剧家] 易卜生

危急之际,唯有专靠自己,不靠他人为老实主意。

——[中国近代名将] 曾国藩

我宁愿靠自己的力量打开我的前途,而不愿求有力者的垂青。

——[法国作家] 雨果

我所收获的,是我种下的。

——[英国作家] 狄更斯

我将我自己已遗赠给泥土,然后再从我的心爱的草叶中生长出来。

——[美国诗人] 惠特曼

勇敢地走你自己认为正确合理的道路。

——[法国作家] 罗曼·罗兰

不论成功还是失败,都是系于自己。

——[美国诗人] 朗费罗

意志 命运主宰是人自己,而人自己的主宰是意志

意志是一种能力

意志是组织自己走向某一目标的能力。

——[美国心理学家] 罗洛·梅科

我们的身体就像一座园圃,我们的意志是这园圃里的园丁……让它荒废不治也好,把它辛勤耕植也好,那权力都在于我们的意志。

——[英国诗人、戏剧家] 莎士比亚

意志有一个比闪电还敏捷的、由各种液体组成的、看不见的兵团,使它的部下随时供它驱使。

——[法国哲学家] 拉梅特利

意志,是一种能力,一种心灵借以肯定或否定什么是真、什么是错误的能力,而不是心灵借以追求一物或避免一物的欲望。

——[荷兰哲学家] 斯宾诺莎

正是在意向性和意志中,人才体验到他自己的存在。

——[美国心理学家] 罗洛·梅科

字典里最重要的三个词,就是意志、工作、等待。我将要在这三块基石上建立我成功的金字塔。

——[法国化学家] 巴斯德

命运主宰是人自己,而人自己的主宰是意志。

——[法国启蒙思想家] 伏尔泰

意志愈是激烈,则意志自相矛盾的现象愈是明显触目,而痛苦也愈大。

——[德国哲学家] 叔本华

意志与命运往往背道而驰,决心到最后全部推倒。我们的想法是自己的,但是结果却无从掌握。

——[英国诗人、戏剧家] 莎士比亚

人的意志可以创造奇迹

人的意志和劳动将创造奇迹般的奇迹。

——[俄国作家] 涅克拉索夫

赞美人是因为一切美好的有社会价值的东西,都是由人的力量、人的意志创造出来的。

——[苏联作家] 高尔基

个人意志(欲望)又是永不知足的,满足一个愿望接着又产生更新的愿望,如此衍生不息,永无尽期。

——[德国哲学家] 叔本华

没有伟大的意志力,就不可能有雄才大略。

——[法国作家] 巴尔扎克

坚强的意志

要意志坚强，要勤，要探索，要发现，并且永远不屈服。

——［英国博物学家］赫胥黎

要有坚强的意志、卓越的能力以及坚持要达到目标的恒心，此外都是细节。

——［德国诗人］歌德

坚强是反映意志对猛烈打击的抵抗力，顽强则是指意志对持续打击的抵抗力。

——［普鲁士军事理论家］克劳塞维茨

谁都可以成为作家，但是要达到这一点就必须有坚强的意志……

——［俄国剧作家］奥斯特洛夫斯基

温柔的人也会有铁一样的意志。

——［美国作家］欧文·斯通

对于一个意志坚强的人来说，无事不能为。

——［美国作家］海伍德

伟大人物的最明显的标志，就是他坚强的意志，不管环境变换到何种地步，他的初衷与希望仍不会有丝毫的改变，并能终于克服障碍，达到期望的目的。

——［美国发明家］爱迪生

世上最坚强的人就是独自忍受一切的人。

——［挪威戏剧家］易卜生

苦和甜来自外界，坚强则来自内心，来自一个人的自我努力。

——［美籍德国人、物理学家］爱因斯坦

只要坚强，就不怕失败，不怕挫折，不怕打击——不管是人事上的、生活上的、技术上的、还是学术上的打击。

——［中国翻译家］傅雷

要记住！情况越严重，越困难，就越需要坚定、积极、果敢，而消极无为就越有害。

——［俄国作家］列夫·托尔斯泰

生活就像海洋，只有意志坚强的人，才能到达彼岸。

——［德国思想家］马克思

一个有坚强心志的人，财产可以被人掠夺，勇气却不能被人剥夺。

——［法国作家］雨果

薄弱的意志

人最凶恶的敌人，就是他的意志力的薄弱和愚蠢。

——［苏联作家］高尔基

衰弱之躯造就薄弱意志。

——［法国启蒙思想家］卢梭

无所事事只是薄弱意志的避难所。

——［英国作家］斯坦霍普

宿命论是那些缺乏意志力的弱者的借口。

——［法国作家］罗曼·罗兰

如果缺乏努力和意志，如果不肯牺牲和劳动，你自己就会一事无成。

——［俄国哲学家、作家］赫尔岑

谁今天可耻地意志消沉，明天他就会痛苦地死掉。

——［英国作家］卡莱尔

意志越衰弱，感受、想象、梦想新奇事物的欲望就越漫无节制。

——［德国哲学家］尼采

意志的培养

意志也和思想一样，不是天生的，而是在社会环境中培养和锻炼出来的。

——［中国作家］冯定

艰苦能磨炼人的意志！

——[英国哲学家、心理学家]托·布朗

一位仍无社会适应力，仍无成就可言的年轻人，最好尽量发挥他的自我意识，也就是说，以培养自己的意志为主策。

——[瑞士心理学家]荣格

我们行动的意志，依我们行动次数的频繁和坚定的程度而增加，而脑力则领先意志的使用而增长，这样便真能产生信仰。

——[美国作家]海伦·凯勒

习惯

播种行为，收获习惯；播种习惯，收获性格；播种性格，收获命运

习惯是人行为的主宰

任何事物都不如习惯那样强有力。

——[古罗马诗人]奥维德

习惯如果不加抗拒，很快变成必需品。

——[古罗马思想家]奥古斯丁

人的思考取决于动机，语言取决于学问和知识，而他们的行动，则多半取决于习惯。

——[法国作家]莫泊桑

习惯使我们顺从一切。

——[英国作家]伯顿

由智慧养成的习惯成为第二天性。

——[英国哲学家]培根

习惯真是一种顽强而巨大的力量，它可以主宰人生。因此，人自幼就应该通过完美的教育，去建立一种好的习惯。

——[英国哲学家]培根

少成若天性，习惯如自然。

——[中国古代史学家]班固

习惯——这是德行的秘密。

——[德国哲学家]费尔巴哈

习惯的力量比理智更加永恒，更加简便。

——[英国哲学家]洛克

人类一生的工作，精巧还是粗劣，都由他每个习惯所养成。

——[美国政治家、科学家]富兰克林

集体的习惯，其力量更大于个人的习惯。因此如果有一个有良好道德风气的社会环境，是最有利于培训好的社会公民的。

——[英国哲学家]培根

一个最高尚的人也可以因习惯而变得愚昧无知和粗野无礼，甚至粗野到惨无人道的程度。

——[俄国作家]陀思妥耶夫斯基

人的生活方式如果仍延续一系列的旧习惯，那么，他就会成为生活的奴隶。

——[科威特作家]穆尼尔·纳素夫

习惯形成于一个动作的多次重复

每一个重复的动作都有养成习惯的可能；重复的次数愈多，动作也就愈纯熟。

——[法国作家]大仲马

所有的习惯以不可见的程度积聚起来，如百溪汇于川，百川流于海。

——[英国诗人]德莱顿

能够自由地形成习惯的人，在一生中能够做更多的事。习惯是技术性的，因此可以自由地形成。

——[日本哲学家] 三木清

习气那个怪物，虽然是魔鬼，会吞掉一切的羞耻心，也会做天使，把日积月累的美德善行熏陶成自然而然，令人安之若素的家常便饭。

——[英国诗人、戏剧家] 莎士比亚

一个人的后半辈子均由习惯组成，而他的习惯却是在前半辈子养成的。

——[俄国作家] 陀思妥耶夫斯基

习惯之链的力量很弱，因而往往感觉不到，但一旦感觉到了，它已是牢不可摧的了。

——[英国作家] 塞缪尔·约翰生

习惯总是乘人不备，向你袭来。

——[美国政治家、科学家] 富兰克林

播种一个行动，你会收获一个习惯；播种一个习惯，你会收获一个个性；播种一个个性，你会收获一个命运。

——[塞内加尔学者] 菩德吉

人若不知道重复练习这一种或那一种行为可以产生和他的行为相当的性格习惯，他必定是十足的蠢人。

——[古希腊哲学家] 亚里士多德

假如你想做事，就得养成做事的习惯；假如你不想做事，就别去沾边。

——[古罗马哲学家] 爱比克泰德

形成好习惯，改掉坏习惯

人支配习惯，而不是习惯支配人。

——[俄国剧作家] 奥斯特洛夫斯基

坏的习惯必须打破，好的习惯必须加以培养，然后我们才能希望我们的举止能够坚定不移始终如一地正确。

——[美国政治家、科学家] 富兰克林

改变好习惯比改掉坏习惯容易得多，这是人生的一大悲哀。

——[英国作家] 毛姆

美德大部分包含在良好习惯之内。

——[英国伦理学家、法学家] 边沁

好习惯是一个人在社交场合中所能穿着的最佳服饰。

——[古希腊哲学家] 苏格拉底

事实上教育便是一种早期的习惯。

——[美国政治家] 林肯

在儿童时期没有养成思想的习惯，将使他从此以后一生都没有思想的能力。

——[法国启蒙思想家] 卢梭

一个人假如不从睡在摇篮里的时候开始养成人生的清洁的习惯，那是最危险不过的。

——[捷克教育家] 夸美纽斯

良好的习惯乃是人在其神经系统中存放的道德资本，这个资本不断地增值，而人在其整个一生中就享受着它的利息。

——[俄国教育家] 乌申斯基

好的习惯愈多，则生活愈容易，抵抗引诱的力量也愈强。

——[美国作家] 詹姆斯

习惯是很难打破的，谁也不能把它从窗户里抛出去，只有一步一步地哄着它从楼梯上走下来。

——[美国作家] 马克·吐温

当你开始依照习惯行事，你的进取精神就会因此而丧失。

——[西班牙哲学家] 乌纳穆诺

乐观

悲观的人虽生犹死,乐观的人永生不老

乐观是希望的明灯,它指引着你从危险峡谷中步向坦途,使你得到新的生命、新的希望,支持着你的理想永不泯灭。

——[英国博物学家]达尔文

悲观是瘟疫,乐观是甘霖;悲观是一种毁灭,乐观是一种拯救。

——[中国诗人]汪国真

往往并不是我们的思想决定乐观还是悲观,而是我们生理和病理引起的乐观或者悲观意识形成自己的思想。

——[西班牙哲学家]乌纳穆诺

乐观的人永葆青春。

——[英国诗人]拜伦

如果人是乐观的,一切都有抵抗,一切都能抵抗,一切都会增强抵抗力。

——[中国革命家]瞿秋白

真正的乐观主义者是用积极的精神向前奋斗的人,是战胜愁虑穷苦的人。

——[中国政论家]邹韬奋

悲观的人虽生犹死,乐观的人永生不老。

——[英国诗人]拜伦

乐观的人期待着他的美梦成真,悲观的人则期待着他的噩梦成真。

——[美国作家]哈伯德

乐观的人在每一次忧患中,都看到一个机会;而悲观的人则在每一次机会中,都看到一些忧患。

——[美国诗人]普拉斯

乐观主义者认为除了悲观主义者以外其他一切都是美好的;而悲观主义者认为世界上除了他们自己以外一切都是糟糕的。

——[英国作家]切斯特顿

悲观的人,先被自己打败,然后才被生活打败;乐观的人,先战胜自己,然后才战胜生活。

——[中国诗人]汪国真

乐观者看到的是油炸圈饼,悲观者看到的是一个窟窿。

——[英国政治家]威尔逊

乐观者是当他失败时会尽力而为的人。

——[俄国作家]彼德

明智的人决不坐下来为失败而哀号,他们一定乐观地寻找办法来加以挽救。

——[英国诗人、戏剧家]莎士比亚

种子不落在肥土而落在瓦砾中,有生命力的种子决不会悲观和叹气,因为有了阻力才有磨炼。

——[中国作家]夏衍

乐观主义的谎言有着如此巨大的治疗价值,不能令人信服地说出这类谎言的医生是选错了职业。

——[英国作家]萧伯纳

自信

有自信心的人，可以化渺小为伟大，化平庸为神奇

自信是从事大事业所必须具备的素质

自信是英雄主义的本质。

——[美国作家] 爱默生

一切美德都包含在自我信赖中。

——[美国作家] 爱默生

自信是从事大事业所必须具备的素质。

——[英国作家] 塞缪尔·约翰逊

自信和希望是青年的特权。

——[法国作家] 大仲马

对于凌驾命运之上的人来说，信心是命运的主宰。

——[美国作家] 海伦·凯勒

没有一个人会认为自己在各方面都比不上别人。

——[法国作家] 拉罗什富科

自信是一种吸引力。只有当一个人有自信的时候，他才会成为别人注意的焦点。

——[中国作家] 罗兰

自信是成功的秘诀

信心使一个人得以征服他相信可以征服的东西。

——[英国作家] 萧伯纳

自信是一种感觉，有了这种感觉，人们才能怀着坚定的信心和希望，开始伟大而光荣的事业。

——[古罗马政治家、雄辩家] 西塞罗

信心与能力通常是齐头并进的。

——[英国政治家] 约翰逊

自信就是成功的第一秘诀。

——[美国作家] 爱默生

地位越高，自我评价就越高；自信心有多强，能力就有多强。

——[英国评论家] 赫兹里特

要有自信，然后全力以赴——假如具有这种观念，任何事情十之八九都能成功。

——[英国政治家] 威尔逊

自信是一种感觉，有了这种感觉，人们才能怀着坚定的信心和希望，开始伟大而光荣的事业。

——[古罗马政治家、雄辩家] 西塞罗

自信——心中抱着坚定的希望和信念走向伟大荣誉之路的情感。

——[古罗马政治家、雄辩家] 西塞罗

有自信心的人，可以化渺小为伟大，化平庸为神奇。

——[英国作家] 萧伯纳

只要有一种无穷的自信充满了心灵，再凭着坚强的意志和独立不羁的才智，总有一天会成功的。

——[法国作家] 莫泊桑

一个人有果决的判断力和坚定的自信心，他的机会之多，远非那犹豫不决、模棱两可的人可比拟。

——[德国政治家] 俾斯麦

信心是又弱又细的线，很容易拉断；但在灰心的时候，它也能将你抛向高空，使你重获生机。

——[美国政治家] 威尔逊

我们要以信心充实自己

想要使你自己够坚强并增加你的自信，最好的办法就是拿出胆量去做那些你认为没有把握的事。

——[中国作家] 罗兰

我们要以信心充实自己，就像我们每天以食物充实自己一样。

——[美国作家] 马尔兹

先相信你自己，然后别人才会相信你。

——[俄国作家] 屠格涅夫

阿基米得保证说能搬动世界，只要人们为他的杠杆提供一个支点；我则可以为自己制造一个支点，只要我运用我的力量，我的恒心，我的预计。

——[法国政治家、军事家] 拿破仑

人须有自信之能力，当从自己良心上认定是非，不可以众人之是非为从违。

——[中国学者] 章太炎

我首先要求诸君信任科学，相信理性，信任自己，并相信自己。

——[德国哲学家] 黑格尔

应当坚信，只要认真地努力向前，肯定会有好结果，应当保持心情舒畅，满怀信心，大步向前。

——[日本企业家] 稻盛和夫

当我苦闷时，我就露出了笑容，因为我不需要别人的怜惜。

——[匈牙利诗人] 裴多菲

缺乏自信是导致失败的原因

如果没有自信心，你永远也不会有快乐。

——[法国作家] 拉罗什富科

自信是走向成功的第一步，缺乏自信乃是失败的原因。

——[英国诗人、戏剧家] 莎士比亚

自信心与自尊心相辅而成，没有自尊心的人，他决不会有自信心。

——[英国作家] 毛姆

要是没有自信心，那实在糟糕！要是你不相信自己，或者怀疑自己，那就更糟糕了。

——[俄国作家] 契诃夫

一个人失败的最大原因，就是对于自己的能力永远不敢充分信任，甚至认为自己必将失败无疑。

——[美国政治家、科学家] 富兰克林

天真　无言的纯洁的天真，往往比说话更能打动人心

天真无邪具有非常简洁的风格。

——[英国政论家] 哈利法克斯

愚蠢与天真如此相似，以致它们虽有根本的区别，却很难加以区分。

——[英国诗人] 柯珀

无言的纯洁的天真，往往比说话更能打动人心。

——[英国诗人、戏剧家] 莎士比亚

活泼的脾性和天真无邪结合之后，能够使美丽更加诱人，知识更加可爱，才智更加温厚。

——[英国文学评论家] 艾迪生

知识和世故不同，真有学问的人往往是很天真的。

——[法国作家] 罗曼·罗兰

哲人的智慧,加上孩子的天真,或者就能成个好作家了。

——[中国作家] 老舍

作家有创作热情或者同时还有靠它吃饭的天真热情。

——[英国作家] 毛姆

天真的人总是乐呵呵的。

——[英国诗人] 柯珀

青年应当天真烂漫。

——[中国作家] 鲁迅

青年需要向各方面发展,应该保持他天真活泼进取的态度永远不衰。一切固定性,偏执性,早熟性都是不应有的。

——[中国教育家] 徐特立

天真不是护身符。

——[英国作家] 托马斯·富勒

一有野心就要失去天真的感情。

——[法国作家] 巴尔扎克

最天真的人有时是最高明的。

——[法国作家] 雨果

淳朴

一切真正的和伟大的东西,都是淳朴而谦逊的

淳朴就是魅力。

——[古罗马诗人] 贺拉斯

淳朴是真理的美。

——[俄国文艺评论家] 别林斯基

质朴和真实是一切艺术作品的美的伟大原则。

——[德国作曲家] 格鲁克

淳朴是艺术的作品必不可少的条件,就其本质而言,它排斥任何外在的装饰和雕琢。

——[俄国文艺评论家] 别林斯基

朴素是美丽的必要条件。

——[俄国作家] 列夫·托尔斯泰

朴素是真的高贵。

——[中国诗人] 徐志摩

朴素而天下莫能与之争。

——[中国古代思想家] 庄子

朴素与自然,这似乎应该是美的极致。

——[中国作家] 韩少华

一切真正的和伟大的东西,都是淳朴而谦逊的。

——[俄国文艺评论家] 别林斯基

艺术之艺术,词藻之神采,以及文学之光华皆寓于淳朴之中。

——[美国诗人] 惠特曼

无言的淳朴所表示的情感,才是最丰富的。

——[英国诗人、戏剧家] 莎士比亚

淳朴和忠诚所呈献的礼物,总是可取的。

——[英国诗人、戏剧家] 莎士比亚

要达到具有丰富想象力的朴实是很难很难的,这种朴实是艰苦劳动的结果。

——[苏联戏剧理论家] 斯坦尼斯拉夫斯基

质朴最不容易受骗,连成功也骗不了它。

——[中国学者] 周国平

任何感情只有在自然的时候才有价值。

——[俄国作家] 柯罗连科

一个女人的脸红胜过一大片情话。

——[中国作家]老舍

大凡美的东西，居多都是相互的、真切的。

——[中国作家]杜鹏程

一切真正的和伟大的东西，都是淳朴而谦逊的。

——[俄国文艺评论家]别林斯基

真理的语言总是朴实无华的。

——[古罗马哲学家]阿米阿努斯

产生巨大后果的思想常常是朴素的。

——[俄国作家]列夫·托尔斯泰

无言的淳朴所表示的情感，才是最丰富的。

——[英国诗人、戏剧家]莎士比亚

一切出色的东西都是朴素的，它们之令人倾倒，正是由于自己的富有智慧的朴素。

——[苏联作家]高尔基

超群脱俗的人，既有着最平凡的质朴，又有着最最高尚的德操。

——[波兰作家]显克微支

慷慨

慷慨并不是给予得很多，而是给予得很明智

慷慨是正义的花朵。

——[美国作家]霍桑

一个人总得慷慨一点，才配受人感谢。

——[英国小说家]哈代

慷慨，尤其是还有谦虚，就会使人赢得好感。

——[德国诗人]歌德

慷慨并不是给予得很多，而是给予得很明智。

——[美国作家]爱默生

生时的慷慨和临终前的慷慨是截然不同的两码事：前者出自真正的宽厚和仁慈，后者却出于自大或恐惧。

——[古罗马诗人]贺拉斯

作为一个人，对父母要尊敬，对子女要慈爱，对穷亲戚要慷慨，对一切人要有礼貌。

——[英国哲学家]罗素

溪流有堤岸，慷慨也应有限度。

——[美国建筑师]富勒

慷慨不是你把我比你更需要的东西给我，而是你把你更需要的东西也给了我。

——[黎巴嫩作家]纪伯伦

对未来的真正慷慨，是把一切献给现在。

——[法国作家]加缪

沉默

雄辩是银，沉默是金

善于沉默的人是圣人

沉默是一种重要的谈话艺术。

——[英国评论家]赫兹里特

沉默是傻瓜的机智。

147

—— [法国作家] 拉布吕耶尔

沉默是一种处世哲学,用得好时,又是一种艺术。

—— [中国作家] 朱自清

沉默和谦逊是谈话艺术中极有价值的素质。

—— [法国作家] 蒙田

就像能雕刻出伟大形象的天然大理石一样,沉默中充满着潜在的智慧。

—— [英国博物学家] 赫胥黎

通常大多数沉默寡言的人都是自尊心最强的人。

—— [英国评论家] 赫兹里特

最沉默的人往往是最聪明的人,最深的水往往不易被最亮的光线所穿透。

—— [德国哲学家] 尼采

沉默的人不用多担心,因为他在舌头上藏身。

—— [德国诗人] 歌德

一个品德高尚、富有判断力而且深思熟虑的人,不到大家都不吭声时是不会开口的。

—— [波斯诗人] 萨迪

善于沉默的人是圣人。

—— [西班牙小说家] 塞万提斯

有些沉默的人要比最健谈的人更富有情趣。

—— [英国作家] 迪斯累里

当人们不能以高谈阔论引起别人的夸赞时,他们常常以沉默来引起人们的注意。

—— [俄国作家] 彼德

沉默是一种稳当选择

沉默是真正的智慧所做出的最好答复。

—— [古希腊悲剧家] 欧里庇得斯

唯有回敬污蔑和诽谤的时候,沉默才显得如此有力。

—— [英国文学评论家] 艾迪生

要消灭毁谤和中伤,最简单的方法便是沉默。

—— [苏联作家] 高尔基

雄辩是银,但沉默是金。

—— [英国作家] 卡莱尔

恰如其分的沉默是明智的,胜过一切雄辩。

—— [古罗马史学家] 普鲁塔克

沉默有时是轻蔑的最佳表达方式。

—— [英国作家] 萧伯纳

在悲痛之后保持沉默是适宜的,因为语言会分散精神,破坏情绪,而沉默却永远是最高尚的。

—— [英国诗人] 史文朋

沉默是缺乏自信的人最稳当的选择。

—— [法国作家] 拉罗什富科

对于那些深深地受过痛苦的可怕袭击的简单心灵,沉默往往就是一个避难所。

—— [法国作家] 雨果

虽然言语的波浪永远在我们上面喧哗,而我们的深处却永远是沉默的。

—— [黎巴嫩作家] 纪伯伦

对女人来说,沉默就是美丽的宝石,但她们很少佩戴它。

—— [英国作家] 托马斯·富勒

如果你不肯对你的优良品质保持缄默,那么你的全部品质都不能使人相信。

—— [德国哲学家] 尼采

沉默只不过是微不足道的美德,但说不该说的话却是滔天大罪。

—— [古罗马诗人] 奥维德

桃李不言,下自成蹊。

——[中国古代文学家、史学家] 司马迁

自爱

唯有用自爱、自识和自制指引人生,才能导出神圣的力量

自爱是我们所有感情和所有行动的基础。

——[法国启蒙思想家] 伏尔泰

人是能够感觉肉体的快乐和痛苦的,因此他寻求前者,逃避后者。就是这种经常的寻求和逃避,我称之为自爱。

——[法国启蒙思想家] 爱尔维修

自爱是人生漫长浪漫史的开端。

——[英国作家] 王尔德

自我热爱像是一种使人类永久存在的手段,它珍贵而又必不可少,我们因它而愉悦,同时却又不得不把它隐藏起来。

——[法国启蒙思想家] 伏尔泰

自我热爱是一种最微妙的感情,比世界上最敏感的人还要敏感。

——[法国作家] 拉罗什富科

一个懂得恰如其分地热爱自己的人,一定能恰如其分地做好其他一切事情。

——[英国政论家] 哈利法克斯

我们只是依照我们的自爱来感觉自己的善和恶。

——[法国作家] 拉罗什富科

唯有用自爱和自识、自制指引人生,才能导出神圣的力量。

——[英国诗人] 丁尼生

原则上,应让我们的自我像他人一样成为我们自己爱的对象。假如一个人具有爱的能力,那他也会爱他自身;假如他只爱他人,那他根本就没有

爱的能力。

——[美国哲学家、心理学家] 弗洛姆

如果一个人不爱自己,他就不会爱任何人。

——[俄国作家] 列夫·托尔斯泰

敦厚温和的性情产生于自爱,而偏执妒忌的性情产生于自私。

——[法国启蒙思想家] 卢梭

自爱唤醒善良的心灵,犹如一石击破湖面的平静。

——[英国诗人] 蒲柏

懂得自爱,才能得到他人的友谊。

——[英国作家] 托马斯·富勒

只要自尊自爱,就能行得正,立得稳。

——[法国作家] 龚古尔兄弟

人必其自爱也,而后人爱诸;人必其自敬也,而后人敬诸……未有不自爱敬而人爱敬之者也。

——[中国古代文学家] 扬雄

自爱是这个世界上最大的奉承。

——[法国作家] 拉罗什富科

只要把自爱之心扩大到爱别人,我们就可以把自爱变为美德,这种美德在任何一个人心中都可以找到它的根底。

——[美国哲学家、心理学家] 弗洛姆

没有人能真实公正地评价自己,我们的自爱是很不可靠的。

——[意大利诗人] 但丁

专一

当一个人一心一意做好事情的时候,他最终必然会成功

人的思想是了不起的,只要专注于某一项事业,就一定会做出使自己感到吃惊的成绩。

——[美国作家] 马克·吐温

很少见到有人专心致志地去完成一件美好而正当的事。我们通常见到的,不是畏首畏尾的学究,就是急于求成的莽汉。

——[德国诗人] 歌德

当一个人一心一意做好事情的时候,他最终必然会成功。

——[法国启蒙思想家] 卢梭

与其不透彻地理解许多事,不如彻底地理解几件事。

——[法国作家] 法朗士

任凭怎样脆弱的人,只要把全部的精力倾注在唯一的目的上,必能有所成就。

——[古罗马政治家、雄辩家] 西塞罗

追两只兔子——将会一无所获。

——[俄国作家] 陀思妥耶夫斯基

一个人不能骑两匹马,骑上这匹,就会丢掉那匹。聪明人会把凡是分散精神的要求置之度外,只专心致志地学一门,学一门就要把它学好。

——[德国诗人] 歌德

与其花许多时间和精力去凿许多浅井,不如花同样的时间和精力去凿一口深井。

——[法国作家] 罗曼·罗兰

蚓无爪牙之利、筋骨之强,上食埃土,下饮黄泉,用心一也。

——[中国古代思想家] 荀子

骐骥一跃,不能十步;驽马十驾,功在不舍。锲而舍之,朽木不折;锲而不舍,金石可镂。

——[中国古代思想家] 荀子

生活的道路一旦选定,就要勇敢地走到底,决不回头。

——[法国小说家] 左拉

涓滴之水可磨损大石,不是由于他力量强大,而是由于昼夜不停地滴坠。只有勤奋不懈地努力,才能够获得那些技巧。

——[德国作曲家] 贝多芬

一朝开始便永远能将事业继续下去的人是幸福的。

——[俄国哲学家、作家] 赫尔岑

既然我已经踏上这条道路,那么,任何东西都不能妨碍我沿着这条路走下去。

——[德国哲学家] 康德

男人的爱情如果不专一,那他和任何女人在一起都会感到幸福。

——[英国作家] 王尔德

真正的爱情是专一的。爱情的领域非常狭小,它狭小到只能容下两个人生存。如果同时爱上几个人,那便不能称作爱情,它只是感情上的游戏。

——[德国作家] 席勒

大胆

非大胆不足以任大事，非小心不足以处天下事

勇猛、大胆和坚定的决心能够抵得上武器的精良。

——［意大利画家］达·芬奇

大胆的见解就好比下棋时移动一个棋子，它可能被吃掉，但却是胜局的起点。

——［德国诗人］歌德

别向不幸屈服，应该更大胆、更积极地向不幸挑战。

——［古罗马诗人］维吉尔

没有大胆的猜测就没有伟大的发现。

——［英国科学家］牛顿

科学的每一项巨大成就，都是以大胆的幻想为出发点的。

——［美国教育家］杜威

若无某种大胆放肆的猜测，一般是不可能有知识的进步的。

——［德国数学家］高斯

大胆是取得进步所付出的代价。

——［法国作家］雨果

如果问在政治中最重要的才能是什么？那么回答是：第一，大胆；第二，大胆；第三，还是大胆。

——［英国哲学家］培根

本来无望的事，大胆尝试，往往能成功。

——［英国诗人、戏剧家］莎士比亚

一个人的胆子大，才能有作为；畏怯、懦弱的人，他虽然没有身临其境的危险，但只要一听到人家的恐吓言语，就被吓得不知所措，试问这样的人可能有什么建树呢？

——［美国教育家、作家］卡耐基

将人生投于赌博的赌徒，当他们胆敢妄为的时候，他们对自己的力量有充分的自信，并且认为大胆的冒险是唯一的形式。

——［奥地利作家］茨威格

保守

何谓保守？就是过于恐惧而不敢战斗

大多数人是保守的，不轻易相信新事物，却能容忍现实中的众多失败。

——［英国作家］卡莱尔

一个人如果单靠自己，如果置身于集体的关系之外，置身于任何团结民众的伟大思想的范围之外，就会变成怠惰的、保守的、与生活发展相敌对的人。

——［苏联作家］高尔基

何谓保守？就是过于恐惧而不敢战斗，过于肥胖而不能奔跑。

——［美国作家］哈伯德

激进分子制造观点，当他们对这些观点感到厌倦时，保守分子便将它们拣起来。

——［美国作家］马克·吐温

保守主义者是一个有着两条健全

的腿却从不学着向前迈步的人。

——[美国政治家] 罗斯福

如果一个国家的年轻人保守，这个国家则敲响了丧钟。

——[美国作家] 比彻

怯懦 勇气通往天堂,怯懦通往地狱

怯懦是残忍的母亲。

——[法国作家] 蒙田

完全的勇敢和彻底的怯懦是极少有的两种极端。

——[法国作家] 拉罗什富科

高山绝顶在懦弱者看来是畏途。

——[英国作家] 布莱尔

既然他有勇气去死，他就应该有力量去斗争。拒不接受苦难不是力量的表现，而是懦弱的表现。

——[法国作家] 巴尔扎克

别让"消沉"在你心上占有一席之地;别让"懦弱"出现在你的嘴边话里;别让"倦色"爬上你额前眉际。

——[英国诗人] 阿诺德

勇气通往天堂,怯懦通往地狱。

——[古罗马哲学家、悲剧作家] 塞涅卡

软弱甚至比恶行更有害于德性。

——[法国作家] 拉罗什富科

太胆小是懦弱，太胆大是鲁莽，勇敢适得其中。

——[西班牙小说家] 塞万提斯

有德必有勇,正直的人绝不胆怯。

——[英国诗人、戏剧家] 莎士比亚

世上还不曾长出过能治疗怯懦的药草。

——[英国诗人] 史文朋

懦弱者自有撒腿就跑的本事。

——[英国作家] 托马斯·富勒

怯懦是免于诱惑的最可靠保障。

——[美国作家] 马克·吐温

虚伪 虚伪的惩罚绝不在于别人不相信他，而在于他从此不能相信别人

虚伪是一种时髦的恶习，而任何时髦的恶习，都可以冒充道德。

——[英国诗人] 拜伦

虚伪是丑恶向美德的一种进贡。

——[法国作家] 拉罗什富科

随便什么都比虚伪和欺骗好。

——[俄国作家] 列夫·托尔斯泰

没有一种罪恶比虚伪和背义更可

耻了。

——[英国哲学家] 培根

在所有类型的卑鄙中，伪善最为人们憎恨。

——[英国作家] 吉辛

每一块土壤都会长出虚伪和欺诈,这可是四季常青的植物。

——[美国发明家] 爱迪生

正如我们的肉体被衣服所包裹一

样,我们的精神往往被虚伪所包围。

——[德国哲学家]叔本华

蚜虫吃青草,锈吃铁,虚伪吃灵魂。

——[俄国作家]契诃夫

虚伪的惩罚绝不在于别人不相信他,而在于他从此不能相信别人。

——[法国启蒙思想家]孟德斯鸠

从不谈论自己,这是伪善的一种极为精雅的表现形式。

——[德国哲学家]尼采

我们太习惯于对别人使用伪装,结果我们对自己也戴上了伪装。

——[法国作家]拉罗什富科

虚伪的心不会有坚硬的腿,碰到老实的傻瓜们,就要在他们的打躬作揖之中,卖弄他的家私了。

——[英国诗人、戏剧家]莎士比亚

我们因我们具有的品质而显出的荒唐可笑,远不及因我们假装出来的品质而显出的荒唐可笑。

——[法国作家]拉罗什富科

虚伪的友谊有如你的影子;当你在阳光下时,它会紧紧地跟着,但当你一旦横越过阴暗处时,它立刻就会离开你。

——[英国哲学家]培根

忏悔过两次的人是最可恶的伪君子。

——[法国作家]巴尔扎克

凡是把虔诚作为目的和目标来标榜的人,大都是伪善的。

——[德国诗人]歌德

伪善者既然是极恶的化身,在他身上就有邪恶的两个极端:一端是教士,另一端是娼妓。

——[法国作家]雨果

伪君子既是弓手又是箭靶,他的所有行为都是在射杀自己的名誉和利益。

——[英国作家]托马斯·富勒

虚伪是唯一不可宽恕的罪恶,伪君子忏悔的本身就是虚伪。

——[英国评论家]赫兹里特

我们在睡梦中都不是伪君子。

——[英国评论家]赫兹里特

贪婪

贪婪的人不会是一个自由的人,也不会是一个幸福的人,而只能是被欲望驱使的奴隶

贪婪是一个没有任何足够大的衣服能让它穿上的不断增长的巨人。

——[美国作家]爱默生

骄傲、嫉妒、贪婪是三个火星,它们使人心爆炸。

——[意大利诗人]但丁

假如你们希望消灭贪婪,就必须铲除奢侈,因为奢侈是贪婪之母。

——[古罗马政治家、雄辩家]西塞罗

奢侈会破坏人们的心灵纯质,因

为不幸的是,你获得愈多,就愈贪婪,而且确实总感到不能满足自己。

——[法国画家]安格尔

占有的愈多,占有欲就愈强。

——[英国语言学家]弗洛里奥

贪婪可以撑破麻袋。

——[英国哲学家]培根

假装超脱了贪婪的样子,正是为了满足更大的欲求。

——[法国作家]拉罗什富科

贪婪者与挥霍者的区别是：贪婪者不带钱,而挥霍者不留钱。

——[英国诗人、剧作家] 本·琼森

贪婪的人不会是一个自由的人,也不会是一个幸福的人,而只能是被欲望驱使的奴隶。

——[美国哲学家、心理学家] 弗洛姆

请告诉我谁不是奴隶。有的人是"色欲"的奴隶,有的人是"贪婪"的奴隶,有的人是"野心"的奴隶,所有的人又都是"恐惧"的奴隶。

——[古罗马哲学家、悲剧作家]塞涅卡

贫穷者希望得到一点东西,奢侈者希望得到许多东西,贪婪者希望得到一切东西。

——[美国作家] 马克·吐温

钱财少的人不算穷,贪财的人才是真穷。

——[古罗马哲学家、悲剧作家]塞涅卡

生命的第一阶段掷于享乐,第二阶段潜心实现大志,这种人的最后一个强烈欲望便是贪婪。

——[英国作家] 塞缪尔·约翰逊

贪婪与挥霍一样,最终都会使人成为一小块面包的乞讨者。

——[英国作家] 托马斯·富勒

贪吝常常产生各种对立的效果:许多人为了某些遥远的期望可以牺牲他们的所有财产;另一些人却为了现在的蝇头微利而轻视将要来临的重大利益。

——[法国作家] 拉罗什富科

贪婪是一种会给人带来无限痛苦的地狱,它耗尽了人力图满足其需求的精力,可并没有给人带来满足。

——[美国哲学家、心理学家]弗洛姆

贪婪和幸福既然从不见面,那又怎能彼此相识呢?

——[美国政治家、科学家]富兰克林

利己

仅为自己而活着的人,对于别人来说实际就等于死了

自私是永远存在的。

——[法国启蒙思想家] 伏尔泰

人人都是自私的。

——[古罗马哲学家] 普劳图斯

容不得他人本身就是自私,忍受不了他人的自私并加以谴责,其实也是一种自私。

——[美国哲学家] 桑塔亚纳

自私是平静的,它是自然力量,你可以说,树也是自私的。

——[英国作家] 斯蒂文森

自私不是依着自己所希望的方式而活,而是要求别人照着自己的方式而活。

——[英国作家] 王尔德

良心会使每个人都成为利己主义者。

——[英国作家] 王尔德

一个人被称为自私自利,并不是因为他追寻自己的利益,而是在于他经常忽略了别人的利益。

——[美国舞蹈家] 邓肯

脑子里只装满自己的人,正是那种最空虚的人。

——[俄国诗人] 莱蒙托夫

为了要替自己煮蛋,以致烧掉一

幢房子而毫不后悔的人，乃是极端的利己主义者。

——[英国哲学家] 培根

在人人都自私的地方，智者不仅不比愚者好，反而比愚者还危险。

——[英国史学家] 弗劳德

一只眼睛里闪烁着爱的光芒，而另一只眼睛却燃烧着自私的欲火。

——[英国作家] 狄更斯

在追求个人利益的时候，人们照例总是装作为了别人。

——[美国作家] 德莱塞

起支配作用的自私欲常常被误解为一个人投身人类事业的神圣热忱。

——[美国作家] 哈伯德

在一分仁爱之下隐藏着九分自私。

——[英国哲学家] 斯宾塞

自私是万物之源泉。

——[英国诗人] 骚塞

犹如细流在大海里消逝，美德在自私自利中丧失。

——[法国作家] 拉罗什富科

利己的人最先灭亡。他自己活着，并且为自己而生活。如果他的这个"我"被损坏了，那他就无法生存了。

——[俄国剧作家] 奥斯特洛夫斯基

自私的心灵是会饱尝它应得的苦痛的。

——[英国数学家、经济学家] 杨格

吝啬　吝啬鬼永远处在贫穷之中

有取有舍的人多么幸福，寡情的守财奴才是不幸。

——[波斯诗人] 鲁达基

吝啬鬼永远处在贫穷之中。

——[古罗马诗人] 贺拉斯

吝啬必受罚。

——[俄国作家] 契诃夫

巧言、吝啬、足恭，左丘明耻之，丘亦耻之。

——[中国古代思想家] 孔子

守财奴的钱当他本人入土时才出土。

——[波斯诗人] 萨迪

吝啬鬼就是一个可以令自己的生活消费远远低于自己的经济收入的人，他也因此被尊称为魔术师。

——[英国作家] 夏·勃朗特

如果说挥霍者辞世时欠下了别人的债，那么守财奴死后对自己欠下了更深的债。

——[阿根廷作家] 科尔顿

谁要是选择吝啬鬼做朋友或信赖自私和怯懦者的虚假友谊，谁就有被误解的可能。

——[美国小说家] 布朗

少女能歌唱失去的爱情，但守财奴却不能歌唱失去的金钱。

——[英国政论家] 罗斯金

在坟墓中为其继承人支付汇票，是对一个守财奴的惩罚。

——[美国作家] 霍桑

8

时间与年华

时间是最公平合理的，它从不多给谁一分，勤劳者能叫时间留下串串果实，懒惰者只能让它留给他们一头白发，两手空空。

——[苏联作家] 高尔基

时间

除了时间,什么也不属于我们

时间的价值

时间是灵魂的"生命"。

——[美国诗人]朗费罗

时间是变化的财富。

——[印度作家]泰戈尔

时间是衡量事业的标准。

——[英国哲学家]培根

两地之间最长的间隔是时间。

——[美国作家]田纳西·威廉斯

时间是人类的天使。

——[德国作家]席勒

时间是人类发展的空间。

——[德国思想家]马克思

时间的奉献比金钱的奉献更有价值。

——[美国房地产商]唐纳德·特朗晋

历史是一首用时间写在人类记忆上的回忆诗歌。

——[英国诗人]雪莱

时间是伟大的导师。

——[英国作家]伯克

时间是神圣的礼物,每日是小小的人生。

——[英国科学家]卢保克

我的产业多么美、多么广、多么宽,时间是我的财产,我的田地是时间。

——[德国诗人]歌德

时间就是能力等待发展的地盘。

——[德国思想家]马克思

时间就是生命,时间就是金钱。

——[美国政治家、科学家]富兰克林

时间是人能消费的最有价值的东西。

——[古希腊史学家]狄奥佛拉斯塔

时间是一刻千金。

——[英国作家]狄更斯

除了聪明没有别的财产的人,时间是唯一的资本。

——[法国作家]巴尔扎克

除了时间,什么也不属于我们。

——[古罗马哲学家、悲剧作家]塞涅卡

时间是公正的

在所有的批评家中,最伟大的、最正确的、最天才的是时间。

——[俄国文艺评论家]别林斯基

时间是最公平合理的,它从不多给谁一分,勤劳者能叫时间留下串串果实,懒惰者只能让它留给他们一头白发,两手空空。

——[苏联作家]高尔基

时间执行着公正不倚的法律。

——[俄国思想家]马尼利乌斯

时间最不偏私,给任何人都是二十四小时;时间也最偏私,给任何人都不是二十四小时。

——[英国博物学家]赫胥黎

时间就是在道德的法庭上,也是伟大的公证人。

——[美国作家]门肯

时间的流逝

有三样东西是永远不会回来的:射

出去的箭,说过了的话和度过的日子。

——[英国作家] 道梅

时间是一只永远在飞翔的鸟。

——[美国作家] 罗伯逊

凡有东西活着的地方,都摊开着记载时间的账簿。

——[法国哲学家] 柏格森

时间与潮流不等待任何人。

——[英国诗人] 司各特

失去的土地总是可以复得的,失去的时间则将永不复返。

——[美国政治家] 罗斯福

时间带走一切,长年累月会把你的名字、外貌、性格、命运都改变。

——[古希腊哲学家] 柏拉图

时间的无声的脚步,不会因为我们有许多事情需要处理而稍停片刻。

——[英国诗人、戏剧家] 莎士比亚

时间的步伐有三种:未来姗姗来迟,现在像箭一般飞逝,过去永远静立不动。

——[德国作家] 席勒

逝者如斯夫,不舍昼夜。

——[中国古代思想家] 孔子

人生天地之间,若白驹之过隙,忽然而已。

——[中国古代思想家] 庄子

河水我们抓不住,时光我们也留不得。

——[英国作家] 狄更斯

没有办法能使时钟为我敲已过去了的钟点。

——[英国诗人] 拜伦

时间改变一切

时间会刺破青春表面的彩饰,会在美人的额上掘深沟浅槽;会吃掉稀世之珍、天生丽质,什么都逃不过他那横扫的镰刀。

——[英国诗人、戏剧家] 莎士比亚

真理是时间的孩子,不是权威的孩子。

——[德国哲学家] 莱希特

任何事物都无法抗拒吞食一切的时间。

——[印度诗人] 泰戈尔

时间是一切冲突的治愈者。

——[德国史学家] 蒙森

时间是最大的革新家。

——[英国哲学家] 培根

时间是位伟大的医生。

——[英国作家] 迪斯累里

时间能医好所有创伤,就因为它可以使一切死亡,包括所谓的爱和同情。

——[苏联作家] 高尔基

时间长着一副利爪,它会来抓破娇嫩的脸。

——[中国诗人] 艾青

时间能使人生色,也能使人毁灭。

——[德国诗人] 歌德

时间是伟大的创造者,时间亦是伟大的破坏者。

——[中国革命家] 李大钊

时间带走一切,长年累月会把你的名字、外貌、性格、命运都改变。

——[古希腊哲学家] 柏拉图

我们知道,时间有虚实与长短,全看人们赋予它的内容怎样。

——[法国作家] 马尔夏克

时间,只是在我们度过了以后才变得神圣起来。

——[美国博物学家] 约翰·巴勒斯

在农业社会阶段,在时间观念上习惯面向过去看,工业社会的时间倾向是注意现在，而信息社会里，人们的时间倾向是将来。

——[美国未来学家]约翰·奈斯比特

时间的相对性

世界上最快而又最慢，最长而又最短，最平凡而又最珍贵，最易被忽视而又最令人后悔的就是时间。

——[苏联作家]高尔基

时间在痛苦的期待中变慢，在纵情的欢娱中变快。

——[中国学者]何怀宏

最长的莫过于时间，因为它永远无穷尽，最短的也莫过于时间，因为我们所有的计划都来不及完成。

——[法国作家]伏尔泰

时间是个常数，但对勤奋者来说，是个变数。用"分"来计算时间的人，比用"时"来计算时间的人，时间多五十九倍。

——[苏联作家]雷巴柯夫

时间一天天过去，有时觉得它漫长难熬，有时却又感到那么短促；有时愉快幸福，有时又悲伤惆怅。

——[苏联作家]阿巴巴耶娃

惜时　最值得高度珍惜的莫过于每一天的价值

最值得珍惜的是时间

想成事业，必须珍惜时间，充分利用时间。

——[中国教育家]徐特立

一分时间，一分成果。对科学工作者来说，就不是一天八小时，而是寸阴必珍，寸阳必争！

——[中国科学家]童第周

完成工作的方法是珍惜每一分钟。

——[英国博物学家]达尔文

最聪明的人是最不愿浪费时间的人。

——[意大利诗人]但丁

日累月积见功勋，山穷水尽惜寸阴。

——[中国数学家]华罗庚

一万年太久，只争朝夕。

——[中国政治家、军事家]毛泽东

莫等闲，白了少年头，空悲切。

——[中国古代名将]岳飞

成功与失败的分水岭，可以用这五个字来表达——我没有时间。

——[美国政治家、科学家]富兰克林

赢得了时间就是赢得了一切。

——[苏联政治家]列宁

集腋成裘，聚沙成塔。几秒钟虽然不长，却构成永恒长河中的伟大时代。

——[美国作家]弗莱彻

最值得高度珍惜的莫过于每一天的价值。

——[德国诗人]歌德

凡是想获得优异成果的人，都应该异常谨慎地珍惜和支配自己的时间。

——[苏联教育家]克鲁普斯卡娅

必须有效利用时间

利用时间是一个极其高级的规律。

——[德国思想家]恩格斯

善于利用时间的人，永远找得到充裕的时间。

——[德国诗人] 歌德

合理安排时间，就等于节约时间。

——[英国哲学家] 培根

一切节省，归根到底都归结为时间的节省。

——[德国思想家] 马克思

时间应分配得精密，使每年、每月、每天和每小时都有它的特殊任务。

——[捷克教育家] 夸美纽斯

时间是由分秒积成的，善于利用零星时间的人，才会做出更大的成绩来。

——[中国数学家] 华罗庚

谁能一辈子从头至尾用好白昼的时光，谁就一定会生活得更伟大。

——[法国科学家] 阿尔科特

往往他的业余活动比他的职业还更重要，因为一个人的前途往往全靠他怎样用他的闲暇时间。

——[中国学者] 胡适

最好不要在夕阳西下的时候幻想什么，而要在旭日初升的时候就投入工作。

——[中国政治家] 谢觉哉

节约劳动时间就是等于发展生产力。

——[德国思想家] 马克思

据我观察，大部分人都是在别人荒废的时间里崭露头角的。

——[美国企业家] 福特

时间，就像海绵里的水，只要愿挤，总还是有的。

——[中国作家] 鲁迅

余生平所做文章，多在三上：乃马上，枕上，厕上也。

——[中国古代文学家] 欧阳修

智慧的总和就是献身工作加上不浪费一分一秒。

——[美国作家] 爱默生

浪费时间就是浪费生命

你热爱生命吗？那就别浪费时间，因为时间是组成生命的原料。

——[美国政治家、科学家] 富兰克林

浪费时间叫虚度，利用时间叫生活。

——[英国数学家、经济学家] 杨格

朋友是时间的窃贼。

——[英国哲学家] 培根

浪费时间是所有支出中最奢侈及最昂贵的。

——[美国政治家、科学家] 富兰克林

生命是以时间为单位的，浪费别人的时间等于谋财害命，浪费自己的时间，等于慢性自杀。

——[中国作家] 鲁迅

庸人费尽心机消磨时光，能人费尽心机利用时光。

——[德国哲学家] 叔本华

谁虚度年华，青春就要褪色，生命就会抛弃他们。

——[法国作家] 雨果

过去　所有过去了的时间都是消逝了的时间

凡是做过的事情，正是木已成舟；凡是过去的事情，永远不会回头。

——[俄国作家] 陀思妥耶夫斯基

过去的事已经过去了，所以作为

往事就让它过去吧。

——［古希腊寓言作家］荷马

"过去的好时光"——任何时光一旦过去,就会成为好时光。

——［英国诗人］拜伦

不要着眼于竞技胜利者无可挽回的过去,这一切均属徒劳无益。假如我们在过去的废墟上站立起来,最终将会达到更为高尚的境地。

——［美国诗人］朗费罗

让死亡的过去掩埋它自己的尸体吧!

——［美国诗人］朗费罗

有谁能叫住和挽回过去? 就连全能的上帝也无能为力。

——［英国诗人］弥尔顿

只有过去才是确实的。

——［古罗马哲学家、悲剧作家］塞涅卡

不记过去的人,命运注定要重复过去。

——［美国哲学家］桑塔亚纳

所有过去了的时间都是消逝了的时间;我们现在正在过的这一天,是介于我们本身和死之间的一天。

——［古罗马哲学家、悲剧作家］塞涅卡

过去和即将来临的未来是最好

的,目前的境况是最坏的。

——［英国诗人、戏剧家］莎士比亚

明智的人善于根据过去来判断现在。

——［古希腊悲剧诗人］索福克勒斯

你从"过去"窃来火种,使"现实"大放异彩。

——［英国诗人］丁尼生

牢记过去是预测未来的最佳途径。

——［英国政论家］哈利法克斯

目前的一部分是将来,另一部分是过去。

——［古希腊哲学家］克里西波斯

掌握过去的人掌握将来,掌握现在的人掌握过去。

——［英国小说家］奥威尔

不要用哭丧的眼光看待过去,因为过去已经一去不复返。

——［美国诗人］朗费罗

愚者会说:"我想生活在明天。"目前已经太迟了,贤者生活在过去。

——［古罗马诗人］马提雅尔

除了根据过去来判断将来,我不知道还有别的道路可走。

——［美国小说家］欧·亨利

现在　你能确有把握的,只有今日的现在

现在是过去的总和

"现在"是刚过去的时间上的一个"点"。

——［英国哲学家］罗素

现在是所有过去的总和。

——［英国作家］卡莱尔

死亡的历史会复活,过去的历史

会变成现在,这都是由于生命的发展要求它们的缘故。

——［意大利哲学家］克罗齐

现在比过去更使我感兴趣,而未来又比现在更令人着迷。

——［英国作家］迪斯累里

如果你希望现在与过去不同,请

研究过去。

——[荷兰哲学家] 斯宾诺沙

严格说来,生活在现在的人很少,但几乎没有人准备生活在别的时代。

——[英国作家] 斯威夫特

我现在的这一分钟是经过了过去数亿分钟才出现的,世上再没有比这一分钟和现在更好。于现在有意义,才于将来会有意义。

——[中国作家] 鲁迅

向死人请教过去,向活人请教现在。

——[美国诗人] 朗费罗

现在:是一切过去的必然结果,也是一切未来的必然起因。

——[英国作家] 英格索尔

一切逝去的时间都是失去的时间;我们正在度过的这一日,一半属于我们自己,另一半属于死亡。

——[古罗马哲学家、悲剧作家] 塞涅卡

只有现在属于我们

只有现在才是唯一属于我们的。

——[英国诗人] 华兹华斯

你若是爱千古,你应该爱现在;昨日不能唤回来,明日还是不实在;你能确有把握的,只有今日的现在。

——[美国作家] 爱默生

现在是无法划分的,它无法把时间这根无限的长线一截两段。

——[法国启蒙思想家] 狄德罗

目前是演变的瞬间,过去已不复存在。而未来的预测既暗淡又靠不住。

——[英国史学家] 吉本

不要以感伤的眼光去看过去,因为过去再也不会回来了,最聪明的办法,就是好好处理你的现在。现在正握在你的手里,你要以堂堂正正的大丈夫气概去迎接如梦如幻的未来。

——[美国诗人] 朗费罗

在时间的大钟上,只有两个字——现在。

——[英国诗人、戏剧家] 莎士比亚

从现在做起

如果有什么需要明天做的事,最好现在就开始。

——[美国政治家、科学家] 富兰克林

千万不要过高地估计现在,千万不要寄希望于现在;幸福和愉快只能是对幸福的未来的憧憬。

——[俄国作家] 契诃夫

记住吧,只有一个时间是重要的,那就是现在!它所以重要,就是因为它是我们唯一有所作为的时间。

——[俄国作家] 列夫·托尔斯泰

不要老叹息过去,它是不再回来的;要明智地改善现在。要以不忧不惧的坚决意志投入扑朔迷离的未来。

——[美国诗人] 朗费罗

在我们谈话的时刻,令人欣羡的时光已消逝。抓住现在,尽量少相信未来。

——[古罗马诗人] 贺拉斯

整个生命是日子的问题,梦想家才会使自己置身虚无飘渺之中,而不去抓住眼前一纵即逝的光阴。

——[法国作家] 罗曼·罗兰

未来　过去属于死神，未来属于自己

过去与未来

已经过去的每一天都已经隐没在一个黑洞里。我的眼睛一向看着未来。

——[法国小说家] 杜伽尔

过去属于死神，未来属于自己。

——[英国诗人] 雪莱

我们都喜欢展望未来，因为我们总是暗自希望那些活动着的尚未肯定的事物，朝着于我们有利的方向发展。

——[德国诗人] 歌德

不仅要解释过去，而且要大胆预测未来，并勇敢地从事实际活动以实现未来。

——[苏联政治家] 列宁

我爱过去，而且敬佩它，可是我希望未来超出过去。它能超过的，它一定要超过……

——[法国作家] 罗曼·罗兰

商量时想过去，享乐时想现在，而想做些什么的时候，不管是什么，都要想想未来。

——[法国伦理学家] 儒贝尔

现在与未来

历史是一面镜子，它照亮现实，也照亮未来。

——[中国作家] 赵鑫珊

对未来的真正慷慨，是把一切献给现在。

——[法国小说家] 加缪

我们爱姑娘是因为看中了她们的现在；我们爱小伙是因为看中了他们的将来。

——[德国诗人] 歌德

以过去和现在的铁铸一般的事实来测将来，洞若观火！

——[中国作家] 鲁迅

期待未来，创造未来

对于年轻人来说，未来是一个仙境。

——[西班牙作家] 塞拉

未来，加上由想象构想出来的与之伴随的诱人成果，正是我们大多数人最大的愉悦和快乐之源泉。

——[德国哲学家] 叔本华

为未来担忧的心是悲惨的。

——[古罗马哲学家、悲剧作家]塞涅卡

我们不是等待未来，我们在创造未来。

——[法国小说家] 贝尔纳诺

切莫垂头丧气，即使失去了一切，你还握有未来。

——[英国作家] 王尔德

人类的一切努力都应当着眼于未来的人生。

——[捷克教育家] 夸美纽斯

未来是某种每个人都会以每小时六十分钟的速率达到的所在，无论他干些什么，无论他是谁。

——[美国经济学家] 刘易斯

今天

昨天唤不回来,明天还不确定,你能确有把握的就是今天

重要的是把握好今天

昨天唤不回来,明天还不确定,你能确有把握的就是今天。

—— [中国革命家] 李大钊

今天太宝贵,不应该为酸苦的忧虑和辛涩的悔恨所销蚀。把下巴抬高,使思想焕发出光彩,像春阳下跳跃的山泉。抓住今天,它不再回来。

—— [美国教育家、作家] 卡耐基

当你每天醒来,口袋里便装着24小时的时间,这是属于你自己最宝贵的财产。

—— [美国教育家] 卡耐基夫人

我以为世间最可宝贵的就是"今",最容易丧失的也是"今",因为他最容易丧失,所以更觉得他宝贵。

—— [中国革命家] 李大钊

一个"今天"胜于两个"明天"。

——[美国政治家、科学家] 富兰克林

今是生活,今是动力,今是行为,今是创作。

—— [中国革命家] 李大钊

只有快乐的人,才珍惜今天,也只有珍惜今天的人,才是快乐的人。

—— [英国诗人] 德莱顿

不要把今天的事拖到明天

忘掉今天的人将被明天忘掉。

—— [德国诗人] 歌德

永远不要把你今天可以做的事留到明天做。延宕是偷光阴的贼,抓住他吧!

—— [英国作家] 狄更斯

要培养把明天工作的一部分分在今天完成的习惯。

—— [苏联教育家] 苏霍姆林斯基

今天所做之事勿候明天,自己所做之事勿候他人。

—— [德国诗人] 歌德

在今天和明天之间,有一段很长的时期;趁你还有精神的时候,学习迅速地办事。

—— [德国诗人] 歌德

昨天只是今天的回忆,明天只是今天的梦。

—— [英国诗人] 吉卜林

你在何处,我们所恋慕的明天?不论老少、贫富、衰弱或强健,我们总是透过欢乐,透过忧烦,无休止地寻觅着你的笑颜——但是在你的位置上,啊,可怜,找到的总是我们所逃避的:今天。

—— [英国诗人] 雪莱

勿谓今日不学而有来日,勿谓今年不学而有来年。日月逝矣,岁不我延。

—— [中国古代学者] 朱熹

今日复今日,今日何其少!今日又不为,此事何时了?

—— [中国古代画家] 文嘉

明天　不知明天该做什么的人是不幸的

所谓明天、明天、明天的日子，在这无聊的人生旅途上，每天都悄然过去，终于到达时间纪录的尽头。

——[英国诗人、戏剧家] 莎士比亚

明天是勤劳的最危险的敌人。

——[苏联教育家] 苏霍姆林斯基

"明天，明天，还有明天"，人们都在这样安慰自己。殊不知这个"明天"就足以把他们送进坟墓了。

——[俄国作家] 屠格涅夫

并不依赖明天的人会更愉快地迎接明天。

——[古希腊哲学家] 伊壁鸠鲁

不知明天该做什么的人是不幸的。

——[苏联作家] 高尔基

我们不可能恢复昨天，但我们可能赢得或失去明天。

——[美国政治家] 约翰逊

明日复明日，明日何其多！日日待明日，万事成蹉跎。世人皆被明日累，明日无穷老将至。晨昏滚滚水东流，今古悠悠日西坠。百年明日能几何？请君听我《明日歌》。

——[中国古代画家] 文嘉

成长　人生的跑道上，每个阶段都有值得人们享受爱好的事物

人生之晨是工作，人生之午是评议，人生之夜是祈祷。

——[古希腊诗人] 赫西奥德

吾十有五而志于学，三十而立，四十而不惑，五十而知天命，六十而耳顺，七十而从心所欲，不逾矩。

——[中国古代思想家] 孔子

人在一生当中的前四十年，写的是正文，往后的三十年，则不断地在正文中加添注释。

——[德国哲学家] 叔本华

二十岁的人，意志支配一切；三十岁时，机智支配一切；四十岁时，判断支配一切。

——[英国诗人] 哈代

二十岁的人是孔雀，三十岁是狮子，四十岁是骆驼，五十岁是蛇，六十岁是狗，七十岁是猿，八十岁什么也不是。

——[西班牙神父] 格拉西安

一个人成长的过程，不仅是肌肉和体格的增强，而且随着身体的发展，精神和心灵也同时扩大。

——[英国诗人、戏剧家] 莎士比亚

成长总是那么神秘而惊人，都是由于不注意，我们才不感觉到惊讶。

——[法国作家] 纪德

成长是一件非常困难的事情。当人生度过幼年时期进入壮年时期，才感到从容自如。

——[美国作家] 菲茨杰拉德

长大成人，这是一件极其艰难的

事情。人们会很容易跳过它，从一次童年又走向第二次童年。

——[美国作家] 菲茨杰拉德

任何人的成熟，都是从戳破童稚的梦幻开始的。

——[苏联作家] 列昂诺夫

你只是一度年轻，但却可能无限期不成熟。

——[美国政治家] 林肯

人的成熟，在于找回童年时代对待游戏的那种严肃认真的态度。

——[德国哲学家] 尼采

在人生的前半，有享乐的能力而无享乐的机会；在人生的后半，有享乐的机会而无享乐的能力。

——[美国作家] 马克·吐温

人的青春时期一过，就会出现像秋天一样的优美成熟时期，这时，生命的果实像熟稻子似的在美丽的平静气氛中等待收获。

——[印度作家] 泰戈尔

人生的跑道是固定的。大自然只给人一条路线，而这条路线也只能够跑一次。人生的各个阶段，都各自分配了适当特质：童年的软弱，青春期的鲁莽，中年的严肃，老年的阅历，都各结出自然的果实，须在它当令的时候予以储存。每个阶段都有值得人们享受爱好的事物。

——[古罗马政治家、雄辩家] 西塞罗

童年 永远是独一无二不可替代的事物，这是童年的回忆

童年是理智的睡眠期。

——[法国启蒙思想家] 卢梭

童年原是人生最美妙的阶段，那时的孩子是一朵花，也是一颗果子，是一片朦朦胧胧的聪明，一种永远不息的活动，一股强烈的欲望。

——[法国作家] 巴尔扎克

只有在童年时代人们才生活得幸福，因为孩子们的生活是无忧无虑的，成人们在为他们工作。所以应该注意让人们始终保持儿童的感情和思想状态。

——[苏联作家] 高尔基

举杯祝贺那个无忧无虑的黄金般的孩提时代，它就像冬夜里的星星，五月的晨露。

——[美国作家] 霍姆斯

精神上的童年是更美好的东西，不管你是多么聪明睿智的人，都得有这个时期，将来回忆起来才觉得这是人生最幸福的一个阶段。

——[英国作家] 狄更斯

永远是独一无二不可替代的事物，这就是童年的回忆。

——[法国小说家] 杜伽尔

在儿童时期没有养成思想的习惯，将使他们从此以后一生都没有思想的能力。

——[法国启蒙思想家] 卢梭

由早晨可知全天，由童年可知成年。

——[英国诗人] 弥尔顿

童年时代是生命在不断再生过程中的一个阶段，人类就是在这种不断

的再生过程中永远生存下去的。

——[英国作家]萧伯纳

啊，幸福的时代，谁会拒绝再体验一次童年生活。

——[英国诗人]拜伦

儿童的心灵是纤尘不染的。

——[苏联作家]高尔基

儿童的魅力好像音乐；它比我们演奏的音乐更有把握能够进入人心。最高傲的人见了它也会变温存，自己也成了孩子，暂时会忘了他的骄傲和地位。

——[法国作家]罗曼·罗兰

儿童的游戏并非玩耍而已，应该看做是他们最庄严的行动。

——[法国作家]蒙田

没有儿童的地方就没有幸福。

——[英国诗人]史文朋

儿童是我们的未来，因为未来的世界是属于儿童的。

——[中国社会活动家]宋庆龄

如果你不首先培养活泼的儿童，你就决不能教出聪明的人来。

——[法国启蒙思想家]卢梭

儿童乃是生命之花。但要使花成为好花，只有及时地用剪刀剪去那些枯枝。

——[苏联教育家]马卡连柯

人的幻想是没有止境的，儿童的幻想更是无边无际，因为孩子的心灵比成人的心灵更加秘密。

——[苏联作家]高尔基

少年

少年时代是生活中最充足、最优美、最属于我们的部分

幼年富有幻想，少年志向远大。

——[美国诗人]朗费罗

"小孩儿时候"再加上刚刚进入青春时期的两三年是生活中最充足、最优美、最属于我们的部分：它不知不觉地决定整个未来。

——[俄国哲学家、作家]赫尔岑

当一个孩子意识到自己成为少年人，并第一次要求在一切人类活动中参加一份的时候，那可真是人生中最美丽的时刻：活力沸腾着，心脏猛跳着，血是热的，力量是充沛的，世界是那么美好、新颖、灿烂，充满着胜利、欢乐和生命……

——[俄国哲学家、作家]赫尔岑

少年岂可胸怀成人的雄心，成人

怎能积郁老人的忧虑。

——[古罗马诗人]贺拉斯

十六岁时，处于青春期的孩子知道痛苦是什么，因为他本人承受过，但他几乎不知道别人也同样痛苦。

——[法国启蒙思想家]卢梭

少年时的放浪无度是支付晚年的汇票，大约三十岁以后还会加上利息。

——[阿根廷作家]科尔顿

十六岁时，人都会在恋爱中创造出愚蠢而神秘的观点，并且把自己的梦放在非常遥远的生活圈外，以致无法在现实中找到可以满足这梦境的东西。

——[法国小说家]杜伽尔

再纯正的少年也爱听人们赞扬他的魅力，再贞节的姑娘也不会不关心

自己的美貌,并为此而沾沾自喜。

——[古罗马诗人]奥维德

慎重和检点是女孩子最好的才智。

——[英国作家]夏·勃朗特

少女的"不"毫无意义,她们只是害羞,其实,她们所拒绝的正是她们所渴望的。

——[英国诗人]赫里克

在十八岁的年龄,爱情哪有不在一个少女的眼睛和外部世界之间放上它的三棱镜的。

——[法国作家]巴尔扎克

少女的恋情如诗歌,成年妇女的恋情是哲学。

——[日本剧作家]长谷川

这少女的年龄,正是一个人用愉快而得意的梦境来麻醉自己的年龄,她时时刻刻想着爱情,那种浓厚的兴趣与好奇心,要不是因为她愚昧无知,简直不能说是无邪的了。

——[法国作家]罗曼·罗兰

春风似旧花仍笑,人生岂得长年少。

——[中国古代诗人]王安石

青年 标志时代的最灵敏的晴雨表是青年人

青春是美好的

青年品德的完善、智力的发展,决定着祖国未来的命运,决定着我们民族的成败兴衰。

——[中国画家]范增

青年人充满活力,像春水一样丰富。

——[英国诗人]拜伦

青春是人生之花,是生命的自然表现。

——[日本社会活动家]池田大作

强大、健壮、可爱的青年呦——充满优美、活力和魅力的青年哟,你知道在你以后来到的老年,也有着同样的优美、活力和魅力吗?

——[美国诗人]惠特曼

青年是一个美好而又一去不可再得的时期,是将来一切光明和幸福的开端。

——[苏联政治家]加里宁

青年是多么美丽!发光发热,充满

了彩色与梦幻,青春是书的第一章,是永无终结的故事。

——[美国诗人]朗费罗

青年应当天真烂漫,青年应当有朝气,敢作为。

——[中国作家]鲁迅

青年是一个美好而又一去不可再得的时期,是将来一切光明和幸福的开端。

——[苏联政治家]加里宁

青春是多么可爱的一个名词!自古以来的人都赞美它,希望它长在人间。

——[中国画家]丰子恺

一个人的年轻时代是诗的时代。

——[丹麦童话作家]安徒生

青春的特征是年轻活跃,有着激流般的热情和无边无际的梦想,像白雪一般的纯洁。青春确实可以说是人生的花朵,无价的珠宝。

——[英国作家]艾略特

青春是生命中最美好的一段时间。

——[德国科学家] 黑格尔

青春啊，永远是美好的，可是真正的青春，只属于这些永远力争上游的人，永远忘我劳动的人，永远谦虚的人！

——[中国当代英雄人物] 雷锋

青年是人类的希望

青年是我们的未来，是我们的希望。

——[苏联政治家] 斯大林

青年是整个社会力量中的一部分最积极最有生气的力量。

——[中国政治家、军事家] 毛泽东

青年的作用在于他们是建设未来的良好基础。

——[苏联政治家] 斯大林

青年是人类的希望。

——[中国作家] 巴金

青春之于社会，犹新鲜活泼细胞之于身体。

——[中国革命家] 陈独秀

标志时代的最灵敏的晴雨表是青年人。

——[法国作家] 罗曼·罗兰

青年是革命的柱石。青年是革命果实的保卫者，是使历史加速向更美好的世界前进的力量。

——[中国社会活动家] 宋庆龄

世界是你们的，也是我们的，但是归根结底是你们的。你们青年人朝气蓬勃，正在兴旺时期，好像早晨八九点钟的太阳。希望寄托在你们身上。

——[中国政治家、军事家] 毛泽东

青年是人生的奠基时期

一个人不论活多大年纪，最初的

二十年是他一生中最长的一半。

——[波斯诗人] 萨迪

青春是为一生奠定基础的时期。

——[日本社会活动家] 池田大作

青春之所以幸福，就因为它有前途。

——[俄国作家] 果戈理

青年是宝藏，青年是黄金；宝藏要挖掘，黄金需熔炼。

——[中国诗人] 臧克家

青年永远是革命的，革命永远是青年的。

——[中国学者] 闻一多

青年长于创造而短于思考，长于猛干而短于讨论，长于革新而短于持重。

——[英国哲学家] 培根

我对青年的劝告只用三句话就可概括，那就是：认真工作，更认真地工作，工作到底。

——[德国政治家] 俾斯麦

青年人肩上的重担忽然卸去时，他勇敢的心便要因着寂寞而悲哀了！

——[中国散文家] 冰心

青年啊！你们临开始活动之前，应该定定方向。譬如航海远行的人，必先定一个目的地，中途的指针，只是指着这个方向走，才能有达到目的地的一天。

——[中国革命家] 李大钊

青年人首先要树雄心，立大志；其次要度衡量力，决心为国家、人民做一个有用的人才；为此就要选择一个奋斗的目标来努力学习和实践。

——[中国政治家] 吴玉章

青年需要向各方面发展，应该保持他天真活泼进取的态度永远不衰。一切固定性、偏执性、早熟性都是不应有的。

——[中国教育家] 徐特立

一个人有无成就，决定于他青年时期是不是有志气。

——[中国政治家] 谢觉哉

年轻时谋求，到老年就充实。

——[德国诗人] 歌德

青年的奋斗精神

青年最要紧的精神，是要与命运奋斗。

——[中国革命家] 恽代英

青年，在任何困厄的处境中都有站起来的力量。

——[日本社会活动家] 池田大作

勇敢产生在斗争中，勇气是在每天每天对困难的顽强抵抗中养成的。我们青年的箴言就是勇敢、顽强、坚定，就是排除一切障碍。

——[俄国剧作家] 奥斯特洛夫斯基

青年时期完全是探索的大好时光。

——[英国发明家] 斯蒂文森

我们的青年是一种正在不断成长、不断上升的力量，他们的使命，是根据历史的逻辑来创造新的生活方式和生活条件。

——[苏联作家] 高尔基

青年需要经受各种锻炼。所谓百炼成钢，在暴风雨中成长，就是这个道理——希望不经过困难、波折，轻而易举地成名，那是没长进的、没出息的幻想。

——[中国文学家、史学家] 郭沫若

青年人的特点在于他们抱有做理想事业的宏大志愿。

——[苏联政治家] 加里宁

不经风雨，长不成大树；不受百炼，

难以成钢。迎着困难前进，这也是我们革命青年成长的必经之路。有理想有出息的青年人必定是乐于吃苦的人。

——[中国当代英雄人物] 雷锋

青年之文明，奋斗之文明也，与境遇奋斗，与时代奋斗，与经验奋斗。故青年者，人生之王，人生之春，人生之华也。

——[中国革命家] 李大钊

青年的思想

作为新生力量的青年一代，应该成为时代的青年，每个青年具有新的思想，准备更替旧的思想。这也是人类进步和人类进程的条件。

——[俄国文艺评论家] 别林斯基

青年人！信你自己罢！只有你自己是真实的，也只有你能够创造你自己。

——[中国散文家] 冰心

希望那无希望的事实/解答那难解答的问题/便是青年的自杀！

——[中国散文家] 冰心

无论哪个时代，青年的特点总是怀抱着各种理想和幻想。这并不是什么毛病，而是一种宝贵品质。

——[苏联政治家] 加里宁

莫负青春好时光

青春是不耐久藏的东西。

——[英国诗人、戏剧家] 莎士比亚

人生的最大悲痛莫过于辜负青春。

——[意大利作家] 薄伽丘

青春是美妙的，挥霍青春就是犯罪。

——[英国作家] 萧伯纳

题诗寄汝非无意，莫负青春取自惭。

——[中国古代政治家] 于谦

谁虚度年华，青春就要褪色，生命

就会抛弃他们。

——[法国作家] 雨果

乐观的人永葆青春

所谓青春,就是心理的年轻。

——[日本电子之父] 松下幸之助

超乎一切之上的一件事, 就是保持青春朝气。

——[英国诗人、戏剧家] 莎士比亚

乐观的人永葆青春。

——[英国诗人] 拜伦

青春并不是生命中一段时光, 它是心灵上的一种状况。它跟丰润的面颊,殷红的嘴唇,柔滑的膝盖无关。它是一种沉静的意志,想象的能力,感情的活力,它更是生命之泉的新血液。

——[古罗马哲学家、悲剧作家] 塞涅卡

青春在人的一生中只有一次, 而青春时期比任何时期都更强盛美好。因此千万不要使自己的精神僵化, 而要把青春保持永久。

——[俄国文艺评论家] 别林斯基

迟到的青春是持久的青春。

——[德国哲学家] 尼采

一个人年轻的时候年轻, 固然有福, 可是把自己的青春保持到进入坟墓为止,那就更加百倍地有福。

——[俄国作家] 契诃夫

中年

中年的妙趣,在于相当地认识人生,认识自己

美丽的中年,这是成熟的时期,海阔天高,任我翱翔。

——[中国作家] 巴金

人到中年, 都会或多或少有了一些怪癖,不过通常自己并不能察觉,除非有朋友来提醒你。

——[中国台湾诗人] 席慕蓉

年轻人总是太冒险, 老年人总是太落后, 真正成熟的人往往被夹在他们中间……

——[德国诗人] 歌德

同一句格言, 在完全正确理解了它的青年人口中, 总没有阅世很深的成年人的精神中那样的意义和范围, 要在成年人那里, 这句格言所包含的内容的全部力量才会表达出来。

——[德国哲学家] 黑格尔

中年的妙趣, 在于相当地认识人生, 认识自己, 从而做自己所能做的事,享受自己所能享受的生活。

——[中国学者] 梁实秋

五十岁的人说话之前必先考虑三秒钟或三分钟。

——[中国作家] 张健

五十岁的知识分子大约是八分平和,两分余愤。

——[中国作家] 张健

只有极少数的人到五十岁仍是一座活火山,大部分都成了死火山,少数已升格为货真价实的青山。

——[中国作家] 张健

中年之后理想较少, 因为知道办不到的办不到,办得到的办得到。

——[中国台湾漫画家] 蔡志忠

人到中年还试图实现青年时代的希望和心愿，是在不断欺骗自己。人一生中的每一个十年都有它自己的幸运、希望和渴求。

——[德国诗人] 歌德

几乎所有人，在中年以后，都体验到他们的身体和精神不可避免的衰退。

——[法国作家] 拉罗什富科

人，尤其是妇女，并不是铁板一块的，尤其到接近中年的时候，那时反抗与革新的本能，和那些令人瘫痪的保守习惯混合在一起。

——[法国作家] 罗曼·罗兰

人到中年，食、色两个基本欲望里，只要任何一个还强烈，人就还不算衰老。

——[中国学者] 钱钟书

老年　衰老最大的悲哀不是身体的衰弱，而是心灵的冷漠

暮年是思想凯旋的岁月。

——[英国作家] 洛·史密斯

聪明人用自己的后半生去纠正自己前半生的愚昧、偏见和错误的见解。

——[英国作家] 斯威夫特

平静的心境，只有在渐入老境中才能产生。

——[日本作家] 石川达山

谁也不会像老人那样热爱生活。

——[古希腊悲剧诗人] 索福克勒斯

老年人的宽容，并不是完全漠不关心，而是由于判断事理已经到了炉火纯青，就是对于次等的事物也能知足，因为老年人阅世既深，才能觉察事物的实在价值。

——[德国哲学家] 黑格尔

一个人的暮年，固然体力渐衰，但智力与判断力会继续增长，臻于完善的境地，历久而不衰。

——[古罗马政治家、雄辩家] 西塞罗

老年人最富于理性和判断。

——[古罗马政治家、雄辩家] 西塞罗

老年人的谈吐是庄重的、平和的

和温文尔雅的。

——[古罗马政治家、雄辩家] 西塞罗

衰老最大的悲哀不是身体的衰弱，而是心灵的冷漠。

——[法国作家] 莫洛亚

正如我赞许一个老人的青年，我也喜欢一个老人有一颗年轻的心，能够这样的人，虽然身体会衰老，但内心却永远不会老。

——[古罗马政治家、雄辩家] 西塞罗

人可以老而益壮，也可以未老先衰，关键不在岁数，而在于创造力的大小。

——[苏联作家] 卢那卡尔斯基

如果人们能用诗意的眼光来看人生，也许就会把人生中的落日时期视为最快乐的时期。

——[中国作家] 林语堂

赶时髦——无论是在思想上还是在服饰上，对于一个老年人来说是不适宜的。他应该明白自己所处的地位，知道别人的目标。

——[德国诗人] 歌德

自由地生长，直到像熟果那样蒂落，落进大地母亲的怀抱，或被轻轻地采撷，这就是晚年的生活。

——［英国诗人］弥尔顿

老年时最大的安慰莫过于意识到，他已把全部青春的力量都献给了永不衰老的事业。

——［德国哲学家］叔本华

老年人与青年人的谈话总是以互相轻蔑和怜悯而告结束。

——［英国作家］塞缪尔·约翰生

青年人乐于同天才和聪慧的老人相处，被年轻人敬重和爱戴的老人在同青年人在一起时会变得平稳轻松。

——［古罗马政治家、雄辩家］西塞罗

老人们最后的和高尚的过错就是妄想把他们的深思熟虑、谨慎小心的美德遗赠给被生活逗得如醉如痴、被享乐引得像热锅上的蚂蚁的小辈们。

——［法国作家］巴尔扎克

四季

毫不停留地过去的东西是：使帆的船，一个人的年岁，春、夏、秋、冬

四　季

毫不停留地过去的东西是：使帆的船，一个人的年岁，春、夏、秋、冬。

——［日本随笔家］清少纳言

啊！一年四季，季季有花开，季季有花落。

——［英国诗人］丁尼生

四季测量着一年的行程。

——［英国诗人］济慈

太阳是时间的管理者和监守者，它建立、管理、规定并且揭示出变迁和带来一切的季节。

——［古希腊哲学家］赫拉克利特

长河流淌，四季轮回，麻雀和椋鸟没有时间浪费，如果人们不建设，人们又怎样生活？

——［英国小说家］艾略特

春　天

春天是人们计划和设想的季节。

——［俄国作家］列夫·托尔斯泰

呼啸着走来了，那绿色的喧嚣，绿色的喧嚣，春天的喧嚣！

——［俄国诗人］涅克拉索夫

可爱的春天带着花和曲的潮水滚滚而来，让大地腾起花的浪涛，空中响彻着春的乐章。

——［美国诗人］朗费罗

呀！在那玫瑰盛开的地方，美丽的维纳斯的仙裙再次出现，揭开人们期待已久的鲜花，唤醒紫色的一年。

——［英国诗人］格雷

春天从这美丽的花园里走来，就像那爱的精灵无所不在；每一种花草都在大地黝黑的胸膛上，从冬眠的美梦里苏醒。

——［英国诗人］雪莱

当春回大地时我们会忘掉严冬里的一切不快。

——［丹麦小说家］彭托皮丹

无论什么季节也比不上春天，因为春天给一切注入了生命。

——［英国诗人］罗塞蒂

夏 天

春天虽然飞去了，却引来竞芳斗翠的万物；百花虽然凋零了，却给我们留下了花的种子。

——[德国作家] 席勒

大地天国的女儿，腼腆的春天，那突如其来的激情渐渐离开；让不毛的荒野绽开笑靥，一里一里地把大地描绘；手擎着樱草花环的杯盏，杯子里溢出缕缕无烟的芳菲。

——[美国作家] 爱默生

啊，快乐的大海边的夏日，啊，多么美丽、多么纯洁的夏日，你是那样地充满欢乐，充满苦痛，对那些人，你永远是静乐处的墓碑；对那些人，你永远是新领地的界标。

——[美国诗人] 朗费罗

昆虫的嗡嗡声中自有一番夏天的韵味。

——[英国记者] 兰多

瞧，田野处处金光闪耀，这是因为太阳之子——灿烂的夏天已经来到。

——[英国诗人] 汤姆森

秋 天

秋天——一年中最美的季节。

——[古罗马诗人] 奥维德

秋日的天空里有一种和声，还有一种色调，人们未曾在夏天里闻见过它们，就仿佛它们不可能存在或从没有过。

——[英国诗人] 雪莱

啊，秋天，你结满果子，遍染着葡萄的血；请不要离去！请坐在我的凉棚下！在那儿，你尽可歇息，放开你的歌喉唱出沁人心肺的曲子，让你的姐妹和着你的曲子翩翩起舞！来，唱吧，歌唱这累累果实、朵朵鲜花。

——[英国诗人] 布莱克

孤寂不能忍，出庵眺望天；处处皆萧索，秋暮逼人寒。

——[日本诗人] 良暹法师

秋天的黄叶没有歌，颤抖着落到我窗前，只发出一声叹息。

——[印度诗人] 泰戈尔

秋天确已到来，可是请君少待；只要请你少待片刻时光，春天就要驾到。

——[德国诗人] 施托姆

冬 天

啊，漫长阴郁的冬天！啊，凛冽残酷的冬天！

——[美国诗人] 朗费罗

我只是静候时机，在目前严冬的风雪中颤栗，希望温暖的日子会有一天到来。

——[英国诗人、戏剧家] 莎士比亚

冬天来了，春天还会远吗？

——[英国诗人] 雪莱

冬天的暴风雪很快就会过去，自由的春天又将拥抱一切。

——[英国诗人] 汤姆森

9

机遇与成败

如果没有机会，没有运气，没有人提携，即使再有才干的人也都无法出人头地。

—— [古罗马散文家] 小普林尼

时机

一个人每次都将机会把握住,他的运气一定很好

机会使才能呈现价值

机会是极难得的,但他具备的三大成功条件,那就是:像鹿一般会跑的腿,逛马路的闲工夫,和犹太人那样的耐性。

——[法国作家] 巴尔扎克

如果没有机会,没有运气,没有人提携,即使再有才干的人也都无法出人头地。

——[古罗马散文家] 小普林尼

卓越的才能,如果没有机会,就将失去价值。

——[法国政治家、军事家] 拿破仑

成千上万的小事落在我们的手心里,各式各样的小机会每天发生,它都留给我们自由运用和滥用,而它依旧默默走它的路,一无改变。

——[美国作家] 海伦·凯勒

发现的历史表明,机遇起着重要的作用,但另一方面,即使在那些因机遇而成功的发现中,机遇也仅仅起到一部分的作用。

——[英国经济学家] 贝弗里奇

机会是一切努力之中最杰出的船长。

——[古希腊悲剧诗人] 索福克勒斯

机遇之神以无与伦比的技巧向我们表明,与他的恩惠和仁慈相比,才华能力都是罔效无用的。

——[德国哲学家] 叔本华

机会是在纷纭世事之中的许多复杂因子,在运行之间偶然凑成的一个有利于你的空隙。

——[中国作家] 罗兰

显赫的声名总是无数的机缘凑成的,机缘的变化极其迅速,从来没有两个人走同样的路子成功的。

——[法国作家] 巴尔扎克

人们若是一心一意地做某一件事,总是会碰到偶然的机会的。

——[法国作家] 巴尔扎克

人类所有的力量,只是耐心加上时间的混合。所谓强者是既有意志,又能等待时机者。

——[法国作家] 巴尔扎克

审时度势需要超人的智慧

审度时宜,虑定而动,天下无不可为之事。

——[中国古代政治家] 张居正

苹果青的时候是不应该摘取的,它熟的时候,自己会落,但你若在青的时候摘取,便是损害了苹果和树,并且要使牙齿发酸的。

——[俄国作家] 列夫·托尔斯泰

快跑的未必能赢,力战的未必得胜,智慧的未必得粮食,明哲的未必得资财,灵巧的未必得喜悦。所临到众人的,是在乎当时的机会。

——[法国作家] 雨果

顺风而呼者易为气,因时而行者易为力。

——[中国古代学者] 桓宽

善于在做一件事的开端识别时机,这实在是一种极难得的智慧。

——[法国作家] 罗曼·罗兰

179

有准备的头脑才能抓住机遇

一个人若具备许多细小的优良素质，最终都可能成为带来幸运的机会。
——[英国哲学家] 培根

机遇只垂青那些懂得怎样追求她的人。
——[法国细菌学家] 尼科尔

在任何人面前多少总是有机会的，问题在于是你去抓住它，还是不去抓住它，这就是人生的十字路口。
——[日本学者] 德田虎雄

一个明智的人总是抓住机遇，把它变成美好的未来。
——[英国词典编辑家] 富勒

在一切大事业上，人在开始做事前要像千眼神那样察视时机，而在进行时要像千手神那样抓住时机。
——[英国哲学家] 培根

当危险逼近时，善于抓住时机，迎头打击它要比犹豫躲闪它更有利。
——[英国哲学家] 培根

如果有工作要做，就应该立刻做好，如果交运时你发现自己毫无准备，就不该怪命运女神，而应当埋怨你自己。
——[俄国作家] 克雷洛夫

当心啊，年轻的舵手，别让你的缆绳松了，别让你的船锚动摇，不要在你没有发觉以前，船就漂走了。
——[法国启蒙思想家] 卢梭

人们通常觉得准备的阶段是在浪费时间，只有当真正的机会来临，而自己没有能力把握的时候，才觉悟自己平时没有准备才是浪费了时间。
——[法国作家] 罗曼·罗兰

大凡那些躲在大家意料不到的角落里的人们，纵使会错过若干显著的机会，也还能有些奇特的机遇使他们最终被大家发现出来。
——[英国诗人] 哈代

凡是认识到的便要赶快把握，就这样来把尘世的光阴消遣；即使妖魔现形，也不改故道。
——[德国诗人] 歌德

乘着顺风，就该扯篷。
——[西班牙小说家] 塞万提斯

要想利用风驰电掣的机会，不仅要做好物质上的准备，更重要的是要做好精神上的准备。
——[古罗马哲学家、悲剧作家] 塞涅卡

一个人非常重要的才能在他善于抓住迎面而来的机会。
——[法国政治家] 蓬皮杜

时来天地皆同力，运去英雄不自由。
——[中国古代学者] 罗隐

要把握时机确实要眼明手快地去"捕捉"，而不能坐在那里等待或因循拖延。
——[中国作家] 罗兰

运气也不是从天上掉下来的。一个人若是每次都将机会把握住，他的运气一定永远都很好。
——[中国武侠小说家] 古龙

利用良机对庸才来说从来都是一个秘密。而这正是比一般水平高出一等之人的主要力量所在。
——[法国政治家、军事家] 拿破仑

从容不迫地谈理论是一件事，把思想付诸实行——尤其在需要当机立断的时候——又是一件事。
——[法国作家] 罗曼·罗兰

幸运的机会好像银河，他们作为个体是不显眼的，但作为整体却光辉灿烂。同样，一个人若具备许多细小的优良素质，最终都成为带来幸运的机会。

——[英国哲学家]培根

智者创造的机会比他得到的机会要多。

——[英国哲学家]培根

弱者失去良机，强者制造时机。

——[波兰科学家]居里夫人

中文的"危机"一词由两个字构成：一个字表示危险，另一个字表示机会。

——[美国政治家]肯尼迪

一个良好的时机从不会出现两次

功者难成而易改，时者难得而易失。

——[中国古代文学家、史学家]司马迁

生活就好比打仗，它的规律很简单，不要坐失良机。

——[苏联作家]高尔基

一个人不论干什么事，失掉恰当的时节，有利的时机就会前功尽弃。

——[古希腊哲学家]柏拉图

古谚说得好，机会老人先给你送上他的头发，当你没有抓住再后悔时，却只能摸到他的秃头了。

——[英国哲学家]培根

生命很快就过去了，一个时机从不会出现两次，必须当机立断，不然就永远别要。

——[法国作家]罗曼·罗兰

伟大的事业降临到渺小人物的身上，仅仅是短暂的瞬间。谁错过了这一瞬间，它决不会再恩赐第二遍。

——[奥地利作家]茨威格

一个人往往对存在手头的东西（或是机会，或是环境，或是任何可贵的东西）不知珍惜，直到要失去了的时候再去后悔！

——[中国翻译家]傅雷

人类假如不能利用机会，机会就会随着时光的波浪流向茫茫的大海里去，而变成不会孵化的蛋了。

——[英国作家]乔治·爱略特

不管你知道多少金玉良言，不管你具备多好的条件，在机会降临时，你若不具体地运用，就不会有进步。

——[美国哲学家]威廉·詹姆斯

如果有人错过机会，多半不是机会没有到来，而是因为等待机会都没有看见机会到来，而且机会过来时，没有一伸手抓住它。

——[法国作家]罗曼·罗兰

我们多数人的毛病是，当机会朝我们冲奔而来时，我们兀自闭着眼睛，很少人能够去追寻自己的机会，甚至在绊倒时，还不能见着它。

——[美国教育家、作家]卡耐基

幸运好比市场，稍一耽搁，价格就变。

——[英国哲学家]培根

一个连续犯了两次错误的人，如果还想祈求第三次机会，那已不仅是奢望，而且是愚蠢。

——[中国武侠小说家]古龙

只有你把机会抓牢，就不用擦拭悔恨的泪水；然而，一旦你坐失良机，就永远也擦不完那伤心的眼泪。

——[英国诗人]布莱克

成功

成功就是努力的终结和厌倦的开始

成功的意义

成功就是努力的终结和厌倦的开始。

—— [美国作家] 安·比尔斯

成功的意义应该是发挥了自己的所长,尽了自己的努力之后,所感到的一种无愧于心的收获之乐,而不是为了虚荣心或金钱。

—— [中国作家] 罗兰

在别人藐视的事中获得成功,是一件了不起的事,因为这证明了不但战胜了自己,也战胜了别人。

—— [法国作家] 蒙泰朗

成功只有一种——按自己的意愿过一生。

—— [英国诗人] 马洛

成功是绝妙的颜料,它使一切丑恶得到掩盖。

—— [英国小说家] 萨克雷

成功者并非都是才干出众的人

你要记住,生活中成功的人是那些知道自己并不聪明而努力工作以补偿自己不足的人。

—— [英国哲学家] 赫伯特

成功的人都有浩然气概,他们都是大胆的、勇敢的,他们的字典上是没有"惧怕"两个字的。

—— [美国教育家、作家] 卡耐基

最有希望的成功者,并不是才干出众的人,而是那些最善利用每一个时机去发掘开拓的人。

—— [古希腊哲学家] 苏格拉底

我需要与之斗争的就是我的成功。如果展现在我眼前的路是一马平川,那简直是怪事,实际上它是一条崎岖险峻的羊肠小道。

—— [美国经济学家] 梭罗

那种认为成功会使人变坏——变得虚荣、傲慢和自鸣得意的世俗看法其实是错误的;恰恰相反,成功会使大多数人变得谦恭、宽容和仁慈,而失败却会使人残忍和满怀怨恨。

—— [英国作家] 毛姆

活得好、笑得多、爱得深的人就是成功者。

—— [美国作家] 斯坦利夫人

只有具备真才实学,既了解自己的力量又善于适当而谨慎地使用自己力量的人,才能在世俗事务中获得成功。

—— [德国诗人] 歌德

伟人们并不是一跃而登上高峰的,而是别人安睡的时候,在夜里艰辛地向上攀援。

—— [美国诗人] 朗费罗

我一向认为,要在世上获得成功,一个人就应当在表面上显得愚笨,而在骨子里应当精明。

—— [法国启蒙思想家] 孟德斯鸠

谁在夺取了胜利之后又征服自己,谁就赢得了两次征战。

—— [英国哲学家] 培根

最弱的人,集中其精力于单一目

标,也能有所成就;反之,最强的人,分心于太多事物,可能一无所成。

——[英国作家]卡莱尔

凡不能获得他人信任的人,永远难求成功。

——[法国作家]纪德

成功的秘密在于不懈地努力

如果你希望成功,当以恒心为良友,以经验为参谋,以当心为兄弟,以希望为哨兵。

——[美国作家]爱迪生

有些人成功是由于知识渊博;有些人成功是由于行为高尚。很少有人不加努力就能成功。

——[美国作家]哈伯德

成功的道路就是做你能做的工作,做好你所做的工作,并且丝毫不贪图功名。

——[美国诗人]朗费罗

成功的秘密在于对目标坚定不移的不懈努力。

——[英国作家]迪斯累里

自我信任是成功的第一个秘诀。

——[美国作家]爱默生

善于转变对事物看法的能力是成功的奥秘。

——[美国作家]比彻

良好的开端,等于成功的一半。

——[古希腊哲学家]柏拉图

成功好比一张梯子:"机会"是梯子两侧的长柱,"能力"是插在两根长柱之间的横木。只有长柱没有横木,梯子没有用处。

——[英国作家]狄更斯

如果你想成功,就应当开辟新的路子,而不是沿袭他人已经走了无数遍的现成套路。

——[美国企业家]洛克菲勒

成功的法则应该是放松而不是紧张。放弃你的责任感,放松你的紧张感,把你的命运交付于更高的力量,真正对命运的结果处之泰然……

——[美国心理学家]马克斯威尔·马尔兹

成功孕育成功,这个道理完全正确。一次小的成功可以成为巨大成功的基石。

——[美国心理学家]马克斯威尔·马尔兹

成功是战胜艰难险阻的奋斗结晶。

——[英国诗人]史密斯

我们从成功的经验中学会成功地发挥作用。过去成功的记忆会成为固有的"贮存信息",使我们对目前的工作产生自信。

——[美国心理学家]马克斯威尔·马尔兹

$A=X+Y+Z$,A 代表成功,X 代表艰苦的工作,Y 代表休息,Z 代表少说废话。

——[美籍德国人、物理学家]爱因斯坦

据我长期观察,要想在世界上取得成功,就必须大智若愚。

——[法国启蒙思想家]孟德斯鸠

成功的秘诀,在永不改变既定的目标。

——[法国启蒙思想家]卢梭

要记住:历史上所有伟大的成就,都是由于战胜了看来是不可能的事情而取得的。

——[英国喜剧艺术家]卓别林

世界上的事没有绝对成功,只有不断地进取。

——[英国作家]斯威夫特

一朵成功的花都是由许多苦雨、血泥和强烈的暴风雨的环境培养成的。不是一朝成功的人,他的事业不是一朝可以破坏或失败的。

——[中国作曲家]冼星海

天下绝无不热烈勇敢地追求成功，而能取得成功的人。

——[法国政治家、军事家]拿破仑

在世上要获得成功的方法只有两种:通过自己的勤勉，或通过别人的无能。

——[法国作家]拉布吕耶尔

确定一次航行的是否成功，不是在于出港，而是在于进港。

——[美国作家]比彻

最困难的时候，就是我们离成功不远了。

——[法国政治家、军事家]拿破仑

成功时要保持头脑的冷静

我们必须学会全面地看问题，不但要看到事物的正面，也要看到它的反面。在一定的条件下，坏的东西可以引出好的结果，好的东西也可能引出坏的结果。

——[中国政治家、军事家]毛泽东

在成功面前，首先应该想到的是获得成功之前的挫折和教训，而不是成功的赞扬和荣誉。

——[俄国生理学家]巴甫洛夫

我们决不能一见成绩就自满自足起来。我们应该抑制自满，时时批评自己的缺点。

——[中国政治家、军事家]毛泽东

当他躺在他的成功之上昏然入睡时，当他把生命束缚于惯例法规之中时，当他开始嘲弄他的理想并试图把他的全部力量投到自我的膨胀时，他就显示了死亡征兆。

——[印度诗人]泰戈尔

失败 累累的创伤，就是生命给你的最好的东西

失败的产生

人们常以为犯小过错无伤大雅，哪知道更大的失败常是由小过引来的。

——[英国诗人]雪莱

想匆匆忙忙地去完成一件事以期达到快速的目的，结果总是要失败。

——[古希腊寓言作家]伊索

许多赛跑的失败，都是失败在最后几步。跑"应跑的路"已经不容易，"跑到尽头"当然更困难。

——[古希腊哲学家]苏格拉底

千万人的失败，失败在做事不彻底，往往做到离成功还差一步，便终止不做了。

——[英国诗人、戏剧家]莎士比亚

想匆匆忙忙地去完成一件事以期达到加快速度的目的，结果总是要失败。

——[古希腊寓言作家]伊索

轻敌，最容易失败。

——[中国作家]鲁迅

迟疑是失败之母。

——[中国作家]茅盾

灰心生失望，失望生动摇，动摇生失败。

——[英国哲学家]培根

凡事皆需尽力而为，半途而废者

永无成就。

——[英国诗人、戏剧家]莎士比亚

失败的价值不亚于成功

失败是有教导性的。真正懂得思考的人，从失败和成功中学得的一样多。

——[美国教育家]杜威

失败也是我所需要的，它和成功对我一样有价值。只有在我知道一切做不好的方法之后，我才知道做好一件工作的方法是什么。

——[美国发明家]爱迪生

失败并不意味着你浪费了时间和生命，失败只表明你有理由重新开始。

——[俄国作家]彼德

漫长的人生中，谁都有或大或小的失败和挫折。但似乎可以说，只要不致葬送生命，就决无从此一蹶不振的失败和挫折。

——[日本社会活动家]池田大作

当失败不可避免时，失败也是伟大的。

——[美国诗人]惠特曼

失败，从某种意义上说，是到达成功的大路……

——[英国诗人]济慈

辉煌的人生，并不在于长久不败，而是在于不怕失败。

——[法国政治家、军事家]拿破仑

我们从失败中学到的东西要比从成功中学到的东西多得多。

——[英国作家]斯迈尔斯

失败可能是变相的胜利；最低潮就是高潮的开始。

——[美国诗人]朗费罗

我们从一个人的失败中所学得的事，往往多于从他的德行中所学的。

——[美国诗人]朗费罗

有生命的失败胜过无生命的杰作。

——[英国作家]萧伯纳

累累的创伤，就是生命给你的最好的东西，因为在每个创伤上在都标示着前进的一步

——[法国作家]罗曼·罗兰

善于工作的人，能把失败转向成功。

——[德国诗人]歌德

最初作伟大尝试的人通常以失败告终，但他们把通过失败获得的教益留给了后人。

——[英国作家]塞缪尔·巴特勒

一时的成就是以多次失败为代价而取得的。

——[英国细菌学家]弗莱明

我们从失败中学到的东西要比从成功中学到的东西多得多。

——[英国作家]斯迈尔斯

失败往往是黎明前的黑暗，继之而出现的是成功的朝霞。

——[英国作家]霍奇斯

正确的结果，是从大量错误中得出来的；没有大量错误做台阶，也就登不上最后正确结果的高座。

——[中国科学家]钱学森

一个人要发现卓有成效的真理，需要千百个人在失败的探索和悲惨的错误中毁掉自己的生命。

——[俄国化学家]门捷列夫

失败实在不是什么稀罕事——最优秀的人也会失败。可贵的是从失败中学到东西。

——[英国作家]海厄特

失败是一种教育，知道什么叫"思考"的人，不管他是成功或失败，都能学到很多东西。

——[美国教育家]杜威

假如你把所有的错误都犯了以后，最后的结果当然是对的。

——[美籍华人、物理学家]李政道

人生求胜的秘诀，只有那些失败过的人才了若指掌。

——[英国学者]柯林斯

失败是成功之母

过去你失败过多少次无关紧要。重要的是记取、强化和专注成功的尝试。

——[美国心理学家]马克斯威尔·马尔兹

失败是坚忍的最后考验。

——[德国政治家]俾斯麦

失败是成功之母。

——[中国政治家、军事家]毛泽东

明智的人决不坐下来为失败而哀号，他们一定乐观地寻找办法来加以挽救。

——[英国诗人、戏剧家]莎士比亚

避免失败的最好办法，就是下决心获得成功。

——[法国政治家、军事家]拿破仑

对于别人放手，而他仍然坚持，别人退后，而他仍然前冲的人，没有所谓失败。

——[法国作家]雨果

在我年轻时，我所做的事，十中有九都是失败的，为了不甘于失败，我便十倍努力工作。

——[英国作家]萧伯纳

失败后，要诚实地对待自己，这是最关键的。只有坦率地处理好为什么失败这个问题，才能使失败成为成功之母。

——[英国作家]海厄特

从无数次的失败中，踩出一条成功之路。

——[中国科学家]郭爱克

不要怕承认失败，要从失败的经验中进行学习。

——[苏联政治家]列宁

促使成功的最大向导，就是从我们自己的错误中所得来的教训。

——[美国科学家]约翰斯顿

成功就是站起来的次数要比被击倒的次数多一次。

——[俄国作家]彼德

如果在自己非常想要做的事情上未能成功，不要立刻放弃并接受失败，试试别的方法。

——[美国教育家、作家]卡耐基

成功者与失败者之间的区别，常在于成功者能由错误中获益，并以不同的方式再尝试。

——[美国教育家、作家]卡耐基

真正的失败者首先是输掉了精神

生活中的许多失败者是那些没有意识到自己距成功只有一步之遥的情况下放弃的人。

——[美国发明家]爱迪生

失败就自暴自弃，无异于放弃人生。

——[日本社会活动家]池田大作

一个人失败的最大原因，就是对于自己的能力永远不敢充分地信任，甚至自己认为必将失败。

——[美国政治家、科学家]富兰克林

失败者即是那种犯了错误但不能从中吸取教训的人。

——[美国作家]哈伯德

成功者与失败者并没有多大的区别，不过是失败者走了九十九步，而成功者走了一百步。失败者跌下去的次数比成功者少一次，成功者站起来的次数比失败者多一次。

——[美国教育家、作家]卡耐基

当一个人因自己的失败而责备别人时,便是承认别人能够取得他自己不能取得的成功。

——[英国科学家]牛顿

无论如何,当一个人发现自己将有苦头吃的时候,则表明他在精神上已经输掉了。

——[英国哲学家]罗素

谁害怕暗礁而留在港湾中,虽然不会有什么危险,但是他永远不会达到我们渴望的目的。

——[苏联政治家]列宁

不愿关心别人的人,对自己也必然漠然不管,古今人类的失败者,多半是这一种。

——[美国作家]斯坦倍克

默认自己无能,无疑是给失败制造机会!

——[法国政治家、军事家]拿破仑

一经打击就灰心泄气的人,永远是个失败者。

——[英国作家]毛姆

只有在你停止再试的时候,失败才会出现。

——[美国作家]哈伯德

这世界除了心理上的失败,实际上并不存在什么失败,只要不是一败涂地,你一定会取得胜利的。

——[英国作家]奥斯汀

每一种挫折或不利的突变,是带着同样或较大的有利的种子。

——[美国作家]爱默生

一系列成功所带来的幸福也不足以同一个失败所造成的苦恼相比。

——[古罗马政治家、雄辩家]西塞罗

短时期的挫折比短时间的成功好。

——[古希腊数学家]毕达哥拉斯

先想到的总是错误和失误。在我们的想象中,它们的分量超过那些我们已经完成和实现的事情。

——[德国诗人]歌德

不会从失败中找寻教训的人,他们距离成功之路是遥远的。

——[法国政治家、军事家]拿破仑

逆境

逆境,是倾覆弱者生活之舟的波涛,又是锤炼强者钢铁意志的熔炉

逆境有一种科学价值。一个好的学者是不会放弃这种机会来学习的。

——[美国作家]爱默生

逆境中要切记头脑冷静。

——[古罗马诗人]贺拉斯

泰然自若乃是应付逆境的最好办法。

——[古罗马喜剧作家]普劳图斯

希望是人在逆境中的救星。

——[古希腊新喜剧作家]米南德

有理想的人能在逆境中看到希望,在黑暗中看到光明。因为他的逆境只是过渡,黑暗也只是一时的过程。

——[中国作家]罗兰

要使整个人生都过得舒适、愉快,这是不可能的,因此,人类必须具备一种能应付逆境的态度。

——[英国哲学家]罗素

逆境是通向真理的第一条道路。

——[英国诗人]拜伦

卓越的人的一大优点是:在不利

和艰难的遭遇里百折不挠。

——[德国作曲家] 贝多芬

一个人总是有些拂逆的遭遇才好,不然是会不知不觉地消沉下去的,人只怕自己倒,别人骂不倒。

——[中国文学家、史学家] 郭沫若

居逆境中,周身皆针砭药石,砥节砺行而不觉;处顺境内,面前尽兵刃戈矛,销膏靡骨而不知。

——[中国古代学者] 洪应明

对一个人的最终评价不是在他身处顺境和安逸的时刻,而是在他身处逆境和挑战的时刻。

——[美国社会活动家]马丁·路德·金

顺境最易见败行,逆境最可见美德。

——[英国哲学家] 培根

烈火见真金,逆境出英雄。

——[古罗马哲学家、悲剧作家]塞涅卡

伟人在逆境中得到欢乐,如同英勇的士兵从战斗胜利中获得喜悦一样。

——[古罗马哲学家、悲剧作家]塞涅卡

患难可以试验一个人的品格,非常的境遇可以显出非常的气节。

——[英国诗人、戏剧家] 莎士比亚

困难带来阅历,阅历给人智慧。逆境则是天赋其人的可贵考验,在逆境中受过锻炼而走过来的人,可谓坚韧不拔。

——[日本电子之父] 松下幸之助

逆境可以使人变得更聪明,但不能使人变得富有。

——[英国] 托马斯·富勒

人在逆境里比在顺境里更能坚强不屈,遇厄运时比交好运时容易保全身心。

——[法国作家] 雨果

故天将降大任于斯人也,必先苦其心志,劳其筋骨,饿其体肤,空乏其身,行拂乱其所为,所以动心忍性,增益其所不能。

——[中国古代思想家] 孟子

进取

前进是生活的法则,不然人就不能称做人

进取是人生的要务。

——[英国作家] 塞缪尔·约翰生

前进是生活的法则,不然人就不能称作人。

——[英国诗人] 勃朗宁

前进吧!这是行动的时刻,个人算得什么呢,只要那代表了过去的光荣的星星之火能够传给后代,而且永远不熄灭就行了。

——[英国诗人] 拜伦

上进心是人的唯一标志,不是上帝的,也不是动物的。

——[英国诗人] 勃朗宁

我们命定的目标和道路不是享乐,也不是受苦,而是行动,在每个明天都要比今天前进一步。

——[美国诗人] 朗费罗

无愧于有理性的人的生活,必须永远在进取中度过。

——[英国作家] 塞缪尔·约翰生

在大多数情况下,进步来自进取心。

——[古罗马哲学家、悲剧作家]塞涅卡

勇于进取者永远长生。

——[德国诗人] 歌德

当你开始依照习惯行事,你的进

取精神就会因此而丧失。

——[西班牙哲学家] 乌纳穆诺

真正的艺术家总是冒着危险去推倒一切既存的偏见，而表现他自己所想到的东西。

——[法国雕塑家] 罗丹

只有超人的天才才会像蛇一样自我更新。

——[法国作家] 巴尔扎克

如果你们不努力上进，超过一般人，那么你们只有落在别人后边。

——[印度诗人] 泰戈尔

新的时势赋予人新的义务，时间使古董变得鄙俗。谁想不落伍，谁就得不断进取。

——[美国诗人] 洛威尔

人类是在不断向前迈进的过程中，逐步完成自己的力量的。我们目前所达不到的一切，总有一天会临近，会成为可以理解的。只是我们必须工作，必须用一切力量来帮助那些寻求真理的人们。

——[俄国作家] 契诃夫

并非所有的人都能成功，勇于进取者往往要冒失败的风险。

——[英国小说家] 斯摩莱特

人总是要犯错误、受挫折、伤脑筋的，不过决不能停滞不前。

——[印度诗人] 泰戈尔

摔倒了，赶快爬起来往前走，莫欣赏摔倒的地方耽误事，莫停下来哀叹。

——[中国作家] 沈从文

意志坚强的人，不但进取时决断、勇往直前，而且退守时也是决断、勇往直前的。

——[中国作家] 冯定

在人生的道路上，所有的人并不站在同一个场所——有的在山前，有的在海边，有的在平原边上。但是没有一个人能够站着不动，所有的人都得朝前走。

——[印度诗人] 泰戈尔

坚持

成大事不在于力量的大小，而在于能坚持多久

坚 持

要从容地着手去做一件事，但一旦开始，就要坚持到底。

——[加拿大文学家] 比尔斯

成大事不在于力量的大小，而在于能坚持多久。

——[英国作家] 塞缪尔·约翰生

斧头虽小，但经多次劈砍，终能将一棵最坚硬的橡树砍倒。

——[英国诗人、戏剧家] 莎士比亚

我们不会消沉或失败，我们要坚持到最后。

——[英国政治家] 丘吉尔

要看日出必须守到拂晓。

——[英国诗人] 司各特

达到重要目标有两个途径——努力及毅力。努力只有少数人所有，但坚韧不拔的毅力则多数人均可实行。

——[法国政治家、军事家] 拿破仑

所有坚韧不拔的努力迟早都会得到报酬。

——[保加利亚科学家] 安格尔

只有毅力才会使我们成功……而毅力的来源又在于毫不动摇,坚决采取为达到成功所需要的手段。
——[俄国哲学家]车尔尼雪夫斯基
顽强的毅力可以征服世界上任何一座高峰。
——[英国作家]狄更斯
坚持对于勇气,正如轮子对于杠杆,那是支点的永恒更新。
——[法国作家]雨果
运气喜欢在某些时刻撤退,为的是要你以坚韧的努力把它重新召回。
——[德国史学家]蒙森
伟大的作品不是靠力量,而是靠坚持来完成的。
——[美国政治家]约翰逊
坚忍是成功的诀窍。
——[英国作家]迪斯累里
天下无难事,只怕有心人。天下无易事,只怕粗心人。
——[中国古代文学家]袁枚
咬定青山不放松,立根原在破岩中。千磨万击还坚劲,任尔东西南北风。
——[中国古代画家]郑板桥

持 久

耐心和持久胜过激烈和狂热。
——[法国寓言诗人]拉封丹
我有两个忠实的助手,一个是我的耐心,另一个就是我的双手。
——[法国作家]蒙田
做事是否快捷,不在一时奋发,而在能否持久。
——[英国哲学家]培根
只有恒心可以使你达到目的,只有博学可以使你明辨世事。
——[德国作家]席勒

一个人如果做事没有恒心,他是任何事也做不成功的。
——[英国科学家]牛顿
耐心是一切聪明才智的基础。
——[古希腊哲学家]柏拉图
力量并非是体力的代名词,真正的力量是坚韧不拔的钢铁意志产生的。
——[约旦国王]侯赛因
古之立大事者,不唯有超世之才,亦必有坚韧不拔之志。
——[英国诗人、戏剧家]莎士比亚
忍耐和坚持是痛苦的,但它会逐渐给你带来好处。
——[古罗马诗人]奥维德
在坏事上的固执,在好事上则是持之以恒。
——[英国哲学家、心理学家]托·布朗
绳可锯木断,水可滴石穿。
——[中国文学家、史学家]郭沫若
读不在三更五鼓,功只怕一曝十寒。
——[中国文学家、史学家]郭沫若
事业常成于坚忍,毁于急躁。我在沙漠中曾亲眼看见,匆忙的旅人落在从容者的后边;疾驰的骏马落后,缓步的骆驼却不断前进。
——[波斯诗人]萨迪
人类所有的力量,只要耐心加上时间的混合,所谓强者,是既有意志,又能等待时机。
——[法国作家]巴尔扎克

百折不挠

君志所向,一往无前,愈挫愈奋,再接再厉。
——[中国政治家]孙中山

卓越的人一大优点是：在不利与艰难的遭遇里百折不挠。

——[德国作曲家]贝多芬

累了就歇在路边的人是不会得到胜利的。

——[美国政治家]尼克松

人生最大的光荣，不在于从不失败，而在于能屡仆屡起。

——[英国作家]哥尔德斯密斯

冒险　走得最远的人，常是愿意去做，并愿意去冒险的人

冒险精神是荣誉的代名词，它既有阳刚之美，又有柔媚之艳，我们应该把它归于浪漫。

——[美国哲学家]桑塔亚那

伟大的课题要求冒险与牺牲，要解决这课题，通常必须经由严格的怀疑与否定。

——[德国哲学家、文学家]奥铿

整个生命就是一场冒险。走得最远的人，常是愿意去做，并愿意去冒险的人。

——[美国教育家、作家]卡耐基

最成功的人往往就是敢冒大险的人。

——[法国哲学家]柏格森

在一个人生命的初始阶段，最大的危险就是：不冒风险。

——[丹麦哲学家]克尔恺郭尔

失败是有限的，冒险是无限的。

——[美国作家]狄更生

知识之树上的果实已被人摘，这果实就是："只有不畏艰险的人才能享受冒险的乐趣。"

——[英国作家]迪斯累里

聪明的冒险是人类谨慎中最值得赞誉的一部分。

——[英国政论家]哈利法克斯

冒险胜于谨慎，因为命运是女人。

——[意大利政治思想家]马基雅弗利

并非所有的人都能成功；勇于进取者往往要冒失败的风险。

——[英国小说家]斯摩莱特

"要想吃鱼就不能怕裤腿湿"，要想得到好处就得冒点风险。

——[西班牙作家]松苏内吉

有冒险才有希望。

——[古罗马史学家]塔西佗

伟大的事业常常是冒大险完成的。

——[古希腊史学家]希罗多德

冒险的措施通常会有成功的结局。

——[波兰作家]显克维支

不敢冒险的人既无骡子又无马；过分冒险的人既丢骡子又丢马。

——[法国作家]拉伯雷

你每天都必须有勇气承担犯错误的风险、失败的风险和受屈辱的风险。走错一步总比在一生中原地不动要好一些。

——[美国心理学家]马克斯威尔·马尔兹

从根本上说，生活是冒险。要舒畅地生活，就要有勇气增强自己的力量，坚定自己的信心。

——[美国心理学家]马克斯威尔·马尔兹

冒险常常带来乐趣。

——[英国哲学家]培根

仅仅为了名声而冒险的人毕竟是愚蠢的。

——[英国发明家]斯蒂文森

名声

尊重与声誉,这是全人类所珍惜和重视的一项权利

无瑕的名誉是最纯粹的珍宝

名誉比财产要紧。
——[法国作家] 巴尔扎克
不管我们受到什么样的耻辱,我们几乎总是有能力恢复我们自己的名誉。
——[法国作家] 拉罗什富科
尊重与声誉,这是全人类所珍惜和重视的一项权利,人们都高兴自由自在地运用这项权利。
——[美国作家] 马克·吐温
虚荣心首先以社会为对象,名誉心则首先以自身为对象。与虚荣心相比,名誉心是对自身品格的认识。
——[日本哲学家] 三木清
无瑕的名誉是世间最纯粹的珍宝;失去了名誉,人类不过是一些镀金的粪土、染色的泥块。
——[英国诗人、戏剧家] 莎士比亚
功名心,给他们的创造力插上了双翼。
——[德国哲学家] 尼采
钱财和名声是互相依赖的,有钱财而无名声,或者有名声而无钱财,都是不行的。
——[法国启蒙思想家] 卢梭
谁终将声震人间,必长久深自缄默;谁终将点燃闪电,必长久如云深海。
——[德国哲学家] 尼采

表面的名望是身外之物

不论用什么方法获得名誉,如果后面没有品格来扶持,名誉终必消失。
——[美国政治家] 华盛顿

功名心对于伟大的历史人物的活动可能是一种刺激,但多半是一种障碍。
——[苏联政治家] 斯大林
放得功名富贵之心下,便可脱凡;放得道德仁义之心下,才可入圣。
——[中国古代学者] 洪应明
把名字刻入石头的, 名字比尸首烂得更早。
——[中国诗人] 臧克家
你被人谈到的机会越多,你就越希望被人谈到。
——[英国哲学家] 罗素
好名而立异,立异则身危。
——[中国古代诗人] 林逋
好利者逸出于道义之外, 其害显而浅;好名者窜入于道义之中,其害隐而深。
——[中国古代学者] 洪应明
许多人瞧不起稳步迁升, 强求过早地成就功名,但是功名到手之日,也许就是身败名裂之时啊。
——[古罗马史学家] 塔西佗
获得名声的艺术家, 常受名声之苦, 这就造成他们的处女作往往是最高峰的结果。
——[德国作曲家] 贝多芬
表面的名望,不论多么大,总是不能永存。
——[美国作家] 马克·吐温
不汲汲于荣名,不戚戚于卑位。
——[中国古代诗人] 骆宾王
为名利而刻骨铭心,终身受苦,其

愚如牛。

——〔日本作家〕吉田美子

只要一个人不是傻瓜，成名比不成名显得更空虚。

——〔法国作家〕罗曼·罗兰

在名利场上的人，一想到自己的隐私会被人揭发，或是可能丢面子，受处分，都觉得难受，可是单为做错了事就感到不安的却没有几个。

——〔英国小说家〕萨克雷

我瞧不起那些对一切事物的短暂性不胜伤感，又一心盘算着尘世浮名浮利的人。

——〔德国诗人〕歌德

荣誉　世界上荣誉的桂冠，都是用荆棘编织而成的

荣誉是值得珍惜的

还有比生命更重大的，就是荣誉。

——〔德国作家〕席勒

光荣是我们获得的新生命，其可珍可贵，实不下于天赋的生命。

——〔法国启蒙思想家〕孟德斯鸠

荣誉感是一种优良的品质，因而只有那些禀性高尚，积极向上或受过良好教育的人才具备。

——〔美国发明家〕爱迪生

品行是一个人的内在，名誉是一个人的外貌。

——〔英国诗人、戏剧家〕莎士比亚

荣誉就是尊重自己对别人的义务，而首先就是尊重对自身的义务。

——〔法国作家〕大仲马

通向荣誉的道路是由劳动铺设的。

——〔法国作家〕普卜利西

荣誉在于劳动的双手。

——〔意大利画家〕达·芬奇

内心的荣誉感是引导我们向前的动力，这不是我们随便就可以改变了的。

——〔日本作家〕武者小路实笃

荣誉——如果巧于运用的话，就是可以致富的货币。

——〔德国诗人〕歌德

年轻的姑娘，特别是你们，必须知道好名誉比任何修饰都来得宝贵，而且好名誉像春天的花朵一样，一阵风就能把它毁了。

——〔俄国作家〕克雷洛夫

应当把荣誉当做你最高的人格的标志。

——〔英国科学家〕牛顿

我们的生命可以被夺去，可是谁也不能把我们的光荣和爱情夺去。

——〔捷克斯洛伐克作家〕伏契克

世界上荣誉的桂冠，都是用荆棘编织而成的。

——〔英国作家〕卡莱尔

只有善行才会给你带来声誉。

——〔波斯诗人〕萨迪

生命，是每一个人所重视的，可是高贵的人重视荣誉远过于生命。

——〔英国诗人、戏剧家〕莎士比亚

生命是短暂的，荣誉是长久的。

——〔古罗马政治家、雄辩家〕西塞罗

正确看待荣誉

太重视名誉正是一般人最常犯的错误。

——[德国哲学家] 叔本华

荣誉就像玩具,只能玩玩而已,绝不能永远守住它,否则就将一事无成。

——[波兰科学家] 居里夫人

该得到的荣誉却未得到,比不该得到的荣誉而得到要好得多。

——[美国作家] 马克·吐温

荣誉不能寻找,任何追求荣誉的做法都是徒劳的。

——[德国诗人] 歌德

荣誉并没有绝对的目的,并不能超过生命自身的存在和价值。

——[德国哲学家] 叔本华

我不需要名誉来捞什么,名誉不过是葬礼时的点缀而已。

——[英国诗人、戏剧家] 莎士比亚

美名盛誉恰似过眼烟云。

——[美国作家] 马克·吐温

编织桂冠要比找到与它相称的脑袋容易得多。

——[德国诗人] 歌德

名誉是生命之流中的泡沫。

——[印度诗人] 泰戈尔

巨大的荣誉是沉重的担子,而人们又把嫉妒加在里面,所以,一个人不得不担起两副担子。

——[英国诗人、剧作家] 本·琼森

人们宁愿把荣誉给予死人而不给活人;因为死人退出了竞争。

——[法国社会学家] 普吕多姆

业绩是一切,荣誉不足道。

——[德国诗人] 歌德

当你做成功一件事,千万不要等待着享受荣誉,应该再做那些需要做的事。

——[法国化学家] 巴斯德

最大的困难是:第一,获得荣誉;第二,活着的时候维持它;第三,死后还能保持它。

——[德国作曲家] 海顿

沿着撒满鲜花的道路前进是得不到荣誉的。

——[法国寓言诗人] 拉封丹

荣誉和舒适是难得同床共眠的。

——[英国词典编辑家] 富勒

沽名钓誉不可取

勿屈己而恂人,勿沽名而钓誉。

——[中国工程学家] 詹天佑

爱好虚荣的人,用一件富丽的外衣遮掩着一件丑陋的内衣。

——[英国诗人、戏剧家] 莎士比亚

藐视虚荣的人,才能得到真正的荣誉。

——[古罗马史学家] 李维

虚荣心很难说是一种恶行,然而一切恶行都围绕虚荣心而生,都不过是满足虚荣心的手段。

——[法国哲学家] 柏格森

荣誉的得来,一定是由于做的事公正无私,对众人有好处。否则,即使成功也不光荣。不光荣,就不会享受到成功的真正快乐。

——[中国作家] 罗兰

权力是可耻而乏味的,财富是沉重而愚蠢的,而荣誉是一种偏见——其原因是人们不善于珍惜自己,却习惯奴隶般卑躬屈节。

——[苏联作家] 高尔基

对滥用荣誉和世人的虚荣抱怨得最响的,正是那些最渴望得到荣誉的人们。

——[荷兰哲学家] 斯宾诺莎

成就

历史上所有伟大的成就，都是由于战胜了看来是不可能的事情而取得的

成就是结果，而不是目的。

——[法国作家] 福楼拜

衡量人的尺度，不在职位的高下，而在成就的多少。

——[中国文学家、史学家] 郭沫若

一个人的意义不在于他的成就，而在于他所企求成就的东西。

——[黎巴嫩作家] 纪伯伦

人类的一切成就之所以有意义，只是由于这些成就是人类能力的表现，是理性和自由意志的产物。

——[瑞士] 凯勒

一时的成就以多年的失败为代价而取得。

——[英国作家] 勃朗宁

历史上所有伟大的成就，都是由于战胜了看来是不可能的事情而取得的。

——[美国喜剧艺术家] 卓别林

如果你做事缺乏诚意，或者迟迟不愿动手，那你即便有天大本事，也不会有什么成就。

——[英国作家] 狄更斯

唯有由于持久热诚所支持着的不断努力，才是能有所成就的唯一可靠保证。

——[中国数学家] 华罗庚

在这个世界上想有所成就，需要的是豁达大度，心胸开阔。

——[美国经济学家] 刘易斯

这世界上真有成就的人往往不是第一流的聪明人，而是第二流的聪明加第二流的愚笨的那种人。太聪明，就把什么都看开了。他不肯做傻事，花笨工夫，不肯找难题让自己受苦，所以，他就没有希望了。

——[法国作家] 罗曼·罗兰

只有勤苦的钻研与大胆的尝试相结合，才能获得成就。

——[中国戏剧家] 欧阳予倩

人们要是能趁着高潮一往直前，一定可以功成名就。

——[英国诗人、戏剧家] 莎士比亚

人各有所长，有所短，能忠于其事，忠于自己，才会有真正的成就。

——[中国作家] 沈从文

世界上有成就的人都是能放开眼光找他们所需要的境遇的人，要是找不着，就自己创造。

——[英国作家] 萧伯纳

一个人有无成就，决定于他青年时期是不是有志气。

——[中国政治家] 谢觉哉

任何成就，都是整个过程里面一个段落的小结。它既是一次小结，也同时是新的开始。

——[中国作家] 姚雪垠

谁能早一点闯过不爱虚荣的关，谁就能更好地做出成绩。

—— [中国作家] 姚雪垠

下手处是自强不息，成就处是至诚无息。

—— [中国] 金缨

由于过去的业绩而享有声望的显贵，大抵不愿见到发展的洪流迅猛奔腾超越其成就。

—— [英国哲学家] 培根

知识可以产生力量，但成就能放出光彩。有人去体会知识的力量，但更多的人只去观赏成就的光彩。

—— [英国作家] 切斯特菲尔德

10
社交与处世

如果你要别人喜欢你，或是改善你的
人际关系；如果你想帮助自己也帮助别人，
请记住这个原则：真诚地关心别人。

——[美国教育家、作家] 卡耐基

社交

知识使人变得文雅，而交际能使人变得完善

交往的必要

交际是人生的一大乐趣。

——［英国史学家］史密斯

交际越是广泛，越是感到幸福，这就是人类社会的成因。

——［日本思想家］福泽渝吉

社交犹如空气，人离不了它，但光靠它来维持生命也是不够的。

——［美国哲学家］桑塔亚那

俗话说，即便是病人，聚在一起也比独处要轻松。

——［俄国作家］屠格涅夫

我的房间里有三把椅子：一把是为孤独而用；两把同用是为友谊；三把一起是为社交。

——［美国经济学家］梭罗

知识使人变得文雅，而交际能使人变得完善。

——［英国词典编辑家］富勒

人的社交根本不是本能，也就是说，并不是为了爱社交，而是为了怕孤独。

——［德国哲学家］叔本华

人与人之间相交往的结果就是把责任感强加在人的身上——一种不得不参与别人问题的任务。

——［英国哲学家］穆尔

没有交往，人类连最简单的活动也不可能进行。

——［苏联心理学家］扎采宾

社交的作用在于，同伟人在一起也容易使自己成为伟人。

——［美国作家］爱默生

人类在相互的交往中寻求安慰、价值和保护。

——［英国哲学家］培根

一个人的成功，只有百分之十五是由于他的专业技术，而百分之八十则要靠人际关系和他们做人处世的能力。

——［美国教育家、作家］卡耐基

我们所知道的最好、最可靠、最有效而又最无副作用的兴奋剂是社交。

——［美国作家］爱默生

处在社交圈中是一个烦恼，而超脱出来又简直是一场悲剧。

——［英国作家］王尔德

社交的原则

社交的秘诀，并不在于讳言真实，而是在讲真话的同时也要不激怒对方。

——［日本作家］荻原塑太郎

信任少数人，不害任何人，爱所有人。

——［英国诗人、戏剧家］莎士比亚

如果你要别人喜欢你，或是改善你的人际关系；如果你想帮助自己也帮助别人，请记住这个原则：真诚地关心别人。

——［美国教育家、作家］卡耐基

进入社交界以后，千万不能被任何事情冲昏头脑，遇事要小心提防，特别要提防最讨我欢心的事。

——［法国作家］巴尔扎克

对那些不值得信任的人不要存在幻想!

——[意大利画家] 达·芬奇

对所有的人以诚相待;同多数人和睦相处;和少数人常来常往;只跟一个人亲密无间;决不与任何人为敌。

——[美国政治家、科学家] 富兰克林

上交不谄,下交不骄。

——[中国古代文学家] 扬雄

人际关系在社会上是一种资本,若要它经久,就不得不节用。

——[俄国作家] 列夫·托尔斯泰

交际的技巧

假如你要别人同意你的原则,就先使他相信:你是他的忠实朋友,用一滴蜜去赢得他的心,你就能使他走在理智的大道上。

——[美国政治家] 林肯

广交之道,就在于尽量多方面地开动脑筋,在多才多艺,不偏一隅的原则下,广事交际。

——[日本思想家] 福泽渝吉

打动人心的最高明的方法,是跟他谈论他最珍贵的事物。

——[美国教育家、作家] 卡耐基

在和羞于表达感受的人交往中,必须要会掩饰,装糊涂。

——[德国哲学家] 尼采

对付掌权者,要运用技巧和策略,必要时得学会回避、拖延和推诿。

——[德国诗人] 歌德

当你对一个人说话时,看着他的眼睛;当他对你说话时,看着他的嘴。

——[美国政治家、科学家] 富兰克林

记住人家的名字,而且很轻易地叫出来,等于给别人一个巧妙而有效的赞美。

——[美国教育家、作家] 卡耐基

在受到溺爱便会忘形这一点上,所有的人都和孩子一样:因此,既不应当对人太宽厚,也不应当对人太优柔。

——[德国哲学家] 叔本华

社交场上的信心比机智重要。

——[法国作家] 拉罗什富科

交际场上的高手一般不直截了当说出要说的字眼,而是含蓄地表达其意思。

——[美国作家] 爱默生

我在社交活动中的做法就是对人和颜悦色。我认为这一点对所有的人都是适用的。

——[英国作家] 狄更斯

缄默和谦虚是社交最适合的品德,彬彬有礼是对别人情感表示关心的一种方式。

——[德国诗人] 米勒

一个人能使四座并欢,并不专靠恭维应酬,他自己须辐射一种力量,使大家感到温暖。

——[中国学者] 梁实秋

社交的忌讳

善意的笑是利于社交的,恶意的笑则是敌视社交的。

——[德国哲学家] 康德

无聊乏味的人是社交上最大的一个威胁。

——[美国教育家、作家] 卡耐基

不要让自己和社交中朋友们的固执己见产生和继续下去,因为这种交谈与其说是一种事务,不如说只应当是一种游戏,应当通过一种适当插入的戏谑而将那种严肃认真避开。

——[德国哲学家] 康德

不要玩弄深埋在他人心底的东西。

——[奥地利哲学家] 维特根斯坦

不尊重别人感情的人，最终只会引起别人的讨厌和憎恨。

——[美国教育家、作家] 卡耐基

机智和妙语可在交际场上增添光彩，而俗气的玩笑和浪声大笑却会使人变成一个丑角。

——[英国作家] 切斯特菲尔德

不速之客只在告辞以后才最受欢迎。

——[英国诗人、戏剧家] 莎士比亚

处世

很难事事尽如人意，但求处世无愧于心

处世之道

处世是一种艺术，绝不是权术。因为前者诞生于真诚的土壤，而后者则酝酿于欺诈的陷阱。

——[德国诗人] 米勒

为人处世，善于运用巧妙的曲线只此一转，便事事大吉了！换言之：做人要讲艺术，便要讲究曲线的美。

——[中国学者] 南怀瑾

凡事不能只看表面，要有凭有据才能作准。为人处世，这是头一条金科玉律。

——[英国作家] 狄更斯

处世需有理智和制约。

——[古希腊作家] 第欧根尼

立身处世，就靠真理和诚实。

——[英国诗人、戏剧家] 莎士比亚

很难事事尽如人意，但求处世无愧于心。

——[中国古代学者] 金缨

一生的生活是否幸福、平安、吉祥，要看他的处世为人是否道德无亏，能否做社会的表率。处内以睦，处外以义，检身以正，交际以诚，行己之道至矣。

——[中国古代诗人] 林逋

处世之道，贵在礼尚往来。如果你想获得友谊，你必须为你的朋友效力。

——[美国作家] 爱默生

处世不宜与俗同，亦不宜与俗异。做事不宜令人厌，亦不宜令人喜。

——[中国古代学者] 洪应明

最聪明的处世术是蔑视社会的旧习，而且过着与社会习俗不矛盾的生活。

——[日本小说家] 芥川龙之介

凡是知道如何使对方感到舒畅，而自己又不至于奴颜婢膝、降低身份的人，他就可以说是得到了处世的真诀。

——[英国哲学家] 洛克

如果你是对的，就要试着温和地、技巧地让对方同意你；如果你错了，就要迅速而热诚地承认。这要比为自己争辩有效和有趣得多。

——[美国教育家、作家] 卡耐基

承认自己也许会有错，就能避免争论，而且，可以使对方跟你一样宽宏大度，承认他也可能有错。

——[美国教育家、作家] 卡耐基

处世让人一步为高，退步即进步的资本；待人宽一分是福，利人是利己的根基。

——[中国古代学者] 洪应明

处身不妨于薄，待人不妨于厚；责

己不妨于厚,责人不妨于薄。

——[中国古代学者]吕坤

柔软是立身之本，刚强是惹祸之胎。

——[中国古代文学家]施耐庵

处世须存心上刃，修身切记寸边而。

——[中国古代文学家]吴承恩

谁不愿在人群中渴死，便得学用一切杯儿饮水；谁想在人群里保持清洁,便得学用污水自洗。

——[德国哲学家]尼采

要是您想达到您的目的地，您必须用温和一点的态度向人家问话。

——[英国诗人、戏剧家]莎士比亚

为人处世永远保持客观。

——[俄国作家]契诃夫

贤人君子之处世，合必离，离必合。

——[中国古代文学家]苏洵

确切的人生是：保持一种与世无争的适宜状态生活。

——[法国作家]蒙田

处世之忌

自己能做的事,不要去麻烦别人。

——[俄国作家]列夫·托尔斯泰

处世忌太洁，圣人贵藏辉。

——[中国古代诗人]李白

玩世不恭者,是一种恶棍:他的眼力不济，看见的是事物的现有面目,而看不见事物的应有面目。

——[美国作家]安·比尔斯

玩世不恭者是何许人？一个只知道所有事物的价格，而不知道任何事物的价值的人。

——[英国作家]王尔德

不要为了你自己想往上爬，而把忠心耿耿的人当成垫脚石。

——[中国文学家、史学家]郭沫若

太迎合别人,便失去自己的格调。

——[中国作家]郭良宽

投机取巧或能胜于一时，终究难立足于世界。

——[中国作家]鲁迅

没弄清对方的底细，决不能掏出你的心来。

——[法国作家]巴尔扎克

处人不可任己意,要悉人之情;处事不可任己见,要悉事之理。

——[中国古代学者]吕坤

朋友

人生得一知己足矣,斯世当以同怀视之

朋友是第二个自我

一个人要成为真正的男子汉，他必须有真诚的朋友或直率的敌人。

——[法国政治家、军事家]拿破仑

有知心朋友本身就是一种幸福。

——[日本作家]武者小路实笃

世界上最难寻觅而又最易失去的是朋友。

——[美国演说家]韦伯斯特

世界上没有比一个既真诚又聪明的朋友更可宝贵的了。

——[古希腊史学家]希罗多德

朋友是第二个自我。

——[古罗马政治家、雄辩家]西塞罗

你我是朋友，各拿一个苹果彼此交换，交换后仍然是各有一个苹果；倘若你有一种思想，我也有一种思想，而朋友间交流思想，那我们每个人就有两种思想了。

——[英国作家]萧伯纳

真正的朋友

真正的朋友应该说真话，不管那话多么尖锐……

——[俄国剧作家]奥斯特洛夫斯基

朋友间有误会应当坦率地交换看法，不可背地诽谤；有过失应当面规劝之，在背后则应赞扬他的优点。

——[日本医学家]贝原益轩

真正的朋友不把友谊挂在口上，他们并不为了友谊而互相要求一点什么，而是彼此为对方做一切办得到的事。

——[俄国文艺评论家]别林斯基

人们最喜欢的人是那些知道他的最丑恶的隐私却仍没有抛弃他的人。

——[俄国作家]彼德

最好的朋友是那种不喜欢多说，却能与你默默相对而又息息相通的人。

——[苏联作家]高尔基

真正的朋友是一个灵魂寓于两个身体，两个灵魂只有一个思想，两颗心的跳动是一致的。

——[古希腊诗人]荷马

益者三友：友直、友谅、友多闻。

——[中国古代思想家]孔子

人不能老是顺时，在你背时的时候，有人还了解你，就是知己了。

——[中国政治家]刘少奇

人生得一知己足矣，斯世当以同怀视之。

——[中国作家]鲁迅

朋友的类型

告诉我你常和什么人来往，我就能说出你是什么样的人。

——[西班牙小说家]塞万提斯

让贤士和智者结交，他们就会相互学习长处。

——[美国政治家]杰弗逊

和一些与自己意趣相同的人交往，真可以使人受益匪浅。

——[印度诗人]泰戈尔

结交一个重实际的人，是十分荣幸的事。

——[俄国作家]屠格涅夫

爱斗的、不安分的人总是跟性格温和腼腆的人合得来，前一类人可从性格的对比中寻求心境的安宁，后一类人则为自己的软弱寻求保护。

——[法国作家]大仲马

遇见通情达理的人，我们当然感到趣味无穷；遇见怪诞不经的人，我们只当散心取乐。

——[法国喜剧作家]莫里哀

君子之交淡若水，小人之交甘若醴；君子淡以亲，小人甘以绝。

——[中国古代思想家]庄子

大凡敦厚忠信，能攻吾过者，益友也；其谄媚轻薄，傲慢亵狎，导人为恶者，损友也。

——[中国古代学者]朱熹

道义相砥，过失相规，畏友也；缓急可共，死生可托，密友也；甘言如饴，游戏征逐，昵友也；利则相攘，患则相倾，贼友也。

——[中国古代学者] 苏浚

交友须有选择

选择朋友应当像选择阅读的书籍一样，一要谨慎，二要控制数量。

——[英国哲学家] 豪厄尔

先择而后交，不先交而后择。

——[中国古代思想家] 葛洪

择友勿急躁，弃友更须三思。

——[美国政治家、科学家] 富兰克林

衡量朋友的真正标准是行为而不是言语；那些表面上说尽好话的人实际上离这个标准正远。

——[美国政治家] 华盛顿

交友时须慎思，先知其品性、家世和交游。

——[印度诗人] 瓦鲁瓦尔

最主要的是所选朋友必须正派，即品行端正的人。

——[中国政论家] 邹韬奋

与优秀的人交往总是会使人自己也变得优秀。

——[英国作家] 斯迈尔斯

交友之道

朋友间当遵守以下法则：不要求别人寡廉鲜耻的行为，若被要求时则应当拒绝之。

——[古罗马政治家、雄辩家] 西塞罗

永远不要伤害一个朋友，即便在玩笑中。

——[古罗马政治家、雄辩家] 西塞罗

我们得到朋友不是由于从他们那里得到了帮助，而是由于我们给予他们以帮助。

——[古希腊史学家] 修昔底德

对待自己的朋友应该像希望他们如何对待自己那样。

——[古希腊哲学家] 亚里士多德

应当在朋友正值困难的时候给予帮助，不可在事情已经无望之后再说闲话。

——[古希腊寓言作家] 伊索

要这样生活：使你的朋友不致成为仇人，使你的仇人却成为朋友。

——[古希腊数学家] 毕达哥拉斯

朋友终日在你眼前，不如有时偶尔一见。

——[波斯诗人] 萨迪

谁若想在困厄时得到援助，就应在平日待人以宽。

——[伊朗诗人] 萨迪

交朋友并影响别人意见的最稳妥的方法是，尊重对方的意见，让他有重要感。

——[美国教育家、作家] 卡耐基

当你能以豁达光明的心地去宽容别人的错误时，你的朋友自然多了。

——[中国作家] 罗兰

与朋友交，只取其长，不计其短。

——[中国作家] 李惺

多交朋友主要不是靠头脑灵活，而是靠心地善良、单纯，性格热情、坦率。

——[英国作家] 奥斯汀

交友之忌

不要对每一个泛泛的新知滥施你的交情。

——[英国诗人、戏剧家] 莎士比亚

趋炎附势的人，不可与其共患难。

——[英国诗人] 拜伦

以财交者，财尽则交绝。以色交者，华落而爱渝。

——[中国古代学者] 刘向

在朋友交谈之间语言需要当心，成年人要步步为营，不传坏话，便可促进双方的友谊。减少是非是促进人际关系重要的一环，好话要多传，坏话一句也不传。

——[中国作家] 三毛

交绝不出恶声。

——[中国古代学者] 刘向

患难识友人

一个人倒霉至少有这么一点好处，可以认清谁是真正的朋友。

——[法国作家] 巴尔扎克

在欢乐时，朋友会认识我们；在患难时，我们会认识朋友。

——[英国学者] 柯林斯

怜悯你的人不是朋友，帮助你的人才是朋友。

——[英国作家] 托马斯·富勒

因为有利可图才与你结为朋友的人，也会因为无利可图而与你绝交。

——[古罗马哲学家、悲剧作家] 塞涅卡

命运的变迁可测试出朋友的可靠性。

——[古罗马政治家、雄辩家] 西塞罗

友谊

友谊是一种相互吸引的感情，因此它是可遇而不可求的

友谊是天地间最可宝贵的东西

在智慧提供给整个人生的一切幸福之中，以获得友谊为最重要。

——[古希腊哲学家] 伊壁鸠鲁

友谊是一种相互吸引的感情，因此它是可遇而不可求的。可以看到每个人的长处，因此有权得到朋友们最真挚的友谊。

——[印度诗人] 泰戈尔

友谊是天地间最可宝贵的东西，深挚的友谊是人生最大的一种安慰。

——[中国政论家] 邹韬奋

友谊不是别的，而是一种以善意和爱心去连接世上一切神俗事物的和谐。

——[古罗马政治家、雄辩家] 西塞罗

不论是多情的诗句，漂亮的文章，还是闲暇的欢乐，什么都不能代替无比亲密的友谊。

——[俄国诗人] 普希金

在友谊里，不用言语，一切的思想，一切的愿望，一切的希冀，都在无声的欢乐中发生而共享了。

——[黎巴嫩作家] 纪伯伦

友谊真是一样神圣的东西，不光是值得特别推崇，而且是值得永远赞扬。它是慷慨和荣誉的最贤慧的母亲，是感激和仁慈的姊妹，是憎恨和贪婪的死敌；它时时刻刻都准备舍己为人，而且完全出于自愿，不用他人恳求。

——[意大利作家] 薄伽丘

友谊是培养人的感情的学校。

——[苏联教育家] 苏霍姆林斯基

友谊的支柱是相互尊重和忠诚

没有彼此的敬重，友谊是不可能有的。

——[苏联教育家]马卡连柯

友谊之花是开在互相理解、互相依赖的土地上的。

——[日本作家]武者小路实笃

人的生活离不开友谊，但要获得真正的友谊才是不容易，它需要用忠诚去播种，用热情去灌溉，用原则去培养，用谅解去护理。

——[德国思想家]马克思

友谊的支柱是尊敬与依赖之心，是永不背叛朋友的诚实，以及为了一个崇高的理想而冲破苦难的勇气。

——[日本社会活动家]池田大作

最牢固的友谊是共患难中结成的，正如生铁只有在烈火中才能锤炼成钢一样。

——[阿根廷作家]科尔顿

友谊永远不能成为一种交易，相反，它需要最彻底的无利害观念。

——[法国作家]莫洛亚

友谊是忠实无私的誓约，友情既无条件，亦无动机。

——[美国学者]房龙

真正的友谊既能容忍朋友提出的劝告，又能使自己接受劝告。

——[古罗马政治家、雄辩家]西塞罗

友谊的建立与保持

长期在一起同甘苦共患难，才能有莫逆之交。

——[古罗马政治家、雄辩家]西塞罗

友谊往往是由一种两个人比一个人更容易实现的共同利益结成的，只有在互相满足时这种关系才是纯洁的。

——[瑞典作家]斯特林堡

保持友谊的最好办法是任何事情也不假手于他，同时也不借钱给他。

——[日本小说家]森村诚一

友谊是宽容的，因为宽容而长久。

——[中国作家]罗兰

友谊不可透支，总要保留几分。

——[中国学者]梁实秋

真正的友谊是一种缓慢生长的植物，必须经历并顶得住逆境的冲击，才无愧友谊这个称号。

——[美国政治家]华盛顿

建立和巩固友谊的最好的方法，莫过于互相信赖地闲谈心事与家常。

——[英国哲学家]洛克

要想得到别人的友谊，自己就得先向别人表示友好。

——[美国作家]爱默生

朋友交好，若要情谊持久，就必须彼此谦让体贴。

——[英国作家]乔叟

像橡树般一寸寸成长起来的友情，要比像瓜蔓般突然蹿起来的友情更为可靠。

——[英国作家]夏·勃朗特

友谊和花香一样，还是淡一点的比较好，越淡的香气越使人依恋，也越能持久。

——[中国诗人]席慕蓉

正如真金要在烈火中识别一样，友谊必须在逆境里经受考验。

——[古罗马诗人]奥维德

友谊与爱情

没有友谊的爱情是浅薄的。

——[苏联教育家]苏霍姆林斯基

友谊要像爱情一样才温暖人心，

爱情要像友谊一样才牢不可破。

　　——［英国诗人］莫尔

友谊与爱情一样，只有生活在能够与之自然相处，无需做作和谎言的朋友中间，你才会感到愉快。

　　——［法国作家］莫洛亚

因结婚而产生的爱，造出儿女；因友情而产生的爱，造就一个人。

　　——［英国哲学家］培根

友谊和爱情之间的区别在于：友谊意味着两个人和世界，而爱情意味着两个人就是世界。在友谊中一加一等于二；在爱情中一加一还是一。

　　——［印度诗人］泰戈尔

友谊的误区

千万别指望一个朋友能尽善尽美，否则你就会给友情施加不公正的压力。

对友情持过于理想主义的态度是自私的。从各个不同的朋友身上找寻与众不同的资质，并为此而感恩戴德吧。

　　——［意大利影星］索菲娅·罗兰

朋友互相吹捧，友谊毫无价值。

　　——［印度诗人］瓦鲁瓦尔

即使是最神圣的友谊里也可能潜藏着秘密，但是你不可以因为你不能猜测出朋友的秘密而误解了他。

　　——［德国作曲家］贝多芬

友谊最致命的病患是逐步冷淡，或是嫌怨的不断增加，这些嫌怨不是小得不足挂齿，就是多得无法排除。

　　——［英国作家］塞缪尔·约翰生

欺骗的友谊是痛苦的创伤，虚伪的同情是锐利的毒箭。

　　——［苏联政治家］列宁

识人

岁不寒，无以知松柏；事不难，无以知君子

欲知其人，观其所使。

　　——［中国古代诗人］陈子昂

判断一个人当然不是看他的声明，而是看他的行为；不是看他自称如何如何，而是看他做些什么和实际是怎样一个人。

　　——［德国思想家］恩格斯

判断一个人，与其根据他的言词，不如根据他的行为，因为言词漂亮但行为令人不敢恭维的人，到处可见。

　　——［古罗马政治家］克劳狄乌斯

认识好人和坏人，不仅是从他们的行为看，而且也要从他们的意愿看。

　　——［古希腊哲学家］赫拉克利特

有些人所做的每一件事都有两面：一面是人人都看得见的——这是虚伪的一面；另外隐藏着的一面——那才是真实的。

　　——［苏联作家］高尔基

一个人的实质，不在于他向你显露的那一面，而在于他所不能向你显露的那一面。因此，如果你想了解他，不要去听他说出的话，而要去听他没有说出的话。

　　——［黎巴嫩作家］纪伯伦

判断人，不是光凭眼睛，不用耳朵；还得经过深思熟虑，并不轻信所见所闻。

　　——［英国诗人、戏剧家］莎士比亚

从一个人的办事能力,一天便可看出学问的高低。但是他心中的善恶,决不可妄加揣度,因为这要经过长久的岁月,才能看出他内心的优劣。

——[波斯诗人] 萨迪

不能凭最初的印象去判断一个人,美德往往以谦虚镶边,缺点往往被虚伪所掩盖。

——[法国作家] 拉布吕耶尔

当一个人在不安的危难中,对于他的检查就更为可靠——观察他在逆境里是怎样一个人;因为只有在那时候,才能把实话从他胸里引出来,假面具剥掉了,剩下了真面目。

——[古罗马哲学家] 卢克莱修

一死一生,乃知交情;一贫一富,乃知交态;一贵一贱,乃见交情。

——[中国古代文学家、史学家] 司马迁

岁不寒,无以知松柏;事不难,无以知君子。

——[中国古代思想家] 荀子

要对一个人做出判断,至少要设身处地,深入地了解关于他的感情、不幸和思想的秘密;只想就事件的物质方面去了解他的生活,这是写编年史,是给傻瓜们做传记。

——[法国作家] 巴尔扎克

赞美 人性中最本质的愿望,就是希望得到赞扬

称赞不但对人的感情,而且对人的理智也起着巨大的作用……

——[俄国作家] 列夫·托尔斯泰

人们给予理智、美丽和勇敢的赞扬增加了它们,完善了它们,使它们做出了较它们原先凭自身所能做的贡献更大的贡献。

——[法国作家] 拉罗什富科

赞美,就是当别人的成就酷似我们自己时,我们所表示的一种委婉的承认。

——[美国作家] 安·比尔斯

人性中最本质的愿望,就是希望得到赞扬。

——[美国心理学家] 威廉·詹姆斯

咒诅使人振奋,赞誉使人松懈。

——[英国诗人] 布莱克

时时用使人悦服的方法赞美人,是博得人们好感的好方法。记住,人们所喜欢别人加以赞美的事,便是他们自己觉得没有把握的事。

——[美国教育家、作家] 卡耐基

肉麻的奉承只是一张债券,而公正的赞扬却是一份礼品。

——[英国作家] 塞缪尔·约翰生

赞美别人就是把自己放在同他一样的水平上。

——[德国诗人] 歌德

只有少数明智的人才愿听逆耳的忠言,而不愿听那些言不由衷的赞扬。

——[法国作家] 拉罗什富科

即使好心地称赞,也必须恰如其分。

——[英国哲学家] 培根

"称许要真诚,赞美要慷慨。"这样人们就会珍惜你的话,把它们视为珍宝,并且一辈子都重复着它们。

——[美国教育家、作家] 卡耐基

善于作自我批评的人永远受到信任，而好往自己脸上贴金的人是决不会受到信任的。

——[法国作家] 蒙田

让别人来称赞比自己称赞好。

——[古希腊哲学家] 德谟克利特

对于一个高尚的人来说，在不恰当的地点，受到不恰当的人的赞美，是一种最大的恶意。

——[英国诗人、剧作家] 本·琼森

谄媚和懦弱是最坏的罪恶。

——[俄国作家] 屠格涅夫

对美的事物作似是而非的赞颂，这无异于侮辱。

——[保加利亚科学家] 安格尔

言过其实的赞扬是一种伪装的诽谤。

——[英国诗人] 蒲柏

誉人不增其美，毁人不益其恶。

——[中国古代思想家] 王充

有一些责难是赞扬，有一些赞扬是诽谤。

——[法国作家] 拉罗什富科

真正有志向的人，从来用不着在谈话中希望对方钦佩他、赞美他。

——[美国发明家] 爱迪生

帮助　帮助自己的唯一方法就是去帮助别人

互相帮助是人类的美德

人类进化之主动力，在于互助，不在于竞争。

——[中国政治家] 孙中山

竭诚相助亲密无间，乃友谊之最高境界。

——[印度诗人] 瓦鲁瓦尔

只有当你给你的朋友以某种帮助时，你的精神才能变得丰富起来。

——[苏联教育家] 苏霍姆林斯基

一个小人物的救助永远是一种伟大的救助，最伟大的因素正是由于他的渺小。

——[美国心理学家] 威廉·詹姆斯

互相帮助是社会生活之必需

应该尊重彼此之间的相互帮助，这在社会生活中是必不可少的。

——[苏联作家] 高尔基

没有偏见和习惯的帮助，我甚至无法从房间的这边走到那边。

——[英国评论家] 赫兹里特

经验告诉我们，通过人与人的互相扶助，他们便易于各获所需，而且唯有通过人群联合的力量才可易于避免随时随地威胁人类生存的危险。

——[荷兰哲学家] 斯宾诺莎

一个人的力量是很难应付生活中无边的苦难的。所以，自己需要别人帮助，自己也要帮助别人。

——[奥地利作家] 茨威格

助人与互助

大家为一人，一人为大家。

——[法国作家] 大仲马

聪明人都明白这样一个道理：帮助自己的唯一方法就是去帮助别人。

——[美国作家] 哈伯德

209

你肯救济别人的危困，才会得到别人的帮助。

——[波斯诗人] 萨迪

只要还有能力帮助别人，就没有权利袖手旁观。

——[法国作家] 罗曼·罗兰

帮助虚弱无力的人站起来，是不够的，随后还要支住他。

——[英国诗人、戏剧家] 莎士比亚

一个人如若看见别人需要，还等着别人的请求，显而易见不是诚心的援助。

——[意大利诗人] 但丁

一个人要帮助弱者，应当自己成为强者，而不是和他们一样变成弱者。

——[法国作家] 罗曼·罗兰

对我们帮助最大的，并不是朋友们的实际帮助，而是我们坚信得到他们帮助的信念。

——[古希腊哲学家] 伊壁鸠鲁

已经跌倒在地的人帮助不了正在倒下的人。

——[英国哲学家] 赫伯特

不能自助的人，也不能接受别人的帮助。

——[中国革命家] 李大钊

困难及希望渺茫时，最大胆的帮助是最为安全的。

——[古罗马史学家] 李维

帮助一个坏人，就如伤害一个好人一样危险。

——[古罗马喜剧作家] 普劳图斯

批评

不怕人家说有缺点，才会不断进步

批评是人类进步的手段

批评，这是正常的血液循环，没有它就不免有停滞和生病的现象。

——[俄国剧作家] 奥斯特洛夫斯基

如果没有不同意见的争论，没有批评与自我批评，任何科学都是不可能发展、不可能进步的。

——[中国政论家] 李达

客观的批评能使人受益，不那么客观的批评也未必真能伤害到你。

——[中国诗人] 汪国真

批评的目的是为了帮助同志们改正缺点。不管职位高低，有缺点，就要以同志式的态度给予批评，使他在以后的工作中得到纠正。

——[加拿大医生] 白求恩

谴责是为了使他们免蹈覆辙，也让别人引以为鉴。

——[法国作家] 蒙田

应当勇于接受批评

批评不能使我灰心，相反的，它将告诉我：我是处在朋友中间，朋友能够帮助我，拖我的重载。

——[俄国剧作家] 奥斯特洛夫斯基

不要为了尖锐的批评而生气——真理总是不合口味的。

——[苏联作家] 高尔基

不怕人家说有缺点，才会不断进步。

——[中国作家] 丁玲

如果自尊而轻人，自信而自满，既是对自己关门，不向外面吸取可贵的精神粮食,也即是对朋友关门,拒绝朋友们批评和贡献意见。

——[中国教育家] 徐特立

责备中的刺耳之处正是真话所在。

——[英国作家] 托马斯·富勒

批评要讲求方式方法

真正的朋友应该说真话,不管那话多么尖锐。

——[俄国剧作家] 奥斯特洛夫斯基

批评不能只安于反映现在,而要抢在过去之前,从未来把现在赢到手。

——[德国作曲家] 舒曼

当我们听到别人对我们的某些长处表示赞赏之后,再听到他的批评,心里往往会好受得多。

——[美国教育家、作家] 卡耐基

对于打耳光式的批评应予以坚决的反击,而把培养的教育性的批评提到第一位。

——[苏联作家] 法捷耶夫

即使是训斥,最后也要以鼓励收尾。

——[日本作家] 樱井秀勋

批评朋友,除非识人知性,不然,不如不说。

——[中国作家] 三毛

不要吹毛求疵地批评。

——[美国戏剧家] 奥尼尔

批评要及时的批评,不要老是爱好事后的批评。

——[中国政治家、军事家] 毛泽东

听别人数说我们的错误很难,但假如对方谦卑地自称他们也并非完美,我们就比较容易接受了。

——[美国教育家、作家] 卡耐基

自我批评是最严格的批评

不敢正视自己的人,不可能产生正确的批评。

——[中国作家] 丁玲

在指责他人之前,先检查自己的错误。

——[美国教育家、作家] 卡耐基

自我批评也就是最严格的批评,而且也是最有益的。

——[苏联作家] 高尔基

自我批评,这是一所严酷的培养良心的学校。

——[法国作家] 罗曼·罗兰

小人以己之过为人之过,每怨天而尤人;君子以人之过为己之过,每反躬而责己。

——[中国作家] 弘一大师

礼貌　越伟大的人,越有礼貌

礼貌是教养的主要标志

一个人的礼貌,就是一面照出他的肖像的镜子。

——[德国诗人] 歌德

礼貌交往只不过是一种高度发展的公平合理的信念。

——[法国作家] 诺曼·文森特

礼貌是最容易做到的事,也是最

珍贵的东西。

    ——［苏联诗人］冈察尔

越伟大的人，越有礼貌。

    ——［英国诗人］丁尼生

礼貌是教养的主要标志。

    ——［西班牙哲学家］格拉西安

礼貌和教养对于装饰人类或其他一切优良品质和天资，都是必不可少的。

    ——［英国作家］切斯特菲尔德

在人和人的交往中，男人的礼貌表现在给人以帮助，而女人的礼貌则表现在对人体贴。

    ——［法国启蒙思想家］卢梭

礼貌是快乐地做事情的方法

礼貌经常可以替代最高贵的感情。

    ——［法国作家］梅里美

礼貌是人类共处的金钥匙。

    ——［西班牙作家］松苏内吉

礼貌是快乐地做事情的方法。

    ——［美国作家］爱默生

有两种和平的暴力，那就是法律和礼貌。

    ——［德国诗人］歌德

一切的门户都向礼貌敞开。

    ——［英国作家］蒙塔古夫人

礼貌使礼貌的人喜悦，也使那些受人以礼貌相待的人们喜悦。

    ——［法国启蒙思想家］孟德斯鸠

礼貌之风为每一个人带来文明、温暖和愉快。

    ——［英国戏剧家］皮尔

礼貌不用花钱，却能赢得一切。

    ——［法国作家］蒙田

在人与人的交往中，礼仪越周到越保险，运气也越好。

    ——［美国作家］卡莱尔

和蔼可亲的态度是永远的介绍信。

    ——［英国哲学家］培根

礼貌像只气垫：里面可能什么也没有，但是却能奇妙地减少颠簸。

    ——［美国政治家］约翰逊

真正的礼貌就是克己

好的礼貌是由小的牺牲造成的。

    ——［美国作家］爱默生

礼仪的目的与作用是使顽固变柔顺，使人们的气质变温和，使他敬重别人，和别人合得来。

    ——［英国哲学家］洛克

真正的礼貌就是克己，就是千方百计地使周围的人都像自己一样平心静气。

    ——［英国诗人］蒲柏

礼貌建筑在双重基础上：既要表现出对别人的尊重，也不要把自己的意见强加于人。

    ——［奥地利诗人］霍夫曼斯塔尔

礼貌是儿童与青年所应该特别小心地养成习惯的第一件大事。

    ——［英国哲学家］洛克

社交的起因在于人们生活的单调和空虚。社交的需要驱使他们来到一起，但各自具有的许多令人厌憎的品行又驱使他们分开。终于，他们找到了能彼此容忍的适当距离，那就是礼貌。

    ——［德国哲学家］叔本华

礼貌在不同场合的表现形式

有什么样的目的就有什么样的礼节。

——［古罗马政治家、雄辩家］西塞罗

当你思考准备说什么的时候，就做出一副彬彬有礼的样子，因为这样可以赢得时间。

——[英国作家] 卡罗尔

守时是最大的礼貌。

——[法国国王] 路易十四

礼仪……是聪明人想出来的与愚

人保持距离的一种策略。

——[美国作家] 爱默生

你要是看见朋友之间用得着不自然的礼貌的时候，就可以知道他们的感情已经开始衰落。

——[英国诗人、戏剧家] 莎士比亚

信任

信任一切人是个错误，对一切人都不信任也同样是个错误

信任是消除担心的基础。信任是力量，信任是动力。

——[科威特作家] 穆尼尔·纳素夫

人与人之间最高的信任，无过于言听计从的信任。

——[英国哲学家] 培根

对人的热情，对人的信任，形象点儿说，是爱抚、温存的翅膀赖以飞翔的空气。

——[苏联教育家] 苏霍姆林斯基

我们对其他人的信任的最大部分是由我们对自己的信任构成的。

——[法国作家] 拉罗什富科

信仰是去相信我们所从未看见的，而这种信仰的回报，是看见我们相信的。

——[古罗马思想家] 奥古斯丁

在重大问题上，信任总是姗姗来迟。

——[古罗马诗人] 奥维德

正如疾病会传染一样，信任也会相互传染。

——[英国诗人] 莫尔

不应该信任任何人，而应该仅仅信任那些已经证明可信的人。

——[古希腊哲学家] 德谟克利特

不要对一切人都以不信任的眼光看待，但要谨慎而坚定。

——[古希腊哲学家] 德谟克利特

相信一切，失望有日；怀疑一切，收获无期。

——[英国哲学家] 赫伯特

不要信赖对任何人都说好话的人。

——[英国学者] 柯林斯

聪明的人绝不会相信叛徒。

——[古罗马政治家、雄辩家] 西塞罗

我们容易相信那些素不相识的人，因为他们从未欺骗过我们。

——[英国作家] 塞缪尔·约翰生

信任一切人是个错误，对一切人都不信任也同样是个错误。

——[古罗马哲学家、悲剧作家] 塞涅卡

信赖是不能和利益一样放到天平上去称的。

——[中国作家] 梁晓声

不信任朋友比被朋友欺骗更可耻。

——[法国作家] 拉罗什富科

人民的信任是报刊赖以生存的条件，没有这种条件，报刊就会完全萎靡不振。

——[德国思想家] 马克思

当男女双方互相信任，互相了解以

213

后,他们就找到了使漫长的岁月变得丰富多彩、使生活本身充满魅力的秘诀。

—— [法国作家] 巴尔扎克

诚信　学贵信,信在诚。诚则信矣,信则诚矣

如果你要成为一个有出息的人,你必须把诺言视为第二宗教,遵守诺言就像保卫你的荣誉一样。

—— [法国作家] 巴尔扎克

一言九鼎重千秋。

—— [中国军事家、外交家] 陈毅

学贵信,信在诚。诚则信矣,信则诚矣。

—— [中国古代思想家] 程颢、程颐

大丈夫以信义为重。

—— [中国古代文学家] 罗贯中

信用既是无形的力量,也是无形的财富。

—— [日本电子之父] 松下幸之助

诺言向来是神圣的。

—— [波兰作家] 显克维支

信言不美,美言不信。

—— [中国古代思想家] 老子

要有信。信人也要信己。人人有信才能够使自己和他人的独立自尊得以实现。

—— [日本思想家] 福泽谕吉

有勇气的人都守约。

—— [法国剧作家] 高乃依

小信诚则大信立。

—— [中国古代思想家] 韩非子

言必信,行必果。

—— [中国古代思想家] 孔子

与朋友交,言而有信。

—— [中国古代思想家] 孔子

夫妻生活中最可贵的莫过于真诚、信任和体贴!

—— [科威特作家] 穆尼尔·纳素夫

丈夫一言许人,千金不易。

—— [中国古代文学家] 司马光

言忠信而行正道者,必为天下人心悦诚服。

—— [印度诗人] 瓦鲁瓦尔

一个人必须遵守自己的诺言,甚至对魔鬼的诺言。

—— [挪威作家] 温塞特

有信用不一定有钱,但有钱一定要有信用。

—— [美国作家] 霍姆斯

信用是难得易失的。费十年工夫积累的信用往往由于一时一事的言行而失掉。

—— [日本社会活动家] 池田大作

人生在世,如失去信用,就如同行尸走肉。

—— [英国哲学家] 赫伯特

失去信用是一个人最大的损失。

—— [美国经济学家] 克拉克

人而无信,不知其可也。

—— [中国古代思想家] 孔子

多语者寡信,自奉者少恩。

——[中国古代政治家、军事家]诸葛亮

失信就是失败。

—— [法国小说家] 左拉

长期信守得来的信用,很可能只因为一次失信就人格破产——所以,爱惜信用的人一定谨慎行事,千万不

可走错一步。

——［日本电子之父］松下幸之助

轻诺必寡信，多易必多难。

——［中国古代思想家］老子

口头所说的每一句话，都是一笔负债。

——［英国诗人、戏剧家］莎士比亚

交谈

交谈时的含蓄和得体，比口若悬河更可贵

与人交谈是艺术

谈话的艺术是听和被听的艺术。

——［英国评论家］赫兹里特

说话是一种艺术，但人们往往忽视这一种艺术。

——［美国教育家、作家］卡耐基

懂得说话技巧的人，会在一开始就得到许多"是"的答复，这可以引导对方进入肯定的方向。

——［美国教育家、作家］卡耐基

一个会讲话的人，不是记住别人说过的话，而是能说些让人记住的话。

——［美国小说家］布朗

如果我们不能够确切地描写一种东西，那不能怪我们的语言，只能怪我们蹩脚的语言艺术。

——［俄国科学家］罗蒙诺索夫

要善于与人交谈

谈话，和作文一样，有主题，有腹稿，有层次，有头尾，不可语无伦次。

——［中国学者］梁实秋

每一个人都需要有人和他开诚布公地谈心。一个人尽管可以十分英勇，但他也可能十分孤独。

——［美国作家］海明威

善谈和健谈不同，健谈者能使四座生春，但多少有点霸道；善谈者尽管舌灿莲花，但总还有给别人留些说话的机会。

——［中国学者］梁实秋

切忌浮夸铺张。与其说得过分，不如说得不全。

——［俄国作家］列夫·托尔斯泰

交谈时的含蓄和得体，比口若悬河更可贵。

——［英国哲学家］培根

与人交谈一次，往往比多年闭门劳作更能启发心智。

——［俄国作家］列夫·托尔斯泰

说话周到比雄辩好，措辞适当比恭维好。

——［英国哲学家］培根

以最不伤人的方式对人说出最不愉快的话。

——［俄国作家］屠格涅夫

对人讲话须谨慎

讲话犹如演奏竖琴，既需要拨弄琴弦奏出音乐，也需要用手按住琴弦不让其震动。

——［美国作家］霍姆斯

不管一个人说得多好，你要记住：当他说得太多的时候，终究会说出蠢话来。

——［法国作家］大仲马

宁可滑了脚，不可滑了嘴。

——[美国政治家、科学家]富兰克林

少说话，尤其当有陌生的、或比你强的、比你有经验、比你更了解的人在座时：第一，你揭露了自己的弱点及愚蠢；第二，你失去了一个获得智慧及经验的机会。

——[俄国哲学家、作家]赫尔岑

一句没说出口的话还属于你，有如剑还在你的鞘中；话一出口，你的剑柄也就抓在了别人手里。

——[美国作家]安·比尔斯

不要预先讲还未实现的事，因此说话要谨慎，以免给自己招致说话不算数的责骂。

——[德国哲学家]康德

对痴人莫说梦话，防所误也；见短人莫说矮话，避所忌也。

——[中国古代学者]金缨

我们的言谈给我们带来的敌人比我们的行动为我们赢得的朋友更多。

——[英国学者]柯林斯

重复言说多半是一种时间上的损失。

——[英国哲学家]培根

知识少的人，话讲得多；知识多的人，话讲得少。

——[法国启蒙思想家]卢梭

行为很不检点的人，总是头一个说别人的坏话。

——[法国喜剧作家]莫里哀

说话不郑重，便少信用，而且招惹侮辱。

——[德国作家]席勒

你越是厌恶鄙行，你就越是应该检点自己的言语。

——[古罗马政治家、雄辩家]西塞罗

假如面前遇到一个心持反对意见者，言论有必要谦和而避免坦率，否则将像把盐撒入伤口一样，会使他已有的成见更深。

——[英国哲学家]培根

我们的语言，不妨直爽，但不可粗暴、骄傲；有时也应当说几句婉转的话，但切忌虚伪、轻浮与油滑。

——[英国哲学家]培根

傻瓜的心在嘴里，聪明人的嘴在心里。

——[美国政治家、科学家]富兰克林

知道什么时候锁住自己的舌头的人不是蠢人。

——[英国评论家]赫兹里特

圣人择可言而后言，择可行而后行。

——[中国古代政治家]管仲

聪明的人想过才开口；愚蠢的人说过之后才回想他说过什么。

——[德国作家]席勒

关于自己的话应该少说，而且应当谨慎择言。

——[英国哲学家]培根

饭休不嚼就咽，路休不看就走，人休不择就交，话休不想就说，事休不思就做。

——[中国古代学者]吕坤

君子之所不至者三：不失色于人，不失口于人，不失足于人。

——[中国古代政治家、诗人]王安石

在开口之前，先把舌头在嘴里转十个圈。

——[俄国作家]屠格涅夫

聪明人要提防的是：忧郁时的文字，愉快时的言语。

——[中国散文家]冰心

听比说更重要

做一个好听众，鼓励别人说说他

们自己。

——[美国教育家、作家] 卡耐基

侃侃而谈的人播种，缄默不语的人收获。

——[英国哲学家] 赫伯特

饶舌的人对你谈论别人；啰嗦的人对你谈论他自己；健谈的人对你谈论你本人。

——[英国法学家] 科克

尊重

爱人者，人恒爱之；敬人者，人恒敬之

要懂得尊重别人

尊重别人，尊重别人的命运和责任。

——[法国小说家] 杜伽尔

不了解一个人是不可能谈得上尊敬一个人的。

——[美国哲学家、心理学家] 弗洛姆

对别人的意见要表示尊重。千万别说："你错了。"

——[美国教育家、作家] 卡耐基

能夺走我们心的就一定值得我们尊敬。

——[英国外交家] 普赖尔

我们之所以爱一个人，是由于我们认为那个人具有我们所尊重的品质。

——[法国启蒙思想家] 卢梭

爱人者，人恒爱之；敬人者，人恒敬之。

——[中国古代思想家] 孟子

你尊重人家，人家尊重你，这是人与人之间的公平交易。

——[印度诗人] 泰戈尔

尊重是一道栅栏，既保护着父母，也保护着子女，使父母不用忧思，使子女不用悔恨。

——[法国作家] 巴尔扎克

没有尊重，爱情就不能发展。

——[法国作家] 小仲马

怎样尊重别人

尊重意味着能够按其本来面目看待一个人，能够意识到他的个性和唯一性。

——[美国哲学家、心理学家] 弗洛姆

尊重人不应该胜于尊重真理。尊重的表示，对那些富于高尚思想和有荣誉感的人有很大的力量。

——[古希腊哲学家] 德谟克利特

尊重别人的长处，在任何情况下都平等待人的人，才是道德高尚的人。

——[苏联教育家] 苏霍姆林斯基

尊敬的基础是有所选择。尊敬一切人等于谁也不尊敬。

——[法国作家] 司汤达

如何赢得别人对自己的尊重

人应尊敬自己，并应自视能配得上最高尚的东西。

——[德国哲学家] 黑格尔

运用品德去夺得尊敬。

——[法国小说家] 杜伽尔

谁希望受到尊敬，谁就必须和值得尊敬的人相处。

——[法国作家] 拉布吕耶尔

经常受到人们的尊敬比让别人赞

美数次要强过百倍。

——[法国启蒙思想家]卢梭

假如你要别人尊重你，你首先就要尊重自己，这是最重要的。只有这样，只有当你尊重自己以后，你才能得到别人的尊重。

——[俄国作家]陀思妥耶夫斯基

忍辱偷生的人，绝不会受人尊重。

——[法国剧作家]高乃依

待人 你希望别人怎样对待你，你就应当怎样对待别人

待人须有宽广心胸

自处超然，处人蔼然；无事澄然，有事斩然；得意淡然，失意泰然。

——[中国古代学者]金缨

如烟往事俱忘却，心底无私天地宽。

——[中国政治家]陶铸

不论你是一个男人还是一个女人，待人温和宽大才配得上人的名称。一个人真正的英勇果断，决不等于用拳头制止别人发言。

——[波斯诗人]萨迪

人之谤我也，与其能辩，不如能容；人之侮我也，与其能防，不如能化。

——[中国古代学者]金缨

一个人比另一个人高贵之处就在于他能承认对方的价值。

——[瑞士作家]史比德勒

要求旁人都合我们的脾气，那是很愚蠢的。

——[德国诗人]歌德

待人要谦和有礼

平易近人，人必归之。

——[中国古代诗人]白居易

接人要和中有介，处世要精中有果，认理要正中有通。

——[中国古代学者]金缨

和以处众，宽以待下，恕以待人，君子人也。

——[中国古代诗人]林逋

要和气对待弱者，要把欺凌弱者看做丢人的事，弱者的报复常常十分厉害，所以不要妄自尊大，不要以为威力就是一切。

——[俄国寓言作家]克雷洛夫

待人要谦和有礼，保持适度的距离，别人会对你有敬意。

——[中国作家]罗兰

涵养是待人第一法，恬淡是养心第一法。

——[中国作家]弘一法师

待人要掌握好分寸

凡应人接物，胸中要有分晓，外面须存浑厚。

——[中国古代诗人]申涵光

过度地严厉会造成恐惧，过分地温和会有失威严。不要严酷得使人憎恶，也不要温和得使人胆大妄为。

——[波斯诗人]萨迪

对人要和气，可是不要过分狎昵。相知有素的朋友，应该用钢圈箍在你的灵魂上，可是不要对每一个泛泛的新知滥施你的友情。留心避免和人家

吵架,可是万一争端已起,就应该让对方知道你不是可以轻侮的。

——[法国喜剧作家] 莫里哀

人好刚,我以柔胜之;人用术,我以诚感之;人使气,我以理正之。天下无难处之事矣。

——[中国古代医学家] 汪汲

己所不欲,勿施于人

人越是能够将心比心,他就越是真正的人。

——[印度诗人] 泰戈尔

待人接物要想到别人是重要的,也应该把别人当做重要的人来对待。

——[美国心理学家]马克斯威尔·马尔兹

你希望别人怎样对待你,你就应当怎样对待别人。

——[法国启蒙思想家] 卢梭

待人不公正比受到不公正的待遇更有失体面。

——[古希腊哲学家] 柏拉图

宁可让人待己不公,也不可自己非礼待人。

——[美国作家] 爱默生

己所不欲,勿施于人。

——[中国古代思想家] 孔子

善气迎人,亲如兄弟;恶气迎人,害于兵戈。

——[中国古代政治家] 管仲

对失意人莫谈得意事,处得意日莫忘失意时。

——[中国古代学者] 金缨

不可没有防人之心

待小人宜宽,防小人宜严。

——[中国古代学者] 金缨

遇沉沉不语之士,且莫输心;见悻悻自好之徒,应须防口。

——[中国古代学者] 洪应明

任难任之事,要有力而无气;处难处之人,要有知而无言。

——[中国古代学者] 吕坤

恩情　忘恩和背信是同一行列的首尾两端

感　恩

只有那些不是靠金钱买来的恩惠,才值得感谢。

——[古罗马诗人] 奥维德

忘恩是人类的天性,就像野草一样,而感恩却像一株玫瑰,必须施肥、浇水,给它营养、爱和保护。

——[美国教育家、作家] 卡耐基

把别人对你的诋毁记在尘土中;而把别人对你的恩惠刻在大理石上。

——[美国政治家、科学家] 富兰克林

只要心存感激,就是受恩再多也不算亏欠。

——[英国诗人] 弥尔顿

知恩图报

报恩之心比什么都高尚。

——[古罗马哲学家、悲剧作家] 塞涅卡

以德报德是恩惠所固有的特点。不但他们的恩惠要回报,并且自己也要开始施惠于人。

——[古希腊哲学家] 亚里士多德

如果我们遇到一个受过我们恩德尚未报答的人，我们马上就会想到他所欠下的债。可是当我们遇到一个我们受到他的恩德但尚未报答的人，我们却常常想不起我们所欠的债。

—— [德国诗人] 歌德

施恩不求报

人家帮我，永志不忘；我帮人家，莫记心头。

—— [中国数学家] 华罗庚

感恩是必须承担的义务，但任何人都没有权利期待它。

—— [法国启蒙思想家] 卢梭

处世而欲人感恩，便为敛怨之道；遇事而为人除害，即是导利之机。

—— [中国古代学者] 洪应明

施予人，但不要使对方有受施的感觉；帮助人，但给予对方最高的尊重。这是助人的艺术，也是仁爱的情操。

—— [中国作家] 刘墉

忘恩负义者是卑鄙的小人

忘恩和背信是同一行列的首尾两端。

—— [美国作家] 马克·吐温

忘恩负义能使人的良心霉烂，像光洁的石头上长出肮脏的苔藓。

—— [印度诗人] 普拉萨德

只知受惠，不知报恩的人是最低贱的。

—— [古罗马喜剧作家] 普劳图斯

卑鄙小人总是忘恩负义的：忘恩负义原本就是卑鄙的一部分。

—— [法国作家] 雨果

如果一个人身受大恩而后来又和恩人反目的话，他要顾全自己的体面，一定比不相干的陌路人更加恶毒，他要证实对方的罪过才能解释自己的无情无义。

—— [英国小说家] 萨克雷

谨德须谨于至微之事，施恩勿施于不报之人。

—— [中国古代学者] 洪应明

那些忘恩的人，落在困难之中，是不能得救的。

—— [古希腊寓言作家] 伊索

团结 弱者的团结、努力和协作是通向胜利的桥梁

团结就是力量

只有团结一致，才能把伟大的事业和战争引导到好结果，否则就不能。

—— [古希腊哲学家] 德谟克利特

团结就是力量。

—— [法国空想社会主义者] 圣西门

弱者的团结、努力和协作是通向胜利的桥梁。

—— [意大利画家] 达·芬奇

只要千百万劳动者团结得像一个人一样，跟随本阶级的优秀人物前进，胜利也就有了保证。

—— [苏联政治家] 列宁

万夫一力，天下无敌。

—— [中国古代政治家] 刘基

两个有力的人群常能借合作而比借竞争的方式更为繁荣。

——[英国哲学家] 罗素

工人阶级的团结就是工人胜利的首要前提。

——[德国思想家] 马克思

我们知道个人是微弱的，但是我们也知道整体就是力量。

——[德国思想家] 马克思

天时不如地利，地利不如人和。

——[中国古代思想家] 孟子

没有诚意实行平等或平等不充分，就不可能有持久而真诚的团结。

——[英国空想社会主义者] 欧文

军民团结如一人，试看天下谁能敌。

——[中国政治家、军事家] 毛泽东

团结一致，同心同德，任何强大的敌人，任何困难的环境，都会向我们投降。

——[中国政治家、军事家] 毛泽东

人类终将发现，团结一致更容易满足人类自身的需要，更容易避开包围他们的危险。

——[荷兰哲学家] 斯宾诺沙

上下同欲者胜。

——[中国古代军事家] 孙武

团结、谦虚是人类应有的美德，也是我们国家悠久的传统。

——[中国政治家] 谢觉哉

唯有具备强烈的合作精神的人，才能生存，并创造文明。

——[印度诗人] 泰戈尔

若不团结，任何力量都是弱小的。

——[法国寓言诗人] 拉封丹

一个人如果单靠自己，如果置身于集体的关系之外，置身于任何团结民众的伟大思想范围之外，就会变成怠惰的、保守的、与生活发展相敌对的人。

——[苏联作家] 高尔基

团结的前提与条件

善是促进团结之动力，恶乃制造分裂之祸害。

——[英国博物学家] 赫胥黎

为了进行斗争，我们必须把我们的一切力量拧成一股绳，并使这些力量集中在同一个攻击点上。

——[德国思想家] 恩格斯

为了达到伟大的目标和团结，为此所必需的千百万大军应当时刻牢记主要的东西，不因那些无谓的吹毛求疵而迷失方向。

——[德国思想家] 恩格斯

不但要团结和自己意见相同的人，而且要善于团结那些和自己意见不同的人，还要善于团结那些反对自己并且已被实践证明是犯了错误的人。

——[中国政治家、军事家] 毛泽东

凡是经过考验的朋友，就应该把他们紧紧地团结在你的周围。

——[英国诗人、戏剧家] 莎士比亚

共同的危险会联合起甚至最不共戴天的仇敌。

——[古希腊哲学家] 亚里士多德

团结并不排斥相互间的批评，没有这种批评就不可能达到团结。没有批评就不能互相了解，因而也就谈不到团结。

——[德国思想家] 恩格斯

劝告　　良药苦口利于病,忠言逆耳利于行

善意的劝告是珍贵的，及时的劝告可比金子还要珍贵。

——[瑞典作家] 拉格洛芙

见人做不义事,须劝止之;知而不劝,劝而不力,使人过遂成,亦我之咎也。

——[中国古代诗人] 申涵光

良药苦口利于病,忠言逆耳利于行。

——[中国古代思想家] 孔子

最能保人心神之健康的预防药就是朋友的忠言和规谏。

——[英国哲学家] 培根

求教受劝,向善进德。

——[中国古代学者] 王永彬

规劝大多数人，没有比描画他们的过失更为见效的了，恶习变成人人的笑柄,对恶习就是重大的致命打击。

——[法国喜剧作家] 莫里哀

给人忠告,贵在心诚。

——[古罗马政治家、雄辩家] 西塞罗

老人的忠告虽然发光，却不会使人温暖,正如冬天的太阳。

——[法国社会学家] 沃韦纳格

提建议往往是一件蠢事，然而提建设性的意见却是绝对必要的。

——[英国作家] 王尔德

如果一个人总是热衷于劝告别人，

这正说明,他自己也需要别人来劝告。

——[英国政论家] 哈利法克斯

对于聪明人来说,劝告是多余的;对于愚昧的人来说,劝告是不够的。

——[古罗马哲学家、悲剧作家] 塞涅卡

说服他人的基本原则是：先解除对方的戒心,然后发动攻势。

——[美国政治家] 里根

劝说比强迫更为有效。

——[古希腊寓言作家] 伊索

真正的友谊既能容忍朋友提出的劝告，又能使自己接受劝告。

——[古罗马政治家、雄辩家] 西塞罗

与给人忠告相比，自己充分利用所得到的忠言需更多的智慧。

——[英国学者] 柯林斯

接受忠告，就是增进一个人自己的能力。

——[德国诗人] 歌德

只有少数明智的人才愿听逆耳的忠言，而不愿听那些言不由衷的赞扬。

——[法国作家] 拉罗什富科

忠言必须照单全收，事后才慎加选择——切莫当面拒绝，更不能当场许下诺言。

——[日本学者] 佐滕一斋

拒绝　　当我们不敢拒绝的时候就拖延,这是智慧的妙用

拒绝，就是谢绝某种求之唯恐不得的东西。

——[美国作家] 安·比尔斯

拒绝别人一定要委婉，因为没有

人喜欢被拒绝；被别人拒绝一定要大度，因为拒绝你的人总有他的理由。

——[中国诗人] 汪国真

朋友间当遵守以下法则：不要求别人寡廉鲜耻的行为，若被要求时则应当拒绝之。

——[古罗马政治家、雄辩家] 西塞罗

默默地拒绝就是已经同意了一半。

——[古罗马诗人] 奥维德

如果你拒绝接受某物，你就会经常得到它。

——[俄国作家] 彼德

什么都不拒绝的人很快就变得没有什么可以拒绝了。

——[古罗马诗人] 马休尔

当我们不敢拒绝的时候就拖延，这是智慧的妙用。

——[英国作家] 司各特

我能拒绝一切东西——除了诱惑以外。

——[英国作家] 王尔德

人总是对被禁止的事跃跃欲试，对被拒绝给予的东西梦寐以求。

——[古罗马诗人] 奥维德

位居我们之上的人们，只要露出一丝拒绝或冷淡的神色，就会招致我们的仇恨；但只需一声问候或一个微笑，又会立刻化解我们心头的冰霜。

——[法国作家] 拉布吕耶尔

谁战战兢兢地提出请求，谁就一定遭到拒绝。

——[古罗马哲学家、悲剧作家] 塞涅卡

谦和的态度，常会使别人难以拒绝你的要求。这也是一个人无往不利的要诀。

——[日本电子之父] 松下幸之助

欺骗 一个人很容易被他喜爱的事物所欺骗

受骗与防骗

人人都骗人，也都在受骗，但没有一个人能骗过所有的人，也从未有所有的人都在骗一个人。

——[古罗马散文家] 小普林尼

被同一个人欺骗了两次的人，便是那个欺骗者的帮凶。

——[英国作家] 托马斯·富勒

一个人很容易被他喜爱的事物所欺骗。

——[法国喜剧作家] 莫里哀

一个精明人要想不受欺骗，有时只需不精明就够了。

——[法国作家] 拉罗什富科

假装的单纯是一种巧妙的欺骗。

——[法国作家] 拉罗什富科

傻瓜旁边必有骗子。

——[法国作家] 巴尔扎克

掮客总是欺骗一方，掠夺另一方，这是众所周知的。

——[英国作家] 迪斯累里

知道自己将被欺骗的人并没有受骗。

——[德国思想家] 马克思

当人们乐意上当的时候，就没有必要对骗子吹毛求疵了。

——[英国哲学家] 洛克

欺骗与自我欺骗

你可以暂时蒙骗所有的人，也可以永久地蒙骗一部分人，但是，你不能永久地蒙骗所有的人。

—— [美国政治家] 林肯

当我们开始行骗的时候，我们就在编织着一张自缚的罗网。

—— [英国作家] 司各特

一个人决不可能被任何人欺骗，除了被他自己所欺骗。

—— [美国作家] 爱默生

骗你次数最多的人除了你自己还能有谁？

——[美国政治家、科学家] 富兰克林

当一个人连自己也欺骗不了的时候，要骗得了人家是很困难的。

—— [美国作家] 马克·吐温

比受人欺骗更为可恶的是看到自己被自己欺骗。

—— [法国作家] 拉罗什富科

认为自己比别人聪明是对自己最大的欺骗。

—— [法国作家] 拉罗什富科

"老实"就是不自欺欺人，做到不欺骗人家容易，不欺骗自己最难。

—— [中国教育家] 徐特立

你所说的一切，都应符合你的思想，否则就是恶意欺骗。

—— [法国作家] 蒙田

人人都担心自己受骗上当。如果有一天他们反过来担心自己欺骗别人时，社会就达到了完美的程度。

—— [美国作家] 爱默生

争吵

真正的雄辩在于说所有应当说的，且只说应当说的

争辩或讨论的目标不应该是胜利，而应该是进步。

—— [法国伦理学家] 儒贝尔

一张嘴吵不起来。

—— [英国哲学家] 赫伯特

最激烈的争论总是发生在论战双方都拿不出使人信服的根据的时候。

—— [英国哲学家] 罗素

每一次争论的背后，都存在着某个人的无知。

—— [美国法学家] 布兰代斯

表现于人的声调、眼睛和神态中的雄辩决不亚于表现于语言修辞方面的雄辩。

—— [法国作家] 拉罗什富科

真正的雄辩在于说所有应当说的，且只说应当说的。

—— [法国作家] 拉罗什富科

对争论对手客气等于给了他不该有的优势。

—— [英国作家] 塞缪尔·约翰生

与人辩论，不要达到顶点和争吵的地步，纵使你认为或觉得自己是正确的；但发表意见总得谦逊一点，冷静一点。

—— [英国作家] 切斯特菲尔德

争论是思想的最好触媒。

——[苏联生理学家] 巴甫洛夫

争吵是一种两个人玩的游戏。然而它是一种奇怪的游戏，没有任何一

方曾经赢过。

——[美国政治家、科学家]富兰克林

一场争论可能是两个心灵之间的捷径。

——[黎巴嫩作家]纪伯伦

坏的和睦不如好的争吵。

——[苏联作家]高尔基

稍微吵上那么一架，存乎于两颗相爱的心里的隔阂反而荡然无存。

——[英国诗人]莫尔

一方离开，争吵即可平息，没有双方，也就无所谓争斗。

——[古罗马哲学家、悲剧作家]塞涅卡

解决争辩的最好办法，常常是避免争辩。

——[美国教育家、作家]卡耐基

吵架，先是以理由为对象，后来就以人为对象。

——[法国作家]蒙田

争辩开始于嘲讽，继之以征服对方的欲望，最后直至虚荣变成愤怒，对立变成敌意。

——[英国作家]塞缪尔·约翰生

与旗鼓相当的对手论辩，胜败难测；与强者论辩，实属狂妄；与弱者论辩，有失身份。

——[古罗马哲学家、悲剧作家]塞涅卡

在争论中，争议和真理也不一定永远能得到公平的裁判，黑了良心的人要招揽一些同样黑了良心的恶棍来做您的反面证人。

——[英国诗人、戏剧家]莎士比亚

人情世故

世事洞明皆学问，人情练达即文章

看透世态炎凉

世态有炎凉，而我无嗔喜；世味有浓淡，而我无欣厌。

——[中国古代学者]洪应明

世情看冷暖，人面逐高低。

——[中国古代文学家]施耐庵

秋来纨扇合收藏，何事佳人重感伤。请把世情详细看，大都谁不逐炎凉？

——[中国古代画家]唐寅

人情冷暖正如花开花谢，不如将这种现象想成一场必然的季节。

——[中国作家]三毛

行路难，不在水，不在山，只在人情反复间。

——[中国古代诗人]白居易

浮云世态纷纷变，秋草人情日日疏。

——[中国古代文学家]关汉卿

人情验自休官后。

——[中国古代诗人]袁枚

当我们从富翁沦为穷光蛋时，困境会告诉我们谁是知己，谁是势利小人。

——[英国诗人]德莱顿

在你有权有名望的时候，卑鄙的人是不敢抬起嫉妒的眼睛看你一眼的；然而，到了你一落千丈的时候，显示最大毒辣的就是他们。

——[俄国寓言作家]克雷洛夫

由于痛苦而产生的不通人情的态度是合乎人情的,过分地合乎人情!

—— [法国作家] 罗曼·罗兰

学会人情练达

人而无情,何以谓之人?

—— [中国古代思想家] 庄子

世事洞明皆学问,人情练达即文章。

—— [中国古代文学家] 曹雪芹

凡治天下必因人情。

—— [中国古代思想家] 韩非子

人情人情,在人情愿。

—— [中国古代文学家] 施耐庵

见识见识世面,见识见识各种各样的人士——不管是谁, 也不管他说些什么,总不啻是一部活的教科书,一门不无重要的学问。

—— [俄国作家] 果戈理

要打动别人的心,自己的行为就必须合乎人情。

—— [法国启蒙思想家] 卢梭

要人们去抗拒人之常情是非常困难的。

—— [古罗马史学家] 普鲁塔克

此心常看得圆满, 天下自无缺陷之世界;此心常放得宽平,天下自无险测之人情。

—— [中国古代学者] 洪应明

11
爱情与家庭

爱情不是花荫下的甜言，不是桃花源
中的蜜语，不是轻绵的眼泪，更不是死硬
的强迫,爱情是建立在共同语言的基础上的。

—— [英国诗人、戏剧家] 莎士比亚

爱

选择你所喜爱的,爱你所选择的

爱的甜蜜

爱使人软弱,只有被爱才使人幸福。
——[美国哲学家、心理学家]弗洛姆

能使你所爱的人快乐,这是世间最大的幸福。错过这样的幸福是荒唐的。
——[法国作家]罗曼·罗兰

生活如睡眠,爱情如梦,倘若你爱过了,你就已经活过一遭了。
——[法国诗人]缪塞

爱情本身便是琼浆玉液。
——[印度诗人]泰戈尔

恋爱真如酒,一触口唇就沉醉。
——[中国作家]孙福熙

因为我爱你,所以我也爱你的缺点,爱你的过失,爱你的错误,爱你的谎言,爱你的丑陋,爱你的潦倒,爱你的粗俗,爱你的出尔反尔,爱你的外形。
——[意大利记者]法拉奇

一个教育家的全部箴言也赶不上你所爱恋的一个聪明女人的情意缠绵的话语。
——[法国启蒙思想家]卢梭

爱的对象

爱情对象的选择是对熟悉的众多异性中某一个人的具体偏爱,是对这个人的价值理想化。
——[保加利亚作家]瓦西列夫

选择你所喜爱的,爱你所选择的。
——[俄国作家]列夫·托尔斯泰

有些人爱的是与自己相似的人,并且去寻求这种人;还有些人爱的是与自己相反的人,并且步其后尘。
——[德国诗人]歌德

我们爱慕一个女子是爱她现在的样子,我们爱慕一个青年男子,是着眼于他未来的前途。
——[德国诗人]歌德

只有女人把男人看得比实际更好的时候,她才会爱上他。
——[美国小说家]赫尔

宁可不为任何一个人所爱,也不愿被一个人半心半意地爱。
——[法国启蒙思想家]卢梭

爱的狂热

恋爱是对异性美所产生出来的一种心理上的燃烧的感情。
——[英国作家]萧伯纳

就是神,在爱情中也难保持聪明。
——[英国哲学家]培根

爱情可以把野蛮变成温顺,把理智变成疯狂,把谨慎变成轻率。
——[意大利画家]达·芬奇

我宁肯为我所爱的人的幸福而千百次地牺牲自己的幸福。
——[法国启蒙思想家]卢梭

爱是人们心里的火头,它是无尽期、无止境的,任何东西所不能局限、任何东西所不能熄灭的。人们感到它——一直燃烧到骨髓,一直照耀到天际。
——[法国作家]雨果

爱情是一种临时性的精神病,可用

婚姻治愈,使患者远离病源也同样有效。

　　——[美国作家]安·比尔斯

爱情是心中的暴君。它使理智不清,判断不明;它不听劝告,径直朝痴狂的方向奔去。

　　——[美国企业家]福特

爱的秘诀

有没有保持爱情的艺术呢? 最大的秘密就是要保持自然。

　　——[法国作家]莫洛亚

爱情的聪慧在于要使双方永远保持新奇感。

　　——[法国作家]莫洛亚

在爱情中施以很少的爱,是保证被爱的一个手段。

　　——[法国作家]拉罗什富科

人在相爱的时候,最美妙的是缄默的时刻。在这个当口,你好像在把爱情堆积起来,然后爆发成甜蜜的碎片。

　　——[法国作家]雨果

如果你想叫女人爱你,你就永远也不要对她们发脾气,或者搭那么大的架子。

　　——[俄国作家]契诃夫

爱情和战争一样,相互间运用计谋和策略是容许的。

　　——[西班牙小说家]塞万提斯

爱与幻想

爱情是一种幻想;为了追求人的完美性,它还是一种必不可少的幻想。

　　——[美国心理学家]莱克

爱情离开了幻想,好像人没有食粮一样。爱情需要热情的培养,不管是生理上的爱情也好,精神上的爱情也好。

　　——[法国作家]雨果

幻想中的爱情比现实中所体验的要美得多。

　　——[苏联作家]巴乌斯托夫斯基

只有在想象中,爱情才能永世不灭,才能永远环绕着夺目的诗的光轮。

　　——[苏联作家]巴乌斯托夫斯基

爱的烦恼

痛苦和爱情是一对在同一个灿烂而多阵雨的早晨出世的孪生姐妹。

　　——[英国哲学家]洛克

爱得愈深,苛求得愈切,所以爱人之间不可能没有意气的争执。

　　——[英国作家]劳伦斯

爱情有温柔,也有狂暴。

　　——[法国喜剧作家]莫里哀

恨并不是爱的对立面,冷漠才是爱的对立面。

　　——[美国心理学家]罗洛·梅科

爱着某个不再爱你的人是极其困难的,但比这更糟糕的是你不再爱的人却依然爱着你。

　　——[俄国作家]库普林

爱情 没有一场深刻的恋爱,人生等于虚度

爱情与人生

爱情是生命的火花,友谊的升华,心灵的吻合。如果说人类的感情能区分等级,那爱情该是属于最高的

一级。

——[英国诗人、戏剧家]莎士比亚

在玫瑰花的充裕的光阴里，爱情是酒；在花瓣凋谢的时候，爱情是饥饿时刻的粮食。

——[印度诗人]泰戈尔

爱情，是一根魔杖，能把最无聊的生活点化成黄金。

——[英国作家]劳伦斯

爱情是我们心中一种无限的情感和外界一种有形的美好理想的结合。

——[法国作家]巴尔扎克

没有一场深刻的恋爱，人生等于虚度。

——[法国作家]罗曼·罗兰

没有太阳，花就不能开放；没有爱情，就没有幸福；没有女性，就没有爱情；没有母亲，就没有诗人和英雄。

——[苏联作家]高尔基

爱情，是一种信仰，它贮存在人最珍贵、最真诚的地方——贮存在心里，它和生命同在，和灵魂同在……

——[中国作家]霍达

这个世界，什么都会老，只有爱情，却永远年轻；这个世界，充满了诡异，只有爱情，却永远天真。

——[中国诗人]艾青

爱情是一位伟大的导师，教会我们重新做人。

——[法国喜剧作家]莫里哀

世界上最美好的莫过于爱情的欢乐。

——[意大利作家]薄伽丘

恋爱是生命的开始，也是生命的终结。

——[英国诗人]司各特

哪个青年男子不善钟情，哪个青年女子不善怀春，这是人性中的至洁

至纯……

——[德国诗人]歌德

真正的爱情

真正的爱是稀世珍品，财富买不到，权势也占不了。

——[德国作家]托马斯·曼

真正的爱情始终使人向上。

——[法国作家]小仲马

真正的爱就要把疯狂的或是近于淫荡的东西赶得远远的。

——[古希腊哲学家]柏拉图

两颗动了爱情的心是息息相关的，越是受到外来的约束，心灵的交流越是来得热烈而甜蜜。

——[法国作家]罗曼·罗兰

纯洁的爱情使青年人健康成长；轻浮的爱情、消愁解闷的爱情使他们堕落。

——[苏联教育家]苏霍姆林斯基

只有经得起别离的痛苦才能是真正的爱情。

——[俄国作家]列夫·托尔斯泰

唯有精神上的结合才是最理想的爱情形态。

——[韩国政治家]金大中

真正爱的人没有什么爱得多爱得少的，他把自己整个儿都给他所爱的人。

——[法国作家]罗曼·罗兰

我愿意是树，如果你是树上的花；我愿意是花，如果你是露水；我愿意是露水，如果你是阳光。

——[匈牙利诗人]裴多菲

真正的爱情是双方互相"无条件投降"。

——[法国作家]福楼拜

爱情使人心的憧憬升华到至善之境。

——[意大利诗人] 但丁

爱情的特征

关于爱,我们可以说:越纯洁,越含蓄。

——[英国诗人] 哈代

爱的表现是无保留地奉献,而其本质却无偿地索取。

——[日本小说家] 有岛武郎

爱情的视觉不是眼睛,而是心灵。

——[美国政治家、科学家] 富兰克林

爱情是人类所有感情中最复杂微妙而强烈的一种。

——[英国戏剧家] 巴伦

爱是一朵非常容易凋谢的花。它必须受保护,它必须受强化,它必须被浇灌。唯有如此它才能变得强健。

——[印度作家] 奥修

爱情与尊严不能共存。

——[古罗马诗人] 奥维德

什么是爱?爱就是无限的宽容,些许之事也能带来的喜悦。爱就是无意识的善意,自我的彻底忘却。

——[法国作家] 萨尔丹

爱情犹如洞庭湖里的水波,你要不控制,它会淹没你跟你的一切,你的志向、事业、精力甚至生命。

——[中国作家] 周立波

爱情就像在银行里存了一笔钱,能欣赏对方的优点,这是补充收入;容忍缺点,这是节约支出。

——[中国作家] 三毛

爱情由两颗寂寞的心组成,它们相互维护,相互安抚,相互致意。

——[奥地利诗人] 里尔克

爱情并非好客的、敞开的;爱情是怀疑的、排他的、不安的而且嫉妒的。

——[法国作家] 莫洛亚

爱情的基础

面貌的美丽当然也是爱情的一个因素,但心灵与思想的美丽才是崇高爱情的牢固基础。

——[俄国作家] 契诃夫

真正的爱情必定是在倾慕对方外表和心灵的基础上建立起来的,缺乏内涵的外表美是容易凋谢的花朵。

——[法国作家] 莫洛亚

爱情是相互了解的别名。男女双方只有相互真正了解对方的思想、习惯、性格、情操,才更能建立真正的爱情。

——[美籍德国人、物理学家] 爱因斯坦

爱情不是花荫下的甜言,不是桃花源中的蜜语,不是轻绵的眼泪,更不是死硬的强迫,爱情是建立在共同语言的基础上的。

——[英国诗人、戏剧家] 莎士比亚

对爱情来说,严峻的生活考验以及对初恋的生动回忆,都是同样不可缺少的。前者把人联系在一起,后者令人永葆青春。

——[苏联作家] 法捷耶夫

爱是奉献

爱是需要彼此牺牲的,单方面的牺牲,只能造成单方面的爱。

——[法国作家] 罗曼·罗兰

我的慷慨像海一样浩渺,我的爱情也像海一样深沉;我给你的越多,我自己也越是富有,因为这两者都是没有穷尽的。

——[英国诗人、戏剧家] 莎士比亚

爱情是舍身为人,不是抢夺。

——[波兰作家] 显克微支

要记住，爱情意味着对你爱侣的命运承担责任。

——［苏联教育家］苏霍姆林斯基

爱情是一种积极的，而不是消极的情绪。一般来说可以用另一种说法来表达，即爱情首先是给而不是得。

——［美国哲学家、心理学家］弗洛姆

爱情的力量

闪电照耀一瞬间，而爱情却照耀一生。

——［苏联教育家］苏霍姆林斯基

只有爱能够创造真正生命的坚实东西。

——［俄国哲学家、作家］赫尔岑

伟大的爱情能使最平庸的人变得敏锐、勇于献身、充满信心。

——［法国文学家］莫洛亚

爱可以战胜死亡和对死的恐惧。只有爱才能使生命维持和延续下去。

——［俄国作家］屠格涅夫

爱叫懦夫变得大胆，却叫勇士变成懦夫。

——［英国诗人、戏剧家］莎士比亚

真正的爱情能够鼓舞人，唤醒他内心沉睡着的力量和潜藏着的才能。

——［意大利作家］薄伽丘

对于爱的人来说，高山也会变成平地。

——［苏联作家］高尔基

爱情的发展

爱情是不按逻辑发展的，所以必须时时注意它的变化。爱更不是永恒的，所以必须不断地追求。

——［中国作家］柏杨

爱情，以两颗成熟的心灵的交流为起点。

——［中国作家］余秋雨

一见钟情是唯一真正的爱情，稍有犹豫就不是真爱了。

——［英国小说家］赞格威尔

时间会慢慢地让您了解，一个外表很冷漠又很怕羞的人，他的一颗心却充满了对您的爱。

——［法国化学家］巴斯德

男女之间的爱情总有一个时候达到顶点，到了那个时候，这种爱情就没有什么自觉的、理性的成分，也没有什么肉欲的成分了。

——［俄国作家］列夫·托尔斯泰

友谊可能、而且常常发展成爱情，但爱情却永远不会下降为友谊。

——［英国诗人］拜伦

爱情与离别

爱情是这样看待时间的：一小时等于一月，一天等于一年；每个小小的离别是多么漫长的岁月。

——［英国诗人］德莱顿

贫病知朋友，离乱识爱情。

——［德国作家］席勒

心灵得到撞击之后，双方的暂时分离往往会成为孕育爱情的良好温床。

——［法国作家］莫洛亚

离别对爱情，就像风对火一样：它熄灭了火星，但却能煽动狂焰。

——［苏联作家］阿巴巴耶娃

蓓蕾一般默默地等待，夕阳一般遥遥地注目，也许藏有一个重洋，但流出来，只是两颗泪珠。

——［中国作家］舒婷

爱情与理智

爱情没有节制，不能给人以荣誉和价值。

——[古希腊悲剧家] 欧里庇得斯

热情之中应当有冷静，冷静之中应当有热情。两者相统一，才能巩固美好的爱情。

——[日本社会活动家] 池田大作

我们虽然逃不过恋爱的烦恼，但却可以事先预防，免于沦为恋爱的玩偶。

——[法国作家] 罗曼·罗兰

青年男女的恋爱，事先应要求严谨，事后应相互宽忍。

——[法国作家] 福楼拜

爱情的迷失

满足一切愿望是爱情的最危险的试探。

——[俄国作家] 卡拉姆辛

在爱情里，人们可以原谅严重的不谨慎，但不能饶恕那些不忠实。

——[法国作家] 福楼拜

爱情里面要是掺杂了和它本身无关的算计，那就不是真的爱情。

——[英国诗人、戏剧家] 莎士比亚

建立在美貌基础上的爱情，会和美貌一样很快消失。

——[英国诗人] 多恩

爱情的萌生决不是错误，错误在于选错对象和滥施爱情。

——[俄国诗人] 拉吉舍夫

为了爱情而想毁掉生活的意义是不明智的。应该懂得一旦大树倒下，爱情也就失去了其攀缘物。这样，两个人会在爱中毁掉对方。

——[法国作家] 罗曼·罗兰

爱人

真正的爱人心里一定全部装着他心里爱的那个人

一个真正的爱人，不可能有冷漠、厌恶、怀疑、薄情以及一半是火一半是烟的心情。

——[英国作家] 狄更斯

真正的爱人心里一定全部装着他心里爱的那个人。

——[英国作家] 狄更斯

爱人的心灵不会摒弃美丽的意中人。他敬她在一切人之上。

——[古希腊哲学家] 柏拉图

我宁肯为我所爱的人的幸福而千百次地牺牲自己的幸福，我看她的名誉比我的生命还要宝贵，即使我可以享受一切快乐，也绝不肯破坏她片刻的安宁。

——[法国启蒙思想家] 卢梭

爱人的手掌拂过心灵，往往也可能造成痛苦，于是心灵便自行开裂，爱的花朵也逐渐枯萎。

——[法国社会学家] 普吕多姆

唉，假使我是供我爱人头上用的卷发纸，我要对着她的耳朵轻轻地诉说我的心事。假使我是供我爱人刺着绣针的小枕，即使她狠狠地刺我，我将感觉刺得开心。假使我是供我爱人双足休息的踏凳，即使她狠狠地踩我，我也没什么怨恨。

——[德国诗人]海涅

你只要有一件事对你所爱的人保守秘密，你不久就会无所顾忌地把什么事物都对他保守秘密。

——[法国启蒙思想家]卢梭

情人眼里出西施。

——[中国古代文学家]曹雪芹

情人们懂得在脉脉含情的目光中传递的千言万语。

——[法国作家]大仲马

情人发誓要做的事情，总是超过他们的能力。

——[英国诗人、戏剧家]莎士比亚

情人就是这样的，心一入迷，转走极端，连意中人的缺点也爱。

——[法国喜剧作家]莫里哀

与情人的小冲突，常常要靠温存、沉默和忍耐来解决，而说理往往无济于事。

——[法国作家]莫洛亚

永远不能复合的，往往不是那些在盛怒之下分开的情人，而是那些在友情的基础上分开的情人。

——[英国诗人]哈代

聪明的恋人，爱得多，说得少。

——[英国诗人]丁尼生

恋人们只有在他们如痴如醉的狂潮恢复平静之时才能看到对方的缺点。

——[法国作家]拉罗什富科

恋人的争吵是爱情的更新。

——[古罗马喜剧作家]泰伦提乌斯

只有经过了一番失败、痛苦，离散了的恋人才在生活密林的小路上徘徊，开始认真思考爱情的意义。

——[中国作家]柯蓝

求爱　　人们向别人求爱为的是摆脱自身的痛苦

求爱之于结婚，犹如俏皮的开场白之于一部沉闷的戏剧。

——[英国戏剧家]康格里夫

人在求爱的时候，甚至欢迎恶鬼。

——[德国诗人]歌德

我一生中最辉煌的成就，是我竟能说服我的妻子嫁给我。

——[英国政治家]丘吉尔

人们向别人求爱为的是摆脱自身的痛苦。

——[法国文学家]塞利纳

一个人抚慰妇女到什么程度，他

就以同样的程度屈服于她。一个人说求爱的话到什么程度，他也就以同样的程度从属于她。

——[印度诗人]蚁垤

开始求婚的时候，正像苏格兰急舞一样狂热，迅速而充满幻想；到了结婚的时候，循规蹈矩的，正像慢步舞一样，拘泥着仪式和虚文；于是接着来了后悔，拖着疲乏的脚步，开始跳起五步舞来。

——[英国诗人、戏剧家]莎士比亚

女性必须静静等待，静静地等待

着求婚者,蜘蛛就是这样等待苍蝇的。

　　——[英国作家] 萧伯纳

　　求婚——这是某个男人献给某个女人的东西。这个女人索要的东西很多,给予的却很少,等这个男人意识到

这一点,已经晚了。

　　——[俄裔美籍诗人] 布罗茨基

　　一个可爱的女人说你像她的未婚夫,等于表示假设她没有订婚,你有资格得到她的爱。

　　——[中国学者] 钱钟书

情书

情书要动人心弦,应该在欲语无从的心情下提笔,在不知所云的心情下结束

　　啊,青年时代的情书,真挚的爱情的激荡!

　　——[法国作家] 雨果

　　人的心灵活动,最坦率、最无拘束、最秘而不宣的成果要算是情书了。

　　——[美国作家] 马克·吐温

　　情书是爱泻落的一片小光芒,它能把所有灰暗的日子照亮,把生命的某个季节点燃,把心与心之间的距离悄然消灭。

　　——[中国作家] 陆健

　　一封信代表一颗灵魂,等于口语的忠实的回声,所以敏感的人把信当做爱情的至宝。

　　——[法国作家] 巴尔扎克

　　爱情使人变傻:情话是一堆傻话,情书是傻话连篇,情人则是一个个小傻瓜。

　　——[中国学者] 何怀宏

　　一生之中,相信每个人均曾经历过等待和盼望情书来到的焦渴心情。一纸情笺,如获至宝,读之再三,不忍释手。

　　——[旅美台湾作家] 曹又方

　　热恋中的男女在读情书时,是彻头彻尾地读,他们有三种方式读信:读字里行间,读意在言外,甚至连标点符

号也读。

　　——[奥地利心理学家] 阿德勒

　　你可以写信到那里去,我的女王,我将用我的眼睛喝下你所写的每一个字,即使那墨水是用最苦的胆汁做成的。

　　——[英国诗人、戏剧家] 莎士比亚

　　纸上求爱,这也许是有趣的求爱方式,因为这是最能持久的。

　　——[英国作家] 萧伯纳

　　她读了你的信而不愿回答你,那是她的自由。你只要使她继续读你的情书就是追求啊,不久你就会如愿以偿了。

　　——[古罗马诗人] 奥维德

　　情书要动人心弦,应该在欲语无从的心情下提笔,在不知所云的心情下结束。

　　——[法国启蒙思想家] 卢梭

　　写情书是人的一种高尚的精神生活,否则,谈不上一个人真正的成熟。

　　——[保加利亚作家] 瓦西列夫

　　写得好的情书,不仅是一封好信,而且是一首好诗。

　　——[中国作家] 钱歌川

　　一个男人的情书,要照他所喜爱流露出来的热情写;写得愈热情,对方也就愈喜欢读。一个女人的情书,却

要永远充满美妙的暗示——暗示其爱人之可爱；不要只顾诉说自己的爱意，要巧妙地期望更多的爱情来临。

——［英国作家］萧伯纳

长期的夸张的言辞唯有在关于恋爱的言语中是合适的。

——［英国哲学家］培根

初恋　毫无经验的初恋是迷人的，但经受得起考验的爱情是无价的

初恋是毕生难忘的。

——［苏联作家］高尔基

人们之所以对初恋感到神秘，是因为不知道爱情迟早要终止。

——［英国作家］迪斯累里

初恋是青春的第一朵花，不能随便掷弃。

——［中国作家］老舍

初恋是唯一的恋爱：因为在第二次恋爱中和经过第二次恋爱，恋爱的最高意义已经失掉了。

——［德国诗人］歌德

啊，世界上没有一样东西及得上初恋——爱情初展的柔翼，那么神圣。

——［美国诗人］朗费罗

毫无经验的初恋是迷人的，但经受得起考验的爱情是无价的。

——［俄国作家］马尔林斯基

初恋是最美好的恋情，你风华正茂，她妩媚妖娆，整个世界都是你们的。

——［英国作家］毛姆

初恋总是很羞怯的。

——［英国诗人］拜伦

初恋是雾，你是雾中的玫瑰，隔着轻纱看你，你叫我心醉。

——［中国作家］罗兰

幸好初恋的狂热不会发生第二次，那确实是种狂热；另外，不管诗人怎么描写，初恋同时又是一种负担。

——［英国作家］达夫妮

初期的恋情只需要极少的养料！只须彼此见到，走过的时候轻轻碰一下，心中就会涌出一股幻想的力量，创造出她的爱情。一点儿极无聊的小事就能使人销魂荡魄。

——［法国作家］罗曼·罗兰

人真正由心底深处发出感情来恋爱的只有一次，那就是初恋。初恋以后的各次恋爱，都不若初恋那般全心全意，毫无意识地投入感情。

——［日本心理学家］白石浩一

初恋时，女人爱的是人，而这以后，她们爱的只是情。

——［法国作家］拉罗什富科

初恋，在现实中虽然没有结果，但在回忆中它却是朵永远不凋的花朵，就如一幅画，以适当的距离鉴赏的话，它的色彩即使是淡淡的，也会觉得是最好的。

——［日本心理学家］白石浩一

初恋的悲剧在于我们对它的结束浑然不觉。

——［英国作家］迪斯累里

初萌的爱情看到的仅是生命，持续的爱情看到的是永恒。

——［法国作家］雨果

热恋

热恋中的男女总是透过相互理想化和精神装饰化的棱镜看待对方

在一切具有人之本能的青年人之间，其热恋暴发之速度往往出乎人之意料。

——[德国小说家]伯尔

一个热恋的人，本能地会在他天然的优点之上增加许多后天的魅力。

——[法国作家]莫洛亚

当人们在热恋时，是难以发现对方缺点的，就是发现了也会原谅的。

——[苏联作家]阿扎耶夫

热恋时的好处是：它既不知其始，也不知其终；它只知道高兴和喜悦，而不知可能的灾难。

——[德国诗人]歌德

凡是在热恋中的女人总会给爱情照眩了眼睛，对生活也变得一窍不通。

——[俄国作家]契诃夫

在热恋中的每一刻时光，他们都看到彼此的本来面目，赤裸裸地全无遮掩，甚至连同心灵的弱点和卑劣的行为。

——[法国作家]罗曼·罗兰

热恋中的男女总是透过相互理想化和精神装饰化的棱镜看待对方。他们看到或者觉得，他们的对方一切都好，都美，甚至可说是神圣的。

——[保加利亚作家]瓦西列夫

热恋中的人要彼此敞开心扉，如通常所说，互表衷肠，吐露自己的全部思想。在这方面的隐讳，不坦率行为，是自私的一种表现。

——[苏联教育家]苏霍姆林斯基

假如我俩从未那么热恋，假如我俩从未那么痴心相爱，从未相逢，也从未分离，我们也就绝不会如此肝肠寸断！

——[美国作家]彭斯

如果一个热恋着的青年同心爱的姑娘坐在一起，他会感到一个小时就像一分钟那么短，然而如果这个青年在灼热的炉台上坐上一分钟，他就会感到这一分钟长得没有止境。

——[保加利亚作家]瓦西列夫

失恋

人只有通过一次真正失恋的痛苦和折磨，才会开始成熟起来

我们从未像在恋爱中那样易受伤害；也从未像失去恋爱对象或她的爱那样变得难以治愈的伤感。

——[奥地利精神分析学家]弗洛伊德

失恋者除了自己的不幸，不愿想别的事情。

——[法国作家]阿兰

失恋的人在感情上总是荒谬和滑稽的。

——[英国作家]王尔德

心爱的人，既是痛苦的渊源，又是缓解痛苦、加深痛苦的药剂。

——[法国作家]普鲁斯特

失恋是一剂奇妙的蒙药。越是失

238

望,越是激情难抑,幻想联翩。

　　——[中国作家]关鸿

遭到拒绝的人,长得丑陋的人,不幸的人,单相思的人,胆怯的男女,唯有他们才了解自己所爱的人声音里包含的奇异的珍宝。

　　——[法国作家]巴尔扎克

既然失恋,就必须死心,断线而去的风筝是不可能追回来的。

　　——[法国作家]巴尔扎克

当失恋之后,仍愿意继续努力去追逐着,这乃是一个执迷不悟的想法。

　　——[中国作家]罗兰

情场失意,不可以报复。该知道恋爱和打仗同是争夺:兵不厌诈,恋爱也可以出奇制胜,只要不损害情人的体面。

　　——[西班牙小说家]塞万提斯

医治失恋并无什么灵丹妙药,只有一个古老的偏方——时间,加上别的姑娘或女人……

　　——[中国作家]梁晓声

一个人在因失恋而伤心的时候,如果向家人表示出来,只能说明自己太懦弱,除此以外,毫无用处。

　　——[法国喜剧作家]莫里哀

人只有通过一次真正失恋的痛苦和折磨,才会开始成熟起来。

　　——[中国作家]赵鑫珊

即使被人抛弃,也比从未被人爱过强。

　　——[英国剧作家]康格里夫

真正爱的力量,也就是人们所说的魔力,只有在失恋的时候才能发挥作用。

　　——[日本作家]武者小路实笃

成功的恋爱往往会促使两个人的灵魂力量的消失;而不成功的恋爱、真正的失恋,却能够从根本上使失恋者得到锻炼,使之具有觉醒的力量。

　　——[日本作家]武者小路实笃

男人 男人在爱情上所表现出的机智最富于魅力

　　在男人身上,智慧和教养最要紧,漂亮不漂亮对他来说,倒算不了什么!

　　——[俄国作家]契诃夫

我欣赏的男性素质中,智慧应该占第一位。

　　——[中国作家]三毛

一个男人在需要行动的时候优柔寡断,没有一点丈夫的气概,比一个鲁莽粗野、有男子气概的女子更为可憎。

　　——[英国诗人、戏剧家]莎士比亚

　　在艰难困苦的岁月里,一个男人性格坚强,就有可能为他的家庭带来幸福。

　　——[法国作家]司汤达

心有定见,而又善于宽容,一个人兼备了这两点,他就是一个出类拔萃的男子汉。

　　——[日本作家]国分康孝

即便是世界上最天真的男人,也免不了要向情人表现自己的伟大。

　　——[法国作家]巴尔扎克

男人在爱情上所表现出的机智最

富于魅力。

——[法国作家] 莫洛亚

男人要征服女人的心,却很难有这种方便条件。要表现出男子汉气概,就应干出点成绩来。

——[印度诗人] 泰戈尔

女人的一生是沿着情绪的曲线旋转的, 而男人的一生是沿着理智的直线前进的。

——[英国作家] 王尔德

男人从不明白该怎样说再见,女人则从不明白该在何时说它。

——[美国作家] 海伦·凯勒

如果女人更加谦恭, 男人就会更加诚实。

——[英国剧作家] 范布勒

恭维不会使女人飘然,却往往使男人丧志。

——[英国作家] 王尔德

女人失去男人的陪伴会变得憔悴;男人失去女人的陪伴会变得愚蠢。

——[俄国作家] 契诃夫

男人最容易患的病是悲观和空想, 因而他最期待于女人的是欢乐而实在的生命。

——[中国学者] 周国平

男人总在寻找一个能替代其母亲形象的女人,因为这个形象是从他最稚嫩的年代开始,早已统治了人的心灵。

——[奥地利精神分析学家]弗洛伊德

男人的爱情, 从他得到肉体满足的瞬间起显著减退,不管哪个女人,在他看来都比自己的女人有魅力。因为他是指望变化的。与此相反, 女人的爱情是从这个瞬间起骤然增长的。

——[德国哲学家] 叔本华

男人拒绝女人的追求, 等于损伤她的最高贵的自尊。

——[奥地利作家] 茨威格

女人

对女人来说,沉默就是美丽的宝石,但她们很少佩戴它

可爱的女人

一个女人只有通过一种方式才能是美丽的,但是她可以通过十万种方式使自己变得可爱。

——[法国启蒙思想家] 孟德斯鸠

一个缺乏自信心的女人永远也不会有吸引别人的美。没有一种力量能比对美的自信更能使女人显得美丽。

——[意大利影星] 索菲娅·罗兰

对女人来说, 沉默就是美丽的宝石,但她们很少佩戴它。

——[英国词典编辑家] 富勒

女人最使我们留恋的,并不一定在于感官的享受,主要还在于生活在她们身边的某种情趣。

——[法国启蒙思想家] 卢梭

女性如果有才气,如果因惊人的美丽而生气勃勃,就表现出高雅秀逸的风姿。

——[法国物理学家] 帕斯卡

女人最可爱的两种品质,那就是:辨别善恶的能力和羞耻心。

——[意大利小说家] 乔万尼奥里

世界上一切美丽的东西都出自对

妇女的爱。

—— [苏联作家] 高尔基

幸福的女人

最幸福的女人如同最幸福的国家,没有历史。

—— [英国诗人] 爱略特

对于女人来说,生活的全部意义在于发现她,让别人以一种使她自己感到精神焕发的方式发现她。

—— [西班牙小说家] 拉福雷特

一个女子知道自己把爱人全部占有了时,她是何等甜蜜!这也成了加强她的忠诚的极大的因素!

—— [法国作家] 巴尔扎克

当着心爱的男人,每个女人都有返老还童的绝技。

—— [中国学者] 钱钟书

女人的特长

女人最强大的时刻,就是当她们用虚弱武装自己时。

—— [法国作家] 德芳夫人

女人常会突如其来地责备你,激起你猛烈的反驳——紧接着她又会要求你道歉。

—— [美国作家] 马克·吐温

女人有着事后为其行为辩解的非凡才能。

——[捷克斯洛伐克作家]米兰·昆德拉

当两个女人交谈的时候,她们什么话也没有说;当一个女人自语的时候,她揭露了生命的一切。

—— [黎巴嫩作家] 纪伯伦

女人应当具有使家庭生活舒适的天性。

—— [英国诗人、戏剧家] 莎士比亚

女人总有点儿喜欢梦想:年轻的憧憬未来,年老的回忆过去。

—— [法国作家] 大仲马

女人的眼泪可以征服一切:慈母的眼泪有神圣的力量,情人的眼泪有暴君的力量,女儿的眼泪有挖心的力量,无一不所向无敌。

—— [中国作家] 柏杨

女人与男人

魅力、眼神、微笑、语言是女人用来淹没男人和征服男人的洪流。

—— [法国作家] 莫泊桑

妇人重衣饰,10%是为了吸引男人,90%是为了跟别的女人争奇斗艳。

—— [中国作家] 李敖

女人是绝对不会有错的,即使有错,聪明的男人也不要说出来,最好把它揽在自己的身上。

—— [印度诗人] 泰戈尔

一个姑娘生命中最艰巨的任务就是证实男人的意图是严肃的。

—— [美国作家] 海伦·凯勒

女人的嫉妒大多与容貌、衣着和财产等有关,男人的嫉妒则与才能、智慧和力量有关。

—— [日本社会活动家] 池田大作

妇女的权利就是男人的责任。

—— [奥地利作家] 卡尔·克劳斯

女人与爱情

女人性情的巨大变化往往由爱情引起,而男子性情的巨大变化,往往由事业心引起。

—— [印度诗人] 泰戈尔

一个女人意识到自己心胸褊狭,或

伤害了一个高尚的人，她心里的爱情才会迅速炽烈起来。

——[法国作家] 巴尔扎克

在女性的心中，除了爱情这无限的工作，再也放不下其他的东西。这也是只有女性才能保持的艺术。

——[奥地利诗人] 里尔克

凡是可怜的、遭难的女子，她的心等于一块极需要爱情的海绵，只消一滴感情它立刻会膨胀。

——[法国作家] 巴尔扎克

对女人来说，怜悯导致爱情；对男人来说，爱情导致怜悯。

——[英国学者] 柯林斯

有人说，女人是用耳朵恋爱的。可男人如果会产生爱情的话，却是用眼睛来恋爱的。

——[英国作家] 王尔德

女人的缺欠

不会笑的女子是世上最令人厌烦的。

——[英国小说家] 萨克雷

一个女性不论她怎样时髦和出类拔萃，如果她连家计也安排不好，那就只能算作一个非常原始的女性。

——[日本社会活动家] 池田大作

男人替别人保密胜过自己；女人则相反，她们常爱泄露他人的秘密，隐含自己的隐私。

——[法国作家] 杜布吕耶尔

秘密，无论它的性质如何，对女性是个重负，因为她无论如何也要对别人说出来。

——[俄国诗人] 普希金

女人总有废话和多虑。

——[英国作家] 奥斯汀

婚姻

婚姻是一种你必须付之于全部身心的事

婚姻的意义

婚姻是两个人精神的结合，目的就是要共同克服人世的一切艰难、困苦。

——[苏联作家] 高尔基

婚姻是一种你必须付之于全部身心的事。

——[挪威戏剧家] 易卜生

既然婚姻可以实现它的可能性，丈夫和妻子都必须明白，无论法律如何规定，他们在自己的私生活中必须是自由的。

——[英国哲学家] 罗素

在婚姻中，每个人都要付出代价，同时也要收回点什么，这是供求规律。

——[法国作家] 罗曼·罗兰

婚姻与爱情

只有爱情才能使婚姻神圣，只有使爱情神圣的婚姻才是真正的婚姻。

——[俄国作家] 列夫·托尔斯泰

爱情是一件理想的事，婚姻则是一件现实的事；用理想来拒绝现实，从来不会不受惩罚。

——[德国诗人] 歌德

爱情是盲目的，但婚姻恢复了它的视力。

——[德国哲学家] 利希滕贝格

像许多传统的婚姻一样，征服女

人是令人激动的，但一旦征服了她，热烈的爱情也就丧失了丰富的来源。男子的自豪在于求婚；结婚之后，自豪感就得不到进一步的满足了。处于这种婚姻中的妻子只有一个职能：母亲。

——[美国哲学家、心理学家] 弗洛姆

缺少爱情即无完美婚姻。

——[法国作家] 罗曼·罗兰

幸福的婚姻

我所能描绘的最幸福的婚姻，就是一个聋男人和一个盲女人的结合。

——[英国诗人] 柯尔律治

成功婚姻的标志就是双方在白天忘了彼此是情人，夜晚忘了彼此是夫妻。

——[法国作家] 罗斯丹

婚姻产生人生，爱情产生快乐，快乐消灭了，婚姻依旧存在，且诞生了比男女结合更宝贵的价值。故欲获得美满的婚姻，只需具有那种对于人类的缺点加以宽恕的友谊便够了。

——[法国作家] 巴尔扎克

婚姻成功最大的秘诀便是把所有的灾难看成意外事件，而任何意外事件都不当做灾难。

——[德国哲学家] 尼寇尔泰

婚姻关系的维系与改善

婚姻绝非如人们想象的那么浪漫，而是建筑在一种本能之上的制度，其成功的条件不独要有肉体的吸引力，且要有意志、耐心、相互的接受和容忍。

——[法国作家] 莫洛亚

成功的婚姻和普通的婚姻的差别在于：前者会对一天中的三四件事保持沉默。

——[德国诗人] 米勒

要保持婚姻杯中的爱情之水永远盈满，须记住："无论何时有错，坦率承认；无论何时正确，闭口莫谈。"

——[美国作家] 纳什

婚前要睁大眼睛，婚后则要睁一只眼闭一只眼。

——[英国作家] 托马斯·富勒

婚姻生活者，半睁眼半闭眼地生活也，天下没有十全十美的男女，如果眼睛睁得太久，或用照妖镜照得太久，恐怕连上帝身上都能挑出毛病。

——[中国作家] 柏杨

结婚后夫妇间的关系并不是单方面的要求和给予，必须各尽所能，各得其所，才可能发挥到极致。

——[英国作家] 萧伯纳

婚姻需要两个明智的人的不断地培育，关键在于不要自满，要永远去改善你的婚姻。

——[阿根廷作家] 弗罗伦斯·伊萨克斯

婚姻的成功取决于两个人，而一个人就可以使它失败。

——[英国作家] 塞缪尔·约翰生

婚姻的苦恼

婚姻可以比做一只鸟笼：外面失望了的鸟要进去，而里面失望了的鸟想出来。

——[法国作家] 蒙田

婚姻是一种必要的苦恼。

——[印度哲学家] 罗纳德

婚姻好比一把剪刀，两片刀锋不可分离，虽然作用的方向相反，但是对介入其中的东西总是联合起来对付。

——[英国史学家] 史密斯

婚姻是一次长谈，期间掺杂着拌嘴和争执。

—— [英国发明家] 斯蒂文森

婚姻是一座迷宫，即使是你亲手建造的，你也未必找得到出口。

—— [俄国作家] 彼德

美满的婚姻是难得一遇的。

—— [英国哲学家] 培根

婚姻与打官司很相像，如果总是一方欺骗另一方，那么，结婚的人里面，便有一半是损害另一方的利益而在那里装蒜。

—— [法国作家] 巴尔扎克

结婚

如果我们结婚之后仍然能保持爱情的甜蜜，我们在人间也等于进了天堂

结婚是恋爱胜利的标志

恋爱是结婚的过程，结婚是恋爱的目的。

—— [德国哲学家] 叔本华

恋爱视快乐为目的，而婚姻视整个人生为目标。

—— [法国作家] 巴尔扎克

结婚无非出于两种目的——爱情或金钱，如果为了爱情，尽管你们可能会有许多窘困的日子，但必定能得到幸福；如果为了金钱，尽管你们的日子舒舒服服，但决不会得到幸福。

—— [英国作家] 切斯特菲尔德

真正的结婚，必须考虑到两性结合后的感情发展和加深彼此的信赖。

—— [日本作家] 石川达三

只为金钱而结婚的人其恶无比；只为恋爱而结婚的人其愚无比。

—— [美国作家] 约翰逊

恋爱是封闭的人际关系，结婚是开放的人际关系。结婚是进入社会，恋爱则是游离于社会。

—— [日本作家] 国分康孝

结婚必须对两个人都是幸福和愉快的。

—— [日本作家] 武者小路实笃

结婚就是两颗心结合在一起。

—— [印度诗人] 泰戈尔

我们之所以结婚，是因为彼此都已经有了需要。

—— [英国作家] 萧伯纳

如果我们结婚之后仍然能保持爱情的甜蜜，我们在人间也等于进了天堂。

—— [法国启蒙思想家] 卢梭

结婚是幸福生活的出发点

结婚是青春的终点，也是奔向幸福人生的出发点。

—— [日本社会活动家] 池田大作

结婚不是恋爱的终结：爱的"事业"是永无止境的。

—— [法国作家] 大仲马

结婚，是开始一种全新的生活。要知道从此以后在你身旁总有另一个人。这是你的人，你要同他日夜相处，共操劳，同娱乐，同甘共苦。

——[苏联作家]贝·列·列昂尼多娃

结婚不是互相凝视对方的眼睛，而是凝视共同的目标，共同前进。

——［日本社会活动家］池田大作

如果一个人能先预见二十年后的情景，还决定结婚——他们的婚姻一般来说是可以维持幸福的。

——［德国哲学家］尼采

结婚是人生考验的开始

每当我听到结婚进行曲时，就会觉得宛如走向战场的进行曲。

——［德国诗人］海涅

男人若不是善于听话之人，结婚之后，就少有安宁的日子。

——［英国诗人］亨特

你应该考虑在结婚以前成为一个成熟的人，而且无论对你或对她来说都是长期的考验。

——［德国思想家］马克思

结婚就其实质而言，即有避风港的一面，同时，它又是一个自我磨炼的沙场。

——［日本作家］国分康孝

结婚就意味着平分个人权益，承担双份义务。

——［德国哲学家］叔本华

结婚前后的男女

男人因结婚而知女人之贤淑；女人因结婚而知男人之愚蠢。

——［日本剧作家］长谷川

每一对结婚的男女中，必定有一个是傻瓜。

——［英国小说家］菲尔丁

每个人一生中总要当一回傻瓜，而结婚是终生当傻瓜。

——［英国戏剧家］康格里夫

结婚的人是傻子，不结婚的人更傻。

——［英国作家］萧伯纳

与其与一个冷漠无情的聪明女子结婚，毋宁和一个多情鲁钝的女人结合。

——［英国化学家］波普

女人应尽早结婚，而男人则应尽晚结婚。

——［英国作家］萧伯纳

女人除了结婚以外，就没有生活可言了。结婚可能是生活中的一件事，可是女人的一生绝不能单纯地被结婚所埋没。

——［日本作家］山本有三

离婚

离婚不过是收拾敬衰爱亡残局的一种不得已的办法

离婚是对死亡婚姻的确定

离婚仅仅是对下面这一事实的确定：某一婚姻已经死亡，它的存在仅仅是一种外表和骗局。

——［德国思想家］马克思

由于各种因素，首先是经济因素的作用，我们通常所说的婚姻是会破裂的。

——［英国哲学家］罗素

离婚是因婚姻存在而有的一种制度，离婚是婚姻的安全阀。

——［英国哲学家］罗素

离婚犹如离职，是一种无可反悔的契约解除。

——［日本作家］国分康孝

如果感情确实已经消失或者已经被新的热烈的爱情所排挤，那就会使离婚无论对于双方或对于社会都成为幸事。

——［德国思想家］恩格斯

爱情的法则，并不由于某些缺陷和不完善而幻想破灭。然而爱情的终止、分居和离婚相当于死亡前的死亡。

——［法国政治家］勒鲁

离婚不过是收拾敬衰爱亡残局的一种不得已的办法。

——［中国翻译家］陈望道

如果你相信卑鄙是天生的性格特征，则卑劣的婚姻无药可救，若不分开，只有卑鄙下去。

——［法国作家］赖林德勒

一个人要做出离婚的选择比做出结婚的选择要难得多了。

——［日本作家］国分康孝

只是因为特殊的理由，婚姻不容继续下去时，人们才用离婚的方法，来减轻痛苦而已。

［英国哲学家］罗素

让离婚同结婚一样容易和方便，一样成为私人的事情。

——［英国作家］萧伯纳

不许离婚，配合不当的婚姻就不能得到挽救。

——［法国启蒙思想家］孟德斯鸠

离婚的后果

婚姻的失败，对于一个家庭来说，其影响是灭顶的灾难。

——［科威特作家］穆尼尔·纳素夫

一个过去有父母双亲，且与他们感情深厚的孩子，会因父母离婚而失去全部安全感。

——［英国哲学家］罗素

中国夫妇，对于不圆满的婚姻，大半采取瓦全。理由是——为了孩子；欧美父母，处理不愉快的结合，常常宁愿玉碎。理由也是——为了孩子。

——［中国作家］三毛

离婚而再婚的人，婚后并不享受更大的幸福，这种人是我们时常遇见的，可见这期间错误的不是婚姻，而是他们自己。

——［英国作家］埃利斯

家庭
能在自己的家庭中寻求到安宁的人是最幸福的人

家庭是社会的细胞

家庭是社会的一个天然的基层细胞，人类美好的生活在这里实现，人类胜利的力量在这里滋长，儿童在这里生活、生长——这是人生主要的快乐。

——［苏联教育家］马卡连柯

家庭乃是社会之缩影，事实上，家庭是具有自发维持能力的最小社会。

——［德国哲学家］康德

家庭是文明的核心。

　　——[美国教育家] 杜兰特

什么叫家？一个当你想回去而别人不能拒你于门外的地方。

　　——[美国诗人] 弗罗斯特

一个健全的家庭对人类的发展起着重要的作用。

　　——[日本作家] 武者小路实笃

家庭将永远是人类社会的基础。权力和法律的作用是在这儿开始的。

　　——[法国作家] 巴尔扎克

家庭是宁静的港湾

家是父亲的王国,母亲的世界,儿童的乐园。

　　——[美国作家] 爱默生

家庭不仅是舒适的住宿,是工作业余休息的地方,而首先是丰富多彩的精神生活场所。

　　——[苏联教育家] 苏霍姆林斯基

家庭是心灵唯一的绿洲和安憩之地。

　　——[日本社会活动家] 池田大作

家再清贫也还是甜美的。

　　——[意大利诗人] 阿里奥斯托

一个人的家庭应该是一个固定不变的点,是他生命中一个不受干扰的区域。在家里,一个人需要的是安定、坚贞不渝的爱和信赖,不是风暴、变化和刺激。

　　——[英国作家] 夏·勃朗特

家庭是一份责任

成了家的人,可以说对于命运之神付出了抵押品。因为家庭难免拖累于事业,使人的许多抱负难以实现。

　　——[英国哲学家] 培根

一个人出于正当的家庭责任感或某种信仰而避开危险,不能算怯懦。

　　——[俄国作家] 列夫·托尔斯泰

家庭是社会的一个单位,我们对它都义不容辞地负有责任。不要给他人添麻烦,应该凭自己的力量使家庭美满幸福。

　　——[日本作家] 武者小路实笃

逃避家庭生活是容易的, 可又是徒然的; 改造并提高家庭生活将更难而更美。

　　——[法国作家] 莫洛亚

和睦的家庭是天堂

对于亚当而言,天堂是他的家;然而对于亚当的后裔而言,家是他们的天堂。

　　——[法国启蒙思想家] 伏尔泰

和睦的家庭空气是世界上的一种花朵,没有东西比它更温柔,没有东西比它更知道把一家的天性培养得坚强、正直。人生真正的幸福和欢乐,浸透在亲密无间的家庭关系中。

　　——[美国作家] 德莱塞

没有哪个地方比自己的家更令人快乐。

——[古罗马政治家、雄辩家] 西塞罗

屋是墙壁与梁所组合; 家是爱与梦想所构成。

　　——[印度诗人] 泰戈尔

世界上没有一个地方比自己的家更舒适,无论那个家是多么简陋、多么寒碜。

　　——[中国学者] 梁实秋

一个美好的家庭,乃是一切幸福和力量的根源。

　　——[中国散文家] 冰心

能在自己的家庭中寻求到安宁的人是最幸福的人。

　　——[德国诗人] 歌德

一家人能够互相密切合作，才是世界上唯一真正的幸福。

—— [波兰科学家] 居里夫人

怎样建立幸福的家庭

要想建立爱的家庭，必须先有爱家的思想。

—— [法国史学家] 梅恩

不要太注意家庭的外观及形式，最主要的，是要注重家庭里特有的，充满了爱、温暖与明朗的气氛。

—— [美国教育家] 卡耐基夫人

建立和巩固家庭的力量——是爱情、是父亲和母亲、父亲和孩子、母亲和孩子相互之间的忠诚的、纯真的爱情。

—— [苏联教育家] 苏霍姆林斯基

家庭生活的乐趣是抵抗坏风气毒害的最好良剂。

—— [法国启蒙思想家] 卢梭

理想的幸福的家庭既不遥远，也不会自天而降。它应靠自己的力量去求得，靠全家人齐心协力去建立。

—— [日本社会活动家] 池田大作

在充满体贴和关心的家庭中，永远不会为鸡毛蒜皮的事情发生争执，伤感情。

—— [苏联教育家] 苏霍姆林斯基

尊重是一道栅栏，既保护着父母，也保护着子女。

—— [法国作家] 巴尔扎克

家庭的教育功能

对孩子来说，家庭应是歇息的场所，培养丰富的人性的土壤以及明亮无比的孩子之梦的温床。

—— [日本社会活动家] 池田大作

在良好的家庭中，父母善良和睦、互敬互爱和互让是教育影响的主要力量。

—— [苏联教育家] 苏霍姆林斯基

家庭是学习举止礼貌的好场所。如果你的孩子成人后有良好的举止，这会使他们更加惬意舒适。

—— [意大利影星] 索菲娅·罗兰

如果从孩提时代起就培养孩子们对家庭的和幸福的责任感，使他们认识到自己也是家中的劳动者、贡献者，是一个有用的人，那么，他们一旦走上社会，就能够主动地发挥创造性的才干，为国家做出贡献。

——[美国政治家、军事家]艾森豪威尔

家庭教育的另一个内容是培养子女的服从性，服从性的培养可以使子女产生长大成人的渴望。反之，如果不注意子女服从性的培养，他会变得唐突孟浪，傲慢无礼。

—— [德国思想家] 黑格尔

家庭的不幸

家是世界上唯一隐藏人类缺点和失败的地方，它同时也蕴藏着甜蜜的爱。

—— [英国作家] 萧伯纳

幸福的家庭都是相似的，不幸的家庭各有各的不幸。

—— [俄国作家] 列夫·托尔斯泰

没有进入一个家庭的内部，谁也说不清那个家庭的成员会有什么难处。

—— [英国作家] 奥斯汀

有些家庭习惯于一切都围绕一个人转，这就必然造成这个人对家人的苦乐十分蔑视而且漠不关心。

—— [法国小说家] 都德

家庭生活从来不是，也不可能总是像过节一样，家庭生活中担惊受怕、焦虑不安、操心要比真正的欢乐多得多。

—— [苏联教育家] 苏霍姆林斯基

夫妻

夫妻间彼此容忍而敬爱,才能维持一个美满的婚姻

夫妻之道

夫妻之道,千言万语,似乎可归纳两个原则,一曰:"努力使自己被对方欣赏";一曰:"努力去欣赏对方";不宜一日懈怠。

——[中国作家] 柏杨

一个不幻想丈夫完美无缺的妻子,和一个不幻想妻子完美无缺的丈夫,这本身就近乎完美了。

——[俄国作家] 彼德

夫妻间的和睦也同友情一样,最美满的是双方都既不掩饰自己,又能协调相处。

——[日本作家] 武者小路实笃

夫妻生活应具有高度的文化修养,丈夫和妻子的道德修养应不断提高,而这一点对丈夫尤为重要。

——[苏联教育家] 苏霍姆林斯基

夫妻间是应由相互认识而了解,进而由彼此容忍而敬爱,才能维持一个美满的婚姻。

——[法国作家] 巴尔扎克

在和睦的家庭里,每对夫妻至少有一个是"傻子"。

——[英国诗人、戏剧家] 莎士比亚

为了爱的继续,婚姻的美满,妻子固要取悦丈夫,丈夫也要取悦妻子,至于如何取悦,乃是一种高级的艺术。

——[中国作家] 柏杨

夫妻间的矛盾

夫妻之间,或爱人之间,一旦在人格上瞧不起对方,爱情就要取消。

——[中国作家] 柏杨

不要以悲剧的观点看待夫妻生活中经常发生的摩擦。不要以回忆以前的争吵,来加深眼前的痛苦。

——[法国作家] 莫洛亚

一个男人娶了个妻子却想要教育她,另一个女人嫁了个丈夫却想要改造他,他俩犯了同样的错误。

——[美国作家] 哈伯德

我不知道谁的生活更不正常:是唯命是从的丈夫,还是发号施令的妻子?

——[美国政治家、科学家] 富兰克林

夫妇之争是没有胜者的,只能是两败俱伤。

——[日本作家] 石川达三

丈　夫

丈夫、父亲的天职在于能够防卫并保护妻子和孩子。

——[苏联教育家] 苏霍姆林斯基

丈夫如何在社会的太空中飞翔,顽强地在社会上奋斗,都完全是借助于妻子的力量。

——[日本社会活动家] 池田大作

你若有个好妻子,可能成为幸运儿;你若有个坏妻子,则能成为哲学家。

——[古希腊哲学家] 苏格拉底

如果你想每天都生活得十分美满,就永远不要去指责妻子的家务,更不能把她做的与自己母亲做的相比较。

——[美国教育家、作家] 卡耐基

仅把妻子看成是一个通情达理的伴侣，到头来总会发觉那是个莫大错误。

——[英国作家] 切斯特菲尔德

男人不做模范丈夫则骄傲得令人憎恨，男人一做模范丈夫则谦恭得让人讨厌。

——[英国作家] 王尔德

丈夫从妻子那种磐石般的安定感、取之不尽的幸福感，还有时常起着变化的敏感中求得心灵的歇息，并因此消除了心身的疲劳，为明日的工作蓄养了活力。

——[日本社会活动家] 池田大作

妻 子

一个女人有了家庭以后，才会有真正的欲望。她爱丈夫爱家庭的心情，都变成欲望涌出来。

——[日本作家] 石川达三

女性企望丈夫给她幸福，这种幸福就是丈夫的称赞和爱情。

——[美国教育家、作家] 卡耐基

一般来说，妻子应该让丈夫在某些方面得到母爱，这是婚姻成功的基础。

——[美国古生物学家] 奥斯本

男人拥有的最好东西是一个称心如意的妻子。

——[古希腊悲剧家] 欧里庇得斯

一个妻子所能做的一件最重要的事情，就是让她的先生把他在办公室里无法发泄的苦恼都说给她听。

——[美国教育家] 卡耐基夫人

如果我们要使丈夫成功，应该鼓励丈夫去冒险；而你自己也要毅然地接受因冒险而发生的各种危难。

——[美国教育家] 卡耐基夫人

妻子是青年人的情人，中年人的伴侣，老年人的陪护。

——[英国哲学家] 培根

妻子也有需求。她需要关怀和保护。当她感到丈夫在关怀她，给她带来保障和幸福时，她就会觉得安全。

——[美国古生物学家] 奥斯本

妻子的爱情是克己的，但结果却俘获丈夫的心。

——[日本社会活动家] 池田大作

假使你想被爱，那么，你就用丈夫所能接受的方式把成熟的爱情献给他。

——[美国古生物学家] 奥斯本

有德的妇人，即使容貌丑陋，也是家庭的装饰。

——[英国诗人、戏剧家] 莎士比亚

啰嗦的妻子，比贫穷、浪费、猜疑更令丈夫不幸。

——[美国教育家] 卡耐基夫人

性爱

男女的性爱和生育本能是爱的生命力和内在本质

性欲是人的自然本能

在人的一切自然需求中，性欲是仅次于吃喝的最强烈的需求。

——[保加利亚作家] 瓦西列夫

性爱是希望肉体长存的欲望的表现，这种以繁衍的方式达到永生的欲望是动人的。

——[古希腊哲学家] 柏拉图

性爱按其本性来说就是排他的。

——[德国思想家] 恩格斯

健康正常的爱情,需依赖两种感情的结合——我可以这么说,一方面是柔和的、挚爱的情,一方面是肉感的欲。

——[奥地利精神分析学家]弗洛伊德

两性之间排山倒海似的互相吸引的力量,其目的则在于性之结合或至少也在于能导向性结合的行为。

——[奥地利精神分析学家]弗洛伊德

性是一种自然的人类需要,它像食物和饮料一样……此外,性欲也像对食物和饮料的欲望一样,愈是禁止愈增高。

——[英国哲学家]罗素

男女的性爱和生育本能是爱的生命力和内在本质。

——[保加利亚作家]瓦西列夫

性欲乃是生存意志的核心,从而也就是一切欲望的结晶。

——[美国心理学家]罗洛·梅科

肉体给精神生活和爱情控制住的时候,苦痛就变成了幸福。

——[美国作家]德莱塞

爱欲是创建文明的动力。

——[美国心理学家]罗洛·梅科

性欲与性爱

性欲是一种来自后方的动力,爱欲则是一种来自前方的召唤。

——[美国心理学家]罗洛·梅科

没有爱的话,文明的人是不能充分满足其性欲本能的。

——[英国哲学家]罗素

爱情和情欲之间的区别,就像黄金和玻璃一样。

——[印度作家]普列姆昌德

没有爱的性交是不能使本能得到充分满足的……应当从根本上把性交当成以爱为目的的尝试。

——[英国哲学家]罗素

恋爱与性欲不是一码事,两者的不同在于:性欲不需要尊重对方,不必为对方的命运担忧;恋爱则是崇拜对方,为对方的命运着想。恋爱唯有理想的对象方会产生,而性欲的对象也可以是自己所鄙视的人。

——[日本作家]武者小路实笃

床既是爱的摇篮,也是爱的坟墓。

——[保加利亚作家]瓦西列夫

男女之间真正的爱情,不是单靠肉体或者精神所能实现的,只有在彼此的精神和肉体相互融合的状态中才能实现。

——[韩国作家]朱耀燮

爱的真谛在于精神,而不在于肉欲。

——[俄国作家]列夫·托尔斯泰

肉体之爱不需要尊重,互相尊重的爱情不能贬低为单纯的享乐。

——[法国作家]罗曼·罗兰

两种爱——交流的甜美之爱和疯狂骄傲的肉欲满足之爱,合二为一,这是最理想的。

——[英国作家]劳伦斯

除了在极其短暂的时刻,没有爱情的性行为根本不可能填补人与人之间的鸿沟。

——[美国哲学家、心理学家]弗洛姆

性所指向的最终目标是满足与松弛;而爱欲的目标则是欲求、渴望、永恒的拓展、寻找与扩张。

——[美国心理学家]罗洛·梅科

脱离了男女双方在思想上,情感上,情味和气质等方面的共鸣倾慕,仅是单纯的两性关系,是不能称之为爱情的。

——[中国作家]刘心武

性爱与道德

在结婚之前避免发生性关系，是爱情和婚姻中亲密奉献的最佳保证。
——[奥地利心理学家] 阿德勒

在床上，美貌排在美德之前。
——[法国作家] 蒙田

性关系中的经济动机，无论如何是有害的。性关系应当成为相互间的快事，而只有完全根据双方自发的冲动，才能实现这一目的。
——[英国哲学家] 罗素

女人越拒绝，越是否认其性欲，男人对她的估价便越来越高了。
——[奥地利精神分析学家]弗洛伊德

认为性爱关系一旦出现差错就应该分道扬镳、各自东西的思想，和认为性爱关系在任何情况下都不应该破裂的思想一样，都是错误的。
——[美国哲学家、心理学家]弗洛姆

在精神生活这个领域，理智和意志需要成为性欲的高度警惕的哨兵。
——[苏联教育家] 苏霍姆林斯基

子女 能从自己孩子身上得到幸福的人才真正幸福

孩子的天性

每个孩子都具有极大的做梦的能力，这种能力扩大他所发现的一切，用咿咿呀呀的喊声延长他的欢乐的颤动。
——[法国作家] 罗曼·罗兰

孩子知道各式各样的聪明话，虽然世间的人很少懂得这些话的意义。
——[印度诗人] 泰戈尔

允许孩子们以他们自己的方式获得快乐，难道还有比这更好的方法吗？
——[英国作家] 塞缪尔·约翰生

我找到了给你孩子提忠告的最好办法：发现他们需要什么然后再建议他们如何去做。
——[美国政治家] 杜鲁门

遇到不能解决的事情，去问孩子，孩子脱口而出的意见，往往就是最精确而实际的答案。
——[中国作家] 三毛

父母与子女的关系

没有一件宝能胜过自己的孩子，金银白玉诚可贵，怎及爱子身价高？
——[日本歌人] 山上忆良

孩子是家庭幸福的泉水。
——[美国经济学家] 塔珀

孩子们总是从爱父母开始的。过了一段时间，他们开始评判父母。他们也许会饶恕父母，但这种情况即使有也是少而又少。
——[英国作家] 王尔德

当孩子进入青春期时，父母和孩子之间很容易发生冲突，因为后者认为他自己已经完全能够管理他自己的事情，而前者则依然充满父母所固有的担心。这种担心往往是爱好权力的伪装。
——[英国哲学家] 罗素

一个轻视她母亲的女孩子，以后将轻视一切女人。一个专横的父亲，使他的儿女们,尤其是女儿,把婚姻看做一件可怕的苦役。

—— [法国作家] 莫洛亚

在子女面前,父母要善于隐藏他们的一切快乐、烦恼与恐惧。他们的快乐无须说,而他们的烦恼与恐惧则不能说。子女使他们的劳苦变甜,但也使他们的不幸更苦。

—— [英国哲学家] 培根

父母与子女的成长

依赖父母的子女是没有出息的。

—— [中国作家] 巴金

成长得最好的孩子是那些看到父母本来面目的儿童。伪善并不是父母的第一职责。

—— [英国作家] 萧伯纳

父母对自己的要求,父母对自己家庭的尊敬,父母对自己一举一动的检点:这是首要的和最基本的教育方法。

—— [苏联教育家] 马卡连柯

人的精神世界的形成,自己在下一代身上的再现,使儿子和女儿成为比自己更完善的化身,这就是一个公民高尚的创作。

—— [苏联教育家] 苏霍姆林斯基

贫家儿女愈看得贱愈易长大,富户儿女愈看得娇愈难成器。

—— [中国近代名将] 曾国藩

母亲的宠儿成不了大器。

—— [英国词典编辑家] 富勒

我们常常看见做父母的偏爱子女,这足以害子女。所以做父母的,真正爱子女,不应当偏爱子女,不应当偏憎子女,须以公平正直的手段对待子女。

—— [中国教育家] 陈鹤琴

教人要从小教起。幼儿比如幼苗,必须培养得宜,方能发芽滋长。否则幼年受了损伤,即使不夭折,也难成材。

—— [中国教育家] 陶行知

我们做父母的,对孩子尽可能避免处罚和过分鼓励。

—— [苏联教育家] 马卡连柯

使你的父亲感到荣耀的莫过于你以最大的热诚继续你的学业,并努力奋发以期成为一个诚实而杰出的男子汉。

—— [德国作曲家] 贝多芬

能从自己孩子身上得到幸福的人才真正幸福。

—— [英国词典编辑家] 富勒

12

知识与成才

求知识就像爬楼梯，想一下爬四五级，一步登天，会掉下来。不要生吞活剥，不求甚解，要老老实实地埋头苦干。

——[中国数学家] 华罗庚

知识 只有知识——才能构成巨大的财富的源泉

知识是珍宝的结晶

知识仅次于美德，它可以使人真正地实实在在地胜过他人。

——[英国文学评论家] 艾迪生

知识是珍贵宝石的结晶，文化是宝石放出的光辉。

——[印度诗人] 泰戈尔

知识是有学问的人的第二个太阳。

——[古希腊哲学家] 赫拉克利特

愚昧从来没有给人带来幸福；幸福的根源在于知识；知识会使精神和物质都微薄的原野变成肥沃的土地。

——[法国小说家] 左拉

知识有如人体血液一样宝贵。人缺少了血液，身体就要衰弱；人缺少了知识，头脑就要枯竭。

——[中国科学家] 高士其

世上只有一样东西是珍宝，那就是知识；世上只有一样东西是罪恶，那就是无知。

——[古希腊哲学家] 苏格拉底

鸟美在羽翼，人美在学识。

——[苏联作家] 高尔基

只有知识——才能构成巨大的财富的源泉，即使土地获得丰收，又使文化繁荣昌盛。

——[法国作家] 左拉

在每个国家，知识都是公共幸福的最可靠的基础。

——[美国政治家] 华盛顿

知识是青年人最佳的荣誉，老年人最大的慰藉，穷人最宝贵的财富，富人最珍贵的装饰。

——[古希腊作家] 第欧根尼

知识是治疗恐惧的药。

——[美国作家] 爱默生

知识，是疗治苦难、罪恶以及其他一切人类烦恼的唯一药物。

——[英国博物学家] 赫胥黎

一个人没有自然科学的知识就不能享受无比的快乐。

——[古希腊哲学家] 伊壁鸠鲁

一切知识不过是把人生的本质纳入理性法则之下罢了。

——[俄国作家] 列夫·托尔斯泰

知识能够诱发智慧，是打开智慧的大门的钥匙，但它不等于就是智慧。

——[日本社会活动家] 池田大作

智慧和幻想对于我们的知识是同样必要的，它们在科学上也具有同等的作用。

——[德国化学家] 李比希

知识就是力量

生活需要知识，正如战争需要枪炮一样。

——[苏联教育家] 克鲁普斯卡娅

知识就是力量。

——[英国哲学家] 培根

只有知识才是力量，只有知识能使我们诚实地爱人，尊重人的劳动，由衷地赞赏无间断的伟大劳动的美好成果；只有知识才能使我们成为具有坚强精神的、诚实的、有理性的人。

——[苏联作家] 高尔基

知识能改变命运。

——[美国作家] 爱默生

我认为知识是一切能力中最强的力量。

——[古希腊哲学家] 柏拉图

除了知识和学问外，世上没有任何其他力量能在人的精神和心灵中，在人的思想、想象、见解和信仰中建立起统治和权威。

——[英国哲学家] 培根

为了具有行动能力，必须有知识。

——[法国军事家] 福煦

用知识武装起来的人是不可战胜的。

——[苏联作家] 高尔基

知识的数量与质量

人有多少知识，就有多少力量，他的知识和他的能力是相等的。

——[英国哲学家] 培根

具有丰富知识和经验的人，比只有一种知识和经验的人更容易产生新的联想和独到的见解。

——[英国作家] 泰勒

幸福只属于知识丰富的人。一个人懂得愈多，他就愈能清楚地在那些知识贫乏的人无法发现诗意的地方发现大地的诗意。

——[苏联作家] 康帕乌斯托夫斯基

必需的知识，就是某种完善的知识，就是关于生活，关于生存，关于广义存在的科学，而不是忽而东忽而西的科学。

——[俄国文艺评论家] 别林斯基

重要的不是知识的数量，而是知识的质量，有些人知道得很多很多，但却不知道最有用的东西。

——[俄国作家] 列夫·托尔斯泰

知识，只有当它靠积极的思维得来，而不是凭记忆得来的时候，才是真正的知识。

——[美籍德国人、物理学家] 爱因斯坦

知识贵在运用

思想与行为结合而生的知识是真知识。

——[中国教育家] 陶行知

不应当把科学藏在学者的书里，要使知识能接近所有的人。

——[捷克教育家] 夸美纽斯

人类所需要的知识有三：理论、实用、鉴别。

——[古希腊哲学家] 亚里士多德

知道如何活用知识最重要，知道知识的来龙去脉次之，拥有知识再次之。

——[奥地利诗人] 霍夫曼斯塔尔

真正表明渊博知识的是那种突如其来、几乎不假思索地引经据典的习惯，它意味着知识的融会贯通，因为那种习惯只能来自于融会贯通。

——[英国政论家] 白哲特

只有当知识成为精神生活的因素，占据人的思想，激发人的兴趣时，才能称为知识。

——[苏联教育家] 苏霍姆林斯基

行动是老子，知识是儿子，创造是孙子。

——[中国教育家] 陶行知

狡诈者轻鄙学问；愚鲁者羡慕学问；聪明者运用学问。知识本身并没有告诉人怎样用它，运用的智慧在于书本之外。这是一门技艺，不经实验就不能学到。

　　——[英国哲学家]培根

知识与经验

知识以生命为前提，以经验为条件。

　　——[德国哲学家]狄慈根

只有书本知识，没有实际斗争经验，谓之半知；既有书本知识，又有实际斗争经验，实行合一，谓之全知。

　　[中国教育家]徐特立

具有丰富知识和经验的人，比只有一种知识和经验的人更容易产生新的联想和独到的见解。

　　——[英国数学家]泰勒

青年的敏感和独创精神，一经与成熟科学家丰富的知识和经验相结合，就能相得益彰。

　　——[英国经济学家]贝弗里奇

知识与正义

离开正义，知识应当称为狡猾，而不是智慧。

——[古罗马政治家、雄辩家]西塞罗

没有知识的正直软弱无能，没有正直的知识危险可怕。

　　——[英国作家]塞缪尔·约翰生

作恶不是好事，有学识的人如果作恶，尤为不可；因为学识是战胜恶魔的武器，如果手持武器而为人所俘，最为可耻。

　　——[波斯诗人]萨迪

知识创造高尚的生活

高尚的生活是受爱激励并由知识导引的生活……没有知识的爱与没有爱的知识，都不产生高尚的生活。

　　——[英国哲学家]罗素

自由的生活方式是借知识和洞察获得的。

　　——[英国哲学家]罗素

知识像烛光，能照亮一个人，也能照亮无数的人。

　　——[英国哲学家]培根

心灵中的黑暗必须用知识来驱除。

　　——[古罗马哲学家]卢克莱修

知识是我们这个世界的绝对价值。必须学习，必须掌握知识。没有不可认识的东西，我们只能说还有尚未认识的东西。

　　——[苏联作家]高尔基

学问可以改善人心，培养文雅和仁爱的品质。

　　——[美国作家]马克·吐温

不可把知识当做炫耀的资本

要把你的知识当怀表一样珍藏在暗兜里，不要只是为了让人知道你有这么一块表而把它掏出来亮相。

　　——[英国作家]切斯特菲尔德

知识犹如海洋，那些在海面上手舞足蹈和拍击作响的人，往往要比默默无闻、钻入未经考察的海底去探寻宝藏的采珠者更加名噪一时，更加引人注目。

　　——[美国政治家]华盛顿

为知识而感到骄傲如同让强光照花自己的双眼。

——[美国政治家、科学家]富兰克林

知道自己学识渊博的人会努力求其学问的清晰明白，而想在大众面前表现自己很博学的人则会将学问弄得晦涩难懂。

　　——[德国哲学家]尼采

求知

求知是一条只有起点而没有终点的路

求知是人类的本性

求知是人类的本性。
—— [古希腊哲学家] 亚里士多德
生活便是寻求新的知识。
—— [俄国科学家] 门捷列夫
求知就是学习的唯一真正的准备。
—— [德国诗人] 歌德
行动是通往知识的唯一道路。
—— [英国作家] 萧伯纳
求知可以改善人的天性,而经验可以改进知识本身。
—— [英国哲学家] 培根
精神上的各种缺陷,都可以通过求知来改善——正如身体上的缺陷,可以通过适应的运动来改善一样。
—— [英国哲学家] 培根
求知识于宇宙,搜学问于世界。
—— [中国作家] 鲁迅
倾囊求知,无人能夺。投资知识,得益最多。
—— [美国政治家、科学家] 富兰克林
追求新知识,同未知的世界接触,从那里感受到一种喜悦,才会有一种年轻的朝气。
—— [日本社会活动家] 池田大作

求知的欲望是学习的动力

对知识的渴求是人类的自然意向,任何头脑健全的人都会为获取知识而不惜一切。
—— [英国作家] 塞缪尔·约翰生

求知欲——这是人的永恒的、不可改变的特性。哪里没有求知欲,哪里便没有学校。
—— [苏联作家] 苏霍姆林斯基
没有求知欲的学生,就像没有翅膀的鸟儿。
—— [波斯诗人] 萨迪
对知识的追求,就像对财富的追求一样,得到的越多,欲望越大。
—— [英国小说家] 斯特恩·劳伦斯
有各种不同的求知欲:一种是出于利益——即学会可能对我们有用的东西;另一种是出于骄傲——即想知道其他人不知道的东西。
—— [法国作家] 拉罗什富科

求知要靠刻苦的努力

我的知识和成功,全是靠勤奋学习取得的。
—— [德国数学家] 高斯
求知识就像爬楼梯,想一下爬四五级,一步登天,会掉下来。不要生吞活剥,不求甚解,要老老实实地埋头苦干。
—— [中国数学家] 华罗庚
知识是从刻苦劳动中得来的,任何成就都是刻苦劳动的结果。
—— [中国社会活动家] 宋庆龄
治学问,做研究工作,必须持之以恒,不怕失败。摔倒了爬起来,想一想,再前进。
—— [中国数学家] 华罗庚
我借助于知识、我汲取知识,一天都

不中断地阅读,因为这是思想的食粮。

——[埃及政治家]萨达特

学问是苦根上长出来的甜果。

——[古罗马政论家]大伽图

积极思考是获得知识的重要途径

只有当知识成为精神生活的因素,占据人的思想,激发人的兴趣时,才能称之为知识。

——[苏联教育家]苏霍姆林斯基

人的知识大部分来自自我教育。

——[美国诗人]洛威尔

你最根本的需要并不是获得渊博的知识,最根本的是:你得到的知识,不管多少必须是你自己的。

——[法国作家]罗曼·罗兰

知识是一种快乐,而好奇则是知识的萌芽。

——[英国哲学家]培根

我们绝大多数的知识不是来自与我们观点相同的人,而是来自与我们观点不同的人。

——[阿根廷作家]科尔顿

观察是得到一切知识的首要步骤。

——[中国地质学家]李四光

知识,只有当它靠积极的思维得来,而不是凭记忆得来的时候,才是真正的知识。

——[俄国作家]列夫·托尔斯泰

真正会思考的人,从自己的错误中吸取的知识要比从自己的成就中吸取的知识更多。

——[美国教育家]杜威

从错误中解放出来是获得真正知识的条件。

——[瑞士作家]阿米埃尔

知识不能单从经验中得出,而只能从理智的发现同观察到的事实两者的比较中得出。

——[美籍德国人、物理学家]爱因斯坦

真正的知识不是出自他人的权威,更不是来源于对老朽教条的盲目崇拜。

——[英国哲学家]培根

对知识的探索过程是无止境的

我们的知识是积聚的思想,无数才智的考验。

——[美国作家]爱默生

知识靠点滴积累,不可急于求成。

——[英国史学家]麦考莱

知识对我们是宝贵的,因为我们永不会有时间去完成它。

——[印度诗人]泰戈尔

求知是一条只有起点而没有终点的路。

——[法国哲学家]福柯

从无知到有知总不是一蹴而就的,而需要经过一个朦胧的过程,甚至像从黑夜进入白昼要经过拂晓一样。

——[英国诗人]柯尔律治

生活的全部意义在于无穷地探索尚未知道的东西,在于不断地增加更多的知识。

——[法国作家]左拉

假如有人把心思放在研究智慧上面,他的研究便没有止境;因为一个人愈是知道多,他便愈是多知道,他便愈知自己的无知。

——[捷克教育家]夸美纽斯

知识的源泉不会枯竭,不管人类在这方面取得多大成就,人们还是要不断地去探索、发掘和认识。
—— [俄国小说家] 冈察洛夫

求知需要讲究方法

获得知识就如同获得金子这种珍贵物质一样，也是需要聪明才智的。
—— [英国政论家] 罗斯金

学到很多东西的诀窍，就是一下子不要学很多东西。
—— [英国哲学家] 洛克

单单把主观的东西同客观的东西拼凑在一起，决不能确定真正的知识。
—— [德国哲学家] 谢林

读书百遍，其义自见。
—— [中国古代史家] 裴松之

知识的积累是一步一步的，而不是一跳一跳的。
—— [英国史学家] 麦考莱

宁要知道得少些，但要知道得好些；与其知道得不好，不如完全不知道。
—— [法国启蒙思想家] 狄德罗

我们不需要死记硬背，但是我们需要用基本事实的知识来发展和增进每个学习者的思考力。
—— [苏联政治家] 列宁

我们如果能在知识的源泉中探求知识，并且在寻找时，只应用自己的思想，而不运用他人的思想，则我们或者就可以在发现思辨的知识时，有较大的进步。
—— [英国哲学家] 洛克

知识有两种，其一是我们自己精通的问题；其二是我们知道在哪里找到关于某问题的知识。
—— [美国政治家] 约翰逊

好问 有教养的头脑的第一个标志就是善于提问

学者必好问

问是非常讨巧的事，是求知识的捷径。
—— [中国教育家] 徐特立

君子之学必好问，问与学，相辅而行者也。非学，无以致疑；非问，无以广识，好学而不勤问，非真正好学者也。
—— [中国古代诗人] 刘开

敏而好学，不耻下问，是以谓之文也。
—— [中国古代思想家] 孔子

打开一切科学的钥匙都毫无异议地是问号；我们大部分的伟大发现都应归功于疑问，而生活的智慧大概就

在于逢事都问个为什么。
—— [法国作家] 巴尔扎克

行是知之始，学非问不明。
—— [中国教育家] 陶行知

不问一个为什么，什么东西也学不到。
—— [英国作家] 托马斯·富勒

人才有高下，知物由学，学之乃知，不问不识。
—— [中国古代思想家] 王充

没有疑问就等于没有学问。
—— [英国作家] 托马斯·富勒

君子不隐其短，不知则问，不能

则学。

——[中国古代学者] 董仲舒

知不足者好学，耻下问者自满。

——[中国古代诗人] 林逋

多问的人将多闻。

——[英国哲学家] 培根

读书有不解处，标出以问知者，慎勿轻自改。

——[中国近代改革家] 谭嗣同

发明千千万，起点是一问。人力胜天工，只在每事问。

——[中国教育家] 陶行知

疑而能问，已得知识之半。

——[英国哲学家] 培根

博学多识，疑则思问。

——[中国古代学者] 王符

凡你不知道的事，都应向人请教，虽然这会有失身份，学问却会日渐加深。

——[波斯诗人] 萨迪

不思故无惑，不求故无得，不问故

莫知。

——[中国古代思想家] 程颐

善于提问才能获得学识

善于想、善于问、善于做的人，其收获则常大而且快。

——[中国政治家] 谢觉哉

读书好问，一问不得，不妨再三问，问一人不得，不妨问数十人，要使疑窦释然，精理迸露。

——[中国古代画家] 郑板桥

有教养的头脑的第一个标志就是善于提问。

——[俄国理论家] 普列汉诺夫

学问二字，须要拆开看。学是学，问是问，今人有学而无问，虽读万卷书，只是一条钝汉尔。

——[中国古代画家] 郑板桥

博学之，慎思之，审问之，明辨之，笃行之。

——[中国古代学者] 朱熹

知识创新

知识不是僵死不变的东西，它永远在创新，永远在前进

知识的积极性、生命力——这是它们得以不断发展、深化的决定性条件。

——[苏联教育家] 苏霍姆林斯基

掌握知识对于一个人来说是不够的，应当善于使知识得到发展。

——[德国诗人] 歌德

想象力比知识更重要，因为知识是有限的，而想象力概括着世界的一切，推动着进步，并且是知识进化的源泉。

——[美籍德国人、物理学家] 爱因斯坦

知识与经济相结合，首先要有知识，而且不是一般的知识，而是不断创新的知识。

——[中国物理学家] 杨福家

知识经济的核心是创新，是不断创造拥有自主知识产权的新技术和新产品。

——[中国物理学家] 杨福家

知识不是某种完备无缺、纯净无瑕、僵死不变的东西。它永远在创新，永远在前进。

——[俄国作家] 普略施尼柯夫

吾人既与禽兽有别，而具有创造能力，自应将现状加以改善，创造一美满之生活环境。

—— [中国人口学家] 马寅初

一个人的研究工作一定要走自己的路，不必用太多的时间和精力去研究别人已做过的工作，只要了解他在干什么、他的弱点就够了。

—— [美籍华人、物理学家] 李政道

鼓励创新，要让有意义、有价值的创新得到社会的回报。

—— [中国科技专家] 惠永正

新的社会是信息社会，也是智力和知识社会。

—— [英国词典编辑家] 富勒

科学技术的迅速发展，不仅改变了人类的经济活动，而且也给政治、文化、道德等精神活动带来了深刻影响。

—— [英国词典编辑家] 富勒

千万不要想象我们能像喷泉一样创新，"新"必须长期酝酿才能成熟，才能在约束中锤打出自己的道路。

—— [法国哲学家] 列维·斯特劳斯

知识经济的灵魂是"创新"，是知识积累和知识运用的较量。科教兴国的中心内容就是知识经济。

—— [中国冻土学家] 程国栋

知识经济是信息技术产业飞速发展的产物，信息产业的迅速发展和产业的信息化成为知识经济的重要特点。

—— [中国光学家] 姚建铨

知识经济

知识就是财富，就是潜在的生产力

如果一个人将钱袋装进他的脑袋里，就没有人能将它偷走。知识的投资常有最好的利润。

—— [美国政治家、科学家] 富兰克林

有资金而没有知识，越拼搏，失败的可能性越高；有知识而没有资金，小小的付出都有回报。

—— [中国香港企业家] 李嘉诚

资本的生命是与知识的生命连在一起的，能够保持知识之树常青，自己就会是资本的拥有者。

—— [中国电脑工程师] 王永民

力量有三种基本形式，即暴力、财富和知识，三者顺次为低级的、中级的和高级的力量；三者中知识最为重要，由于暴力和财富在惊人的程度上依靠知识，

今天正在出现空前深刻的力量转移，从而使力量的性质发生了深层次的变化。

—— [美国未来学家] 托夫勒

知识资产的价值从来没有像现在这样得到普遍重视，如何管理和使用企业的知识资产正在成为新的挑战。

—— [英国记者] 马克·鲍顿

在知识经济的新时代，知识就是财富，就是潜在的生产力。

—— [美国经济学家] 索罗斯

21世纪是知识经济的天下，如果现在认识不到这一点，就会被飞速发展的世界经济所淘汰。

—— [中国光学家] 姚建铨

人类社会的知识经济时代正在来临，这一时代有两个主要特点，即全球

化和知识化。

——[中国科学家] 周光召

知识经济是在充满理性的知识化社会中发展的经济，是在充满创新和鼓励创新的创新社会中发展的经济，是在诚实社会风气中发展的经济，是在公正社会中发展的经济。

——[中国知识经济学家] 吴季松

国际竞争越来越表现为以"知识经济"为基础，以高科技产业为先导的综合国力的竞争。

——[中国科学家] 宋健

劳动者成为资本拥有者，不是公司股票的所有权扩散到民间，而是由于劳动者挖掘了具有经济价值的知识和技能。这种知识和技能在很大程度上是投资的结果。

——[美国经济学家] 舒尔茨

在企业员工中培养团队精神和归属感是获得知识资产的土壤。

——[英国记者] 马克·鲍顿

才能　我们最可靠的保护是自己的才能

人靠自己的才能而赢得尊重

所谓才能,就是相信自己,相信自己的力量。

——[苏联作家] 高尔基

自然对无能的人是鄙视的，它对有能力的、真实的、纯粹的人才屈服，才泄露它的秘密。

——[德国诗人] 歌德

每个人都是靠自己的本事而受人尊重的。

——[古希腊寓言作家] 伊索

我们最可靠的保护是自己的才能。

——[法国社会学家] 沃韦纳格

才能的产生与成长

才能不是天生的，可以任其自便的,而要钻研艺术请教良师,才会成材。

——[德国诗人] 歌德

我决不相信，任何先天的或后天的才能，可以无需坚定的长期若干的品质而得到成功。

——[英国作家] 狄更斯

才气就是坚持不懈。

——[法国作家] 福楼拜

才能是来自独创性。独创性是思维、观察、理解和判断的一种独特的方式。

——[法国作家] 莫泊桑

人各有才

一个人不可能精通所有的事，每个人都有他的特长。

——[古希腊悲剧家] 欧里庇得斯

人各有才，才各有大小。大者安其大而无忽于小，小者乐其小而无慕于大。是以各适其用而不丧其所长。

——[中国古代文学家] 苏轼

一个人的特色就是他存在的价值,不要勉强自己去学别人,而要发挥自己的特长。

——[法国作家] 罗曼·罗兰

做将军需要的才能与做士兵需要的才能大相径庭。

——[古罗马史学家] 李维

无所不能的人实在是一无所能，无所不专的专家实在是一无所专。

——[中国政论家] 邹韬奋

事事皆能的人绝无仅有，一事不会的人也纯属罕见。

——[英国作家] 切斯特菲尔德

爱惜才能

你要爱惜自己的才能！你的躯体对你来说，并不是重要的东西，而你的才能，却是献给人世间的礼物。

——[苏联作家] 高尔基

一个人应该善于使用自己的才能，使它不至枯竭，而要和谐地发展。

——[苏联作家] 高尔基

能够隐藏自己的才能是一种伟大的才能。

——[法国哲学家] 罗休夫柯

爱惜才华吧，保护那些才华修美的人物吧。文明的民族啊，培养他们吧。

——[法国启蒙思想家] 卢梭

才能的运用

光有才能还不够，还必须有遇到机会的才能。

——[法国作曲家] 柏辽兹

卓越的才能，如果没有机会就将失去价值。

——[法国政治家、军事家] 拿破仑

一个人最大的痛苦莫过于知识很多而未能施展自己的才能。

——[古希腊史学家] 希罗多德

一个人应该善于使用自己的才能，使它不至于涸竭，并且还要和谐地发展。

——[苏联作家] 高尔基

能力永远和它的发挥有关，不论这种发挥是现实的还是很可能会实现的。

——[英国哲学家] 休谟

一个本领超群的人，必须在一群劲敌之前，方能显出他不同凡俗的身手。

——[英国诗人、戏剧家] 莎士比亚

才干不要用得过度，免得什么事都做不好。

——[法国寓言诗人] 拉封丹

所谓成功的才能无非就是做那些你能做好的事，并把你所做的一切事情尽量做得好一些，不要对声名过于患得患失。

——[美国诗人] 朗费罗

评价一个人不应当根据他的才能，而应当根据他怎样发挥才能。

——[法国作家] 拉罗什富科

才能本身并无光泽，只有在运用中才发出光彩。

——[俄国讽刺作家] 谢德林

才能一旦让懒惰支配，它就一无可为。

——[俄国作家] 克雷洛夫

个人只有在社会上占有为此所需的地位时，才能够表现自己的才能。

——[俄国理论家] 普列汉诺夫

天赋、才能、天才

人驾驭才能，天赋驾驭人。

——[美国诗人] 洛威尔

天才做他必须做的，而才能做他能够做的。

——[美国作家] 布尔沃·利顿

才能，存在于理解之中，往往出于遗传；而天才，则存在于充满理性和想象力的行动之中,极少或从不遗传。

——[英国诗人] 柯尔律治

才能富于思想,而天才就是思想

本身;才能的力量有限,天才的力量无穷。

——[美国病理学家] 惠普尔

才智　你若敲打你的脑袋,奇异的才智就会涌出来

拥有才智胜过拥有财富

聪明才智是拨动社会的杠杆。

——[法国作家] 巴尔扎克

荣誉和财富,若没有聪明才智,是很不牢靠的财产。

——[古希腊哲学家] 德谟克利特

才智和精神增长的必要性绝不亚于物质的改善。

——[法国作家] 雨果

聪明才智寓于真理之中。

——[德国诗人] 歌德

你若敲打你的脑袋,奇异的才智就会涌出来。

——[英国诗人] 蒲柏

才智是那样光彩夺目,每一个人都仰慕它,大多数人想获得它,所有的人又都害怕它,几乎没有人喜欢它,除非是他自己所拥有的。

——[英国作家] 切斯特菲尔德

仅仅拥有才智是不够的,一个人应该有足够的才智来避免拥有太多的才智。

——[法国作家] 莫洛亚

一个人必须自己拥有大量的才智,才能容忍他人的才智。

——[英国作家] 切斯特菲尔德

人们从不会认为自己的财富太多,也从不会认为自己的才智太少。

——[英国作家] 托马斯·富勒

智力是指能敏锐地洞察事物本来面目的眼光。

——[美国哲学家] 桑塔亚纳

一个真实而智力超群的大脑,能把握世间大大小小的事情。

——[英国作家] 塞缪尔·约翰生

检验智力是否达到一流水平,要看头脑能不能同时容纳两种相反的意见又尚有余力继续工作。

——[美国作家] 菲茨杰拉德

才智只有在运用中才能显示其价值

仅仅具备出色的智力是不够的,主要的问题是如何出色地使用它。

——[法国哲学家] 笛卡尔

要勇于运用你自己的聪明才智。

——[德国哲学家] 康德

别将才智深藏不露,它们之所以有,是因为有用。

——[美国政治家、科学家] 富兰克林

随机应变是才智的试金石。

——[法国喜剧作家] 莫里哀

青年期是增长才智的时期,老年期则是运用才智的时期。

——[法国启蒙思想家] 卢梭

一个好作家不但拥有他自己的才智,而且还拥有他的朋友们的才智。

——[德国哲学家] 尼采

如果你有说俏皮话的才智，那么用它来取悦而不是伤害。

——[英国作家] 切斯特菲尔德

丧失了良知的才智比没有更糟

才智是蠢物，除非掌握在智者手中。

——[英国博物学家] 约翰·雷

丧失了良知的才智比没有更糟。

——[英国数学家、经济学家] 杨格

把大师们的绘画胡乱地堆在博物馆里是一种灾难；一百个杰出的才智之士凑在一起会产生一个白痴。

——[瑞士心理学家] 荣格

才智能激起人们更多的是仰慕而非信任。

——[美国哲学家] 桑塔亚纳

敏锐才智的最大过错是越过界限。

——[法国作家] 拉罗什富科

人才　人才是最宝贵最有决定意义的资本

人才的价值

人才是世界上所有宝贵的资本中最宝贵最有决定意义的资本。

——[苏联政治家] 斯大林

没有掌握技术的人才，技术就是死的东西。有了掌握技术的人才，技术就能够而且一定能够创造出奇迹来。

——[苏联政治家] 斯大林

靠空讲不能实现现代化，必须有知识，有人才。没有知识，没有人才，怎么上得去？

——[中国政治家] 邓小平

你可以夺走我的全部工厂、设备、市场和资金；但只要留下我的机构和人才，几年以后，我仍是钢铁大王。

——[美国教育家、作家] 卡耐基

发现人才

发现人才，培养人才都是非常重要的。

——[中国科学家] 茅以升

何世无材，患主人不能识耳，苟能

识之，何患无材。

——[中国古代皇帝] 刘彻

路不险，则无以知马之良；任不重，则无以知人之才。

——[中国古代文学家] 徐幹

中才因头衔则出现，大才妨碍头衔，小才则玷污头衔。

——[英国作家] 萧伯纳

疾风然后知劲草，盘根错节然后辨利器。

——[中国政治家] 孙中山

我劝天公重抖擞，不拘一格降人才。

——[中国古代学者] 龚自珍

试玉要烧三日满，辩材须待七年期。

——[中国古代诗人] 白居易

只有有天才的人才能发现天才的幼芽，发展这些幼芽，并善意地给予他们以必要的援助。

——[法国空想社会主义] 圣西门

培养和造就人才

若要一个人成为人才，只要让他负

起适当的责任,他就会变成一个人才。

——[俄国作家] 彼德

一年之计,莫如树谷;十年之计,莫如树木;终身之计,莫如树人。

——[中国古代政治家] 管仲

江山代有才人出,各领风骚数百年。

——[中国古代学者] 赵翼

要使山谷肥沃,就得时常栽树。我们应该注意培养人才。

——[法国科学家] 约里奥·居里

教之、养之、取之、任之,有一非其道,则足以败乱天下之人才。

——[中国古代诗人] 王安石

平静的湖面,练不出精悍的水手;安逸的环境,选不出时代的伟人。

——[苏联化学家] 列别捷夫

欲讲富强以刷国耻,则莫要于储才。

——[中国近代改革家] 谭嗣同

多事之秋,得一人则重于山岳,少一人则弱于婴儿。

——[中国近代名将] 曾国藩

报国之忠,莫如荐士;负国之罪,莫如蔽贤。

——[中国古代文学家] 司马光

不以求备取人,不以己长格物。

——[中国古代诗人] 吴兢

有才华的人总是每登高一步就从身后抽走一节梯子……伟大的艺术作品无不是这样创造出来的。

——[美国作家] 爱默生

尊重和爱惜人才

珍视劳动,珍视人才,人才难得呀!

——[中国政治家] 邓小平

对于某些才子,必须允许他们各有千秋。

——[德国诗人] 歌德

人才无定珍,器用无常道。

——[中国古代思想家] 葛洪

人才那得如金铜,长在泥沙不速朽。愿公爱士如爱尊,毋使埋渣嗟不偶。

——[中国古代文学家] 袁枚

上帝在人类中安排了一些不同的人才,就像他在自然中种植了一些不同的树,因而每种人才,同样,每种树,就都有自己特殊的性质和效果。

——[法国作家] 拉罗什富科

正确使用人才

人能尽其才,则百事兴。

——[中国政治家] 孙中山

善于发现人才,团结人才,使用人才,是领导者是否成熟的主要标志之一。

——[中国政治家] 邓小平

用人才也同样重要,如有人才而不善于使用,则等于没有人才。

——[中国科学家] 茅以升

能用人者,无敌于天下。

——[中国古代思想家] 王夫之

用人之术,任之必专,信之必笃,然后能尽其才,而为其事。

——[中国古代文学家] 欧阳修

任人之道,要在不疑。

——[中国古代文学家] 欧阳修

任能者责成而不劳,任己者事废而无功。

——[中国古代学者] 桓宽

因其材以取之,审其能以任之,用其所长,掩其所短。

——[中国古代史学家] 吴兢

知人而善用之,若己有焉。

——[中国古代文学家] 苏辙

善用人者必使有才者竭其力，有识者竭其谋。

——[中国古代文学家] 欧阳修

智者弃其所短而采其所长，以致其功，明者用士亦犹是也。

——[中国古代哲学家] 王符

天赋　谁发挥自己的天赋，谁做事就得心应手

天赋是个人才能方面独具的潜质

人生来就具有一定的天赋。

——[美国作家] 爱默生

只有天赋很好的人能够认识并热心追求美的事物。

——[古希腊哲学家] 德谟克利特

天赋、习惯和理性可以作为培养人生诸善德的根基。

——[古希腊哲学家] 亚里士多德

天赋的力量大于教育的力量。

——[法国启蒙思想家] 伏尔泰

天赋是灵魂之灵魂，所以它只能在灵魂的欢乐中得到实现，而不能用逻辑的理性来分析。

——[印度诗人] 泰戈尔

按劳分配默认不同等的个人天赋，因而也就默认不同等的工作特权。

——[德国思想家] 马克思

只有当人感到自己已接受了赐予时，他才能自由地奉献自己的天赋。

——[美国作家] 大卫·维斯各特

天赋与学习

天资并不带来任何技巧，天资只提供学习任何技巧的可能性。

——[中国作家] 茅盾

天赋如同自然花木，要用学习来修剪。

——[英国哲学家] 培根

无论天资有多么高，他仍需学会了技巧来发挥这些天资。

——[美国喜剧艺术家] 卓别林

天赋的发挥

很多人都有天赋，但如果不加以发挥，天赋就只好被埋没了。

——[美国诗人] 朗费罗

人类具有运用天赋的能力，而这种天赋又是多么丰富，倘若能将这些天赋全部地应用，那是太了不起了。

——[日本作家] 武者小路实笃

尽量发挥自己的天赋，用得其所，将来一定能在成功的路上登峰造极！

——[美国戏剧家] 奥尼尔

有几分勤学苦练，天资就能发挥几分。天资的充分发挥和个人的勤学苦练是成正比的。

——[中国文学家、史学家] 郭沫若

天赋每个人都有，谁发挥自己的天赋，谁做事就得心应手。

——[英国作家] 金斯莱

天赋仅给予一些种子，而不是既成的知识和德性。这些种子需要发展，而发展是必须借助于教育和教养才能达到的。

——[苏联教育家] 凯洛夫

善于巧妙地利用自己平庸禀赋的人，常常比真正的卓越者赢得更多的尊敬和名声。

——[法国作家] 司汤达

伟人

伟人的标志之一,是他具有给遇见他的人留下难忘印象的力量

伟人是时代的英雄

每一个时代、社会都需要有自己的伟大人物,如果没有这样的人物,它就要创造出这样的人物来。

——[德国思想家] 马克思

伟人是国家的路标,是界碑。

——[英国作家] 伯克

只有做出伟大事业的,或是教人怎样做出伟大事业的,或是用适当的庄严风格来描述这些大事业的人们才配得上"伟大人物"这个称呼。

——[英国诗人] 弥尔顿

我们应当把世界历史人物——一个时代的英雄——认做是这个时代眼光犀利的人物;他们的行动、他们的言词都是这个时代最卓越的行动、言词。

——[德国哲学家] 黑格尔

每个伟大的人物都有一种能使事物回还的力量,因为他,整个历史再度被置于天平上,而成千上万远去的隐情和秘密都从它们藏匿的地方匍匐爬出——投到它的光辉之下。

——[德国哲学家] 尼采

伟人就是历史规律的一个符号、一个指数、一个表现、一个工具或者一个后果。

——[英国物理学家] 悉尼·胡克

没有哪个伟人是虚度一生的。世界的历史就是一部伟人们的传记。

——[英国作家] 卡莱尔

生前令人敬仰的并不一定是伟大人物,历史才是对一个伟人的真正考验。

——[英国评论家] 赫兹里特

人类伟大的领袖乃是那些能使人从半睡眠状态中苏醒过来的人。

——[美国哲学家、心理学家] 弗洛姆

任何伟大事业都离不开伟人,人只有当他们下定决心成为伟人时才会成为伟人。

——[法国政治家] 戴高乐

伟人的出现

伟大的人物都是走过了荒沙大漠,才登上光荣的高峰。

——[法国作家] 巴尔扎克

有些人的伟大是天生的,有些人的伟大是后天获得的,有些人的伟大是时势造成的。

——[英国诗人、戏剧家] 莎士比亚

平凡的人听从命运,具有伟大的性格的人起来斗争。

——[法国诗人] 维尼

他们之所以为伟大的人物,正因为他们主持了和完成了某种伟大的东西;不仅仅是一个单纯的幻想、一种单纯的意向,而是对症下药地适应了时代需要的东西。

——[德国哲学家] 黑格尔

所有的伟人都是从艰苦中脱颖而出的。

——[美国作家] 爱默生

圣人更容易出自放荡不羁者,而不是自命不凡者。

——[美国哲学家] 桑塔亚那

历史早已证明,伟大的革命斗争

271

会造就伟大的人物，使过去不可发挥的天才发挥出来。

——[苏联政治家] 列宁

他们固然由于毅力而成为伟人，也是由于灾患而成为伟人。

——[法国作家] 罗曼·罗兰

为了让伟人们发掘伟大的思想，进行他们的壮举，我们必须把他们擎到整个人类的肩膀上。

——[美国作家] 霍桑

一个伟大的人物在正确对待小人物中才显出其伟大来。

——[英国作家] 卡莱尔

人生最愉快最无害的小路，必经过科学和学问的正道，任何人只要在这方面能把一些障碍清除，或开辟任何新的境界，我们在那个范围内就应当认他是人类的恩人。

——[英国政治家] 休谟

征服自己的一切弱点，正是一个人伟大的起始。

——[中国作家] 沈从文

具有非凡灵感的人才能成为伟人。

——[古罗马政治家、雄辩家] 西塞罗

严重的危机能产生伟大的人物和英雄的业绩。

——[美国政治家] 肯尼迪

能使一个领导人稳然成为伟大人物的有三个因素：伟大的人物、伟大的国家和重大的事件。

——[美国政治家] 尼克松

真正的伟人并不是因为他做的事业伟大才成其为伟大，而是因为他发挥了强大的个性。

——[日本哲学家] 西田几多郎

伟人的特征

所谓大师，就是这样的人，他们用自己的眼睛去看别人见过的东西，在别人司空见惯的东西上能够发现出美来。

——[法国雕塑家] 罗丹

伟人是一个天生的孩子，当他死时，他把他的伟大的孩提时代给了世界。

——[印度诗人] 泰戈尔

当我们承担起巨大的苦难，并同时听到其发出的哀号时，千万不要被内心的苦恼和怀疑所击倒——这才是伟大。

——[德国哲学家] 尼采

卓越的人的一大优点是，在不利与艰难的遭遇里百折不挠。

——[德国作曲家] 贝多芬

伟人经常不为人所理解，甚至为人所曲解。

——[英国作家] 卡莱尔

伟大人物的严重疏忽就是嘲笑未来。

——[法国作家] 雨果

能在孤独寂寞中完成使命的人即是伟人。

——[中国作家] 罗兰

伟人或智者很少怀疑自己会受人鄙视或欺骗。

——[英国作家] 塞缪尔·约翰生

只有伟人才会犯重大的过失。

——[法国作家] 拉罗什富科

伟大的人必定是一个怀疑者，不被任何一种信念所束缚的自由，存在于他的坚强的意志之中。

——[德国哲学家] 尼采

一种极高超的人物性格总带有几分沉默伤感的色彩。

——[德国哲学家] 叔本华

伟人不仅善于思考,而且还善于处世。
——[美国作家]爱默生

最伟大的头脑也不得不在某种程度上屈服于他所处时代的迷信。
——[美国经济学家]梭罗

伟人的心理就像雄鹰一样,在某个高耸孤独的地方建造他们的窝巢。
——[德国哲学家]叔本华

伟人是表现他们自己的理想演员。
——[德国哲学家]尼采

有一种大人物使所有的人都觉得自己很渺小。然而,真正伟大的人却会使所有的人都觉得自己很伟大。
——[英国作家]切斯特顿

真正伟大的人是不压制他人也不受人压制的人。
——[黎巴嫩作家]纪伯伦

最优秀的人们总是把自己的优秀归功于各种被认为水火不容的品质的完美结合。
——[英国哲学家]罗素

伟人的标志之一是他具有给遇见他的人留下难忘印象的力量。
——[英国政治家]丘吉尔

我认为能够充分发挥自己的特点的人,要比那些忘掉自己的本分,专门为他人奔走的人更为伟大。
——[日本哲学家]西田几多郎

无知　犹豫不决是以无知为基础的

无知是智慧的黑夜

无知识的热情,犹如在黑暗中的远征。
——[英国科学家]牛顿

无知是智慧的黑夜,没有月亮、星星的黑夜。
——[古罗马政治家、雄辩家]西塞罗

无知会使智慧因缺乏食粮而萎缩。
——[法国启蒙思想家]爱尔维修

犹豫不决是以无知为基础的。
——[德国思想家]恩格斯

每一个研究人类灾难史的人都确信,世界大部分的不幸都来自无知。
——[法国启蒙思想家]爱尔维修

人之所以迷信,只是由于恐惧;人之所以恐惧,只是由于无知。
——[法国启蒙思想家]霍尔巴赫

无知的人是愚昧的

不知道自己的无知是无知者的通病。
——[美国作家]阿尔科特

无知者是不自由的,因为和他对立的是一个陌生的世界。
——[德国哲学家]黑格尔

粗俗人的蛮横无礼是和他们的无知成正比的,这我称之为悲剧。
——[英国评论家]哈兹里特

一个除了书本以外一无所知的纯粹学者,必然对书本也是无知的。
——[英国评论家]哈兹里特

两种类型的无知

存在着两种不同类型的无知:粗浅的无知出现在知识之前,而博学的无知则跟随在知识之后。
——[法国作家]蒙田

从根本上说，无知本身不是独立存在的，只不过是知识的缺乏；我们无法使一个人无知，尽管我们能使他保持无知下去。

——[英国政论家] 潘恩

无知是生命本身存在的必要条件。如果我们了解一切，我们将无法忍受片刻的生存。

——[法国作家] 法朗士

所有的人都是无知的，只是在不同的领域里罢了。

——[美国心理学家] 罗杰斯

不要企图无所不知，否则你将一无所知。

——[古希腊哲学家] 德谟克利特

吾生也有涯，而知也无涯。

——[中国古代思想家] 庄子

用一个大圆圈代表我所学到的知识，但是圆圈之外是那么多的空白，对我来说就意味着无知。而且圆圈越大，它的圆周就越大，它与外界空白的接触面也就越大。

——[美籍德国人、物理学家] 爱因斯坦

认识到自己无知是知识进步的重要阶段。

——[英国作家] 迪斯累里

摆脱无知

要摆脱愚昧，就得承认无知。

——[法国作家] 蒙田

最可怕的莫过于无知而行动。

——[德国诗人] 歌德

永远不要企图掩饰自己知识上的缺陷，即便用最大胆的推测和假设去掩饰，也是要不得的。不论这种肥皂泡的色彩多么使你们眩目，但肥皂泡必然是要破裂的，于是你们除了惭愧以外是会毫无所得的。

——[苏联生理学家] 巴甫洛夫

我真感激善良的上帝把我们都创造成无知的东西。我很高兴，当我们想在这方面改变它的计划时，我们不得不依靠自身的努力。

——[美国作家] 马克·吐温

真正的征服，唯一不使人遗憾的征服，就是对无知的征服。

——[法国政治家、军事家] 拿破仑

13

文学与艺术

文学是优美的形象语言艺术，这种语言犹如动人的旋律。正是这种高雅的气氛"陶冶"着人的心灵。

——[保加利亚作家] 瓦西列夫

文学

文学从来不是个人的事业，它永远是时代、国家、阶级的事业

文学是高于生活的艺术创造

简单地说，伟大的文学就是包含极其丰富意义的语言。

——［美国诗人］庞德

文学作品往往预示着生活，它们并不是照搬生活，而是进行有目的的塑造。

——［英国作家］王尔德

文学是优美的形象语言艺术，这种语言犹如动人的旋律。正是这种高雅的气氛"陶冶"着人的心灵。

——［保加利亚作家］瓦西列夫

文学应当预见到未来的发展规律，创造未来的人物形象。

——［俄国作家］谢德林

优秀的作品无论你怎样去探测它，都是探不到底的。

——［德国诗人］歌德

文学是我的理想国。

——［美国作家］海伦·凯勒

文学使用艺术语言发掘世界的审美价值。

——［苏联美学家］鲍列夫

文学是社会生活的再现

文学就是用语言来创造形象、典型和性格，用语言来反映现实事件、自然景色和思维过程。

——［苏联作家］高尔基

社会向文学提供素材，文学向社会提供规范。

——［中国文学家、史学家］郭沫若

文学是事实与灵魂相契合后的再现。

——［法国作家］巴尔扎克

文学是一个对生活中的变动反映灵敏的思想艺术体系。

——［苏联美学家］鲍列夫

个人和社会的相互关系，就是文学永恒的主题和对象。

——［苏联美学家］鲍列夫

文学到底是要为认识生活这个事业服务的，它是时代的生活和情绪的历史。

——［苏联作家］高尔基

文学，一向是社会欲望的第一表达者。

——［俄国文艺理论家］杜勃罗留波夫

文学的一般任务是什么呢？就是把人的美、诚实、崇高的品质表现在色彩、文字、音乐、形式中。

——［苏联作家］高尔基

文学是社会的阶级和集团意识形态情感、意见、企图和希望之形象的表现。

——［苏联作家］高尔基

文学是一种探索人类内心奥妙的思想。

——［英国作家］卡莱尔

只有在小说里，一切都暴露得淋漓尽致。

——［英国作家］劳伦斯

文学基本上就是借文字为媒介的人生的表现。

——［英国作家］毛姆

小说就是沿着人生之路移动的一

面镜子。

　　——[法国作家] 司汤达

　　我们未曾亲身经历的体验的唯一代用品，就是文学艺术。

　　——[苏联小说家] 索尔·仁尼琴

文学的社会功能

　　文学应该预见未来，用自己那最鼓舞人心的成果跑在人民的前面，就像它是在拖着生活向前迈进似的。

　　——[俄国作家] 列夫·托尔斯泰

　　文学作品应当能使读者不仅从作品所说的事情中，而且从述说这些事情的方式中，得到快乐；否则，就称不上是文学。

　　——[法国作家] 布鲁克

　　文学其实一向是教育的伙伴；文学的发展和受教育的要求的发展，一向是平行的。

　　——[俄国文艺理论家]杜勃罗留波夫

　　文学使思想充满肉和血，它比哲学或科学更能给予思想以巨大的明确性和说明性。

　　——[苏联作家] 高尔基

　　文学是社会现象经过创造过程的反映；反过来，社会要受到文学的创造性的影响而塑造。

　　——[中国作家] 郭沫若

　　文学总是预示生活。它不是模拟生活，而是按照自己的目的塑造生活。

　　——[英国作家] 王尔德

　　人为什么需要文学？需要它来扫除我们心灵上的尘垢，需要它给我们带来希望，带来勇气，带来力量。

　　——[中国作家] 巴金

　　文学的要旨在于：它启发人的想象，激起读者高尚的思想和感情。

　　——[俄国哲学家] 车尔尼雪夫斯基

　　文学是对一代人实行潜移默化的很有力的工具。

　　——[苏联教育家] 克鲁普斯卡娅

　　文学从来不是司汤达或列夫·托尔斯泰个人的事业，它永远是时代、国家、阶级的事业。

　　——[苏联教育家] 高尔基

　　文学的退步可以表明一个国家的衰落，这两者的走下坡路是齐头并进的。

　　——[德国诗人] 歌德

艺术　在人生中美会消亡，但艺术不朽

艺术的价值

艺术是美的集中表现。

　　——[中国美学家] 朱光潜

创造美就是艺术。

　　——[美国作家] 爱默生

一切艺术都是开在枝繁叶茂的知识之树上的鲜艳的花朵。

　　——[匈牙利作曲家] 李斯特

艺术不是享乐、安慰或娱乐；艺术是一桩伟大的事业。艺术是人类生活中把人们的理性意识转化为感情的一种工具。

　　——[俄国作家] 列夫·托尔斯泰

艺术是积蓄在苦难和耐劳的人的灵魂中的蜜。

——［美国小说家］德莱塞

艺术的价值就在于借助于外在物质形式显示一种内在的生气、感情、灵魂、风格和精神，这就是我们所说的艺术作品的意蕴。

——［德国哲学家］黑格尔

艺术不仅满足美的要求，而且满足思想的需要。

——［中国美学家］宗白华

艺术是永恒的，而生命却短促。如果来得及把握理解的东西完成百分之一就好了，但结果只是万分之一。

——［俄国作家］列夫·托尔斯泰

所谓艺术的永恒是感觉而不是时间。

——［日本作家］高村光太郎

在人生中美会消亡，但艺术不朽。

——［法国作家］黛芳夫人

艺术是被征服了的人生，是生命的帝王。

——［法国作家］罗曼·罗兰

艺术是最伟大的，它无论用何种方式，将难以计数的伟大观念送入观众心底。

——［英国政论家］罗斯金

没有油画、雕塑、音乐、诗歌以及各种自然美所引起的情感人，人生乐趣就会失掉一半。

——［英国哲学家］斯宾塞

爱情的果实很快就消失，而艺术的果实是不朽的。

——［法国作家］巴尔扎克

艺术的目的差不多是神圣的，如果它写作历史，就是起死回生，如果它写作诗歌，就是创作。

——［法国作家］雨果

如果没有艺术的话，粗鲁的现实会使世界难以忍受。

——［英国作家］萧伯纳

艺术能为最平凡的事物灌注历史意义。

——［苏联美学家］鲍列夫

艺术只有成为永久快感源泉的东西才是不朽的。

——［法国作家］司汤达

艺术是人的威力的最高表现，它只给予极少数佼佼者。

——［俄国作家］列夫·托尔斯泰

艺术魅力之大小，视乎它是否有能力召唤我们离开平凡生活的纷扰而达到更自由更美满的活动之乐趣。

——［法国作家］乔治·桑

艺术的真实

艺术的真实非即历史上的真实。

——［中国作家］鲁迅

艺术，就是所谓静观、默察；是深入自然，渗透自然，与之同化的心的愉快。

——［法国雕塑家］罗丹

所谓艺术就是反映在人间的大自然，所以最要紧的事情就是擦镜子。

——［法国雕塑家］罗丹

图案之美丽，雕像之生动，建筑之豪华，演讲之精彩，主要诀窍都在于自然。

——［美国作家］爱默生

艺术的成功在于没有人工雕琢的痕迹。

——［古罗马诗人］奥维德

艺术的使命不是临摹大自然，而是表达它。

——［法国作家］巴尔扎克

我甚至说艺术的最高境界，是真

实,是自然,是无技巧。

——[中国作家] 巴金

所谓艺术就是塑造大自然的人性,也就是塑造自然、现实、纯真的人性。

——[荷兰画家] 凡·高

艺术如果拒绝日常的真实,就会失去生命。

——[法国小说家] 加缪

艺术的使命

艺术的使命在于用感性的艺术形象的形式去显现真实。

——[德国哲学家] 黑格尔

艺术的第一作用,一切艺术作品毫无例外的一个作用,就是再现自然和生活。

——[俄国作家] 车尔尼雪夫斯基

艺术的精神就是力求用词句、色彩和声音把您的心灵中所自豪的、优美的东西,都体现出来。

——[苏联作家] 高尔基

艺术应该是给人生以精神上的活力和鼓舞,而不是对人生亮出虚无主义的冷冰冰的魔鬼的拳头。

——[德国作家] 托马斯曼

所谓千古不朽的艺术作品,特点就在不论时尚怎么改变,它总是有办法满足任何时尚中的任何人。

——[法国作家] 纪德

艺术应当促进人的意识的发展和社会制度的改善。

——[俄国理论家] 普列汉诺夫

只有为了别人,才有艺术;只有通过别人,才有艺术。

——[法国文学家、哲学家] 萨特

艺术与真、善、美

真与美是构成一件成功的艺术品的两大要素。

——[中国作家] 鲁迅

艺术应寻求真理,真理不是描写罪恶,它应当是善与恶的描写。仅仅看见一方面的画家,和仅仅看见另一方面的画家,同样虚伪。

——[法国作家] 乔治·桑

艺术的最高境界是善良、纯真和美好。

——[中国作家] 罗兰

假如艺术不能和真理并存,那就让艺术去毁灭吧!真理是生,谎言是死。

——[法国作家] 罗曼·罗兰

艺术的每一种类都是美的,正像生活之全体皆美一样。

——[美国哲学家] 苏珊·朗格

美是艺术的目的和推动力。

——[俄国作家] 冈察洛夫

艺术美高于自然美。因为艺术美是由心灵产生和再生的美,心灵和它的产品比自然和它的现象高多少,艺术美就比自然美高多少。

——[德国哲学家] 黑格尔

任何艺术作品的美,皆与其功利目的、尺寸大小及其珍贵的制作原料毫无关系。

——[英国作家] 里德

在艺术中,有"性格"的作品,才是美的。

——[法国雕塑家] 罗丹

艺术是一门学会真诚的功课。

——[法国雕塑家] 罗丹

当艺术穿着破旧衣衫时,最容易

使人认出它是艺术。

——[德国哲学家] 尼采

艺术的产生

有生命的艺术常常是野生的，而不是温室里的。

——[中国剧作家、诗人] 田汉

依傍和模仿决不能产生真艺术。

——[中国作家] 鲁迅

艺术的三个死敌:平庸、千篇一律和粗制滥造。

——[德国作曲家] 舒曼

艺术不仅可以利用自然界丰富多彩的形形色色，而且还可以用创造的想象，自己去另外创造无穷无尽的想象。

——[德国哲学家] 黑格尔

非有天马行空似的大精神，即无大艺才的产生。

——[中国作家] 鲁迅

艺术产生于人，其人的作品中自然而然地流露出其人的个性。

——[日本哲学家] 三木清

艺术与生活

艺术是生活的镜子。

——[俄国作家] 列夫·托尔斯泰

艺术与人生，只是一个晶球的两面,和人生无关系的艺术不是艺术，和艺术无关系的人生是徒然的人生。

——[中国作家] 郭沫若

艺术对于因生活和劳动而疲倦的心灵是一种可口的良药。

——[苏联作家] 高尔基

要想逃避这个世界，没有比艺术更可靠的途径;要想同世界结合，也没有比艺术更可靠的途径。

——[德国诗人] 歌德

生活是艺术所生长的最肥沃的土壤，思想与情感必须在它的地层蔓延自己的根须。

——[中国诗人] 艾青

艺术作品是一种非现实。

——[法国文学家、哲学家] 萨特

艺术的魔杖所触之处，当变为不朽的现实。

——[印度诗人] 泰戈尔

是否永远不落后时代，是评价一切艺术作品的标准。

——[美国作家] 爱默生

艺术比人生更高尚。埋头于艺术而避开其他一切是远离不幸的唯一道路。

——[法国作家] 福楼拜

一般说来，生活就是"一切艺术的永恒的源泉"。

——[俄国作家] 屠格涅夫

生活的奥秘存在于艺术之中。

——[英国作家] 王尔德

我们的艺术应该比现实站得高，应当使人不脱离现实又高于现实。

——[苏联作家] 高尔基

艺术品既不在金钱之上，也不在金钱之下,而是在金钱之外。

——[法国作家] 罗曼·罗兰

艺术是从生活中产生的。没有生活就没有艺术，但生活不等于艺术。

——[中国戏剧家] 欧阳予倩

艺术与生命

没有生命，便没有艺术。

——[法国雕塑家] 罗丹

艺术是发扬生命的，死神所在的地方就没有艺术。

——[法国作家] 罗曼·罗兰

艺术才是至上之物! 它伟大到使

人有活下去的意志，它是生命伟大的诱惑，生命强烈的刺激。

——[德国哲学家] 尼采

当你爱好你的艺术时，就觉得没有什么牺牲是难以忍受的。

——[美国小说家] 欧亨利

艺术总是被两种东西占据着：一方面坚持不懈地探索死亡，另一方面始终如一地以此创造生命。

——[苏联诗人] 帕斯杰尔纳克

艺术与科学

艺术是我，科学是我们。

——[法国科学家] 贝尔纳

真艺术与真科学本是携手进行的。

——[中国学者] 闻一多

艺术与科学的价值，在于对万众的利益做全无私欲的奉献与服务。

——[英国政论家] 罗斯金

艺术和科学，跟一切伟大而美好的事物一样，都属于整个世界。

——[德国诗人] 歌德

艺术家

真正的艺术家决不顾虑作品的前途

艺术家及其命运

一个大艺术家等于一个国王，比国王还强；先是他更快乐，无拘无束，可以随心所欲地过活；其次他支配一个幻想世界。

——[法国作家] 巴尔扎克

一位伟大的艺术家实际上是一个寡头，他代表着整个世纪，而且几乎总是成为法律。

——[法国作家] 巴尔扎克

即使是在感到最大幸福和最大不幸的时刻，我们也都需要艺术家。

——[德国诗人] 歌德

一个艺术家的基本品质：感觉的敏锐，情感的深沉，心灵的丰满。

——[法国作家] 罗曼·罗兰

在所有行业之中，艺术家有一种无法改变的自尊心，一种对艺术的认识，一颗磨灭不了的对事物的良心。

——[法国作家] 巴尔扎克

真正的艺术家决不顾虑作品的前途。

——[法国作家] 罗曼·罗兰

为了做一个真正的艺术家，必须把自己完全献给这个事业。投机取巧在这儿跟在别处一样，不会使人有什么成就。

——[俄国作家] 契诃夫

艺术的大道上荆棘丛生，这也是件好事，常人都望而却步，只有意志坚强的人例外。

——[法国作家] 雨果

艺术的气息是大多数人不能呼吸的。唯有极伟大的人才能生活在艺术中间而仍保持生命的源泉。

——[法国作家] 罗曼·罗兰

受苦和牺牲永远是思想家和艺术家的命运。

——[俄国作家] 列夫·托尔斯泰

艺术家与生活真实

在做艺术家之前,先要做一个人。

——［法国雕塑家］罗丹

艺术家对于自然有着双重关系:他既是自然的主宰,又是自然的奴隶。

——［德国诗人］歌德

只有表现出艺术家的痛苦的作品才算得上是真实、深刻的。

——［美国作家］欧文·斯通

一个伟大的艺术家从来不按照事物的本来面貌去看待它们,如果他这样做,他就不是一个艺术家了。

——［英国作家］王尔德

在寻常的东西中发现异乎寻常的东西,在异乎寻常的东西中发现寻常的东西,这就是真正的艺术家的特性。

——［苏联作家］康帕乌斯托夫斯基

艺术家不能做自己的人物和他们所说的话的审判官,而只能做他们不偏不倚的见证人。

——［俄国作家］契诃夫

你如果要做一个艺术家,你要牢记,必须开拓你的胸襟,务必使心如明镜,能够照见一切事物,一切色彩!

——［意大利画家］达·芬奇

感受最深的人才会有传神的笔调。

——［英国诗人］蒲柏

艺术家所怀抱的最大的希望,便是引导有眼睛的人自己去看。

——［法国作家］乔治·桑

艺术家的思想情感

艺术家的真挚的程度对艺术感染力的大小的影响比什么都大。

——［俄国作家］列夫·托尔斯泰

艺术家气质是一种折磨业余爱好者的疾病。

——［英国作家］切斯特顿

伟大的艺术家和思想家也有纯真孩子一样的童心和快乐。

——［中国作家］赵鑫珊

艺术家的自我意识是极其强烈的,而且必须如此。艺术家本质上是唯我主义者,而整个世界只是他们实施创造才能的场所。

——［英国作家］毛姆

杰出的艺术家怀有的任何心思,都有本事透过一块大理石表现无遗。

——［意大利画家］米开朗琪罗

给艺术以真正力量的是融会于伟大情感之中的平凡。

——［德国诗人］米勒

艺术家是一位愿意梦见现实世界的梦幻者。

——［美国哲学家］桑塔亚那

每当一位艺术家去世,人类的一些幻想也随之而逝。

——［美国政治家］罗斯福

艺术不是技艺,而是艺术家所体验的感情的传达。

——［俄国作家］列夫·托尔斯泰

艺术家的创作

艺术家得永远工作,永远思考。

——［俄国作家］契诃夫

艺术家必须把自己奉献给艺术。应像工蜂必须把自己的性命投入那致命的一刺之中去一样。

——［美国作家］爱默生

艺术家所有的从容和轻快的东西都是极其勉强得到的,都是艰巨努力的果实。

　　——[俄国作家] 果戈理

　　艺术家的一切制作，都是他们内心的反映，是对于房屋、家具……人类灵魂的微笑，是渗入一切供人使用的物品中的感情和思想的魔力。

　　——[法国雕塑家] 罗丹

　　拙劣的艺术家永远戴着别人的眼镜。

　　——[法国雕塑家] 罗丹

　　艺术家同样是思想家，然而他不是间接地，而是用形象来思考。

　　——[俄国小说家] 冈察洛夫

　　大艺术家就是那些将个人的想象力强加给全人类的人们。

　　——[法国作家] 莫泊桑

　　艺术家选定了主题之后，就只能在这充满偶然的、琐碎的事件的生活里，采取对他的题材有用的、具有特征的细节，而把其余的都抛在一边。

　　——[法国作家] 莫泊桑

　　艺术家并不是独自一人创造作品。他在作品中记录他的同伴们，整

整一辈人所痛苦、热爱和梦想的一切。

　　——[法国作家] 罗曼·罗兰

　　真正的艺术家总是冒着危险去推倒一切既存的偏见，而表现他自己所想到的东西。

　　——[法国雕塑家] 罗丹

　　艺术家在他的作品中，应当像上帝在造物中一样，销声匿迹而又万能；到处感觉得到，就是看不见他。

　　——[法国作家] 福楼拜

　　艺术家的一切努力理当集中到一点：让一切人都了解。

　　——[俄国作家] 列夫·托尔斯泰

　　我的格言始终是："没有一天不动笔；如果我有时让艺术之神瞌睡，也只是为了要使他醒了以后更兴奋。"

　　——[德国作曲家] 贝多芬

　　艺术作品中令我们赞叹的鬼斧神工可遇不可求。

　　——[英国诗人] 哈代

灵感　灵感总是歌唱，从来不需解释

灵感是一种特殊的境界

　　灵感吗？它是一种心灵状况：乐于接受印象，因而乐于迅速地理解概念，这是有助于对这些概念进行阐述的。

　　——[俄国诗人] 普希金

　　灵感是一种易于感觉印象和理解的概念、近而易于阐述这些概念的一种心灵状态。几何学和诗歌需要灵感。

　　——[俄国诗人] 普希金

　　灵感是对创造的想象特别有利的一种境界。

　　——[俄国哲学家] 车尔尼雪夫斯基

　　想象的活动和完成作品中技巧的运用，作为艺术家的一种能力，就是人们通常所说的灵感。

　　——[德国哲学家] 黑格尔

　　正像任何艺术家一样，演员是在灵感下进行创造的，而灵感就是对真

实的突然的渗透。

——[俄国文艺评论家]别林斯基

凡是高明的诗人，无论是史诗还是抒情诗，都不是凭技艺来做成他们的优美的诗歌，而是因为他们得到灵感，有神力凭附着。

——[古希腊哲学家]柏拉图

原始生命力是一切艺术家的日常伴侣，或者说穿了，即一切艺术家的灵感。

——[美国心理学家]罗洛·梅科

灵感，总是歌唱，从来不需解释。

——[黎巴嫩作家]纪伯伦

一旦灵感生，无处不幽静。

——[美国作家]爱默生

有优美丰饶心灵的人，在灵感来临的一刹那所得到的启示，其乐趣绝非俗世所能比拟。

——[德国哲学家]叔本华

一位诗人充满热情并在神圣的灵感之下所作的一切诗句，当然都是美的。

——[古希腊哲学家]德谟克利特

灵感的产生

一切都可能突然取决于某一个头脑中涌现出来的没有料到的、而且不可能料到的灵感。

——[法国政治家]戴高乐

热情和灵感是不为意志所左右的，是不由钟表来调节的，是不会依照预定的日子和钟点迸发出来的。

——[德国哲学家]费尔巴哈

燧石中的火不打是不会出来的；我们灵感的火焰却会自然激发，像流水般冲击着岸边。

——[英国诗人、戏剧家]莎士比亚

有空想的人，他就有呼唤灵感的力量，所呼出来的灵感，在适当的时机，启示他以真理。

——[德国哲学家]叔本华

灵感这是一个不喜欢拜访懒汉的客人，它只拜访那召唤它的人。灵感全然不是漂亮地挥着手，而是如健牛般竭尽全力工作时的心理状态。

——[俄国音乐家]柴可夫斯基

我国还有一句老话："熟中生巧"，灵感也不过是熟中生巧，是长期锻炼的结果。

——[中国美学家]朱光潜

任何倏忽的灵感事实上不能代替长期的工夫。

——[法国雕塑家]罗丹

灵感是不存在的。艺术家的优良品质，无非是智慧、专心、真挚、意志。

——[法国雕塑家]罗丹

即使是最大的天才，朝朝暮暮躺在青草地上，让微风吹来，眼望着天空，温柔的灵感也始终不光顾他。

——[德国哲学家]黑格尔

灵感是诗人对于事物的禁闭的门的偶然开启。

——[中国诗人]艾青

欣赏

欣赏是一种陶冶，一种提高，一种收获

凡书画当观韵。
——[中国古代诗人、书法家] 黄庭坚

没有创造就不能有欣赏。
——[中国美学家] 朱光潜

作者不流泪，读者也不会流泪。
——[美国作家] 罗伯特·弗罗斯特

如果一个人自己具有某种品质，就具备对那种品质的鉴赏力。
——[英国作家] 狄更斯

欣赏是一种陶冶，一种提高，一种收获；附庸风雅是一种时髦，一场热闹，一个过场。
——[中国诗人] 汪国真

读者和作家的心境帖然无间的地方，有替生命的共鸣共感的时候，于是艺术的鉴赏即成立。
——[日本文艺评论家] 厨川白村

只要有热心和才能，就能养成一种欣赏的能力。
——[法国启蒙思想家] 卢梭

一般而言，一个善于欣赏别人的人，必是一个丰富的人；一个被别人欣赏的人，必是一个出色的人。
——[中国诗人] 汪国真

鉴赏力是凭借完全无利害观念的快感和不快感对某对象或其表现方法的一种判断力。
——[德国哲学家] 康德

有时，一个崇拜者赞美一部作品所花费的才能，比作者创作它时花费的才能更多。
——[法国剧作家] 罗斯唐

自己的心灵不美的人就无法真正认识美和欣赏美。
——[中国美学家] 朱光潜

趣味，有好坏之分；但如果对美的判断只凭感觉，那么，趣味雅俗的区别，又有什么意义呢？
——[法国美学家] 库申

供观赏的艺术作品，也就是为群众的艺术作品，群众有权利要求按照自己的信仰、情感和思想在艺术作品里重新发现自己，而且能和所表现的对象起共鸣。
——[德国哲学家] 黑格尔

一件艺术作品是由自由大胆的精神创造出来的，我们也就应尽可能地用自由大胆的精神去关照和欣赏。
——[德国诗人] 歌德

凡是我们在艺术作品里发现为美的东西，并不是直接由眼睛，而是由想象力通过眼睛去发现其为美的。
——[德国文艺理论家] 莱辛

欣赏平凡的东西和小山是容易的；可是那些过于崇高的东西，……在离太近去看的时候，是会使人惊骇的。
——[法国作家] 雨果

如果我们欣赏一幅绘画，因此忘了艺术家，艺术家一定会认为这是对他的最高赞赏。
——[德国作家] 席勒

我们在艺术美里所欣赏的正是创作和形象塑造的自由性。
——[德国哲学家] 黑格尔

最恶劣的粗俗有时会伴随着最美丽的优雅，形成一种自然的对比。
——[英国评论家] 赫兹里特

语言

笔落惊风雨,诗成泣鬼神

文学作品的基本材料是语言。

——[中国作家]茅盾

文学作品的语言应当是形象化的、富有表现力的、准确和精炼的,然后可以传达作者所欲传达的思想情绪,然后可以构成鲜明的形象。

——[中国作家]茅盾

简洁的语言是智慧的灵魂,冗长的语言则是肤浅的藻饰。

——[英国诗人、戏剧家]莎士比亚

精确与简洁,这是散文的首要美质。它要求的是思想,没有思想,再漂亮的语句也全无用处。

——[俄国诗人]普希金

话不要多,要做到诗里没有一个废字,任何一朵花都不会因为多了个瓣而显得美丽。

——[苏联作家]高尔基

诗人对自己的诗句决不能像浪子手中的金钱,相反地,应该像一个悭吝的老妇人叮叮当当地敲着她不容易挣来的一个铜元。

——[中国作家]臧克家

不要把时间、才力和劳动浪费在空洞、多余的语言上。

——[德国诗人]歌德

开采一克镭,需要终年劳动,你想把一个字安排妥当,就需要几千吨语言上的矿藏。

——[苏联诗人]马雅可夫斯基

在安排字句的时候,要考究,要小心,如果你安排得巧妙,家喻户晓的字便会取得新义,表达就能尽善尽美。

——[古罗马诗人]贺拉斯

一个作家如果关心后代的话,就会不停地纯洁自己的语法,而同时又不抛弃用来表现他精神中特殊个性的特色。

——[法国作家]雨果

我们不论描写什么事物,都须继续不断地苦心思索,非发现这个唯一的名词、动词与形容词。类似的词句是不行的,也不能因思索困难,用类似的词句敷衍了事。

——[法国作家]福楼拜

对于敏感而聪明的人来说,写作艺术之所以好,并不在于知道写什么,而是在于知道不要写什么。

——[俄国作家]列夫·托尔斯泰

要写得简练、紧凑,写最主要的东西,而且要写得像钉子钉进木头那样,一切都钻入读者的心中。

——[苏联作家]高尔基

文章应当怎样做,我说不出来,因为自己的作文,是由于多看多写和多练习,此外并无心得或方法的。

——[中国作家]鲁迅

思索、思索、再思索,否则不值得写,没经深思熟虑写下的东西,本身就一钱不值。

——[苏联作家]高尔基

黄金要经过淘洗才能得到,精辟的、被表达得很好的思想也是这样。

——[俄国作家]列夫·托尔斯泰

笔落惊风雨,诗成泣鬼神。

——[中国古代诗人]杜甫

写作

写作是一条认识自己，认识真理的路

写作目的

写作的目的不应该只是为了发表。当然更不是为了稿费或虚名。它实际上是一个人认识真理之后的独白。

—— [中国作家] 罗兰

写作是一条认识自己，认识真理的路，你只要喜欢写，应该随时动笔去写。

—— [中国作家] 罗兰

制成笔的羽毛是从天使翅膀上掉下来的，它追叙那些善良的人们的生平。

—— [英国诗人] 华兹华斯

只为金钱写作的人是庸人。

—— [英国作家] 塞缪尔·约翰生

我之所以写作并不是由于天才的冲动，而是为了舒缓爱情的烦恼和哀诉人生难以消除的痛苦。

—— [古罗马诗人] 普洛佩提乌斯

写作而没有目的，又不求有益于人，这在我是绝对做不到的。

—— [俄国作家] 列夫·托尔斯泰

艺术的第一个目的是再现现实。

—— [俄国哲学家] 车尔尼雪夫斯基

任何文学，若不把完善道德、理想和有益作为目的，都是病态的、不健全的文学。

—— [法国作家] 小仲马

创作源泉来自生活

作者写出创作来，对于其中的事情，虽然不必亲历过，最好是经历过。

—— [中国作家] 鲁迅

别胡诌自己没有经过的痛苦，别硬画自己没有见过的画图，因为扯谎在小说里比在谈话里还要乏味得多。

—— [俄国作家] 契诃夫

眼处心生句自神，暗中探索总非真。

—— [中国古代诗人] 元好问

取材不在远，只消在充实的人生之中。

—— [德国诗人] 歌德

只有被我从现实中提取，并且熟悉的一切东西，才是我写出来的好东西。

—— [俄国作家] 果戈理

作家应该写他所熟悉的，写他所生活的那个环境。

—— [丹麦童话作家] 安徒生

写作准备

为了写作，一个作家的绝大部分时间是花在阅读上；一个人要翻遍半个图书馆才能写成一本书。

—— [美国政治家] 约翰逊

我在提笔写之前，总要给自己提出三个问题：我想写什么，如何写以及怎么写。

—— [苏联作家] 高尔基

要是没有把应当写的东西经过明白而周到的思考，就不该动手写。

—— [俄国哲学家] 车尔尼雪夫斯基

你心里想得透彻，你的话自然明白，表达意思的词语自然会信手拈来。

—— [法国诗人] 布瓦洛

在文学作品里，构思愈是大胆，创作愈应无懈可击。如果你要有与众不

288

同的理由,你的理由就应该十倍于人。

——[法国作家]雨果

写作方法与技巧

文章当以理智为心胸,气调为筋骨,事义为皮肤,华丽为衣冕。

——[中国古代文学家]颜之推

最难的是开头,也就是第一句。就像在音乐中一样,第一句可以给整篇作品定一个调子,通常要费很长时间去寻找它。

——[苏联作家]高尔基

应该写了又写,这是磨炼风格和文体的唯一方法。

——[俄国作家]列夫·托尔斯泰

写作中要慢中求快,切不可灰心!不妨把你的作品放在铁砧上锤二十次。

——[法国诗人]布瓦洛

写文章和写戏都最怕冗长的独白。

——[中国作家]丁玲

组织材料是最困难的任务,有时细节会使作家离开主题,有时相反,主要的东西没有体现到必要的形式中。

——[苏联作家]阿·托尔斯泰

主要的是:不要急于写作,不要讨厌修改,而是把同一篇东西改写十遍、二十遍。

——[俄国作家]列夫·托尔斯泰

文学创作的技巧,首先在于研究语言,因为语言是一切著作,特别是文学作品的基本材料。

——[苏联作家]高尔基

什么事情使你内心激动,你就要琢磨清楚使你激动的究竟是什么,每个细节都要记清楚,这样就能把实际情况写明白。

——[美国作家]海明威

小说中的人物不是靠技巧编造出来的角色,他们必须出自作者自己经过消化了的经验,出自他的知识,出自他的头脑,出自他的内心,出自一切他身上的东西。

——[美国作家]海明威

文学作品写好后先搁它一段时间,等过了若干日子后再回过头来细细品读,这样,你就会有一种全新的感觉。

——[古罗马演说家]昆体良

创作一部好作品的秘诀是:应该知道何时搁笔。

——[英国军事家]蒙哥马利

文学是一种奢侈;虚构则是一种必需。

——[英国作家]切斯特顿

第一个形容女人像花的是聪明人,第二个再这样形容的是傻子。

——[法国作家]巴尔扎克

人闲居时,不可一刻无古人;落笔时,不可一刻有古人。

——[中国古代诗人]袁枚

文采与风格

文采是一枝魔杖,它可以点石成金。

——[英国史学家]史密斯

不管写什么,文采最要紧,它可弥补天赋、思想与才智的欠缺。内容和完全适合内容的形式达到独立完整的统一,因而形成一种自由的整体,这就是艺术的中心。

——[德国哲学家]黑格尔

文采是来自思想而不是来自辞藻。

——[法国作家]巴尔扎克

给人深刻印象的叙述,乃是文风第一位的东西。

——[英国作家]萧伯纳

每个作者如果在文学上能有特殊的成就,他必须成就一种他所独有的风格。

——[中国美学家] 朱光潜

一个人的风格有多大力量,就看他对自己的主张有多么强烈,他的信念有多么坚定。

——[英国作家] 萧伯纳

应该写得朴素,愈朴素愈好,而且愈能打动人,时代和新的读者要求朴素和明晰。

——[苏联作家] 高尔基

所谓风格,无非是作品所显示的一种格调、气派。

——[中国文艺评论家] 王朝闻

一个作家必须使他的艺术给人以自然的印象,而不是矫揉造作。自然是有说服力的,而矫揉则适得其反。

——[古希腊哲学家] 亚里士多德

要把别人写成别人,不要写成自己。

——[俄国作家] 契诃夫

写作要严格、严格、再严格。求快这意味着不是往上爬,而是从上坡向下滚,到头来只有死路一条。

——[法国作家] 富曼诺夫

油滑是创作的大敌。

——[中国作家] 鲁迅

作家 ——一切伟大的作家都是他们自己时代的浪漫主义者

作家更关心的是了解人性,而不是判断人性。

——[英国作家] 毛姆

作家是三分之一天生,三分之一学得,三分之一由时代以及社会环境造成的。

——[中国作家] 郁达夫

小说家的使命,并不在于叙述伟大的事件,乃是使细小的事件变得引人入胜。

——[德国哲学家] 叔本华

一切伟大的作家都是他们自己时代的浪漫主义者。

——[法国作家] 威廉·福克纳

有出格见地,方有千古品格;有千古品格,方有超凡学问;有超凡学问,方有盖世文章。

——[中国作家] 弘一法师

哲人的智慧加上孩子的天真或者就能成个好作家了。

——[中国作家] 老舍

一个好作家不仅拥有他自己的才智,而且还拥有他的朋友的才智。

——[德国哲学家] 尼采

幽默作家决心要唤醒、引导你的爱,你的怜悯,你的仁慈……

——[美国作家] 马克·吐温

儿童作家是生就的,而不应该是造就的,这是一种天赋。

——[俄国文艺评论家] 别林斯基

一个作家深切地感到自己和人民的血肉联系的时候,这就会给他以美和力量。

——[苏联作家] 高尔基

把写作当成谋生的手段,这是可怕的错误。这意味着高尚的原则屈从低下的东西。

——[俄国作家] 列夫·托尔斯泰

美德有助于天才，作家为人愈好，愈能写出作品。

——[英国数学家、经济学家] 杨格

作家若不从时代和世界历史的角度去考虑自己的作品，才思就会枯竭。

——[美国作家] 爱默生

真理和美德是艺术的两个密友。你要当作家，当批评家吗?请首先做一个有德行的人。

——[法国启蒙思想家] 狄德罗

作家……必须告诫自己：最卑劣的情操莫过于恐惧。他还要告诫自己：永远忘掉恐惧。

——[美国作家] 威廉·福克纳

作家、艺术家们，甚至于面对断头台，也依然忠实于他们的天赋。

——[法国作家] 巴尔扎克

作家的艺术特别在于使我们忘记他在使用文字。

——[法国哲学家] 柏格森

如果一个作家有他的独创性，首先就应该表现出来;如果没有,就应该去获得。

——[法国作家] 福楼拜

一个作家阐述的真理比别人更少,仅仅因为他讲述了更多的真实,这是永恒的规律。

——[英国史学家] 麦考莱

一部作品最大的不幸，不是贬者众多,而是无人提及。

——[法国诗人] 布瓦洛

使一个作者最富吸引力的两种能力就是:使新奇的事物显得熟悉,使熟悉的事物显得新奇。

——[英国作家] 塞缪尔·约翰生

当一个作者还活着，我们往往以他最差的作品来判断他的能力; 而在他死后，我们的判断依据则是他最好的作品。

——[英国作家] 塞缪尔·约翰生

诗 出新意于法度之中,寄妙理于豪放之外

诗是最纯粹的艺术语言

诗是艺术的语言最高的语言，最纯粹的语言。

——[中国诗人] 艾青

诗是神的词句,诗未必只存在于韵文之中。诗到处洋溢着,凡是有美和生命的地方就有诗。

——[俄国作家] 屠格涅夫

和谐是诗的语言的生命。

——[中国文学家、史学家] 郭沫若

诗的词句含有能走动的意义与能飞翔的音乐。

——[印度诗人] 泰戈尔

如果诗的写成不能像树叶发芽那样自然，倒不如不写为妙。

——[英国诗人] 济慈

世间本没有别的言说能比诗人以语言文字画出自己的心和梦更为明白晓畅的了。

——[中国作家] 鲁迅

诗的创作

一般来说,诗可以理解为"想象的表现"。自有人类便有诗。

——[英国诗人]雪莱

诗只应该有一个模范,那就是自然。

——[法国作家]雨果

世界是如此广大而丰富,生活是如此多姿多彩,因此你决不会缺少做诗的机会。

——[德国诗人]歌德

诗歌与生活是一体。

——[俄国诗人]茹科夫斯基

伟大行为,无非都是在户外的空气中被思索出来,而所有的自由诗歌亦复如此。

——[美国诗人]惠特曼

创造力是诗的北斗,犹如幻想是船上的帆,想象力是船上的舵。

——[英国诗人]济慈

出新意于法度之中,寄妙理于豪放之外。

——[中国古代文学家]苏轼

诗的价值

诗歌比历史更富有哲理性和具有更高的价值。

——[古希腊哲学家]亚里士多德

思想,在诗句中得到冶炼,立刻就具有了某种更深刻、更光辉的东西。

——[法国作家]雨果

一首伟大的诗篇像一座喷泉一样,总是喷出智慧和欢愉的水花。

——[英国诗人]雪莱

诗歌揭开世间隐藏之美的面纱,并使平凡的事物显得很不平凡似的。

——[英国诗人]雪莱

诗歌是用永恒的真理表现出来的生活写照。

——[英国诗人]雪莱

诗歌是最美好、最幸福的灵魂对最幸福、最美妙时刻的记载。

——[英国诗人]雪莱

诗是人的精华。

——[中国学者]闻一多

一首好诗,能让人如面对明镜,觉得内与外都变得清明洁净了。

——[中国台湾诗人]席慕蓉

诗的艺术魅力

仅仅有美,对诗来说是不够的。诗应该打动人心,把听从的灵魂引导到诗的意境中去。

——[古罗马诗人]贺拉斯

歌声在空中感到无限,图画在地上感到无限。诗呢,无论在空中、在地上都是如此。

——[印度诗人]泰戈尔

诗是翻腾的内心之叹息。

——[法国作家]普吕多姆

真情流露的文字自然成诗。

——[中国文学家、史学家]郭沫若

情绪的韵律、情绪的色彩便是诗。

——[中国文学家、史学家]郭沫若

诗歌是最美妙、最难忘、最富有感染力的表现形式,因而也最重要。

——[英国诗人]阿诺德

诗是用文字创造的韵律美。

——[美国诗人]爱伦坡

诗歌的灵魂在于创新,即创造出使人意想不到、惊叹不已和赏心悦目的东西。

——[英国作家]塞缪尔·约翰生

诗画之区别：画是哑巴诗，诗是盲人画。

——［意大利画家］达·芬奇

诗歌光是优美还不够，还必须有魅力，要能牵动听者的灵魂。

——［古罗马诗人］贺拉斯

诗的本质就在于给抽象的思想以生动的、感性的、美丽的形象。

——［俄国文艺评论家］别林斯基

诗贵含蓄，贵有不尽之余意。

——［中国作家］茅盾

作为一种理性的功能，诗的目的在于产生惊奇感。

——［意大利革命家］马志尼

诗歌本身就含有一种内在的影响力，这种影响力将通过诗人的艺术，以一种有趣的方式进行传播。

——［英国诗人］阿诺德

诗是强烈感情的自然流露

诗是迷醉心怀的智慧。

——［黎巴嫩作家］纪伯伦

诗是写给世人的情书。

——［英国喜剧艺术家］卓别林

诗是强烈感情的自然流露，它源于在宁静中积累起来的情感。

——［英国诗人］华兹华斯

诗是悲伤的姊妹。每一个受苦哭泣的人都是诗人；每一颗泪珠都是一个诗句；每一颗心都是一首诗。

——［苏联雕塑家］安德列耶夫

诗是想象的熔岩，必须让熔岩喷吐出来，火山才能免于爆发。

——［英国诗人］拜伦

哪里有真实，哪里也就有诗。

——［俄国文艺评论家］别林斯基

真正的诗永远是心灵的诗，永远是心灵的歌，它很少谈论哲理，它是羞于大发议论的。

——［苏联作家］高尔基

痛苦的诗中也有欢乐，这一点只有诗人才知道。

——［英国诗人］柯珀

诗歌是一团火，在人的灵魂里燃烧。这火燃烧着，发热发光。

——［俄国作家］列夫·托尔斯泰

诗的生命力

精神常青，诗句也常青。

——［中国诗人］臧克家

诗歌能躲过坟墓，使伟大的业绩永垂青史，使英名代代相传。

——［古罗马诗人］奥维德

无韵的诗句，是没有灵魂的肉体。

——［英国作家］斯威夫特

诗不可同化于科学和伦理，一经同化，便是死亡和衰退。

——［法国诗人］波德莱尔

诗人

我们把诗歌称为有音乐的思想，而诗人则是以这种方式进行思维的人

诗人与创作

诗人是描绘心灵的画家。

——［英国作家］迪斯累里

诗人是对语言的所有矿藏做严格挑选并只留下纯金的人。

——［法国作家］莫洛亚

293

谁能第一个透过昏暗的晨曦看到黎明，并能在别人都认为白天已经结束时看到暮色中出现的第一点微弱的星光，谁就是人们所称的诗人。

——[美国作家]霍姆斯

诗人的头脑是许多沉船栖息的海底。

——[法国诗人]瓦雷里

诗人是这样的人，他架起通向星星的梯子，一边爬梯子，一边拉提琴。

——[法国作家]龚古尔

没有一种心灵的火焰，没有一种疯狂式的灵感，就不能成大诗人。

——[古希腊哲学家]德谟克利特

我们把诗歌称为有音乐的思想，而诗人则是以这种方式进行思维的人。

——[英国诗人]卡莱尔

优秀的诗人既是天生的，也是练成的。

——[英国诗人、剧作家]本·琼森

哲学家以三段论法说话，诗人则以形象和图画说话。

——[俄国文艺评论家]别林斯基

情感是诗的天性中一个主要的活动因素；没有情感就没有诗人，也没有诗。

——[俄国文艺评论家]别林斯基

啊，诗圣，我已拜倒在你的脚下。只让我的生命单纯、正直，像一枝苇笛，让你来吹出乐音。

——[印度诗人]泰戈尔

诗人写诗，不是凭智慧而是凭灵感。

——[古希腊哲学家]柏拉图

诗人的灵感可能只不过是一种奇特的大脑皮层的颤动，一种根本不可复现的和浪费掉的直觉。

——[美国哲学家]桑塔亚那

诗人们在他们的作品里都运用了最深刻的思想，这种思想就好比果壳里隐藏着的果肉，而他们所用的美妙的语言就好比果皮和树叶。

——[意大利作家]薄伽丘

诗人与世界

诗人，是不为世界所知的立法者。

——[英国诗人]雪莱

任何伟大的诗人之所以伟大，是因为他的痛苦和幸福深深根植于社会和历史的土壤里，他从而成为社会、时代以及人类的代表和喉舌。

——[俄国文艺评论家]别林斯基

诗人如果不是能够撼动世代恶势力的大山的巨人，便是在花粉里翻掘的小甲虫。

——[俄国思想家]皮萨列夫

真正的诗人不由自主地痛楚地燃烧起来，并且引燃别人的心灵。

——[俄国作家]列夫·托尔斯泰

伟大诗人的态度就是要使奴隶高兴，使暴君害怕。

——[美国诗人]惠特曼

异端是生活的诗歌，因此有异端思想是无伤于一个诗人的。

——[德国诗人]歌德

一位诗人看世界就像是男人看女人。

——[英国小说家]斯蒂文森

诗人位于语言之外，他是从反面来看待文字的，仿佛他不食人间烟火，仿佛他在走近人们时，首先遇到语言的障碍。

——[法国文学家、哲学家]萨特

诗人都是这样：他们大声自言自语，全世界都听得到他们的声音。可是，除了自己之外，他们却听不见别人的声音。

——[英国作家]萧伯纳

诗人的声音不应只是记录人的声音,它应该是帮助人类流芳于世的一根支柱和栋梁。

——[美国小说家]福克纳

自然是黄铜世界,只有诗人才变出黄金世界。

——[英国诗人]菲锡德尼

诗人从来不圈定你的想象范围,来要求你相信他所写的是真实的。

——[英国诗人]菲锡德尼

戏剧

在神秘的帷幕后面,是一个尚未展现的奇妙的世界

戏剧是人生的缩影

戏剧是对真实的一种群众性的和共同的感受,就是通过整个观众厅和舞台上的人们来表现对真实的一致的、共同的感情。

——[俄国作家]列夫·托尔斯泰

戏剧的本质就是大家一起,创造性地把虚构变为真实。

——[俄国作家]列夫·托尔斯泰

戏剧的原则是模仿真实。

——[西班牙小说家]塞万提斯

戏剧,作为一种艺术,并非什么永远存在和固定不变的东西,而是在晚上的那短短的几个钟头里不断生长、不断发生着的东西。

——[俄国作家]列夫·托尔斯泰

最好的戏剧也不过是人生的缩影。

——[英国诗人、戏剧家]莎士比亚

戏剧把已经完成的事件当做好像目前正在发生的事件表演在读者或观众面前。

——[俄国文艺评论家]别林斯基

戏剧的表达方式

对观众来讲,戏剧是一种集体经验。某些艺术绘画、雕塑、文学提供的是单个人的经验。

——[英国政治家]威尔逊

有许多事情,假如它们是真实的,就不能产生乐趣,但在虚构的戏剧中却能够产生很大的乐趣。

——[奥地利精神分析学家]弗洛伊德

戏剧要求的是动作,是主人公的主动积极,是强烈的情感、迅速的感受、简洁和鲜明的词句。

——[苏联作家]高尔基

一出戏因为有许多光辉的思想,人物刻画又非常恰当,纵使他没有什么魅力,没有力量,没有技巧,但是比起内容贫乏、突然响亮而又毫无意义的诗作,更能使观众喜爱。

——[古罗马诗人]贺拉斯

我们有权利赞成萨拉克鲁的话:"戏剧不是为人物而存在,人物是为戏剧而存在。"

——[法国作家]莫洛亚

常言道:万事开头难。但是,在戏剧这一行,此话的反说才是正确的:万事收尾难。

——[德国哲学家]叔本华

在舞台上,有两种办法激起群众的热情,即通过伟大和通过真实。伟

大掌握群众,真实攫住个人。

——[法国作家]雨果

在一出精心结构的戏里,诙谐的部分使观众娱乐,严肃的部分给他教益,剧情的发展使他惊奇,穿插的情节添他的智慧,诡计长他见识,鉴戒促他醒悟,罪恶激动他的义愤,美德引起他的爱慕。

——[西班牙小说家]塞万提斯

喜剧与悲剧

戏剧就是滑稽丑怪与崇高优美的结合、灵魂与肉体的结合、悲剧与喜剧的结合。

——[法国作家]雨果

悲剧和喜剧已不再是思想问题;生活中的小差错使我们发笑;而重大的差错则是悲剧,是造成悲伤的原因。

——[美国作家]哈伯德

喜剧总是摹仿比我们今天的人坏的人,悲剧总是摹仿比我们今天的人好的人。

——[古希腊哲学家]亚里士多德

一出完美的悲剧是人性的高尚产物。

——[英国文学评论家]艾迪生

悲剧的内容是伟大道德现象的世界,它的主人公是充满着人类精神天性的本体力量的个性。

——[俄国文艺评论家]别林斯基

悲剧所以能使人惊心动魄,主要靠"突转"与"发现",此二者是情节的成分。

——[古希腊哲学家]亚里士多德

喜剧的实质是生活的现象同生活的实质和使命之间的矛盾。

——[俄国文艺评论家]别林斯基

喜剧的内容是缺乏合理的必然性的偶然事件,是主观幻想的世界或者似乎存在而实际上不存在的现实的世界。

——[俄国文艺评论家]别林斯基

喜剧表现了自我保护的生命力节奏,悲剧则表现了自我完结的生命力节奏。

——[美国哲学家]苏珊·朗格

在各种艺术中,幽默都占有自己的地位,但在喜剧中,它才是真正的主人。

——[美国哲学家]苏珊·朗格

喜剧是要用笑而恰恰不是用嘲笑来改善一切。

——[德国文艺理论家]莱辛

喜剧是告诉我们,人生是美好的,充满乐趣的。

——[德国哲学家]叔本华

在一出很长、很正确、又很严肃的喜剧中,每一场都应在道德上给人以教益。

——[英国诗人]蒲柏

真正优秀的悲剧应该在人类灵魂的舞台上演,让人的理性做唯一的观众。

——[英国诗人]卡莱尔

悲剧的目的远比历史的目的更富于哲学性。

——[德国文艺理论家]莱辛

编剧与导演

谁为剧本发明了新结局,谁就开辟了新纪元。

——[俄国作家]契诃夫

伟大的剧作家不仅是给自己或观众以娱乐,他还有更多的事要做,他应该解释生活。

——［英国作家］萧伯纳

戏剧诗人应该像命运那样无情、无私、无畏。

——［俄国诗人］普希金

作家要写出有行动性的台词，导演才可能从这样的台词里挖掘出人物的许许多多舞台行动来。

——［中国导演］焦菊隐

导演首先应该是一面镜子，在这面镜子里，反映着、存在着演员的一切内心活动。

——［中国导演］焦菊隐

导演艺术家既是一个给别人收生的助产士，又是那个受助的孕妇。

——［中国导演］焦菊隐

导演的责任便是将那剧本搬上舞台，将文字变成生命，将抽象变成具体。

——［中国导演］黄佐临

角色与演员

演戏是世界上最富有魅力的行业之一，同时也是最为苛求与最难立足的行业之一，然而演员是戏剧界里最不可少的一员。

——［美国戏剧理论家］布罗·凯特

演员不仅要具有极大的天赋，还必须具备不屈不挠的毅力和奉献终生精力的决心。

——［美国戏剧理论家］布罗·凯特

要在心中感觉角色，在角色中感觉自己。

——［苏联戏剧理论家］斯坦尼斯拉夫斯基

没有小角色，只有小演员。

——［苏联戏剧理论家］斯坦尼斯拉夫斯基

演员必须观察，不仅观察，而且要善于看到自己这门艺术和其他各门艺术以及一切领域中的美好事物。

——［苏联戏剧理论家］斯坦尼斯拉夫斯基

演员应该切记，每一演出对于该场的观众而言，都是初次的经验。水准的维持，全赖演员专注的能力。

——［美国戏剧理论家］布罗·凯特

演员更加是一个创造者，因为他有时可以给人物添上作者没有想到的特征。

——［俄国文艺评论家］别林斯基

演技的锻炼是一个永无止境的过程，只有谨慎而谦虚的演员才能使自己的演技日臻完美。

——［美国戏剧理论家］布罗·凯特

扮演好人，要找他坏的地方；扮演坏人，要找他好的地方。

——［苏联戏剧理论家］斯坦尼斯拉夫斯基

如果你想塑造一个全新的人物形象，那就让它像开始时那样，一直保持到剧终，形成独特的风格。

——［古罗马诗人］贺拉斯

戏剧是由演员在舞台上，以客观的动作，以情感而非理智的力量，当着观众，来表现一段人与人间的意志冲突。

——［美国政治家］汉密尔顿

先要角色生活于你，然后你才能生活于角色。

——［中国导演］焦菊隐

不应当去表演热情和形象，而要在热情的影响下和形象中去动作。

——［苏联戏剧理论家］斯坦尼斯拉夫斯基

当表情真正和节奏结合的时候，就好像江水入大海和林鸟夜归巢那样，会使人感到舒畅和安慰。

——［中国剧作家］吴晓邦

音乐

音乐和旋律，足以引导人们走进灵魂的秘境

音乐是心情的艺术

音乐是直接同人的心情交谈的艺术。

—— [日本社会活动家] 池田大作

通过音乐来打动的就是最深刻的主体内心生活；音乐是心情艺术，它直接针对着心情。

—— [德国哲学家] 黑格尔

音乐可以称作是人类的万能语言，人类的感情用这种语言能够向任何心灵说话，被一切人理解。

—— [匈牙利作曲家] 李斯特

次于沉默，最接近于表达出不能表达的，就是音乐。

—— [英国博物学家] 赫胥黎

音乐是人类共同的语言；诗是人类共同的安慰和喜悦。

—— [美国诗人] 朗费罗

音乐是唯一可以纵情而不会损害道德和宗教观念的享受。

—— [美国发明家] 爱迪生

所谓音乐，就是表达心灵阵阵波澜状态过程的艺术。

—— [中国作家] 赵鑫珊

音乐最容易暴露一个人的心事，泄露最隐秘的思想。

—— [法国作家] 罗曼·罗兰

音乐中美的唯一温度表，就是我们心灵沉浸于无法言状的迷醉程度。

—— [法国作家] 司汤达

感心动耳，荡气回肠。

—— [中国古代皇帝、诗人] 曹丕

音乐形象完全由人的情感所织成。

—— [苏联美学家] 鲍列夫

音乐具有巨大的魔力

音乐的魔力，足以使一个人对未能感觉的事有所感觉，对理解不了的事有所理解，使不可能的事变为可能。

—— [俄国作家] 列夫·托尔斯泰

音乐，有人将它比做花朵，因为它铺满在人生的道路上，散发出不绝的芬芳，把生活装饰得更美。

—— [德国作曲家] 贝多芬

几根羊肠绷起来的弦线，会把人的灵魂从躯体里抽拉出来，真是不可思议。

—— [英国诗人、戏剧家] 莎士比亚

用音乐，用某些旋律和节奏可以教育人，治疗人的脾气和情欲，并恢复内心能力的和谐。

—— [古希腊数学家] 毕达哥拉斯

音乐和旋律，足以引导人们走进灵魂的秘境。

—— [古希腊哲学家] 苏格拉底

音乐乃是一种使人迷恋善良、美和人道精神的最奇妙、最精细的手段。

—— [苏联教育家] 苏霍姆林斯基

音乐有一种魔力，可以感化人心向善，也可以诱人走上堕落之路。

—— [英国诗人、戏剧家] 莎士比亚

音乐中蕴藏着如此悦耳的、催人奋进的力量。

—— [英国诗人] 弥尔顿

感人的歌声留给人的记忆是长远的。无论哪一首激动人心的歌，最初在哪里听过，哪里的情景就会深深地留在记忆里。

——[中国作家] 吴伯箫

领悟音乐的人，能从一切世俗的烦恼中超脱出来。

——[德国作曲家] 贝多芬

音乐应从男人心中烧出火来，从女人眼中带出泪来。

——[德国作曲家] 贝多芬

音乐能比任何箴言和哲理给人以更深的启示。

——[德国作曲家] 贝多芬

音乐能从精神上扫除日常生活中的尘埃。

——[德国作曲家] 巴赫

没有歌唱就没有生命，就像没有太阳也就没有生命一样。

——[捷克斯洛伐克作家] 伏契克

音乐的魔力能使猛兽温顺，岩石软化，硬木弯曲。

——[英国戏剧家] 康格里夫

音乐，是人生最大的快乐；音乐，是生活的一股清泉；音乐，是陶冶性情的熔炉。

——[中国作曲家] 冼星海

音乐是人体的灵魂，人生迸发的火花。

——[苏联作家] 高尔基

唯有音乐，才是把我们的精神生活引向感觉生活的媒介。

——[法国作家] 罗曼·罗兰

音乐，你抚慰了我痛苦的灵魂；音乐，你恢复了我的安静、坚定、欢乐，恢复了我的爱，恢复了我的财富。

——[法国作家] 罗曼·罗兰

治疗痛苦的灵丹那就是音乐。

——[古希腊诗人] 荷马

音乐常使死亡迟延。

——[古希腊寓言作家] 伊索

音乐最充分地显示出艺术的价值

音乐是人生的艺术。

——[奥地利音乐家] 施特劳斯

"音乐是天使的演讲。"这句话真是说得太好了。

——[英国诗人] 卡莱尔

音乐最充分地显示出艺术的价值，因为它没有材料须考虑，它全是形式和意蕴，凡是它所表现的东西它都加以提高和改进。

——[德国诗人] 歌德

音乐是艺术最完美的形式，因此也是美的最直接的表现，它具有统一与单一的形式和精神，很少为任何外在的东西所妨碍。

——[印度诗人] 泰戈尔

只有旋律是具有灵感的艺术所掌握的不可战胜的威力的泉源，只有旋律才具有征服人心的力量。

——[法国启蒙思想家] 卢梭

音乐是感人肺腑的艺术，亦即较之其他艺术是最能左右人的情感的艺术。

——[俄国作家] 列夫·托尔斯泰

音乐是所有艺术中最富浪漫主义的，几乎可以说是唯一的真正浪漫主义的艺术，因为它的唯一主题就是无限物。音乐向人类揭示了未知的王国，在这个世界中，人类抛弃所有明确的感情，沉浸在无法表达的渴望之中。

——[德国作家] 霍夫曼

音乐是人们不可缺少的精神食粮

音乐是比一切智慧、一切哲学更高的启示……谁能渗透我音乐的意义，便能超脱寻常人难以自拔的苦难。

——[德国作曲家] 贝多芬

音乐的基本任务不在于反映出客观事物而在于反映出最内在的自我。

——[德国哲学家] 黑格尔

音乐给人开辟了一个陌生的王国，一个与他周围的外在感性世界没有任何共同之处的世界。

——[德国作家] 霍夫曼

心中充满音乐的人才会对最美好的东西充满爱。

——[古希腊哲学家] 柏拉图

音乐用理想的纽带把人类结合在一起。

——[德国作曲家] 瓦格纳

音乐是自我教育的强有力的手段。

——[苏联教育家] 苏霍姆林斯基

歌，就是力量，就是战斗的号角，就是人们思想的火花。

——[苏联诗人] 马雅可夫斯基

音乐唤起了我们不曾梦想过它的存在和不曾明白过它的意义的那些潜伏着的情绪。

——[英国哲学家] 斯宾塞

音乐，我们的仅次于爱情的精神食粮。

——[英国诗人、戏剧家] 莎士比亚

能欣赏音乐的人，很少有无法排遣的寂寞。真爱音乐的人多能保持心境的平和与为人的纯良。

——[中国作家] 罗兰

音乐是一种能使所有年龄的人都喜欢的东西，它适用于所有国度，而且对悲伤和欢乐都很相宜。

——[英国散文家] 胡克

舞蹈

舞蹈可以说是活动的雕刻，它所表现的是感情的高度集中

舞蹈是生命情调最强烈的表现

舞蹈，应该成为光明和纯洁的美好化身。

——[美国舞蹈家] 邓肯

舞蹈可以说是人类创造出来的第一种真正的艺术。

——[美国哲学家] 苏珊·朗格

舞蹈是生命情调最直接、最实质、最强烈、最尖锐、最单纯而又最充足的表现。

——[中国学者] 闻一多

舞蹈是音乐和爱情之子。

——[英国地貌学家] 戴维斯

音乐这是舞蹈的灵魂。音乐中包含了并决定着舞蹈的结构、特征和气质。

——[苏联芭蕾编导] 扎哈罗夫

舞蹈是脚步的诗歌。

——[英国诗人] 德莱顿

舞蹈可以说是活动的雕刻，它所表现的是感情的高度集中。

——[中国戏剧家] 欧阳予倩

舞蹈是有节拍的步调，就像诗歌

是有韵律的文体一样。

——[英国哲学家]培根

舞蹈是戏剧和故事的演述。

——[德国诗人]米勒

舞蹈的艺术表现形式

舞蹈是一种形象，也可以把它称之为一种幻象。

——[美国哲学家]苏珊·朗格

舞蹈通过人体动作的表情来让人认识人体和心灵的美和圣洁。

——[美国舞蹈家]邓肯

对舞蹈而言，最重要的便是人的肉体，舞蹈要求肉体的动作和内心的情感完美结合，使之产生出一种绝妙的韵味。

——[日本作家]武者小路实笃

舞蹈运用不同于自然界的独特语言来表现人体的美。人类所有有意识的艺术活动最初都是从发现人体的自然美开始的。

——[美国舞蹈家]邓肯

舞蹈应该纯洁而又坚强，使人们不得不说，我们看到的是灵魂在舞动，一个展露在光明里的、无比纯洁的灵魂。

——[美国舞蹈家]邓肯

舞剧是一幅画，或者更确切地说，是由构成舞剧情节的行动语言组成整体的一幅图画。

——[法国剧作家]诺维

舞蹈艺术是人类文化上最崇高的，同时也是最普及的一种表现。

——[中国剧作家]吴晓邦

舞蹈的产生与创作

我在周围的一切事物中看到舞蹈的基础。凡人的身体所能做出的真实的舞蹈动作，最初都存在于自然界。

——[美国舞蹈家]邓肯

无论是造型艺术还是舞蹈音乐艺术，其起源同人们之间物质交际工具的发展具有直接的联系。

——[俄国学者]舍尔斯托比托夫

贝多芬使舞蹈有了宏伟的节奏，瓦格纳使舞蹈有了生动的形象，尼采则使舞蹈有了内在的精神。

——[美国舞蹈家]邓肯

我所创造的舞蹈无非是表现自由，其灵感正是来自童年时代的不羁、无拘无束的生活。

——[美国舞蹈家]邓肯

自最初我的跳舞便是表现人生。幼年的时候，我跳着生物自然之舞。成年的时候，我跳舞便感觉到人生悲哀的暗礁、冷酷的残忍和前进中的挫折。

——[美国舞蹈家]邓肯

雕塑　雕刻为结晶之殿宇

雕刻是古典理想中的真正的艺术。

——[德国哲学家]黑格尔

雕刻是凹与凸的艺术，并不是没有光滑润饰的形状。

——[法国雕塑家]罗丹

雕刻不需要独创，但一定要有

生命。

　　——[法国雕塑家] 罗丹

当雕像开始令人费解时,它就达到了美的程度。

　　——[美国作家] 爱默生

艺术家把灵魂灌注到石头里去,使它柔润起来,活起来了,这样灵魂就完全渗透到自然的物质材料里去,使

它服从自己的驾驭。

　　——[德国哲学家] 黑格尔

你问我在什么地方学来的雕刻?在森林里看树,在路上看云,在雕刻室里研究模型学来的。我到处学,只是不在学校里。

　　——[法国雕塑家] 罗丹

美术　画家与自然竞赛,并胜过自然

写　真

画家是自然和人间的中介者,是自然创造物的再现者,他的精神必须包罗自然万象。只有向自然学习才能做到这一点。

　　——[意大利画家] 达·芬奇

作画贵写真。

——[中国文学家、史学家] 郭沫若

才能卓著的画家在布上创造出来的风景画,比任何大自然中的如画美景都更好。

　　——[俄国文艺评论家] 别林斯基

再没有比我在画幅中所创造的幻想更真实的了,剩下的只不过是泥沙罢了。

　　——[法国画家] 德拉克洛瓦

作画当以不似之似为真似。

　　——[中国画家] 黄宾虹

美术一旦脱离了真实,即使不灭亡,也会变得荒诞。

　　——[英国诗人] 卡莱尔

绘画由理想的场地走入生动的现实,它通过细节的准确描绘,寻找再现出现实现象的外观。

　　——[德国哲学家] 黑格尔

万里江山笔下生。

　　——[中国古代] 唐寅

咫尺之图,写千里之景。

——[中国古代诗人、画家] 王维

黄山是我师,我是黄山友。

　　——[中国古代画家] 石涛

杰出的画,只不过是对完美的自然所做的一小部分模仿,是自然画笔中的一小部分影子而已。

　　——[意大利画家] 米开朗琪罗

自然界之理法,画外之师也。

　　——[中国画家] 潘天寿

吃透了大自然的主要本质之后,就可以表达它,但是在表达的时候不应该过于偏向大自然。

　　——[日本画家] 西川佑信

看书画有三等:至真至妙为上等,妙而不真为中等,真而不妙为下等。

　　——[中国评论家] 钱泳

其实胸中之竹,并不是眼中之竹也,因而磨墨展纸,落笔倏作变相,手中之竹又不是胸中之竹也。

　　——[中国古代画家] 郑板桥

画山水者,需要遍历广观,然后方

知著笔去处。

　　——[中国画家]李澄叟

咫尺之图，写百千里之景。东西南北，宛尔目前；春夏秋冬，生于笔下。

　　——[中国古代诗人、画家]王维

意　境

一画有千秋遐想。

　　——[中国古代画家]郑板桥

一个优秀的画家应描画两件主要的东西：人和他的思想意图。

　　——[意大利画家]达·芬奇

绘画是一种"光学"，我们这项艺术的内容，基本上是存在于我们眼睛的思维里。

　　——[法国画家]塞尚

绘画艺术是人们用以表达自己思想的工具，它和语言的功能相同。

　　——[德国诗人]米勒

当一个人在画画时，他并不思考。

　　——[意大利画家]拉斐尔

美术是感情的产物，是人生的慰安。它能用慰安的方式来潜移默化我们的感情。

　　——[中国画家]丰子恺

画法之妙人各意会而造其境，故无定法也。

　　——[中国古代画家]方薰

绘画之事，胸中造化吐露笔端，恍惚变幻，像其物宜，足以启人之庙志，发人之浩气。

　　——[中国古代画家]董其昌

凡画山水，意在笔先。

　　——[中国古代诗人、画家]王维

人不应预先存有一个观念，每画一次，是一次探索。当我面对着一块白画布时，我永不知道什么会从那里产生出来。

　　——[法国画家]勃拉克

技　法

要极省俭地画出一个人的特点，最好是画他的眼睛。

　　——[中国作家]鲁迅

仅仅满足于形似到乱真，拘泥于无足道的细节表现的画家，将永远不能成为大师。

　　——[法国雕塑家]罗丹

工画者，不善山水，不能称画家；工书者，不精小楷，不能称书家。

　　——[中国评论家]钱泳

色彩说出一切语言。

　　——[英国文学评论家]艾迪生

"至人无法"，非无法也，无法而法，乃为至法。

　　——[中国古代画家]石涛

夫画有六要：一曰报，二曰韵，三曰思，四曰景，五曰笔，六曰墨。

　　——[中国古代画家]荆浩

艺术就是感情，如果没有体积、比例、色彩的学问，没有灵敏的手、最强烈的感情也是瘫痪的。

　　——[法国雕塑家]罗丹

绘画包括所有的技巧、难度以及特殊的目的，是高尚且富于表现的语言。

　　——[英国政论家]罗斯金

凡画，人最难，次山水，次狗马；台榭一定器耳，难成而易好，不待迁想妙得也。

　　——[中国古代画家]顾恺之

画道之中，水墨最为上，肇自然之性，成造化之功。

　　——[中国古代诗人]王维

得其形似，则无其气韵，具其彩色，则起其笔法，岂曰画也！

——[中国古代画家] 张彦远

国画要使人一目了然，所以那最普通的方法是"夸张"，但又不是胡闹。

——[中国作家] 鲁迅

品画先神韵，论诗重性情。蛟龙生气尽，不若鼠横行。

——[中国古代诗人] 袁枚

画画小技，人拾者则易，创造者则难。拾得者半可得皮毛，欲自立成家，至少辛苦半世。

——[中国画家] 齐白石

魅 力

好的画犹如美味的烹调：可以尝出其美味，却无法说得出道理。

——[法国画家] 弗拉曼克

绘画对于我是一个丝织品，经线是表现的部分，纬线是建筑或抽象的部分。

——[西班牙画家] 格里斯

一幅画的主要任务是要描绘出一个情境，一个动作的场面。这里第一条规律就是可理解性。

——[德国哲学家] 黑格尔

画家之所以为画家，是由于他见到旁人只能隐约感觉或依稀瞥望而不能见到的东西。

——[意大利哲学家] 克罗齐

绘画愈像雕刻，映在我眼里愈觉得它是出色的作品；雕刻愈像绘画，我就愈觉得它是拙劣的作品。

——[意大利画家] 米开朗琪罗

激 情

我所画的每一笔触，就好像从我的血里流出来的，和我的模特的血混合着，在太阳里，在光线里，在色彩里。

——[法国画家] 塞尚

画家怕雪白的画布，但雪白的画布怕真正热情的画家。

——[荷兰画家] 凡·高

一个人只有在真正热爱大自然、并具有坚韧不拔、锲而不舍的工作精神的情况下，才能选择画家的职业。

——[英国画家] 柯罗

我有些瞬间，激动升腾到疯狂或达到预言家状态。一切面向自然创作的，是栗子，从火中取出来的。

——[荷兰画家] 凡·高

书法

无色而具画图的灿烂，无声而有音乐的和谐

学书在法，而其妙在人。法可以人从而传，而妙必其胸中所独得。

——[中国古代书法家] 晁补之

意在笔先，然后作字。

——[中国古代文学家] 扬雄

书法的好坏，主要是在于气韵的雅俗。

——[中国哲学家] 冯友兰

字中有笔，如禅家句中有眼。

——[中国古代诗人、书法家] 黄庭坚

文则数言乃成其意，书则一字已

见其心。

　　——［中国古代书法家］张怀

学书当自成一家之体。

　　——［中国古代书法家］张怀

篆尚婉而通，隶欲精而密，草贵流而畅，章务检而便。

　　——［中国古代书法家］孙过庭

字之巧处在用笔，尤在用墨，然非多见古人真迹，不足与语此窍也。

　　——［中国古代画家］董其昌

用笔在心，心正则笔正。

　　——［中国古代书法家］柳公权

用笔如锥画沙，使其藏锋，画乃沉着。当其用笔，常欲使其透过纸背，此功成之极矣。

　　——［中国古代书法家］颜真卿

世人公认中国书法是最高艺术，就是因为它能显出惊人奇迹，无色而具画图的灿烂，无声而有音乐的和谐，引人欣赏，心旷神怡。

　　——［中国书法家］沈尹默

摄影　摄影是唯一能把精确的和转瞬即逝的瞬间丝毫不差地固定下来的一种手段

摄影最优势的事情是，它可以把景象固定下来。

　　——［日本摄影师］荒木经惟

摄影就是凝神屏息。

　　——［法国摄影师］布列松

一幅好的照片要有一个表现主题。

　　——［中国摄影师］陶然

好的照片，可以讲出一个故事，可以交流一种思想或表达一种感情。

　　——［中国摄影师］陶然

一幅好的照片总是能把观众的视线吸引到能够表现主题、最重要的事物上面。在组织画面时，要强化主体形象。

　　——［中国摄影师］陶然

只要当初所具有的业余摄影家那种勤恳、钻研和虚心学习的精神一旦消失，我就不可能拍出好照片，创造因素也就随之消亡。

　　——［德国摄影师］艾森斯达特

要在平凡的对象、平凡的画面里，

引出值得拍摄的地方来，所以我的兴趣倒是从平凡的女性身上抽出她们具有的精神来。

　　——［日本摄影师］秋山庄太郎

我创制的每一张照片，即使是同一底片，也都当做一次新的难题，新的经历。

　　——［美国摄影师］斯梯格里灭

我深深知道照片中的人都是我的手足，即使它们反映的经常是另一个种族受难的形象。

　　——［英国史学家］史密斯

拍摄花卉时，拍摄前要对花卉进行细心的观察，要选择花瓣完整、花形美丽的作为拍摄对象。

　　——［法国摄影师］阿东

拍摄花卉照片，最好选择刚刚绽放的花朵，拍出的照片才富有生命力，生动感人。

　　——［法国摄影师］阿东

在所有的表现方法中，摄影是唯

一能把精确的和转瞬即逝的瞬间丝毫不差地固定下来的一种手段。

——[法国摄影师]布勒松

新闻照片是不能组织的,摄影记者不能去干预事件,只能从中选择那些最能说明问题的镜头。

——[苏联政治家]加里宁

我的教师是照相机。我的人世间就是通过照相机的人世间。

——[日本摄影师]荒木经惟

眼睛看见的与照相机拍摄到的是不一样的。真正的东西不可貌相。

——[日本摄影师]荒木经惟

所有事物都具有梦幻色彩。

——[墨西哥摄影]布拉沃

摄影的历史是人类幻想的历史。

——[日本摄影师]杉本博司

14

读书与教育

书籍好比食品。有些只须浅尝，有些可以吞咽。只有少数需要仔细咀嚼，慢慢品味。所以，有的书只要读其中一部分，有的书只须知其中梗概，而对于少数好书，则要读通，细读，反复地读。

——[英国哲学家] 培根

书籍

在人类所有的奋斗中,唯有书籍最能经受岁月的磨蚀

书籍——真正的大学

在尘世间人类所能创造的一切事物中,最重要、最精彩、最有价值的一种,我们叫做"书"!

——[英国作家] 卡莱尔

书,要算人类在走向未来幸福富强的道路上新创造的一切奇迹中最复杂最伟大的奇迹。

——[苏联作家] 高尔基

书籍——当代真正的大学。

——[英国作家] 卡莱尔

书籍是在时代的波涛中航行的思想之船,它小心翼翼地把珍贵的货物运送给一代又一代。

——[英国哲学家] 培根

社会和人的灵魂都在书里。

——[中国作家] 冯骥才

书籍把我们引入最美好的社会,使我们认识各个时代的伟大智者。

——[英国作家] 斯迈尔斯

书籍里珍藏着过去时代的灵魂。

——[英国作家] 卡莱尔

书籍是任何一种知识的基础,是任何一门学科的基础的基础。

——[奥地利作家] 茨威格

书是和人类一起成长起来的,一切震撼智慧的学说,一切打动心灵的热情都在书里结晶成形。

——[俄国哲学家、作家] 赫尔岑

书籍远不止是书本,它们就是生活,是过去岁月的精华,是人类生生死死的奥秘,是生命的本质与精髓。

——[美国教育家] 洛厄尔

书本是人类所发出的最高贵的声音。

——[英国作家] 伯纳德·莱文

书籍具有不朽的本质,在人类所有的奋斗中,唯有书籍最能经受岁月的磨蚀。

——[英国作家] 斯迈尔斯

书籍是思想的归宿。

——[美国诗人] 朗费罗

书籍和智慧在社会中所起的作用比其他任何地方都大。

——[英国诗人] 弥尔顿

人类智慧和知识的形象将在书中永存;它们能免遭时间的磨损,并可永远得到翻新。

——[英国哲学家] 培根

人类的全部生活都依次在书本中留下印记。种族、人群、国家消逝了,书却依然存在。

——[俄国哲学家、作家] 赫尔岑

书籍是人的良师益友

书籍是最有耐心、最能忍耐和最令人愉快的伙伴。在任何艰难困苦的时刻,它都不会抛弃你。

——[英国作家] 斯迈尔斯

书籍是老年人的益友,也是青年人的良师。

——[英国作家] 斯迈尔斯

书籍是朋友,虽然没有热情,但是

非常忠实。

——[法国作家] 雨果

书是人类进步的阶梯，终生的伴侣，最诚挚的朋友。

——[苏联作家] 高尔基

书籍是一种冷静可靠的朋友。

——[法国作家] 雨果

书籍是苦难和甜蜜的无可非议的伴侣；即使它不能把我们引向幸福，至少也可以教我们去忍耐艰苦的生活。

——[英国作家] 哥尔斯密

我最初的故乡是书本。

——[法国作家] 玛格丽特尤瑟娜尔

最好的伙伴就是最好的书。

——[英国作家] 切斯特菲尔德

没有书籍，人的生活就会变得空虚。书籍不仅是我们的朋友，而且是我们经常的伴侣。

——[苏联诗人] 别德内依

生活里没有书籍，就好像没有阳光。

——[英国诗人、戏剧家] 莎士比亚

每当我初读一本好书，就仿佛结交了一位新朋友；而当我重温一本好书时，又好像与一位老朋友重逢欢聚。

——[英国史学家] 史密斯

书和人一样，也是有生命的一种现象，它也是活的，会说话的东西。

——[苏联作家] 高尔基

书籍丰富了人的知识

热爱书吧！这是知识的泉源。

——[苏联作家] 高尔基

书，什么不给你呢？足不出户，而卧游千山万水；素不相识，可以促膝谈心。

——[中国作家] 吴伯箫

我们读书时，就如同与最高尚的

先哲们携手共游，飞越无数迷人的仙境和神奇的园土。

——[美国作家] 约翰·卢保克

书是随时在你近旁的顾问，随时都可以供给你所需的知识，而且可以按照你的心意，重复使用这个顾问的次数。

——[美国作家] 海伦·凯勒

丰美的食物给了你强健的体魄，广泛的阅读给了你充实而有力的头脑。

——[英国史学家] 史密斯

书籍可以改变人生

书籍是巨大的力量。

——[苏联政治家] 列宁

我认为我身上的一切好东西，都是书籍所给予我的。

——[苏联作家] 高尔基

我读的书愈多……我就觉得生活愈光明，愈有意义。

——[苏联作家] 高尔基

各种蠢事，在每天阅读好书的影响下，仿佛烤在炉上一样，渐渐熔化。

——[法国作家] 雨果

每当我拿着一本新书的时候，就觉得有一种栩栩如生、会说话的美妙的东西，进入了我的生活。

——[苏联作家] 高尔基

和书籍生活在一起，永远不会叹气。

——[法国作家] 罗曼·罗兰

一个人可以无师自通，却不可无书自通。

——[中国学者] 闻一多

我应该感激人类精神的圣经——书籍，因为它们反映出了在成长中的人的心灵的伟大的受难与苦痛。

——[苏联作家] 高尔基

书籍具有一种能给我指出我在人的身上所没有看见和不知道的东西的能力。

——[苏联作家]高尔基

书应能通向四个终端：智慧，虔敬，愉悦，实用。

——[英国诗人]德纳姆

贫者因书而富，富者因书而贵。

——[中国古代政治家、诗人]王安石

我们需要的书，应该是一把能击破我们心中冰海的利斧。

——[奥地利作家]卡夫卡

选书　读一千本书，也许还不如读十本好书那样可以得到更多正确的知识

要注意有选择地读书

仅次于选择益友的事，莫过于选好书籍。

——[英国哲学家]考尔

不要阅读信手拈来的书，而要严格加以挑选。

——[俄国作家]屠格涅夫

名著之多，我们已经无暇一一问津。要相信前人的选择。一个人兴许看错，一代人也兴许看错，而整个人类不会看错。

——[法国作家]莫洛亚

读文学作品，也如谈恋爱一样，对别人的选择总是感到吃惊。忠于我们的作者吧。在这方面，自我才是最最公正的法官。

——[法国作家]莫洛亚

我不得不提出的三条实践规则：1.决不要读那些出版不到一年的书；2.决不要读那些没有名望的书；3.决不要读那些你不喜欢的书。

——[美国作家]爱默生

书籍犹如朋友，必须慎重选择。

——[古罗马诗人]贺拉斯

有些书使人放任自流，有些书让

人获得自由。

——[美国作家]爱默生

判断一本书，我们是根据书籍的内容，而不是根据上面的署名。

——[俄国哲学家]车尔尼雪夫斯基

书犹如人：举足轻重者不多，余皆湮没在芸芸众生之中。

——[法国启蒙思想家]伏尔泰

读科学著作，要读最新的；读文学作品，要读最古的。

——[英国作家]布尔沃·利顿

好书才值得下工夫认真阅读

理想的书籍是智慧的钥匙。

——[俄国作家]列夫·托尔斯泰

好书是人类灵魂最纯洁的精华。

——[英国作家]卡莱尔

读一本好书，就是和许多高尚的人谈话。

——[法国哲学家]笛卡儿

读一千本书，也许还不如读十本好书那样可以得到更多正确的知识。

——[俄国哲学家]车尔尼雪夫斯基

唯有那些凭其自身思索而写作者的著作才值得一读。

——[德国哲学家]叔本华

应当首先竭力阅读和了解各个时代和各个民族的最优秀作家的书。

——[俄国作家] 列夫·托尔斯泰

一本好书像一艘船，带领我们从狭隘的地方，驶向生活的无限广阔的海洋。

——[美国作家] 海蒂·凯勒

在我看来，最好的书是那些能够提供最丰富的思考材料的书。

——[中国散文家] 冰心

在众多的作品当中，要给伟大的作品一席显赫之地。

——[法国作家] 莫洛亚

我们不应该炫耀书架上摆的书怎样多，而应该寻求几本给自己的实际生活带来坚定的信念和光明，像珍宝一样宝贵的书。

——[日本政治家] 大平正芳

一本好书就是一位良师益友。

——[法国作家] 贝纳丹德圣皮埃尔

真正的好书应是历经岁月的考验而常新的，不是那些仅能维持数周的畅销书。

——[美国教育家、作家] 卡耐基

优秀的书籍是哺育杰出人才生存的珍贵乳汁。它作为人类的财富，为今后延续人类的生命而保存下来。

——[英国诗人] 弥尔顿

阅读所有的优秀名著就像与过去时代那些最高尚的人物进行交谈，而且是一种经过精心准备的谈话。这些伟人在谈话中向我们展示的不是别

的，那都是他们思想中的精华。

——[法国哲学家] 笛卡儿

在一本普通的书中，除了我们放进去的东西之外，我们找不到别的什么，但是在许多伟大的著作中，心灵能找到存放大量东西的空间。

——[法国将军] 儒贝尔

坏书无疑于精神鸦片

我们读书之前应谨记"决不滥读"的原则。

——[德国哲学家] 叔本华

不好的书也像不好的朋友一样，可能会把你戕害。

——[英国小说家] 菲尔丁

读好书的前提条件在于不读坏书，因为光阴似箭，生命短促。

——[德国哲学家] 叔本华

坏书对于沉溺其中的读者来说，无异于鸦片。

——[法国作家] 莫洛亚

不好的书告诉你错误的概念，使无知变得更无知。

——[俄国文艺评论家] 别林斯基

文学之于人也，譬乎药，善服有济，不善服反为害。

——[中国古代文学家] 皮日休

多读一本没有价值的书，就丧失了可读一本有价值的书的时间和精力。

——[中国教育家] 夏丏尊

读书 读书之于思想，犹如运动之于身体

开卷有益

读书之于思想，犹如运动之于身体。运动使人健壮，读书使人贤达。

——[英国文学评论家] 艾迪生

即使到了最文明的时代，读书仍将是最大的乐趣。书能使受益者逢凶化吉。
——［美国作家］爱默生

阅读使人充实，会谈使人敏捷，写作与笔记使人精确……史鉴使人明智；诗歌使人巧慧；数学使人精细；博物使人深沉；伦理之学使人庄重；逻辑与修辞使人善辩。
——［英国哲学家］培根

人要读书，哪怕是读一本笑话书，也比不读书好。
——［英国作家］切斯特菲尔德

一个读科学书籍的人，即使不是为了增长自己的科学知识，也会变得博学强识；一个爱读宗教和道德方面书籍的人，会不知不觉地变得善良仁慈。
——［英国作家］塞缪尔·约翰生

读书意味着利用别人的头脑来取代自己的头脑。
——［德国哲学家］叔本华

阅读同一本书是联结人们感情的纽带。
——［美国作家］爱默生

我悲痛时想在书中寻找安慰，结果得到的不仅是慰藉，而且是深深的教诲，就像有人为了寻找银子，竟然发现了金子一样。
——［意大利诗人］但丁

喜欢读书，就等于把生活中寂寞的时光换成巨大的享受时刻。
——［法国启蒙思想家］孟德斯鸠

富贵必从勤苦得，男儿须读五车书。
——［中国古代诗人］杜甫

读书破万卷，下笔如有神。
——［中国古代诗人］杜甫

阅读使人完美，思考使人深刻，交谈使人清晰。
——［美国政治家、科学家］富兰克林

读书有时候会使人突然明白生活的意义，使他找到自己在生活中的位置。
——［苏联作家］高尔基

智者阅读群书，亦阅历人生。
——［中国作家］林语堂

养成阅读的习惯等于为自己筑起一个避难所，几乎可以避免生命中所有的灾难。
——［英国作家］毛姆

读书的目的

有些人读书是为了思考，这类人很少；有些人读书是为了创作，这类人普遍；有些人读书是为了闲谈，这类人占大多数。
——［阿根廷作家］科尔顿

读书的艺术，在很大程度上，就是在书中重新发现生活，更准确地理解生活的艺术。
——［法国作家］莫洛亚

读书不是为了雄辩和驳斥，也不是为了轻信和盲从，而是为了思考和权衡。
——［英国哲学家］培根

读书意味着借贷，利用所学的来创造就是偿还自己的债务。
——［德国哲学家］利希腾贝格

读书的方法

阅读，是一项高尚的心智锻炼。
——［美国经济学家］梭罗

彻底消化几本书，强于把几百本书放在嘴里不咽下去。
——［美国古生物学家］奥斯本

书读百遍，其意自见。
——［中国古代史学家］陈寿

精读一本书如同一本万利，使你立于不败之地。

——[日本社会活动家] 池田大作

我阅读关于我所不懂的题目的书籍时，所用的方法，是先浏览一遍，以求得该题目的肤表见解，然后重新从头读起，以求获得精密的知识。

——[德国哲学家] 狄慈根

书读得越多而不加以思索，你就觉得你知道得很多；而你边读书边思考得越多的时候，你就会清楚地看到你知道得还很少。

——[法国启蒙思想家] 伏尔泰

经验丰富的人读书用两只眼睛，一只眼睛看到纸面上的话，另一只眼睛看到纸的背面。

——[德国诗人] 歌德

人是活的，书是死的。活人读死书，可以把书读活。死书读活人，可以把人读死。

——[中国文学家、史学家] 郭沫若

第一次阅读时不明白的地方，下次再读的时候，或是后来从另一方面来研究这个问题的时候，就会明白的。

——[苏联政治家] 列宁

如果你想从阅读中获得值得你永远铭记在心的知识，你就应该花更多的时间去研读那些无疑是富有天才的作家们的作品，不断从他们那里取得养料。

——[古罗马哲学家、悲剧作家]塞涅卡

读书有三到：心到、眼到、口到。

——[中国古代学者] 朱熹

勤学 勤能补拙是良训，一分辛劳一分才

对搞科学的人说来，勤奋就是成功之母！

——[中国科学家] 茅以升

如果你富于天资，勤奋可以发挥它的作用；如果你智力平庸，勤奋可以弥补它的不足。

——[英国画家] 雷诺兹

我们的箴言终是：无日不动笔。如果我有时让艺术之神瞌睡，也只为要使它醒后更兴奋。

——[德国作曲家] 贝多芬

勤学如春起之苗，不见其增，日有所长；辍学如磨刀之石，不见其损，日有所亏。

——[中国古代诗人] 陶渊明

情况是在不断地变化，要使自己的思想适应新的情况，就得学习。

——[中国政治家、军事家] 毛泽东

古往今来有成就的人并不都是天资高，有许多天资差的人经过勤学苦练也做出了很好的成就。

——[中国文学家、史学家] 郭沫若

勤能补拙是良训，一分辛劳一分才。

——[中国数学家] 华罗庚

一旦你勤于工作与学习，你的日子自然就充满了活力与对前途的展望。

——[中国作家] 罗兰

我们要振作精神，下苦功学习。"下苦功"三个字，一个叫"下"，一个叫"苦"，

一个叫"功"，一定要振作精神，下苦功。

——［中国政治家、军事家］毛泽东

学习不是一朝一夕，要长期下苦工夫。主要不是进学校，而是靠自修。

——［中国政治家］陈云

攀登科学高峰，就像登山队员攀登珠穆朗玛峰一样，要克服无数艰难险阻。懦夫和懒汉是不可能享受到胜利的喜悦和幸福的。

——［中国数学家］陈景润

杂技演员走钢丝的本领，是长期苦练的结果……要想靠小聪明侥幸获得成功，那只能从钢丝上摔下来。

——［中国数学家］杨乐

青年人不仅要把前人的学问继承下来，还要把前人做学问的刻苦精神也继承下来。

——［中国军事家］朱德

学习必须踏实，不能踏空一步。踏空一步，就要付出重补的代价；踏空多步，补不胜补，就会使人上不去，就会完全泄气。

——［中国数学家］华罗庚

古今中外，凡成就事业，对人类有作为的无一不是脚踏实地、艰苦攀登的结果。

——［中国科学家］钱三强

博采　人不博览者，不闻古今，不见事类，不知然否

所谓"博学"，就是把根基打广些……不但要有社会科学常识，也要有自然科学常识。

——［中国美学家］朱光潜

要"博"，什么书都可以看看、翻翻。

——［中国戏曲理论家］戴不凡

只看一个人的著作，结果是不大好的，你就得不到多方面的优点。必须如蜜蜂一样，采过许多花，这才能酿出蜜来，倘若叮在一处，所得就非常有限、枯燥了。

——［中国作家］鲁迅

人不博览者，不闻古今。不见事类，不知然否，犹目盲耳聋鼻痈者也。

——［中国古代思想家］王充

读书无嗜好，就不能尽其多，不先泛览群书，则会无所适从或失之偏好。广然后深，博然后专。

——［中国作家］鲁迅

每个科学家、文学家、艺术家在他们成"家"之前，绝无例外地都有文、史、哲、数、理、化等方面经过艰苦的努力，打下了坚实的基础。

——［中国作家］夏衍

在年轻的时候，杂七杂八的书看一些，头脑就比较灵活。一个科学家，假如只知道自己搞的那一门，对其他事情一概不知，你的思路怎么开阔呢？

——［美籍华人、物理学家］李政道

青年人治学，要注意把知识面搞得宽一些。

——［中国教育家］苏步青

过去许多大学者，在学术研究的工作方面，主张"由博返约"，不是没有原因的。所谓"由博返约"，便是人所共知的学术常识，我要知道；人所必读

的重要书籍,人要涉猎。

—— [中国史学家] 张舜微

见博则不迷,听聪则不惑。

—— [中国古代诗人] 牟融

只有广泛地得到教益,自己才能兼容并蓄,融会贯通,然后才能独创一格。

—— [中国戏曲家] 荀慧生

举一反三者,博学;举三得三者,多学。

—— [日本学者] 伊藤仁斋

选定主攻目标,以期学有专长,由专向博是很自然的。非博不能成专,专的要求,又促使他非博不可。

—— [中国篆刻家] 夏承焘

必需的知识,就是某种完整的知识,就是关于生活、关于生存、关于广义存在的科学,而不是忽而东忽而西的科学。

—— [俄国文艺评论家] 别林斯基

多学少评,这是值得提倡的正确的求知态度。

—— [中国史学家] 邓拓

读万卷书,行万里路。

—— [中国评论家] 钱泳

专注

加紧学习,抓住中心,宁精勿杂,宁专勿多

一个人做事不专,这样弄一点,那样弄一点,既要翻译,又要做小说,还要做批评,并且也要作诗,这怎么弄得好呢?

—— [中国作家] 鲁迅

学贵专,不以泛滥为贤。

—— [中国古代思想家] 程颐

读书不必求多,而要求精。这是历来读书人的共同经验。

—— [中国史学家] 邓拓

读书欲精不欲博,用心欲专不欲杂。

—— [英国哲学家] 培根

人的思想是了不起的。只要专注于某一项事业,那就一定会做出使自己吃惊的成绩来。

—— [美国作家] 马克·吐温

能兼收尽取,但得其所欲求者尔。故愿学者每次作一意求之。

—— [中国古代文学家] 苏轼

一个人不能骑两匹马,骑上这匹就要丢掉那匹。

—— [德国诗人] 歌德

必须记住,我们学习的时间是有限的……我们应该力求把我们所有的时间用去做有益的事情。

—— [英国哲学家] 斯宾塞

加紧学习,抓住中心,宁精勿杂,宁专勿多。

—— [中国政治家] 周恩来

聪明人会把凡是分散精力的要求置之度外,只专心致志地去学一门,学一门就要把它学好。

—— [德国诗人] 歌德

一个高中文科的学生,与其囫囵吞枣或走马观花地读二部诗集,不如仔仔细细地背诵三百首诗。

—— [中国作家] 朱自清

性痴,则其志凝;故书痴者文必工,艺痴者技必良。世之落拓而无成者,皆自谓不痴者也。

—— [中国古代小说家] 蒲松龄

研究学问,必须在某处突破一点。

—— [德国思想家] 马克思

循序　学习和研究好比爬梯子,要一步步地往上爬

应当循序渐进地来学习一切,在一个时间内,只应当把注意力集中在一件事情上。

——[捷克教育家]夸美纽斯

循序渐进,循序渐进,再循序渐进!你们从一开始工作起,就要在积累知识方面养成严格的循序渐进的习惯。

——[俄国生理学家]巴甫洛夫

"书山有路勤为径",为学之道没有捷径可走。我就是这样循序渐进,下苦工夫攻读的。

——[中国核物理学家]卢鹤绂

要循序渐进!我走过的道路,就是一条循序渐进的道路。

——[中国数学家]华罗庚

学习和研究好比爬梯子,要一步步地往上爬。企图一下登四五步,平地登天,就必然会摔倒。

——[中国数学家]华罗庚

竹子是一节一节长起来的,工夫是一天一天练出来的。

——[中国近代名将]曾国藩

想要攀登学习的高峰以前,先应该去学习它的朋友。

——[俄国生理学家]巴甫洛夫

学问之功,贵在循序渐进,经久不辍。

——[中国近代启蒙思想家]梁启超

任何一种学问均必由浅入深,由近及远,由常人所及者引入其所不知。

——[中国学者]梁漱溟

积累　滴水可以聚成江河,粒米可以聚成谷仓

古今中外有学问的人,有成就的人,总是十分注意积累的。知识就是积累起来的,经验也是积累起来的。我们对什么事情都不应该像"过眼烟云"。

——[中国史学家]邓拓

科学是老老实实的东西,它要靠许许多多人的劳动和智慧积累起来。

——[美国发明家]爱迪生

积学以储宝,酌理以富才。

——[中国古代文艺理论家]刘勰

一天即使只学习一个小时,一年就积累成三百六十五个小时,积零为整,时

间就被征服了。

——[中国史学家]吴晗

相从勉讲学,事业在积累。

——[英国哲学家]培根

学习之事,必须潜心研究,日积月累然后有所成就。

——[中国作家]林语堂

积累知识,也应该有农民积肥的劲头。捡的范围要宽,不要限制太多……牛粪、羊粪、人粪都一概捡回来,让它们统统变成有用的肥料,滋养作物的生长。

——[中国史学家]邓拓

泰山不让土壤,故能成其大;江海不择细流,故能就其深。

——[中国古代政治家] 李斯

一丝而累,以至于寸,累寸不已,遂成丈匹。

——[中国古代史学家] 范晔

大木百寻,根积深也;沧海百仞,众流成也;渊智洞达,累学之功也。

——[中国古代史学家] 唐滂

千仓万箱,非一耕所得;千天之木,非旬日所长。

——[中国古代思想家] 葛洪

水非石之钻,绳非木之锯,然而断穴者,积渐之所成也。

——[中国古代文艺理论家] 刘昼

面对悬崖峭壁,一百年也看不出一条缝来,但用斧凿,能进一寸进一寸,能进一尺进一尺,不断积累,飞跃必来,突破随之。

——[中国数学家] 华罗庚

鸿毛性轻,积之沉舟;缯缟质薄,叠之折轴。以毛缟之轻微,能败舟轴者,积多之所致也。

——[中国古代文艺理论家] 刘昼

滴水可以聚成江河,粒米可以聚成谷仓。

——[波斯诗人] 萨迪

恒心

胜利者不一定是跑得最快的人,而是最能耐久的人

求专最重要的是要能"有恒"。如果主观上发生动摇,是专不进去的。

——[中国篆刻家] 夏承熹

伟大的热情能战胜一切。因此我们可以说,一个人只要强烈地坚持不懈地追求,他就能达到目的。

——[法国作家] 司汤达

要有恒心!不要依靠灵感,灵感是不存在的。艺术家的优良品质,无非是智慧、专心、真挚、意志。

——[法国雕塑家] 罗丹

贵有恒,何必三更睡,五更起;最无益,最只怕一日曝,十日寒。

——[中国政治家、军事家] 毛泽东

积累知识在于勤,学问渊博在于恒。

——[法国作家] 雨果

缓慢而有恒赢得竞赛。

——[美国发明家] 莱特

只要持之以恒,知识丰富了,终能发现其奥秘。

——[美籍华人、物理学家] 杨振宁

要刻苦钻研,要坚持,持之以恒。三天打鱼两天晒网的人学不好,在学习上想走捷径的人学不会。

——[中国政治家] 吴玉章

胜利者不一定是跑得最快的人,而是最能耐久的人。

——[美国政治家、科学家] 富兰克林

只有恒心可以使你达到目的,只有博学可以使你明辨世事。

——[德国作家] 席勒

即使慢,驰而不息,纵令落后,纵令失败,但一定可以达到他所向

的目标。

——［中国作家］鲁迅

顽强的毅力可以征服世界上任何一座高峰。

——［英国作家］狄更斯

只有毅力才会使我们成功，而毅力的来源又在于毫不动摇，坚决采取为达到成功所需要的手段。

——［俄国哲学家］车尔尼雪夫斯基

所有坚韧不拔的努力迟早会取得报酬的。

——［保加利亚科学家］安格尔

涓滴之水终可磨损大石，不是由于它力量强大，而是由于昼夜不舍地滴坠。

——［德国作曲家］贝多芬

别养成读一本书中途不读的习惯。

拿起一本书来，就该一口气看完才是。

——［法国作家］福楼拜

读不在三更五鼓，功只怕一曝一寒。

——［中国文学家、史学家］郭沫若

学者用功，须是渐进而不已，日计不足，岁计则有余，若一曝十寒，进锐退速，皆非学也。

——［中国古代学者］朱舜水

一只牛虻有意志力就能征服一头优柔寡断的牛。

——［古希腊作家］卡赞扎基

读书做事，不怕迟慢，最怕停顿。

——［中国作家］宣永光

凡做大事，将成功时，其困苦更倍，因此需著力于最后五分钟。

——［中国古代学者］陶觉

重复　温故而知新，可以为师矣

我们在不断接触新知识的同时，对已学过的课程要学而时习之，这样经过反复循环多次复习，不仅能巩固、深化已学的知识，而且有利于更好地掌握新东西，即"温故而知新"。

——［中国科学家］卢嘉锡

读书是一个反复的过程，要通过反复使自己学到的东西达到娴熟的程度。

——［中国数学家］张广厚

重要的书必须常常反复阅读，每读一次都会觉得开卷有益。

——［法国作家］列那尔

至少读三遍，第一遍，尽作艺术享受；第二遍，大拆卸，像机枪手学习拆卸和装配机枪一样，仔细考察每个零件的性能、制作方法和他们的联系；第三遍，

再浏览，求得一个技术的完整印象。

——［中国作家］王汶石

学习的东西，一回见生，二回见熟，三回就成为朋友。

——［中国作家］高士其

举一而反三，闻一而知十，乃学者用功之深，穷理之熟，然后能融会贯通，以至于此。

——［中国古代哲学家］朱熹

学一次有一次见解，习一次有一次情趣，愈久愈入，愈入愈熟。

——［中国古代思想家］颜元

温故而知新，可以为师矣。

——［中国古代思想家］孔子

对一种行动或科学技术，先模仿照样做，然后再反复练习，使之纯熟，

最后熟能生巧,有个人心得或新发现,才能得到一种快乐。

—— [中国园艺家] 吴耕民

他不往后面看,只是往前赶,赶回家去的仅是一辆空车,反而夸张他走了很长的路程。

—— [苏联教育家] 凯洛夫

读书的喜悦,得自一次又一次地反复阅读。

—— [英国作家] 劳伦斯

自学　第一个教大学的人,必定是没有上过大学的人

教育的目的是养成自己学习,自由研究,用自己的头脑来想,用自己的眼睛来看,用自己的手来做的这种精神。

—— [中国科学家、史学家] 郭沫若

自学很重要。自学历来就是许多著名科学家以及文学家、艺术家、政治家成才的重要途径。

—— [中国教育家] 周培源

自学的人在读书收获和成功方面往往能超过受到专门教育的人,是因为他们的目的明确,愿望强烈,深知自己要研究什么,要读哪些书。

—— [美国学者] 诺波特

自学成功的要素:第一,对所学习的功课一定是要适于自己的兴趣的。第二,学习要专注。第三,学习要自信。

—— [中国教育家] 杨贤江

学习研究,主要靠自学,应把大部精力放在课外自学,自己找书研究。这样或能早地培养独立研究的能力。

—— [中国美学家] 李泽厚

为要得到知识,就必须不断地自修。

—— [苏联政治家] 加里宁

自学不怕起点低,就怕不到底。

—— [中国数学家] 华罗庚

许多真有成就的人,他们的知识绝大部分是自己学来的,并不是坐在课堂里学来的。

—— [中国教育家] 叶圣陶

一个人一辈子自学的时间总是比在学校学习的时间长,没有老师的时候总是比有老师的时候多。

—— [中国数学家] 华罗庚

我所学到的任何有价值的知识,都是自学中得来的。

—— [英国博物学家] 达尔文

只要有决心和毅力,什么时候学也不算晚。

—— [俄国寓言作家] 克雷洛夫

决不要停止自学,也不要忘记,不管已经学到了多少东西,已经知道了多少东西,知识和学问是没有止境的。

—— [中国作家] 巴金

第一个教大学的人,必定是没有上过大学的人。

—— [俄国科学家] 罗蒙诺索夫

我不是说进大学无用,只是说进了大学,学习还得靠自己;毕了业还是努力自学,永不休歇。

—— [中国教育家] 叶圣陶

我不认为只有上大学、上名牌大学能成才,这是多数家长痴迷的传统想法。自学是自己最好的大学,自学不但能成才而且成大才。

—— [美国企业家] 比尔·盖茨

笔记　好记性不如烂笔头

用笔记本一方面把重要的记下来，另一方面，某些地方我不同意书里的讲法，可以写上一段自己的看法，表示自己的意思。

——[中国作家] 鲁迅

除了多学，便是多抄。平时读书把自己认为有用的材料抄下来，记上书名、作者和卷数、篇名，把性质相同的放在一起。

——[中国史学家] 吴晗

要勤于做摘记，写自己的看法。治学的人，大量时间都是花在抄、摘资料，做卡片，写札记上的。

——[中国学者] 胡华

要摘要作笔记。现在人们喜欢在书的旁边圈点，表示重要，这很好，但是还不够，最好把重要的地方抄下来。

——[中国语言学家] 王力

新想法常瞬息即逝，必须努力集中注意，牢记在心，方能捕获。一个普遍使用的好方法是养成随身携带纸笔的习惯，记下闪过脑际的有独到之见的念头。

——[英国经济学家] 贝弗里奇

有志于治学的人，我建议你们特别重视卡片工作。记卡片工作有两个办法，一个是把大意记在卡片上，一个是抄录原书。

——[中国作家] 姚雪垠

勤，除了要多看，还要多抄。把你认为重要的地方抄下来，或做成卡片，这样就能巩固记忆。

——[中国史学家] 吴晗

读重要著作，必须择要在心头和在卡片上作摘记。这不但有助于备忘，而且可以起监督自己聚精会神、认真阅读的作用。

——[中国经济学家] 骆耕漠

章学诚的《章氏遗书》，其中有一段讲到做读书笔记，说读书如不及时做笔记，犹如雨落大海没有踪迹。我就用此意把自己的笔记簿取名为"掬沤录"。

——[中国篆刻家] 夏承焘

运用　读书而不能运用，则所读之书等于废纸

大抵学问只有两途，致知力行而已。

——[中国古代学者] 朱熹

科学绝不是一种自私的享乐。有幸能够致力于科学研究的人，首先应该拿自己的学识为人类服务。

——[德国思想家] 马克思

光有知识是不够的，还应当应用；光有愿望不是够的，还应当行动。

——[德国诗人] 歌德

有两种人是在白白地劳动和无谓地努力：一种是积累了财富而不去使用的人，

另一种是学会了科学而不去应用的人。

——[波斯诗人] 萨迪

读书而不能运用，则所读之书等于废纸。

——[美国政治家] 华盛顿

论先后，知为先；论轻重，行为重。

——[中国古代学者] 朱熹

要考验你是否有知识，或知识是否对，那就要看你能否运用于实际，解决问题。

——[中国政治家] 谢觉哉

应当细心地观察，为的是理解；应当努力地理解，为的是行动。

——[法国作家] 罗曼·罗兰

你知道得很多，但如果你不善于把你的知识用于你的需要，那就没有什么用处。

——[美国管理学家] 彼得·杜拉克

最重要的，是善于将这些知识应用到生活和实践中去。

——[中国政治家、军事家] 毛泽东

学习的目的是为了实践，并不是为了读几本书，使自己的谈吐增加名词、字汇和时髦的术语。

——[中国军事家、外交家] 陈毅

学问不都是在书本上得来的，在事实上得的经验，也就是学问。

——[中国军事家、外交家] 陈毅

读书不用心记，不如不读；记而不用，不如不记。

——[英国诗人] 布莱克

有知识的人不实践，等于一只蜜蜂不酿蜜。

——[波斯诗人] 萨迪

不仅应当从书本上学习，而且还应当从生活中学习。

——[苏联教育家] 克鲁普斯卡娅

人做了书的奴隶，便把人带死了……把书作为人的工具，则书本上的知识便活了，有了生命力了。

——[中国数学家] 华罗庚

不闻不若闻之，闻之不若见之，见之不若知之，知之不若行之。

——[中国古代思想家] 荀子

书能活用可通神。

——[中国政治家] 董必武

尽信书不如无书。

——[中国古代思想家] 孟子

教育　教育是国家万年根本大计

教育是神圣的事业

教育，是民族最伟大的生存原则，是一切社会里把恶的数量减少，把善的数量增加的唯一手段。

——[法国作家] 巴尔扎克

教育是人类最崇高、最神圣的事业，上帝也要低下至尊的头，向它致敬。

——[俄国化学家] 门捷列夫

教育是国家万年根本大计。

——[中国教育家] 陶行知

教育是廉价的国防。

——[古希腊哲学家] 亚里士多德

教育为公以达到天下为公。

——[中国教育家] 陶行知

要有良好的社会，必先有良好的个人；要有良好的个人，就要先有良好的教育。

——[中国教育家] 蔡元培

教育是伟大的事业，人的命运决定于教育。

——[俄国文艺评论家] 别林斯基

学校的目标应是培养有独立行动和独立思考的人。

——[美籍德国人、物理学家] 爱因斯坦

教育决定一个人未来生活的方向。

——[古希腊哲学家] 柏拉图

普及教育就是普及繁荣。

——[瑞典化学家] 诺贝尔

教育的目的是培养人的个性。

——[英国哲学家] 斯宾塞

人才的培养，基础在教育。

——[中国政治家] 邓小平

教育之于心灵，犹如雕刻之于大理石。

——[美国发明家] 爱迪生

所谓教育，就是指有计划地感化新一代，以便培养出一定类型的人。

——[苏联教育家] 克鲁普斯卡娅

人类天生就是钻石的原因，要去切磋琢磨才能发出超越万物的光辉。

——[日本电子之父] 松下幸之助

多办一所学校，可少建一座监狱。

——[法国作家] 雨果

教育是一门艺术

教育就是获得运用知识的艺术。就是一种很难传授的艺术。

——[英国哲学家] 罗素

教任何功课，最终目的都是为了达到不需要教。

——[中国教育家] 叶圣陶

教育首先在于培养、磨炼一个人成为受教育者的能力。

——[苏联教育家] 苏霍姆林斯基

所谓教育，是忘却了在校学的全部内容之后剩下的本领。

——[美籍德国人、物理学家] 爱因斯坦

要做火热的感情与冷静的理智融为一体的大河，而不可匆忙地、贸然地做出决定。这是教育艺术永不干涸的源泉之一。

——[苏联教育家] 苏霍姆林斯基

教师本身要具备这种品质能够领会和体验生活中和艺术中的美，才能在学生身上培养出这种品质。

——[苏联教育家] 赞科夫

教育要全面发展

要实现全面发展，就要使智育、体育、德育、劳动教育和审美教育深入地相互交织，使这几方面的教育呈现为一个统一的完整过程。

——[苏联教育家] 苏霍姆林斯基

我们的教育方针，应该使受教育者在德育、智育、体育几方面都得到发展，成为有社会主义觉悟的有文化的劳动者。

——[中国政治家、军事家] 毛泽东

有许多种的教育与发展，而且其中每一种都具有自己的重要，不过道德教育在它们当中应该首屈一指。

——[俄国文艺评论家] 别林斯基

只有在人类最有价值的智力财富成为学生的财富的情况下，才能实现真正的智育。

——[苏联教育家] 苏霍姆林斯基

智育是人的全面发展的最重要的因素，因为在掌握科学基本知识的过程中，思维、记忆、想象的能力发展起来；在这个过程中，科学概念的体系形成起来；儿童、少年、青年人的整个内部精神世界丰富起来。

——[苏联教育家] 凯洛夫

纯粹之美育，所以陶养吾人之感情，使有高尚纯洁之习惯，而使人我之见、利己损人之思念，以渐消沮者也。

——[中国教育家] 蔡元培

美育者，一面使人之感情发达，以达成完美之域；一面又为德育与智育之手段。

——[中国学者] 王国维

必须克服轻视学生体育和美育的思想，应当广泛地发展青年人在科学、技术、艺术和体育运动各方面的各种形式的课外活动。

——[苏联教育家] 凯洛夫

两种教育应当加以区别：我们现在的教育是把科学和劳动分开的，而在协作制度下，科学和劳动永远是结合在一起的。

——[法国空想社会主义者] 傅立叶

教师

办好教育的关键，第一在于教师，第二还在于教师

教师是人类灵魂的工程师

学校教师是培养下一代灵魂的工程师。

——[中国政治家] 周恩来

教师是我们国家和民族得以生存的文化载体，是精神文明传递的火种，是人类灵魂的工程师。

——[中国科学家] 钱伟长

教师个人的范例，对于青年人的心灵，是任何东西都不可能代替的最有用的阳光。

——[俄国教育家] 乌申斯基

教师的世界观，他的行为、他的生活、他对每一现象的态度，都这样或那样地影响全体学生。

——[苏联政治家] 加里宁

教师的职业是一种责任最重大、最光荣的职业。这一职业的作用和意义必将日益增大和提高。

——[苏联教育家] 克鲁普斯卡娅

办好教育的关键，第一在于教师，第二还在于教师。

——[日本教育家] 永井道雄

小学教师的重要，是由于他们在洁白如纸的孩子们心灵上，写下的是永不能磨灭的痕迹，这痕迹往往影响孩子们的一生。

——[中国作家] 柏杨

古之学者必有师，师者，传道、授业、解惑也。

——[中国古代文学家] 韩愈

教师要有高尚的师德

使学生对教师尊敬的唯一源泉在于教师的德和才。

——[美籍德国人、物理学家] 爱因斯坦

教育者之人品，为教育成败之要素、教育良否之所由分也。

——[古希腊哲学家] 柏拉图

一个学校的教师都能为人师表，

有好的品德，就会影响学生，带动学生，使整个学校形成一个好校风，这样有利于学生的德、智、体全面发展，对学生成长大有益处。

——［中国教育家］叶圣陶

善为师者，既美其道，又慎其行。

——［中国古代学者］董仲舒

如果一个教师没有树立起一个比他的学生更崇高的人生观，就不能进行讲授。

——［俄国作家］列夫·托尔斯泰

教师要有高度的自我牺牲精神，目的不必在使自己登上科学的最高峰，但要使更多的青年登上科学的最高峰。这样的教师自然也就登上了教育科学的最高峰。

——［中国文学家、史学家］郭沫若

我们深信如果全国教师对于儿童教育都有鞠躬尽瘁、死而后已的决心，必能为我们的民族创造出伟大的生命。

——［中国教育家］陶行知

教师对学生要富于爱心

教师如果对学生没有热情，决不能成为好教师。但是教师对于学生的爱是一种带有严格要求的爱。

——［苏联教育家］凯洛夫

如果说必须有耐心，作为教育者还是不及格的，教育者必须有爱心和热心。

——［瑞士教育家］裴斯泰洛齐

如果一个教师把热爱事业和热爱学生结合起来，他就是一个完美的教师。

——［苏联教育家］契尔那葛卓娃

教师没有了情爱，就成了无水的池，任你四方形也罢，圆形也罢，总逃不了一个空虚。

——［中国教育家］夏丏尊

捧着一颗心来，不带半根草去。

——［中国教育家］陶行知

教师必须掌握科学的教育方法

一个好的教师，是一个懂得心理学和教育学的人。

——［苏联教育家］苏霍姆林斯基

尽可能深入地了解每个孩子的精神世界这是教师和校长的首条金科玉律。

——［苏联教育家］苏霍姆林斯基

注意每一个人，关怀每个学生，并以关切而又深思熟虑的谨慎态度对待每个孩子的优缺点，这是教育过程的根本之根本。

——［苏联教育家］苏霍姆林斯基

教师有独立的思考与见解，又能不断研究和实践，掌握启发学生和引导学生的方法，才能使学生得到实在的益处。

——［中国教育家］叶圣陶

在教学方面，教师的主要任务在于集中学生的注意，并且保持他的注意，教师对儿童的好奇心，也要给予鼓励和引导，使之向正确的求知方向发展。

——［英国哲学家］洛克

活的人才教育不是灌输知识，而是将开发文化宝库的钥匙，尽我们知道的交给学生。

——［中国教育家］陶行知

教师的功用只在指示一个门径，一点方法，而探索内容应用方法，完全要靠自己。

——［中国教育家］杨贤江

教师如果不在教学过程中发挥主导作用，也就等于从根本上否定了教师本身存在的必要。

——［中国教育家］丁诰川

教师的重大作用和技巧就在于尽力使得一切事情变容易。

——[英国哲学家]洛克

一切功课都应该仔细分成阶段，务必使先学的能为后学的扫清道路，给予解释。

——[捷克教育家]夸美纽斯

善于鼓励学生，是教育中最宝贵的经验。

——[苏联教育家]苏霍姆林斯基

教课应该从具体开始而以抽象结束。

——[英国哲学家]斯宾塞

在我看来，教给学生能借助已有的知识去获取知识，这是最高的教学技巧所在。

——[苏联教育家]苏霍姆林斯基

什么叫"名师"？并不是手把手教就是名师，而是善于启发诱导，让你敢"创"。

——[中国科学家]钱三强

教师也要不断完善自身

教学对教师本人来说乃是一种最高意义的、自我教育的学校。

——[德国教育家]第斯多惠

做教师的人，必须天天学习，天天进行再教育，才能有教学之苦。

——[中国教育家]陶行知

教师们一方面要献出自己的东西，另一方面又要像海绵一样，从人民中、生活中和科学中吸收一切优良的东西，然后再把这些优良的东西贡献给学生。

——[苏联政治家]加里宁

对一个教师来说，最大的危险就是自己在智力上的空虚，没有精神财富的储备。

——[苏联教育家]苏霍姆林斯基

为人师表者，应在施教中学习。

——[古罗马哲学家、悲剧作家]塞涅卡

好教师必然有威信

古之学者必严其师，师严而后道尊。

——[中国古代文学家]欧阳修

可以大胆地说，如果教师很有威信，那么这个教师的影响就会在某些学生身上永远留下痕迹。

——[苏联政治家]加里宁

教师的成功是创造出值得自己崇拜的人。先生之最大快乐，是创造出值得自己崇拜的学生。

——[中国教育家]陶行知

对于新生来说，教师具有无可怀疑的威信。教师是一切美好的化身和可效仿的榜样。

——[苏联教育家]凯洛夫

教师的威信首先建立在责任心上。

——[苏联教育家]马卡连柯

建立良好的师生关系

我们提倡学生尊敬师长，同时也提倡师长爱护学生。尊师爱生，教学相长，这是师生之间革命的同志式关系。

——[中国政治家]邓小平

我说的既不是"尊师"也不是"爱生"，我只觉得"师"和"生"应当是互相尊重、互相敬爱的朋友。

——[中国散文家]冰心

请你记住，你不仅是自己学科的教员，而且是学生的教育者、生活的导师和道德的引路人。

　　——[苏联教育家] 苏霍姆林斯基
　　老师不是魔术家，而是一个园丁。

　　他可以，并且将抚育和培植你们。但成长全靠你们自己。

　　——[德国作家] 凯斯特纳

学者　理想中的学者，既能博大，又能精深

　　学者即是指那些对于今天传播于全世界的、为数不多的思潮做出了最伟大贡献的人们。他们都是一些孤军奋战的作家，一些幽居于书房的真正的学人。

　　——[法国启蒙思想家] 伏尔泰
　　学者学所以为人。

　　——[中国古代学者] 黄宗羲
　　学者，国之本也。

　　——[中国政治家] 孙中山
　　学者必须是一位谦虚谨慎、宽厚仁慈、甘于寂寞的人；他只有像拥抱新娘一样拥抱寂寞，才能洞悉自己的思想。

　　——[美国作家] 爱默生
　　理想中的学者，既能博大，又能精深。精深的方面，是他的专门学问，博大的方面，是他的旁搜博览。博大要几乎无所不知，精深要几乎唯他独尊，无人所有。

　　——[中国学者] 胡适
　　正是那些默默无闻的学者，用集体劳动积累着知识的珊瑚岛，而天才人物的作用，只不过是在巨幅的科学地图上标注这些岛屿，并且命名罢了。

　　——[苏联作家] 列昂诺夫
　　真正的学者了不起的地方，是暗暗做了许多伟大的工作而生前并不因此出名。

　　——[法国作家] 巴尔扎克

　　不少学者就像银行的出纳员，掌握着许多金钱的钥匙，但这些钱却不是自己的财产。

　　——[法国科学家] 贝尔纳
　　学者是和平的人，他们并没有佩带武器，但他们的舌头比剃刀更锋利，他们的笔比雷声更喧闹。

　　——[英国哲学家、心理学家] 托布朗
　　学者求学，乐在其中；学有所得，举世受益。

　　——[印度诗人] 瓦鲁瓦尔
　　你想知道成为一个真正的学者的奥秘吗？这就是：相遇者皆可延以为师，学其之长，补己之短。

　　——[美国作家] 爱默生
　　学者若不能择善而行，便如愚人手持火炬，他能引导别人，却不能引导自己。

　　——[波斯诗人] 萨迪
　　大道以多歧亡羊，学者以多方丧生。

　　——[中国古代思想家] 列子
　　当一个大学者逝世，许多知识就会随他而消失。

　　——[英国法学家] 科克
　　大学生是未来的学者和研究者。即使他将来选择实用性的职业，从事实际的工作，但在他的一生中，将永远保持科学的思维方式。

　　——[德国哲学家] 雅斯贝尔斯

15

科学与技术

科学与艺术属于整个世界，在它们面前，民族的障碍都消失了。

——[德国诗人] 歌德

科学

科学是人类智慧的结晶和硕果

科学是人类的巨大财富

科学是没有国界的，因为她是属于全人类的财富，是照亮世界的火把，但学者是属于祖国的。

——［法国生物学家］巴斯德

科学与艺术是人民的光荣，并给人民增添幸福。

——［法国启蒙思想家］爱尔维修

科学是人类智慧的结晶和硕果……展望科学的未来，人类将高举科学的火炬，登上宇宙的天堂。

——［英国科学家］霍金

科学是人们生活中最重要、最美好和最需要的东西。

——［俄国作家］契诃夫

科学属于全人类。一切爱好和平的人民，有共同掌握了科学知识，才能凝成一股征服自然的巨大力量，推动社会前进。

——［中国科学家］茅以升

科学与艺术属于整个世界，在它们面前，民族的障碍都消失了。

——［德国诗人］歌德

科学在今天是我们的思维方式，也是我们的生活方式，是我们人类精神所发展到的最高阶段。

——［中国文学家、史学家］郭沫若

什么知识最有价值?一致的答案就是科学。

——［英国哲学家］斯宾塞

科学是我们时代的神经系统。

——［苏联作家］高尔基

科学给予人类最大的礼物是什么？是使人类相信真理的力量。

——［美国科学家］康普顿

科学的不朽荣誉，在于它通过对人类心灵的作用，克服了人们在自己面前和在自然界面前的不安全感。

——［美籍德国人、物理学家］爱因斯坦

科学是人类积累的知识的巨大宝库。

——［苏联教育家］克鲁普斯卡娅

科学技术发展到今天，已是综合的、大规模的、集体的事业。

——［中国化学家］王方定

科学的历史作用

科学技术是生产力，而且是第一生产力。

——［中国政治家］邓小平

科学的唯一目的，在于减轻人类生存的艰辛。

——［德国哲学家］布莱希特

在马克思看来，科学是一种在历史上起推动作用的、革命的力量。

——［德国思想家］恩格斯

人类的整个发展直接取决于科学的发展，谁阻碍科学的发展，谁就阻碍了人类的发展。

——［德国哲学家］费希特

四个现代化，关键是科学技术现代化。没有现代科学技术，就不可能建设现代农业、现代工业、现代国防。

——［中国政治家］邓小平

科学给人自由，以反抗自然法则。它致力于把自然力量的魔杖交到人手中；它要使我们的精神摆脱万物的奴役。

——[印度诗人] 泰戈尔

生活给科学提出了目标，科学照亮了生活的道路。

——[俄国生理学者] 米哈伊洛夫斯基

科学的使命，是要造福社会，而不是造福个人。

——[中国教育家] 陶行知

人类没有什么力量比科学更强大，更所向无敌的了。

——[苏联作家] 高尔基

科学是使人的精神变得勇敢的最好途径。

——[意大利哲学家] 布鲁诺

科学的任务，就是要穷探宇宙、社会和人生的一切幽微奥妙。

——[中国学者] 严北溟

科学的真正的、合法的目标说来不外是这样：把新的发现和新的力量惠赠给人类生活。

——[英国哲学家] 培根

科学技术就像空气和水一样，弥漫渗透到社会肌肤的每一个毛孔和细胞。它对人类文明所产生的物质影响和非物质影响是无可估量的。

——[中国学者] 孙明哲

科学与民主，是人类社会进步之两大主要动力。

——[中国革命家] 陈独秀

科学，你是国力的灵魂；同时又是社会发展的标志。

——[中国教育家] 徐特立

发展科学需要科学的精神

科学的根本精神在于求真理。

——[中国学者] 胡适

科学工作千万不能固执己见，缺乏勇于认错的精神，是会吃大亏的。

——[中国科学家] 钱学森

科学精神在于寻求事实，寻求真理。

——[中国学者] 胡适

科学就是整理事实，以便从中得出普遍的规律和结论。

——[英国博物学家] 达尔文

数理科学是大自然的语言。

——[意大利天文学家] 伽利略

自然界是解决科学难题的最好的和最客观的老师。

——[俄国地理学家] 道库恰耶夫

科学，按其本质，是历史的；历史的继承和批判，无疑是科学的重要特征之一。

——[中国作家] 赵鑫珊

科学是埋葬形形色色褪了色的思想的坟场。

——[西班牙哲学家] 乌纳穆诺

科学精神的丧失，对一个民族来讲，并不仅仅意味着与愚昧和反动为伍，科学理性的黯淡与功利的甚嚣尘上是同比关系。

——[中国作家] 翁宝

科学也体现着美的意境

科学本身就具有伟大的美。一位从事研究工作的科学家，不仅是一个技术人员，而且是一个小孩儿，好像迷醉于神话故事一般，迷醉于大自然的景色。

　　——［波兰科学家］居里夫人

科学本身就有诗意。

　　——［英国哲学家］斯宾塞

科学本身并不全是枯燥的公式，而是有着潜在的美和无穷的趣味，科学探索本身也充满了诗意。

　　——［中国教育家］周培源

发明　只有真实的东西才能够被发明

一个最富有热情的心灵，应该有所发明与建树。

　　——［法国作家］司汤达

发明不是为发财，是为人类。

　　——［中国学者］胡适

在劳力上劳心，是一切发明之母，事事在劳力上劳心，便可得事物之真理。

　　——［中国教育家］陶行知

一项发明创造会带来更多的发明创造。

　　——［美国作家］爱默生

发明家和天才在他们的事业刚开始时几乎都被当做傻瓜。

　　——［俄国作家］陀思妥耶夫斯基

发明家最初只能瞥见一种曙光。

　　——［法国作家］巴尔扎克

不存在的事物可以想象，也可以虚构，但只有真实的东西才能够被发明。

　　——［英国作家］拉斯金

有发明之力者虽旧必新，无发明之力虽新必旧。

　　——［中国教育家］陶行知

发明的深刻影响往往在失去其新鲜感时才获得承认。

　　——［法国哲学家］柏格森

一个人有了发明创造，他对社会做出了贡献，社会也就会给他尊敬和荣誉。

　　——［英国作家］特雷塞尔

我在发明创造中学习……

　　——［苏联科学家］齐奥尔科夫斯基

我们从别人的发明中享受了很大的利益，我们也应该乐于有机会以我们的任何一种发明为别人服务；而这种事我们应该自愿地和慷慨地去做。

——［美国政治家、科学家］富兰克林

能创造发明的，和自然与人类之间作翻译的人，比起那些只会背诵旁人的书本而大肆吹嘘的人，犹如一件对着镜子的东西比起它在镜子里所产生的印象，一个本身是一个实在东西，而另一个只是空幻的。

　　——［意大利画家］达·芬奇

索尼公司强大的标志之一，就是积极倡导、热情鼓励一切新设想、新发展，彻底排除那种封闭型的压制、摧残部下发明成果的传统陋习。

　　——［日本企业家］盛田昭夫

创新

创新是科学永恒的生命力

创新才能成功

如果你要成功,你应该朝新的道路前进,不要跟随被踩烂了的成功之路。

——[美国企业家]洛克菲勒

现在一切美好的事物,无一不是创新的结果。

——[英国经济学家]穆勒

创新就是在生活中发现了古人没有发现的东西。

——[中国画家]李可染

掌握新技术,要善于学习,更要善于创新。

——[中国政治家]邓小平

学术研究贵在求真、求新、求深,而求新又是基本目标。

——[中国作家]杜鹏程

不创新就难以生存下去

创新是一个民族进步的灵魂,是一个国家兴旺发达的不竭动力。

——[中国政治家]江泽民

一个没有创新能力的民族,难以屹立于世界先进民族之林。

——[中国政治家]江泽民

距离已经消失,要么创新,要么死亡。

——[美国管理学家]托马斯·彼得斯

光看别人脸色行事,把自己束缚起来的人,就不能突飞猛进,尤其是不可能在科学技术日新月异的年代里生存下去,就会掉队。

——[日本企业家]本田宗一郎

与其被淘汰,不如自我更新。

——[中国企业家]周颖南

道在日新,艺亦须日新,新者生机也;不新则死。

——[中国画家]徐悲鸿

独创才是真正的创新

非经自己努力所得的创新,就不是真正的创新。

——[日本电子之父]松下幸之助

独创常常在于发现两个或两个以上研究对象或设想之间的联系或相似之点。

——[英国经济学家]贝弗里奇

第一个吃螃蟹的人一定是个勇士。

——[中国作家]鲁迅

科学的进步需要"异想天开"

创新是科学永恒的生命力。

——[美国科幻小说家]阿西莫夫

想出新办法的人在他的办法没有成功以前,人家总说他是异想天开。

——[美国作家]马克·吐温

异想天开给生活增加了一分不平凡的色彩,这是每一个青年和善感的人所必需的。

——[苏联作家]巴乌斯托夫斯基

做出重大发明创造的年轻人,大多是敢于向千年不变的戒规、定律挑战的人,他们做出了大师们认为不可能的事情来,让世人大吃一惊!

——[法国数学家]费尔马

标新立异的目的无非为了开拓。

　　——[中国作家] 王蒙

创新要打破旧框框

　　一些陈旧的、不结合实际的东西，不管那些东西是洋框框，还是土框框，都要大力地把它们打破，大胆地创造新的方法、新的理论，来解决我们的问题。

　　——[中国地质学家] 李四光

　　一个人想做点事业，非得走自己的路。要开创新路子，最关键的是你会不会自己提出问题，能正确地提出问题就是迈开了创新的第一步。

　　——[美籍华人、物理学家] 李政道

　　一个具有天才的禀赋的人，绝不遵循常人的思维途径。

　　——[法国作家] 司汤达

　　大凡实际接触过科学研究的人都知道，不肯超越事实的人很少会有成就。

　　——[英国博物学家] 赫胥黎

　　凡能独立工作的人，一定能对自己的工作开辟一条新的路线。

　　——[中国物理学家] 吴有训

　　敢于走前人没有走过的路的拓荒者，永远是不朽的。

　　——[日本作家] 武者小路实笃

没有一点"闯"的精神，没有一点"冒"的精神，没有一股气呀，劲呀，就走不出一条好路，走不出一条新路，就干不了新的事业。

　　——[中国政治家] 邓小平

　　正确对待前人理论，学百家之长，自主创新。

　　——[中国地质学家] 陈国达

创新要讲求方法

　　任何研究工作都应有所创新。创新的基础，一是新概念的指导，二是新方法的突破。

　　——[中国地质学家] 王鸿祯

　　在创造家的事业中，每一步都要三思而后行，而不是盲目地瞎碰。

　　——[苏联植物学家] 米丘林

　　科学研究工作，尤其富于创造性的意义，尤其是要依靠自力更生。当然，自力更生并不等于封锁自己。

　　——[中国地质学家] 李四光

　　我们要记着，作了茧的蚕，是不会看到茧壳以外的世界的。

　　——[中国地质学家] 李四光

变革　生活就是变革，完美就是不断变化

　　改革是积极的，保守是消极的，前者以真理为目标，后者以安宁为目标。

　　——[美国作家] 爱默生

　　变革是生活的规律，那些只看到过去或现在的人肯定会失去将来。

　　——[美国政治家] 肯尼迪

当今世界唯最巨大的力量是变革的力量。

　　——[美国作家] 多伊奇

　　生活就是变革，完美就是不断变化。

　　——[英国作曲家] 纽曼

　　进化不是一种力量，而是一种进

程,不是一种主张,而是一个规律。
　　——[美国演员] 莫利
男儿志兮天下事,但有进兮不有止。
——[中国近代启蒙思想家] 梁启超
　　如果试图改变一些东西,首先应该接受许多东西。
　　——[法国文学家、哲学家] 萨特
　　科学规律的本身是客观真理,是不会陈旧的。人们运用这些规律的方式和做出的相应设计方案,却是日新月异的。
　　——[中国物理学家] 王竹溪
　　初生的婴儿总不会是完美的,一切革新也是如此,因为革新乃是时间孕育的婴儿。
　　——[英国哲学家] 培根
　　如果一个国家的年轻人保守,这个国家则高呼了丧钟。
　　——[美国作家] 比彻
　　首创者陶醉于革新,可是对危险视而不见;第二人清楚前面是深渊,可是仍然投身下去。
　　——[法国作家] 雨果

　　每当一种新事物出现的时候,人们总要问:它有什么用处?人们这样做是没有错的。因为人们只有通过第一事物的用处能发现它的价值。
　　——[德国诗人] 歌德
　　开路,这就意味着我们要有崇高的理想,敢于革新,敢于创造,闯前人未经之道,辟前人未历之境。
　　——[中国政治家] 胡锦涛
　　人类天性所能感觉的最大痛苦之一,便是由某一种新的观念或思想所带来的痛苦。
　　——[英国政论家] 白哲特
　　什么是路? 就是从没路的地方践踏出来的,从只有荆棘的地方开辟出来的。
　　——[中国作家] 鲁迅
　　那些仅仅循规蹈矩过活的人,并不是在使社会进步,只是在使社会得以维持下去。
　　——[印度诗人] 泰戈尔
　　光明之前有混沌,创造之前有破坏。
——[中国文学家、史学家] 郭沫若

创造　我创造,所以我生存

生命就是不停地创造。
　　——[印度诗人] 泰戈尔
　　谁有创造,谁就能在历史上占一席之地;谁没有创造,谁就会被历史淘汰。
　　——[中国画家] 潘天寿
　　我创造,所以我生存。
　　——[法国作家] 罗曼·罗兰
　　没有创造,就没有发展。
　　——[中国画家] 傅抱石

种种文明都可以说是创造冲动的产物。
　　——[中国教育家] 夏丏尊
　　所谓革命精神就是创造性,要懂得世界上一切都需要创造,要前进就不能坐着等待,就要去创造。
　　——[中国教育家] 徐特立
　　人创造事业,并以事业为光荣。
　　——[苏联作家] 高尔基

人类最高的欲求，是在时时创造新的生活。

——[中国革命家] 李大钊

真正的创造是不计较结果的,它是一个人的内在力量的自然而然的实现,本身即是享受。

——[中国学者] 周国平

真正的创造从来就意味着献身去吃别人吃不了的苦头,去冒别人不敢冒的风险,去舍弃别人不愿传诵的安逸,却承担别人不敢承担的责任!

——[中国作家] 陈祖芬

处处是创造之地，天天是创造之时,人人是创造之人。

——[中国教育家] 陶行知

人有多大的自由度，就可能有多大的想象力和创造力。

——[中国作家] 陈祖芬

人的身上本来就蕴藏着无限的创造力的源泉,如果不是这样,就谈不上是人。所以需要把它们解放和开拓出来。

——[俄国作家] 列夫·托尔斯泰

才能是来自独创性。独创性是思维、观察、理解和判断的一种独特的方式。

——[法国作家] 莫泊桑

不要理睬世袭的聪明。当大家在按同一固定模式行事时,你不妨独辟蹊径,按另一种不同模式去做,这样很可能取得成功。

——[美国企业家] 山姆·沃尔顿

团体的精神是构成创造的气候的最重要因素。

——[中国学者] 周昌忠

在理论和实验已有一定认识的基础上,突破性的创见往往得自心血来潮。

——[英国科学家] 霍金

无羁的心灵是创造的源泉。

——[中国社会学家] 陆晓文

人类所有的创造和活动(包括写文章在内),不仅表示头脑的充实,并且证明肠胃的空虚。

——[中国学者] 钱钟书

熟是经验,巧是创造。

——[中国教育家] 徐特立

创造就是作选择,抛弃不合适方案。

——[法国数学家] 彭加勒

点滴的创造固然不如整体的创造,但不可轻视点滴的创造而不为,呆望着大创造从天而降。

——[中国教育家] 陶行知

创造的最危险敌人是胆怯。

——[中国学者] 周昌忠

当人的生存状况、个性和精神普遍受到外部环境压抑时,人的创造能力也就被压抑、破坏和摧残殆尽。

——[中国作家] 张抗抗

传统思维方式的封闭性、单向性和趋同性,都是反创造性思维,都是抵消乃至扼杀创造力的。

——[中国作家] 陈祖芬

进步　只要掌握了先进技术，人们便可以主宰世界

人类总得不断地总结经验，有所发现,有所发明,有所创造,有所前进。

——[中国政治家、军事家] 毛泽东

进步不是什么事件,而是一种需要。

——[英国哲学家] 斯宾塞

当科学达到某个高峰的时候，它

面前会出现通向新的高峰的广阔前景,通向进步发展的崭新道路。

——[苏联物理学家] 瓦维洛夫

对全人类来说,只有一种共同利益,那就是科学的进步。

——[法国空想社会主义者] 圣西门

未来的前景无比灿烂,只要掌握了先进技术,人们便可以主宰世界。

——[美国物理学家] 科尼什

科学的真正和正当的目的就是人类生活要用新发现和新动力来丰富起来。

——[英国哲学家] 培根

为人类进步做出如此沉重的贡献一向是勇敢的人们、新世纪的开拓者的命运。但是我们知道,任何事情都不能阻挡人类的前进。

——[法国政治家] 密特朗

只有大胆的思辨而不是经验的堆积,才能使我们进步。

——[美籍德国人、物理学家] 爱因斯坦

科学……还能使人惯于劳动和追求真理,能为人民创造真正的精神财富和物质财富,能创造出没有它就不能获得的东西。

——[俄国化学家] 门捷列夫

人借助于科学,就能纠正自然界的缺陷。

——[俄国地理学家] 梅契尼可夫

科学的进展是十分缓慢的,需要爬行才能从一点到达另一点。

——[英国诗人] 丁尼生

高科技的发展又确实是一柄双刃剑。

——[中国学者] 孙明哲

科学进步与经济发展是不可分离的。

——[中国哲学家] 张岱年

有了旧的灭亡,才有新的发生。旧的思想灭亡,即新的思想萌芽了,精神有了进步。

——[中国作家] 鲁迅

唯有打破常规,才能求取发展,唯有发展,人类社会才能永远充满活力。

——[中国作家] 素素

现实是被人们的理智和意志的无穷力量所创造的,它不再发展的时候是没有的。

——[苏联作家] 高尔基

要继承才能创造发展,继承是创造发展的基础。最能创造发展的人,也是最能继承的人。

——[中国教育家] 徐特立

发展是硬道理。

——[中国政治家] 邓小平

想象 人类所有的才能之中与神最相近的就是想象力

科学到了最后阶段,就遇上了想象。

——[法国作家] 雨果

在科学思维中常常伴着诗的因素。真正的科学和真正的音乐要求同样的想象过程。

——[美籍德国人、物理学家] 爱因斯坦

想象是真实的皇后。

——[法国诗人] 夏尔波特莱尔

想象是灵魂的眼睛。

——[法国作家] 茹贝尔

人类所有的才能之中与神最相近的就是想象力。

——[法国物理学家] 帕斯卡

许多科学家往往是靠极其丰富的想象力(卓越的新思想)来发现新的规律。

——[美国化学家]鲍林

想象力比知识更重要，因为知识是有限的，而想象力概括着世界上的一切，推动着进步，并且是知识进化的源泉。

——[美籍德国人、物理学家]爱因斯坦

科学的每一项巨大成就，都是以大胆的幻想为出发点的。

——[美国教育家]杜威

当我检验我自身和我的思想方法时，我得出的结论是，对我来说，幻想的天赋比我的吸收积极知识的能力更有意义。

——[美籍德国人、物理学家]爱因斯坦

就价值而言，想象力本身就是无价之宝；可它的价格，则要视它能成为什么。

——[中国作家]谌青

异想天开给生活增加了一分不平凡的色彩，这是每一个青年和善感的人所必需的。

——[苏联作家]康帕乌斯托夫斯基

好奇心和活跃的想象能力是科学家的宝贵财富。

——[美国化学家]鲍林

科学也需要创造，需要幻想，有幻想才能打破传统的束缚，才能发展科学。

——[中国文学家、史学家]郭沫若

有人认为，只有诗人需要幻想，这是没有理由的，这是愚蠢的偏见！甚至在数学上也需要幻想的，甚至没有它就不可能发明微积分。

——[苏联政治家]列宁

探索 希望是隐藏在群山后的星星，探索是人生道路上执著的旅人

我从事科学研究是出于一种不可遏止的想要探索大自然奥秘的欲望，别无其他动机。

——[美籍德国人、物理学家]爱因斯坦

为一生工作而进行探索的人是幸福的，因为他无须再探索其他的幸福了。

——[英国作家]卡莱尔

要意志坚强，要勤奋，要探索，要发现，并且永不屈服，珍惜在我们前进道路上降临的善，忍受我们之中和周围的恶，并下决心消除它。

——[英国博物学家]赫胥黎

希望是隐藏在群山后的星星，探索是人生道路上执著的旅人。

——[丹麦天文学家]第谷布拉赫

不满是向上的车轮，能够载着不自满的人前进。

——[中国作家]鲁迅

向还没有开辟的领域进军，才能创造新天地。

——[美籍华人、物理学家]李政道

对于科学进步和在科学中从事新的工作，开辟新的领域妨碍最大的却是下面这一点，即人们对于事物总是感觉失望，想着它们是不可的。

——[英国哲学家]培根

应当耐心地探索神圣而科学的真理。

——[俄国化学家]门捷列夫

科学工作者，对世界上的万事万

物就是要问个为什么。

——[中国地质学家] 李四光

科学家的天职叫我们继续奋斗，彻底揭露自然界的奥秘，掌握这些奥秘，以便能在将来造福人类。

——[法国科学家] 约里奥·居里

科学要求每个人有紧张的工作和伟大的热情。希望你们热情地工作，热情地探索。

——[俄国生理学家] 巴甫洛夫

要走向理论的建立，当然不存在什么逻辑的道路，只有通过构造性的尝试去摸索。

——[美籍德国人、物理学家] 爱因斯坦

攀登　只有艰苦攀登才能达到科学的高峰

科学经历的是一条非常曲折、非常艰难的道路。

——[中国科学家] 钱三强

在科学上没有平坦的大道，只有不畏艰险沿着陡峭山路攀登的人，才有希望达到光辉的顶点。

——[德国思想家] 马克思

古往今来，凡成就事业，对人类有作为的，无一不是脚踏实地，艰苦登攀的结果。

——[中国科学家] 钱三强

攀登科学高峰，就像登山运动员攀登珠穆朗玛峰一样，要克服无数艰难险阻，懦夫和懒汉是不可能享受到胜利的喜悦和幸福。

——[中国数学家] 陈景润

科学并不神秘，科学的高峰是一切不畏艰险、敢于攀登的勇士们都可能达到的。

——[中国科学家] 茅以升

攻克科学难关，需要巨大的动力。科学的献身精神，百折不回的毅力，这些都是攻关的科学战士所必须具备的品质。

——[中国数学家] 陈景润

科学上没有平坦的大道，真理长河中有无数礁石险滩。只有不畏攀登的采药者，只有不怕巨浪的弄潮儿，才能登上高峰采得仙草，深入水底觅得珍珠。

——[中国数学家] 华罗庚

在科学的入口处，正像在地狱的入口处一样，必须提出这样的要求："这里必须根绝一切犹豫；这里任何怯懦都无济于事。"

——[德国思想家] 马克思

科学家大多是"疯子"，因为他有超越常人的毅力和奋斗精神，在他眼里：科学就是一切，科学就是人生！

——[德国天文学家] 开普勒

科学不是可以不劳而获的，诚然，在科学上除了汗流满面是没有其他收获的方法的；热情也罢，幻想也罢，以整个身心渴望也罢，都不能代替劳动。

——[俄国哲学家、作家] 赫尔岑

搞发明，也像洗沙淘金，不把沙子洗干净，就休想淘得出纯金来。

——[美国发明家] 爱迪生

我碰到了无数的障碍，跌倒了，然而我一次次坚强地爬起来，迈步上去。每前进一步，我的勇气就增加一分，每爬得高一点，我的眼界就开阔一些。

　　——[美国作家]海伦·凯勒

攻城不怕坚，攻书莫畏难。科学有险阻，苦战能过关。

——[中国政治家、军事家]叶剑英

你们在想要攀登到科学顶峰之前，首先应当研究科学的初步知识。如果还没有充分领会前面的东西，就决不要动手搞后面的东西。

　　——[俄国生理学家]巴甫洛夫

客观　主观和客观相符合，就是实事求是

规律既然是客观存在着的，那么，人们就无法任意改变它，只能认识了它之后，很好地掌握住它，才能做好一切要做的事情，才能达到预期的目的。

　　——[中国书法家]沈尹默

使思想和实际相符合，使主观和客观相符合，就是实事求是。

　　——[中国政治家]邓小平

知识的问题是一个科学的问题，来不得半点的虚伪和骄傲。

——[中国政治家、军事家]毛泽东

科学要尊重事实，不能胡编造理由来符合一个学说。

　　——[中国地质学家]李四光

探索自然规律，对于改造自然是十分必要的。

　　——[中国哲学家]张岱年

科学研究基于同一法则，即一切事物的产生取决于自然规律，这也适用于人们的行动。

——[美籍德国人、物理学家]爱因斯坦

既要有直观洞察的想象能力，又要有步步不落空的钻研精神。攀登悬崖的人都知道，一步落空便会粉身碎骨。

　　——[中国数学家]华罗庚

事实是毫无情面的东西，它能将空言打得粉碎。

　　——[中国作家]鲁迅

最可贵的是事实，最无情的也是事实。

　　——[中国作家]林默涵

拿事实给人看，比讲道理给人听要有力得多。

　　——[中国剧作家、诗人]田汉

只要是一个有良心、不存心骗人的人，他总会在不同程度上正视客观实际的，他的学说总会有合理成分的。

　　——[中国学者]季羡林

假的虚的即使掩盖一时，经过实践，总是会被揭露出来的。

　　——[中国数学家]华罗庚

科学与伪科学的差别，并不在于科学本身必须不包含错误，恰恰在于前者是可以证伪的，因此是包含错误的；而只有后者才是不可证伪的。

　　——[中国学者]何新

341

怀疑

怀疑能把昨天的信仰摧毁,替明日的信仰开路

对一切价值重新估价:那就是我对人类最高的自我肯定活动的公式。

——[德国哲学家]尼采

科学发现的过程是一个由好奇、疑虑开始的飞跃。

——[美籍德国人、物理学家]爱因斯坦

对明天的认识的唯一限度,取决于我们今天的怀疑。

——[美国政治家]罗斯福

怀疑是知识的钥匙。

——[波斯诗人]萨迪

怀疑是无限的探求。

——[古希腊哲学家]苏格拉底

怀疑的眼睛就像猫头鹰的眼睛一样,要在黑暗中才能看见,光明反而可以使它失去视力。

——[匈牙利作家]约卡伊·莫尔

伟大的灵魂是向往怀疑的。

——[德国哲学家]尼采

如果你想成为一个真正的真理寻求者,在你的一生中至少应该有一个时期,要对一切事物都尽量怀疑。

——[法国哲学家]笛卡儿

要追求真理,我必须在一生中尽可能地把所有的事情都来怀疑一次。

——[法国哲学家]笛卡儿

科学始终是不公道的。如果它不提出十个问题,也就永远不能解决一个问题。

——[英国作家]萧伯纳

疑者,觉悟之机也。一番觉悟,一番长进。

——[中国古代书法家]陈献章

大疑则大悟,小疑则小悟,不疑则不悟。

——[中国古代学者]朱熹

千人之诺诺,不如一士之谔谔。

——[中国古代文学家、史学家]司马迁

哲学是什么?哲学是对一些司空见惯的、大家都以为不成问题的问题投以怀疑和探索的眼光。

——[中国作家]赵鑫珊

怀疑并非信仰的反面,而是信仰的一种要素。

——[法国作家]罗曼·罗兰

怀疑能把昨天的信仰摧毁,替明日的信仰开路。

——[法国作家]罗曼·罗兰

信仰与怀疑相辅相成,没有怀疑就没有真正的信仰。

——[德国作家]海塞

打开一切科学的钥匙,都毫无异议的是问号。

——[法国作家]巴尔扎克

观察

瞬间的洞察力,其价值有时相当于毕生的经验

观察是智慧的最重要的能源。

——[苏联教育家]苏霍姆林斯基

我们要给自己的热心找一个不可分离的伴侣,这个伴侣就是严格地观察。

——[法国生物学家]巴斯德

新知识常常起源于研究过程中某种意外的观察或机遇现象。

——[英国经济学家]贝弗里奇

仔细观察是一切伟大成就的一个因素。

——[英国哲学家]斯宾塞

事实的观察是实证科学的最初和最终。

——[日本心理学家]宫城音弥

知识不能单从经验中得出,而要从理智的发明与观察到的事实两者的比较中得出。

——[美籍德国人、物理学家]爱因斯坦

正是问题激发我们去学习,去实践,去观察。

——[英国哲学家]鲍波尔

我们需要训练自己的观察能力,培养那种经常注意预料之事情的心情,并养成检查机遇提供的每一条线索的习惯。

——[英国经济学家]贝弗里奇

出人头地不是从人群中"跳出来",而是循着观察、比较和研究的道路走出来。

——[苏联作家]高尔基

我既没有突出的理解力,也没有过人的机智。只在觉察那些稍纵即逝的事物并对其进行精细观察的能力上,我可能在普通人之上。

——[英国博物学家]达尔文

统治愈完全愈好,观察愈普遍愈好。

——[法国哲学家]笛卡尔

瞬间的洞察力,其价值有时相当于毕生的经验。

——[美国作家]霍姆斯

我们在任何情况下都应该使我们的推理受到实践的检验,除了通过实验和观察的自然道路去寻求真理之外,别无它途。

——[法国化学家]拉瓦锡

应当仔细地观察,为的是理解;应当努力地理解,为的是行动。

——[法国作家]罗曼·罗兰

科学并不从广泛的假设出发,而是从观察或实验所发现的特殊事实出发。

——[英国哲学家]罗素

重要的是,要能够对一种现象作多方面的观察,要是看到理想的一面,而未能顾及现实的一面,不能使我们的幸福诞生。我们是否都能培养更深远的眼光,看得更透彻、更开阔呢?

——[日本电子之父]松下幸之助

模仿

模仿不是创作,但创作不能不有模仿

模仿虽能惟妙惟肖,终有根本的缺憾——没有心。

—— [中国作家] 张抗抗

即使面对大师,也不应当模仿和重复。

—— [中国作家] 谢冕

如果学习只在模仿,那么我们就不会有科学,也不会有技术。

—— [苏联作家] 高尔基

凡富于创造性的人必敏于模仿,凡不善于模仿的人决不能创造。

—— [中国学者] 胡适

艺术的事情大都始于摹仿,终于独创。

—— [中国教育家] 叶圣陶

"会模仿"又加以创造,不是更好吗?

—— [中国作家] 鲁迅

创造只是模仿到十足时的一点点新花样。

—— [中国学者] 胡适

任何别人的经验和自己的以往的经验,都不过是一种参考,不可能重复。

—— [中国作家] 张乃光

不重复别人是重要的。不重复自己是尤其重要的。

—— [中国作家] 陈祖芬

重复是衰落的标志!

—— [中国画家] 吴冠中

复制的东西与真实的东西是永不可同日而语的。

—— [中国作家] 林白

模式化的东西是最无生命力的。

—— [中国作家] 杨晓晖

一味承袭昨天,便不能在明天的世界里生存。

—— [中国作家] 陈祖芬

一意摹仿古人和外国人,无丝毫可以光耀祖宗者,是一笨子孙。

—— [中国画家] 潘天寿

成熟之为用,亦不能保持,久则腐败。

—— [中国画家] 徐悲鸿

任何单调都会使人乏味、厌倦。

—— [中国学者] 扈中平

没有变化,再好的歌也会叫人厌烦的。

—— [中国诗人] 艾青

模仿不是创作,但创作不能不有模仿。

—— [中国史学家] 周谷城

模仿是人的天性,虽然人们不承认自己是模仿。

—— [德国诗人] 歌德

摹拟算得了什么?猎犬也会追随它的主人,猴子也会效法它的饲养者,马儿也会听从它的骑师。

—— [英国诗人、戏剧家] 莎士比亚

实验　一切比较真实的对于自然的解释，乃是由适当的例证和实验得到的

除了实验以外，没有别的办法可以识别错误。

——[法国启蒙思想家] 狄德罗

一切比较真实的对于自然的解释，乃是由适当的例证和实验得到的。

——[英国哲学家] 培根

许多伟大的发现都是由于全然不顾公认的信念来设计实验而做出的。很明显，是达尔文首先运用"蠢人实验"一词，来指这类为多数人所不屑一试而他自己则常做的实验。

——[英国经济学家] 贝弗里奇

物体的属性只能由实验而知晓，所以在实验上普遍一致的必被看做是普遍的属性，而决不能背弃实验而从事于空想。

——[英国科学家] 牛顿

只要有可能，任何实验都应当重做并且使之精益求精。

——[美籍德国人、物理学家] 爱因斯坦

如同研究工作所使用的其他手段一样，实验并不是万无一失的。不能从实验上论证一种假设并不等于证明这种假设是不正确的。

——[英国经济学家] 贝弗里奇

发现　天才的发现之所以伟大，正在于这些发现成了千万人的财富

科学的存在全靠它的新发现，如果没有新发现，科学便死了。

——[中国地质学家] 李四光

人，全都是为"发现"而航行的探寻者。

——[美国作家] 爱默生

智慧的可靠标志就是能够在平凡中发现奇迹。

——[美国作家] 爱默生

简单的事情考虑得很复杂，可以发现新领域，把复杂的现象看得很简单，可以发现新规律。

——[英国科学家] 牛顿

要记住，人们在跨学科的领域常常会有新的发现，那里有许多未被探索的事物，必须给以特殊的重视。

——[苏联教育家] 苏霍姆林斯基

伟大的发现者并不一定是伟人。谁比哥伦布给世界带来的变化更大？他是什么人？一个冒险家，他有个性，这是真的，但他却不是一个伟人。

——[奥地利精神分析学家] 弗洛伊德

天才的发现之所以伟大，正在于这些发现成了千万人的财富。

——[俄国作家] 屠格涅夫

智慧只能在真理中发现。

——[德国诗人] 歌德

那些没有受过未知物折磨的人，不知道什么是发现的快乐。

——[法国科学家] 贝尔纳

345

科学家

科学只把最好的恩典赐给专心致志地献身于科学的人

科学家的献身精神与拼搏精神

真正的科学家是追求科学的真理，拿着科学的火把救人。

——[中国教育家] 陶行知

对科学家来说，不可逾越的原则是为人类文明而工作。

——[英国科学史家] 李约瑟

有幸能够致力于科学研究的人，首先应该拿自己的学识为人类服务。

——[德国思想家] 马克思

科学家的成果是全人类的财产，而科学是最无私的领域。

——[苏联作家] 高尔基

一个国家、一个民族最宝贵的就是有一批献身科学、探索科学的优秀人才，这是真正的国家和民族的栋梁。

——[德国物理学家] 玻恩

我一生的主要乐趣和唯一职务就是科学工作。

——[英国博物学家] 达尔文

我决心献身于我的科学，并从青年时代就使热衷于它……

——[德国理论物理学家] 普朗克

科学只把最好的恩典赐给专心致志地献身于科学的人。

——[德国哲学家] 费尔巴哈

学者的见解，是超然于得失之外的。

——[中国作家] 鲁迅

我甘愿当"人梯"，让年青一代踩着我的肩膀，攀登世界科学技术的高峰。

——[中国数学家] 华罗庚

搞科学工作需要人的全部生命，八小时工作制是行不通的。

——[中国生物学家] 朱洗

无知是一个养活人的现实，科学是一个饿肚子的现实。想做学者就要饿得精瘦，想吃草就要变成驴子。

——[法国作家] 雨果

科学需要一个人贡献出毕生精力，假定你们每个人有两次生命，这对你们来说也还是不够的。

——[俄国生理学家] 巴甫洛夫

科学家的态度与风格

一个科学家要正直，要坚持科学态度和实事求是的信条。

——[中国遗传教育种学家] 蔡旭

科学家的态度，应该是知之为知之，不知为不知，丝毫不能苟且。

——[中国科学家] 竺可桢

科学工作者宁可太迂，切莫浮而不实，必须十足唯物，不可丝毫唯心。

——[中国化学家] 黄鸣龙

不盲从，不符合，以理智为依归。如遇横逆之境遇，则不屈不挠，不畏强御，只问是非，不计利害。

——[中国科学家] 竺可桢

一个科学家应当使理智和情感处于平衡之中，才能冷静而又热忱地面对自然界。

——[中国学者] 周昌忠

在科学工作中要有严格的自我批评精神，有实事求是的精神，这是青年从事科学工作的第一关。

——[中国科学家] 钱学森

鸟的翅膀无论多么完善，如果不依靠空气支持，就决不能使鸟体上升。事实就是科学家的空气。

——[俄国生理学家] 巴甫洛夫

既异想天开，又实事求是，这是科学工作者特有的风格，让我们在无穷的宇宙长河中去探索无穷的真理吧！

——[中国文学家、史学家] 郭沫若

我不能容忍这样的科学家，他拿出一块木板来，寻找最薄的地方，然后在容易钻透的地方钻许多孔。

——[美籍德国人、物理学家] 爱因斯坦

科学家的素质

科学是包罗万象的事业，它需要有各方面的才能。

——[美籍华人、物理学家] 杨振宁

真正的科学家应当是个幻想家，谁不是幻想家，谁就只能把自己称为实践家。

——[法国作家] 巴尔扎克

成功的科学家往往是兴趣广泛的人。他们的独创精神可能来自他们的博学。多样化会使人观点新鲜，而过于长时间钻研一个狭窄的领域，则易使人愚蠢。

——[英国经济学家] 贝弗里奇

好奇心造就科学家和诗人。

——[法国作家] 法朗士

研究人员探测知识的疆界需要很多与开拓者同样的品格：事业心和进取心。

——[英国经济学家] 贝弗里奇

科研方法　创立方法，往往要比发现个别事实更有价值

用思想的时候，守科学方法才是思想，不守科学方法便是诗人的想象或愚人的妄想。

——[中国革命家] 陈独秀

科学方法必然是一种与道德无关的，超乎善与恶，且只问事实而不问价值，不问商业的价值或道德的价值。

——[中国作家] 林语堂

做学问其实就是对生活中发生的问题，问个为什么，然后抓住问题不放，追根究底，不断用心思。

——[中国社会学家] 费孝通

应当在周围寻找那些从属于分析但能引导到综合的方法，否则将白费时间和精力。

——[俄国化学家] 门捷列夫

在自然科学中，创立方法，研究某种重要的实验条件，往往要比发现个别事实更有价值。

——[俄国生理学家] 巴甫洛夫

遇到难题时，我总是力求寻找巧妙的思路，出奇制胜。

——[中国物理学家] 朱清时

观察、实验、分析是科学工作常用的方式。

——[中国地质学家] 李四光

进行科学研究时，我一向比较重视对最终结果的预测。

——[中国科学家] 卢嘉锡

大胆设想，小心求证。看来大胆还是必要的，当然大胆要建筑在扎实工作的基础上。
——[中国科学家] 赵金科

一个学问的前沿的方向是很多的，有许多有生气的方向。最好走向这些有生气的方向。
——[美籍华人、物理学家] 杨振宁

科学创造要动手，要劳动，要手脑结合，所以要提倡"劳"。
——[中国遗传学家] 谈家桢

科学的根本精神，全在养成观察力。
——[中国近代启蒙思想家] 梁启超

一定要同客观存在的东西保持一定的距离，才能客观地去观察。
——[中国学者] 季羡林

思维活动中最困难的是重新编排整理一组熟悉的资料，从不同的角度着眼看待它，并且摆脱当时流行理论。
——[英国史学家] 巴特菲尔德

凡事力争最好的可能性，但必须做最坏的准备。做创新的科研工作更是如此。
——[中国核医学家] 王世真

博采前人的成就，广泛地学习研究；炼是提炼，只搜来学习还不行，还要炼，把各式各样的主张拿来对比研究，经过消化，提炼。
——[中国数学家] 华罗庚

技术 科学是自然结构的反映，它始终建立在技术基础上

科学和技术有种种交互作用，在这些作用中，人类和自然共同工作，而人的因素又直接受到改变和指导。人类和物质情况共同参与工商业器具、工具和机械的发明与运用，这是任何人不想否认的事实。
——[美国教育家] 杜威

科学研究和技术之间的相互依赖日益密切，而这种密切关系使得诸种科学成了第一位的生产力。
——[德国政治思想家] 哈马贝斯

人类对事物的支配只建立在技术和科学之中。之所以这么说，是因为自然只有通过服从才受支配。
——[英国哲学家] 培根

科学是自然结构的反映，它始终建立在技术基础上。
——[日本物理学家] 武谷三男

在所有的能为人类造福的财富中，我发现，再没有什么能比改善人类生活的新技术、新贡献和新发明更加伟大的了。
——[英国哲学家] 培根

社会一旦有技术上的需要，则这种需要就会比十所大学更能将科学推向前进。
——[德国思想家] 恩格斯

技术给了人一种能力感：感觉人类远不再像从前的时代那么任凭摆布了。但是技术给予的将能力是社会能力，不是个人能力。
——[英国哲学家] 罗素

我们必须学会把技术的物质奇迹和人性的精神需要平衡起来。
——[美国未来学家]约翰·奈斯比特

必须承认机械技术的发明者比起

三段论的发明者对人类更有用：发明梭的人出乎意料地胜过提出天赋观念的人。

——[法国启蒙思想家]伏尔泰

新技术已经使得生产规模与生产地点无关紧要，并加强了个人的能力。

——[美国未来学家]约翰·奈斯比特

每当一种新技术被引进社会，人类必然会产生一种要加以平衡的反应，也就是说产生一种高情感，否则新技术就会遭到排挤。技术越高级，情感反映也就越强烈。

——[美国未来学家]约翰·奈斯比特

技术一边做自然所不能及的事，一边模仿自然。

——[古希腊哲学家]亚里士多德

技术既可以造福人类，也可以毁灭人类。

——[美国未来学家]约翰·奈斯比特

我们周围的高技术越多，就越需要人的情感。

——[美国未来学家]约翰·奈斯比特

技能　正是技能，而不是力量，驾驭生命的航船

人是一切动物中最能够获得最丰富多彩技艺的动物。

——[古希腊哲学家]亚里士多德

正确的知识必须和技能，即运用知识的技巧结合起来。

——[德国教育家]第斯多惠

正是技能，而不是力量，驾驭生命的航船。

——[英国作家]托马斯·富勒

技能和信心加在一起便是一支无往不胜的军队。

——[英国哲学家]赫伯特

技能强于力量。

——[英国作家]托马斯·富勒

除了吃食以外，任何事情都需要技能。

——[英国哲学家]赫伯特

要改变一般人的本性，使它获得一定劳动部门的技能和技巧，成为发达的和专门的劳动力，就要有一定的教育或训练。

——[德国思想家]马克思

知识的广度能促进学生的发展，同时也能促进知识和技巧的巩固。

——[苏联德育家]赞科夫

天生聪敏的人跟天生拙笨的人一样，谁想在某一门技艺上成为一个值得赞美的人，谁都必须学习和钻研这门技艺。

——[古希腊哲学家]苏格拉底

一个人要么掌握很好的专业技能，要么掌握在生活中无孔不入的本领。这两者都是生财之道。

——[苏联小说家]索尔·仁尼琴

只有贫困才能逼出技艺，它是劳动之师。

——[古希腊诗人]忒俄克里托斯

技能的培养是在学习中完成的。

——[德国哲学家]雅斯贝尔斯

有技艺对任何一个人来说都是快乐。

　　——[英国诗人]梅斯菲尔德

　　如果不教给孩子一门手艺，或教他去从事一种职业，那就是把孩子养大去做贼。

　　——[美国作家]爱默生

　　大学提供的各种专业教育仅仅是将来生活的一个基础，技能的培养是在学习中完成的，大学替技能培养做了最好的准备工作。

　　——[德国哲学家]雅斯贝尔斯

16

时尚与休闲

在闲暇的时候去垂钓并不是浪费光阴；它使我大脑松弛、心旷神怡，使我忘却悲伤，抛弃烦恼与恶欲，换来心灵的满足。

——[英国作家] 沃尔顿

时 尚　时尚始于独特，终于粗俗

时尚就是目前的传统

所谓时尚就是目前的传统。一切传统都带有某种必要性，使人们非向它看齐不可。

——[德国诗人] 歌德

时髦是力求脱俗、不愿被别人追上的一种教养。

——[英国评论家] 哈兹里特

时髦是摆脱了粗俗之后的优雅，因而，它最怕被新的时髦所代替。

——[英国评论家] 哈兹里特

时髦的东西，总是在突出的个性之中包含了相当广泛的共性，了解时髦，也一定程度上了解了一个社会和时代。

——[中国诗人] 汪国真

时髦仅是试图在生活方式和社会交往中把艺术变成现实。

——[美国法学家] 霍姆斯

流行是不显眼的人模仿引人注目者的行为，其结果是流行将自动地变化。

——[法国诗人] 瓦雷里

时尚始于独特，终于粗俗，而二者皆时尚大忌。

——[英国评论家] 哈兹里特

中国人反对奇装异服，并非反对"时髦"，而是反对"独异"。

——[中国作家] 易中天

奇装异服并不等于穿戴时髦。

——[英国作家] 伯顿

时尚使人成为它的奴隶

每一代人都嘲笑陈旧的时尚，却虔诚地追随一种新的时尚。

——[美国经济学家] 梭罗

我们赞扬和谴责大多数事情，是因为赞扬和谴责它们是一种时髦。

——[法国作家] 拉罗什富科

时尚使我们陷入许多愚行，其中最严重的是使我们成为它的奴隶。

——[法国政治家、军事家] 拿破仑

反对时尚的人，自己也是时尚的奴隶。

——[英国诗人] 史密斯

我无法追随反复无常的时髦，它每天似乎要产生不同的风格。

——[古罗马诗人] 奥维德

赶时髦是一种群体性行为

时髦即流行于时者，是一种群体性行为。赶时髦的人都有一种"合群性"，而且合群心切，生怕跟不上，这才去"赶"。

——[中国作家] 易中天

领先新潮流很重要，否则人们会忘掉你。

——[美国诗人] 庞德

裁缝与作家必须注意时尚。

——[英国词典编辑家] 富勒

一个女性不管怎样时髦、出类拔萃，如果连家事也安排不好，那就只能算做一个非常原始的女性。

—— [日本社会活动家] 池田大作

过时的时尚是丑陋的

时髦,就是正在过时的东西。

—— [西班牙画家] 达里

过时最快的东西是那一开始显得最时髦的东西。

—— [法国作家] 纪德

没有什么东西像已废弃的时髦变得如此丑陋的了。

—— [法国作家] 司汤达

爱好时髦是一种不良的风尚,因为她的容貌是不因爱好时髦而改变的。

—— [法国启蒙思想家] 卢梭

究竟什么是时髦?从艺术的观点来看,它常常是一种丑陋的形式,每半年就得变换一次,真令人难以忍受。

—— [英国作家] 王尔德

艺术创造的丑恶,将随着时间不断变得美丽,相反,时髦产生的美丽却总是随着时间不断变得丑恶。

—— [法国诗人] 科克托

一切时髦的东西总会变成不时髦的。如果你一辈子追求时髦,一直追求到老,你就会变成一个让任何人轻视的花花公子。

—— [德国作曲家] 舒曼

聪明人只能顺应时尚

傻瓜发明了时尚,智者只得顺应。

—— [英国作家] 塞缪尔·约翰生

时尚是一个暴君,聪明人既嘲弄它,又服从它。

—— [美国作家] 安·比尔斯

既不要做第一个尝试新时尚的人,也不要做最后一个抛弃旧时尚的人。

—— [英国诗人] 蒲柏

超前有风险,落伍遭耻笑,因此,中国人处理时尚问题就有两条原则,也是两条古训,一条叫"变通以趋时",一条叫"不为天下先"。

—— [中国作家] 易中天

最聪明的生活是,一面轻蔑一个时代的习惯,一面不破坏其习惯生活。

—— [日本小说家] 芥川龙之介

闲暇

真正的闲暇,是为所欲为的自由,可不是一事不做,无聊偷懒

真正的闲暇是为所欲为的自由

真正的闲暇并不是说什么也不做,而是能够自由地做自己感兴趣的事情。

—— [英国作家] 萧伯纳

真正的闲暇,是为所欲为的自由,可不是一事不做,无聊偷懒。

—— [英国作家] 萧伯纳

闲适:你花在不付报酬的工作上

的时间。

—— [英国哲学家] 培根

教会留出某些日子,用来献给神而可以悠闲自在,还能促进虔信……消磨这种日子的最稳妥的办法就是坐着哈欠连天。

—— [法国启蒙思想家] 伏尔泰

我相信,单独生活的目的只有一

个,就是生活得更悠闲,更随便些。

——[法国作家]蒙田

清闲是一切财富中最难得的。

——[古希腊哲学家]苏格拉底

闲暇是为了心灵获得休息

安闲有益于身心。

——[古罗马诗人]奥维德

闲暇的目的不是为了心灵获得充足,而是为了心灵获得休息。

——[古罗马政治家、雄辩家]西塞罗

悠闲的生活始终需要一个怡静的内心、乐天旷达的观念和尽情欣赏大自然的胸怀。

——[中国作家]林语堂

假如你正在失去悠闲,当心!也许你正在失去灵魂。

——[英国史学家]史密斯

真正的思想家最最向往的是闲暇。与此相比,平凡的学者却回避它,因为他不知道如何处理闲暇,而此时安慰他的是书籍。

——[德国哲学家]尼采

人在空闲的时候,才最像是一个人。手脚相当闲,头脑才能相当地忙起来。

——[中国学者]梁实秋

如果灵魂仍能研究和学习,那么没有什么比老年的空闲更快乐了……空闲存于善良的行动,人类借着它才能在道德上、智能上与精神上获得成长。

——[古罗马政治家、雄辩家]西塞罗

一个明智地追求快乐的人,除了培养生活赖以支撑的主要兴趣之外,总得设法培养其他许多闲情逸致。

——[英国哲学家]罗素

具有偷闲本领的人往往有广泛的兴趣和强烈的个性。

——[英国发明家]斯蒂文森

忙里偶然偷闲,闹中偶然习静,于身于心,都有极大裨益。

——[中国美学家]朱光潜

闲暇是为了做出某种有益的事情

闲适是一个空杯子,它完全依赖于我们往它里面倒入什么东西。

——[意大利画家]拉斐尔

闲暇是为了做出某种有益的事而有的时间。

——[美国政治家、科学家]富兰克林

有时间充实自己的精神生活,这才是真正享受休闲。

——[美国经济学家]梭罗

悠闲的生活与懒惰是两回事。

——[美国政治家、科学家]富兰克林

假如你空着,就不要独处,假如你无伴,就不要闲着。

——[英国作家]塞缪尔·约翰生

闲暇是霓裳,不宜常穿用。

——[以色列小说家]阿格农

闲暇是文明的保姆

财富的增长和闲暇的增加是人类文明的两大杠杆。

——[英国作家]迪斯累里

能聪明地充实闲暇时间是人类文明的最新成果。

——[英国哲学家]罗素

如果说需要是文明之母,那么空闲就是文明的保姆。

——[英国史学家]汤因比

闲暇是哲学之母。

——[英国思想家]霍布斯

真正的思想家最向往的是充分的闲暇。平凡的学者之所以回避它，是因为不知如何打发闲暇。

—— [挪威戏剧家] 易卜生

有时间改善自己灵魂资产的人享有真正的闲暇之乐。

—— [美国经济学家] 梭罗

没有充分闲暇，就不可能有高度文明。

—— [美国作家] 比彻

悠闲的生活是令人愉快的

不管到了哪里，我都一直留恋那令人愉快的悠闲生活，对唾手可得的富贵荣华毫无兴趣，甚至厌恶。

—— [法国启蒙思想家] 卢梭

谁有读小说的闲暇，谁就很少有悲伤。

—— [英国作家] 塞缪尔·约翰生

一切隐逸的目的，我相信都如出一辙：要更安闲、更舒适地生活。

—— [法国作家] 蒙田

充分利用你的时间，如果你希望获得闲暇的话。

——[美国政治家、科学家] 富兰克林

渔钓于一壑，则万物不奸其志；栖迟于一丘，则天下不易其乐。

—— [中国古代史学家] 班固

在闲暇的时候去垂钓并不是浪费光阴；它使我大脑松弛、心旷神怡，使我忘却悲伤，抛弃烦恼与恶欲，换来心灵的满足。

—— [英国作家] 沃尔顿

社交场中的闲逸是令人厌恶的，因为它是被迫的；孤独生活中的闲逸是愉快的，因为它是自由的、出于自愿的。

—— [法国启蒙思想家] 卢梭

工作的目的便是获得空闲

一般都认为幸福存在于闲暇。不管怎么说，我们为争取闲暇而工作，为生活在和平环境而战争。

—— [古希腊哲学家] 亚里士多德

工作的目的便是获得空闲。

—— [古希腊哲学家] 亚里士多德

只要还有可能把时间安排得更好，他就是闲着的。

—— [英国词典编辑家] 富勒

人们牺牲了闲暇才获得富裕，当富裕带来唯一令人满意的自由时，我们为了富裕又不得不牺牲闲暇，这种富裕对我有什么意义呢？没有精神活动的闲暇是一种死，等于人们活着就被埋葬。

——[古罗马哲学家、悲剧作家]塞涅卡

越工作越能工作，越忙碌越能造出闲暇。

—— [英国评论家] 赫兹里特

如果一年到头如假日，岂不像连日工作那样令人疲乏？

—— [英国诗人、戏剧家] 莎士比亚

如何享有空闲的时间和如何工作，是同等的重要。

—— [中国作家] 罗兰

情趣　人须有情趣才能有生机

世界上最快活的人不仅是最活动的人，也是最能领略的人。所谓领略，就是能在生活中寻出趣味。

——[中国美学家] 朱光潜

生活的乐趣取决于生活者本身，而不是取决于工作或环境。

——[美国作家] 爱默生

雪后寻梅，霜前访菊，雨际护兰，风外听竹，固野客之闲情，实文人之深趣。

——[中国作家] 陆绍珩

室雅何须大，花香不在多。

——[中国古代画家] 郑板桥

以看花之心爱美人，则领略自饶别趣；以爱美人之心爱花，则护惜倍有深情。

——[中国作家] 张潮

花不可以无蝶，山不可以无泉，石不可以无苔，水不可以无藻，乔木不可以无藤萝，人不可以无癖。

——[中国作家] 张潮

有什么样的情趣，就有什么样的思想；有什么样的学识和见解，就有什么样的谈吐。

——[英国哲学家] 培根

人的情趣就像他的观点和钱袋，是他自己特有的东西。

——[英国哲学家] 穆勒

不要随心所欲地以别人对待你的方式去对待其他人；众人的情趣是千差万别的。

——[英国作家] 萧伯纳

人人都应有一种深厚的兴趣或嗜好，以丰富心灵，为生活添加滋味，同时也许可以借着它，对自己的国家有所贡献。

——[美国教育家、作家] 卡耐基

人们固然喜欢被看做善良、聪明或者亲切随和，但更乐于被认为富有情趣。

——[英国诗人] 巴特勒

情趣在年轻人身上会由于自然冲动而发生变化，在老年人身上会由于已成习惯而得以保持。

——[法国作家] 拉罗什富科

生活的乐趣并不是每一个人都能得到的。

——[法国小说家] 杜伽尔

人变得真正低劣时，除了高兴别人的不幸外，已无其他乐趣可言。

——[德国诗人] 歌德

世上不存在毫无趣味的事，只有对一切都毫无兴趣的人。

——[英国作家] 切斯特顿

兴趣最狭窄的人懂得最少，然而什么都感兴趣的人则什么都不懂。

——[英国政论家] 赫兹利特

享受

智者会节制享乐,但傻子却会成为享乐的奴隶

让我们享受人生的滋味吧。如果我们感受得越多,我们就会生活得越长久。

——[法国作家]法朗士

懂得堂堂正正地享受人生,这是至高的甚至是至圣的完美品德。

——[法国作家]蒙田

人生的享乐足使生活成为一件乐事,但是必须把这些享乐作为旁及的事物而不能作为主要的目标。

——[英国哲学家]穆勒

生活乐趣的大小是随我们对生活的关心程度而定的。

——[法国作家]蒙田

没有消遣就绝不会有欢乐,有了消遣就决不会有悲哀。

——[法国科学家、散文家]帕斯卡尔

无论身份高低,只要会消遣就是幸福。

——[法国科学家、散文家]帕斯卡尔

若要消遣得有效,就必须能在不跟工作相关的事物中寻得快乐和兴趣。

——[英国哲学家]罗素

人生的真谛在于享受淳朴的生活,尤其是家庭生活的欢乐和社会诸关系的和睦。

——[中国作家]林语堂

真正可以享受的生活是短暂的。

——[古罗马史学家]萨卢斯提乌斯

朋友,趁你还年轻尽情欢乐吧,因为岁月像河水一样易于流逝。

——[古罗马诗人]奥维德

如果人们不能领略我们这个尘世生活的乐趣,那就是因为他们没有深爱人生。

——[中国作家]林语堂

生活的伟大艺术不是在尽量享受,而是在其中尽量挖掘出东西来。

——[法国作家]纪德

人生除了天然的需要以外,要是没有其他的享受,那和畜类的生活有什么分别?

——[英国诗人、戏剧家]莎士比亚

没有和灵魂结合在一块的肉体享受是半兽性的,并且始终是兽性的。

——[德国作曲家]贝多芬

对于天性简朴者而言,享受比辛苦和痛苦更不自在;对于天性淡泊者而言,荣誉也同样不自在。

——[英国诗人]巴特勒

舒适的享受一旦成为习惯,便使人几乎完全感受不到乐趣,而变成了人的真正的需要。

——[法国启蒙思想家]卢梭

过度的享乐会把我们咀嚼和碾磨得粉碎。

——[法国作家]蒙田

智者会节制享乐,但傻子却会成为享乐的奴隶。

——[古罗马哲学家]爱比克泰德

我们一本正经地说,乐趣是生活的目的,并非指浪子之乐,或肉体之乐

……肉体摆脱痛苦，灵魂得到解脱，这才是我们所说的乐趣。

——[古希腊哲学家] 伊壁鸠鲁

谁也没有权利把自己的享受建立在别人的劳动上。

——[苏联军事家] 朱可夫

只有在到达终点之时，人们才能更好地享受走过的道路的乐趣。

——[法国作家] 罗曼·罗兰

娱乐

腾不出时间娱乐的人，早晚会被迫腾出时间生病

娱乐是生活必不可少的内容

娱乐存在于生活之中，并创造了生活的风貌。

——[日本哲学家] 三木清

娱乐是以不干预实际生活的方式释放情感的一种方法。

——[美国历史学家] 科林伍德

生活既与娱乐相区别，又与娱乐是统一的……娱乐必须成为生活，生活必须成为娱乐。

——[日本哲学家] 三木清

娱乐应该成为艺术，生活应该成为艺术。生活的技术应该就是生活的艺术。

——[日本哲学家] 三木清

游玩在一种意义上是增益的生活的准备，一个人要停止了他游玩的兴趣，他便老得快，以至于死。

——[中国革命家] 李大钊

有目的娱乐，不能成为真正的娱乐。娱乐没有目的，可对生活来说是符合目的的。

——[日本哲学家] 三木清

一切没有后患的欢乐不仅有补于人生的终极——幸福，也可以借以为日常的憩息。

——[古希腊哲学家] 亚里士多德

人类生活的真正目的在于娱乐。世间是艰苦劳作之地，天堂是愉快玩乐之园。

——[英国作家] 切斯特顿

放松与娱乐，被认为是生活中不可缺少的要素。

——[古希腊哲学家] 亚里士多德

在玩乐中，我们能表现出我们是怎样的一种人。

——[古罗马尼亚诗人] 奥维德

懂得如何玩乐实在是一种幸福的才能。

——[美国作家]爱默生

娱乐会促进精神健康

我们的心智需要松弛，倘若不进行一些娱乐活动，精神就会垮掉。

——[法国喜剧作家] 莫里哀

为了得到真正的快乐，避免烦恼和脑力的过度紧张，我们都应该有一些嗜好。

——[英国政治家] 丘吉尔

消遣就是娱乐，无可消遣当然就是苦闷。

——[中国美学家] 朱光潜

适度的娱乐能放松人的情绪，陶冶人的情操。

——[古罗马哲学家、悲剧作家] 塞涅卡

娱乐作为其他方式上的生活，由于使我们平生不用的器官和能力活动起来，因而娱乐又可能成为教养。

——[日本哲学家] 三木清

世间喜欢消遣的人，无论他们的嗜好如何不同，都有一个共同点，就是他们必都有强旺的生命力。

——[中国美学家] 朱光潜

一个人有自己的兴趣爱好，无论走到哪里，都能自娱自乐，欣喜不已。

——[美国社会改良主义者]约翰·亚当斯

一个明智地追求快乐的人，除了培养生活赖以支撑的主要兴趣之外，总得设法培养其他许多闲情逸趣。

——[英国哲学家] 罗素

我十分赞赏公共娱乐，因为娱乐可以防止人们去干不正经的事。

——[英国作家] 塞缪尔·约翰生

一个国家的音乐特色和娱乐场面，是在所有的记忆中最具感染力和最令人陶醉的部分。

——[美国作家] 罗伯特·麦金托什

腾不出时间娱乐的人，早晚会被迫腾出时间生病。

——[美国商业家] 沃纳·梅克

赏玩一样东西中，最紧要的是心境。

——[中国作家] 林语堂

正当的娱乐是工作的预备

娱乐至少与工作有同等的价值，或者说娱乐是工作之一部分！

——[中国散文家] 冰心

正当的游玩，是辛苦的慰安，是工作的预备。

——[中国画家] 丰子恺

真正的娱乐是应着真正的工作的要求而发生的。

——[中国散文家] 冰心

应避免娱乐可能带来的有害后果

看来把娱乐看成件好事要合理得多，可是要记住，某些娱乐能带来有害的后果，因此也许避开它更为明智。

——[英国作家] 毛姆

人总不能把毕生的精力都耗费在玩乐之中。

——[英国作家] 塞缪尔·约翰生

我们拥有最大悲哀就是嬉戏，原因是嬉戏最能妨碍我们的思考，而且能使我们在不知不觉中死亡。

——[法国物理学家] 帕斯卡

欢娱本身并不是罪孽；但是，能带来一定乐趣的东西，同时也会留下比乐趣本身大出许多倍的烦恼。

——[古希腊哲学家] 伊壁鸠鲁

毫无节制的活动，无论属于什么性质，最后必将一败涂地。

——[德国诗人] 歌德

在清晨娱乐就好像在清晨饮酒一样是极为有害的。

——[英国作家] 托马斯·富勒

最有趣的娱乐一定是最无意义的。

——[法国小说家] 夏尔多纳

旅游

人之所以爱旅行,不是为了抵达目的地,而是为了享受旅途中的种种乐趣

旅游是获得愉悦感和浪漫性的最好媒介。

——[美国作家] 罗伯特·麦金托什

人之所以爱旅行,不是为了抵达目的地,而是为了享受旅途中的种种乐趣。

——[德国诗人] 歌德

一个真正的旅行家必是一个流浪者,经历着流浪者的快乐、诱惑和探险意念。旅行必须流浪式,否则便不成其为旅行。

——[中国作家] 林语堂

旅行有好多益处:新鲜满怀;见闻大开;观赏新都市的欢悦;与陌生朋友的相遇;能学到各种高雅的举止。

——[波斯诗人] 萨迪

旅游的作用就是用现实来约束想象:不是去想事情会是怎样的,而是去看它们实际上是怎样的。

——[英国作家] 塞缪尔·约翰生

在远天底下,有许多我迟早要去,也终必能去的地方——我摆脱不了在心灵中流浪,又要在天地间流浪的命运的诱惑。

——[中国作家] 余纯顺

财富我不企求,也不希望得到爱情或知己朋友。头上的天堂和脚下的道路,就是我一切的追求。

——[英国发明家] 斯蒂文森

偶尔抽空出去走走,是蛮不错的。因为,谁也猜不透你到底会在途中遇到什么。

——[中国作家] 罗青

世界是一本书,从不旅行的人等于只看了这本书的一页而已。

——[古罗马思想家] 奥古斯丁

旅行在我看来还是一种颇为有益的锻炼,心灵在旅行中不断地进行探索新的未知事物的活动。

——[法国作家] 蒙田

我们在旅行时脱离了日常的事物而陷入纯粹的静观,对于以平生自明的、已知的事理为前提的人,才保持了新鲜的感觉。

——[日本哲学家] 三木清

旅游是知识之路。

——[美国作家] 罗伯特·麦金托什

一个人在旅游时必须带上知识,如果他想带回知识的话。

——[英国作家] 塞缪尔·约翰生

一个人抱着什么目的去游历,他在游历中,就只知道获取同他的目的有关的知识。

——[法国启蒙思想家] 卢梭

对青年人来说,旅行是教育的一部分;对老年人来说,旅行是阅历的一部分。

——[英国哲学家] 培根

旅行对我来说,是恢复青春活力的源泉。

——[丹麦童话家] 安徒生

游玩的一种意义是增益的生活的准备,一个人要停止了他的游玩的兴趣,他便老得快,以至于死。

——[中国革命家] 李大钊

旅行是一种延长生命的方法,至少在外表上如此。

——[美国政治家、科学家] 富兰克林

旅行是使精神返老还童的秘方。

——[丹麦童话作家]安徒生

旅行虽颇费钱财,却使你懂得社会。

——[波斯诗人]萨迪

旅行是解脱,是经验,是教育。

——[日本哲学家]三木清

一个人单独旅行好处较多,因为他思考得多。

——[美国政治家]杰弗逊

任何名胜,游览一次有一次的情趣,再游览便另是一种风光。

——[中国学者]梁实秋

好旅伴可以缩短旅途时间。

——[英国作家]沃尔顿

谁要想出国旅游,谁就得先把祖国的山山水水装在心里。

——[英国作家]托马斯·富勒

健康   健康胜过力量与美貌

健康是人生第一财富

对人生来说,健康不是目的,但它是第一个条件。

——[日本作家]武者小路实笃

健康胜过力量与美貌。

——[古希腊哲学家]亚里士多德

健康是第一财富。

——[美国作家]爱默生

健康是使生活中的一切零都产生价值的那个数字。

——[法国作家]丰特奈尔

健全自己的身体,保持合理的生活规律,这是自我修养的物质基础。

——[中国政治家]周恩来

健康是智慧的条件,快乐的标志,也即开朗和高尚的天性。

——[美国发明家]爱迪生

啊,健康!健康!富人的幸福!穷人的财富!人间少了你,便无喜无悦。有谁能用高价将你买去?

——[英国诗人、剧作家]本·琼森

健康里自然会散发智慧,欢愉中会洋溢真实。

——[英国诗人]华兹华斯

健康对每个人来说都是最大的财富,对一个学者来说更是如此。

——[德国思想家]马克思

健康的价值,贵重无比。它是人类为了追求它而唯一值得付出时间、血汗、劳力、财富甚至付出生命的东西。

——[法国作家]蒙田

健康是自然所能给予我们的最公平、最珍贵的礼物。

——[法国作家]蒙田

健康是至上的快乐,可以说,是一切快乐的根本。

——[英国诗人]莫尔

健康是我们人类得以享受的第二种快乐——一种金钱买不到的快乐。

——[英国作家]沃尔顿

保持健康是做人的责任。

——[荷兰哲学家]斯宾诺莎

良好的健康状况和由之而来的愉快情绪,是幸福的最好资金。

——[英国哲学家]斯宾塞

一个国家最宝贵的财产,并不是它储备的大量黄金或外汇,更不是它的地下资源或工业能力,而是人民健康。

—— [摩洛哥国王] 哈桑二世

民族的健康比国家的财富重要。

—— [美国教育家] 杜兰特

我们深信健康是生活的出发点,也就是教育的出发点。

—— [中国教育家] 陶行知

有规律的生活原是健康长寿的秘诀。

—— [法国作家] 巴尔扎克

幸福十分之九是建立在健康基础上的,健康就是一切。

—— [德国哲学家] 叔本华

身体健康与精神健康

健康不是身体状况,而是精神状况的问题。

—— [美国作家] 爱默生

所谓健康的人无非是不知道自己患了病的人。

—— [法国作家] 罗曼·罗兰

有健康的身体才有健全的精神。

—— [英国哲学家] 洛克

不是任何生命都有生气,唯有健康的生命才充满了生气。

—— [古罗马诗人] 马提雅尔

良好的健康状况和由之而来的愉快的情绪,是幸福的最好资金。

—— [英国哲学家] 斯宾塞

健康的思想寓于健康的身体。

—— [英国哲学家] 洛克

良好的健康和充沛的精力,这是朝气蓬勃感知世界、焕发乐观精神、产生战胜一切艰难险阻的一个极重要的源泉。

—— [苏联教育家] 苏霍姆林斯基

在吃饭、睡觉、运动的时候,心中

坦然、精神愉快,乃是长寿的秘诀之一。

—— [英国哲学家] 培根

健康与疾病

健康的躯体是灵魂的客厅,而病体则是人的监狱。

—— [英国哲学家] 培根

人类所能犯的最大的错误就是拿健康来换取其他身外之物。

—— [德国哲学家] 叔本华

健康的人未察觉自己的健康,有病的人才懂得健康。

—— [英国作家] 卡莱尔

专心于健康的事越少,变为不健康的倾向的危险就越大。

—— [英国作家] 狄更斯

能够做到快乐、节制和静养,就会把大夫拒之门外。

—— [美国诗人] 朗费罗

当有病时,就要努力恢复健康。当健康时,则应当经常从事锻炼。

—— [英国哲学家] 培根

人类所能犯的最大错误就是拿健康来换取其他身外之物。

—— [德国哲学家] 叔本华

每个公民生下来就持有双重公民身份:一是健康王国的;一是疾病王国的。尽管我们都希望只属于健康王国,但迟早还得成为另一王国的公民。

—— [美国作家] 桑塔格

健康的乞丐比有病的国王更幸福。

—— [德国哲学家] 叔本华

长期的身体毛病使最光明的前途蒙上阴暗,而强健的活力则使不幸的境遇也能放金光。

—— [英国哲学家] 斯宾塞

疾病能感觉到，而健康则一点儿也感觉不到。

——[英国作家]托马斯·富勒

心灵上的疾病比肌体上的疾病更危险。

——[古罗马政治家、雄辩家]西塞罗

治疗疾病的最好办法是忘记自己的身体，将兴趣转移到别人身上。

——[俄国作家]彼德

百病必先治其本，后治其标。

——[中国古代药学家]李时珍

治好病的不是药物而是时间。

——[英国哲学家]培根

对于一个病人来说，仁爱、温和、兄弟般的同情，有时甚至比药物更为重要。

——[俄国作家]陀思妥耶夫斯基

运动　适当的运动和正常的生活是最靠得住的保健之道

生命在于运动

运动是一切生命的源泉。

——[意大利画家]达·芬奇

生命在于运动。

——[法国启蒙思想家]伏尔泰

我们的生命力存在于运动之中，绝对的静止就是死亡。

——[法国科学家、散文家]帕斯卡尔

生命是一项有形的肉体运动。

——[法国作家]蒙田

一个人如果不断地锻炼自己的身体，他就会变得健康、坚韧和敏捷——同样的，也应该这样来锻炼自己的理智和意志。

——[苏联作家]高尔基

没有适度的日常运动，便不可能永远健康，生命过程便是依赖体内各种器官的不停操作，操作的结果不仅影响到有关身体各部分，也影响了全身。

——[德国哲学家]叔本华

锻炼身体要经常，要坚持，人同机器一样，经常运动才能不生锈。

——[中国军事家]朱德

器官得不到锻炼，同器官过度紧张一样，都是极其有害的。

——[德国哲学家]康德

野蛮其体魄，文明其精神。

——[中国政治家、军事家]毛泽东

运动既可健身亦可健脑

大脑的力量在于运动而不在于静止。

——[英国诗人]蒲柏

运动的好处除了强身健体之外，更是使一个人精神保持清新的最佳途径。

——[中国作家]罗兰

体育可以帮助人们经受对体力和脑力的重压。

——[南斯拉夫政治家]铁托

运动是世界上最好的安定剂。

——[澳大利亚作家]怀特

一个埋头脑力劳动的人，如果不经常活动四肢，那是一件极其痛苦的事。

——[俄国作家]列夫·托尔斯泰

运动和节欲能使人在暮年还保持青春的活力。

——[古罗马政治家、雄辩家]西塞罗

适度的运动才是合理的健身方式

适当的运动和正常的生活是最靠得住的保健之道。

——[中国作家]罗兰

日复一日地坚持下去吧,只有活动适量才能保持训练的热情和提高运动的技能。

——[古罗马哲学家、悲剧作家]塞涅卡

如果全年都是赛季,运动就和工作一样令人生厌了。

——[英国诗人、戏剧家]莎士比亚

运动太多和太少,同样地损伤体力;饮食过多与过少,同样地损伤健康;唯有适度可以产生、增进、保持体力和健康。

——[古希腊哲学家]亚里士多德

步行是最好的运动

走路是最好的运动,人应该养成走长路的习惯。

——[美国政治家]杰弗逊

走路也是锻炼,走路要用劲。坐似钟,立似松,行似风。

——[中国教育家]徐特立

散步能促进我的思想。我的身体必须不断运动,脑力才会开动起来。

——[法国启蒙思想家]卢梭

我生平喜欢步行,运动给我带来了无穷的乐趣。

——[美籍德国人、物理学家]爱因斯坦

轻快的步行(只有疲倦感)如同其他形式的运动一样,是治疗情绪紧张的一服理想"解毒剂",并能改善人们的一般健康。

——[澳大利亚作家]怀特

我最宝贵的思维及其最好的表达方式,都是在我散步时出现的。

——[德国诗人]歌德

对人生命的最大威胁是以车代步,而不是交通事故。

——[澳大利亚作家]怀特

养生 以自然之道,养自然之身

平心静气

养静为摄生首务。

——[中国古代学者]曹庭栋

以治气养生,则后彭祖;以修身自名,则配尧舜。

——[中国古代思想家]荀子

治心以中,治气以和。

——[中国古代文学家]司马光

身作医王心是药,不劳扁和到门前。

——[中国古代诗人]白居易

医书治已病,平心和气治未病。

——[中国古代文学家]司马光

盈缩之期,不但在天;养怡之福,可得永年。

——[中国古代政治家、诗人]曹操

大怒不怒,大喜不喜,可以养心。

——[中国古代诗人]钱琦

笑声是世上最好的维生素。

——[苏联作家] 列昂诺夫

心情愉快是肉体和精神的最佳卫生法。

——[法国作家] 乔治·桑

谤来不戚，誉至不喜。

——[中国古代思想家] 葛洪

旷达的人长寿。

——[英国诗人、戏剧家] 莎士比亚

不伤为本

养生孰为本，元气不可亏。

——[中国古代诗人] 陆游

养生以不伤为本。

——[中国古代思想家] 葛洪

秋月宜冻足冻脑，冬月宜温足温脑。

——[中国古代文学家] 梁章钜

百病从脚起。

——[中国古代文学家] 梁章钜

风者，百病之始也。古人避风如避矢石焉。

——[中国古代学者] 曹庭栋

冬不欲极温，夏不欲穷凉。

——[中国古代思想家] 葛洪

养生必须虑祸。

——[中国古代学者] 颜之推

疾小不加理，浸淫将遍身。

——[中国古代文学家] 欧阳修

久视伤血，久卧伤气，久坐伤肉，久立伤骨，久行伤筋。

——[中国古代学者] 曹庭栋

顺乎自然

以自然之道，养自然之身。

——[中国古代文学家] 欧阳修

安时而处顺，哀乐不能入也。

——[中国古代思想家] 庄子

智者养生也，必须四时而调寒暑。

——[中国古代学者] 曹庭栋

腹不嫌过暖。

——[中国古代学者] 曹庭栋

清心寡欲

服药千副，不如一宵独卧；服药千朝，不如独卧一宵。

——[中国古代文学家] 杨慎

养心莫善于寡欲。

——[中国古代思想家] 孟子

纵耳目之欲，恣体之安者，伤血脉之和。

——[中国古代文学家] 枚乘

保生者寡欲，保身者避名。

——[中国古代诗人] 林逋

大凡快意处，即是受病处。老年人随时预防，当于快意处发猛醒。

——[中国古代学者] 曹庭栋

多言则背道，多欲则伤生。

——[中国古代诗人] 林逋

任何事情都不能上瘾，无论是饮酒过度成瘾、吸吗啡成瘾，还是对某一种观念上了瘾，都不是好事。

——[瑞士心理学家] 荣格

节制饮食

世人个个学长年，不悟长年在目前；我得宛邱平易法，只将食粥致神仙。

——[中国古代学者] 曹庭栋

太饥伤脾，太饱伤气。

——[中国古代学者] 曹庭栋

热食伤骨，冷食伤肺。

——[中国古代学者] 曹庭栋

食取称意，衣取适体，即是养生之妙药。

——[中国古代学者] 曹庭栋

不欲极饥而食,食不过饱;不欲极渴而饮,饮不过多。

——[中国古代思想家]葛洪

晚饭少吃口,活到九十九。

——[中国古代学者]钱大昕

口腹不节,致病之因;念虑不正,杀身之本。

——[中国古代诗人]林逋

饱肥甘,衣轻暖,不知节者损福;广积聚,骄富贵,不知止者杀身。

——[中国古代诗人]林逋

食能止饥,饮能止渴;畏能止祸,足能止贪。

——[中国古代诗人]林逋

体欲常劳,食欲常少。

——[中国古代文学家]梁章钜

食过则成积聚,饮过则成痰癖。

——[中国古代文学家]梁章钜

怒后不可便食,食后不可发怒。

——[中国古代文学家]梁章钜

衣不嫌过,食不嫌不及。

——[中国古代文学家]梁章钜

食饮有节,起居有常。

——[中国古代文学家]梁章钜

萝卜上了街,药方把嘴撅。

——[中国古代诗人]李光庭

吃饭先喝汤,不用请药方。

——[中国古代诗人]李光庭

爽口物多终作疾。

——[中国古代药学家]李时珍

晚食不节,杀人顷刻。

——[中国古代药学家]李时珍

欲得长生,腹中当清;欲得不死,腹中无滓。

——[中国古代文学家]梁章钜

人之养老之道,虽有水陆百品珍馐,每食忌于杂,杂则五味相扰。

——[中国古代医学家]孙思邈

起居有常

动静节宜,所以养生也;饮食衣服,所以养形也。

——[中国古代思想家]程颢

起居时,饮食节,寒暑适,则身利而寿命益。

——[中国古代政治家]管仲

居处不理,饮食不节,佚劳过度者,病共杀之。

——[中国古代学者]韩婴

善养生者,慎起居,节饮食,导引关节,吐故纳新。

——[中国古代文学家]苏轼

起居之不时,饮食之无节,侈于嗜欲,而吝于运动,此数者,致病之大源也。

——[中国学者]王国维

运动健体

动摇则骨气得消,血脉流通,病不得生。

——[中国古代药学家]吴普

身勤则强,逸则病。

——[中国近代名将]蔡锷

水之生不杂则清。封闭而不流,亦不能清。此养神之道也,散步所以养神。

——[中国古代学者]曹庭栋

发宜多梳,齿宜多叩,液宜常咽,气宜常炼,手宜在面。此五者,所谓"欲死不死修昆仑"也。

——[中国古代文学家]梁章钜

饮食

食物的最佳调味品是饥饿,饮料的最佳调味品是口渴

进食的目的

人应该为活着而吃饭，而不应该为吃饭而活着。

——[美国政治家、科学家] 富兰克林

我为生存,为服务于人而食,有时也为快乐而食,但并不为享受才进食。

——[印度政治家] 甘地

讲究包含并非荒淫,忍饥挨饿也并非高尚。

——[英国词典编辑家] 富勒

饮食为自己快乐,而穿着为取悦他人。

——[美国政治家、科学家] 富兰克林

对人类来说,菜肴的创新比新星的发现贡献更大。

——[法国作家] 萨瓦朗

是肚子带动双腿,而不是双腿带动肚子。

——[西班牙小说家] 塞万提斯

从来没有一个例子能证明好话能安慰饥饿的胃。

——[奥地利作家] 茨威格

饮食的营养

人的饮食要从五谷杂粮中吸收多方面的营养,也要从多种蔬菜中吸收营养,不能偏食。

——[中国教育家] 徐特立

人应当善于鉴别哪些物品食用有益,哪些物品食用有害。这种智慧,是一味最好的保健药。

——[英国哲学家] 培根

为了能够保持良好的健康,养料不仅分量要有节制,而且质料也要清淡。

——[捷克教育家] 夸美纽斯

愈是能够欣赏食物的人就愈不需要调味品,愈是能够欣赏饮料的人就愈不忙于寻求他所没有的饮料。

——[古希腊史学家] 色诺芬

蔬果乃是无上的美味。他不再需要连续不断地去操作和毁坏各种器官,以求从它们那里获得满足。

——[英国诗人] 雪莱

进食的科学

人不得夜食,夜勿过醉饱。

——[中国古代医学家] 孙思邈

不要忽略你的身体的健康;饮食、动作,均须有节。

——[古希腊数学家] 毕达哥拉斯

你把消化弄得失常了,就是自己毒化自己的血液。

——[德国思想家] 恩格斯

已饥方食,未饱先止;散步逍遥,务令腹空。

——[中国古代文学家] 苏轼

整天赴宴的人没有一顿饭能吃得香。

——[英国词典编辑家] 富勒

用艰苦的劳作换取旺盛的食欲。

——[古罗马诗人] 贺拉斯

纵口固快一时,积久必为灾害。

——[中国古代学者] 朱丹溪

所食愈少,心开愈益;所食愈多,

心愈寒,年愈损焉。

——[中国古代学者]张华

饮食如不适可而止,厨师亦成下毒之人。

——[法国启蒙思想家]伏尔泰

一味追求食物精美是生活奢侈的标志,不愿吃家常便饭是精神病症的预兆。

——[古罗马哲学家、悲剧作家]塞涅卡

不要因为你自己没有胃口而去责备你的食物。

——[印度诗人]泰戈尔

吃要有所节制,饮须适可而止。

——[美国政治家、科学家]富兰克林

平平静静地吃粗茶淡饭,胜于提心吊胆地吃大鱼大肉。

——[古希腊寓言作家]伊索

饮食节制常常使人头脑清醒,思想敏捷。

——[美国政治家、科学家]富兰克林

只有节制食欲才能高寿。

——[美国政治家、科学家]富兰克林

食不过饱,饮酒不醉。

——[美国政治家、科学家]富兰克林

放纵食欲的人从某种意义上说,等于用自己的牙齿挖掘自己的坟墓。

——[英国作家]托马斯·富勒

食物的最佳调味品是饥饿,饮料的最佳调味品是口渴。

——[古罗马政治家、雄辩家]西塞罗

贪吃而死的人比打仗而死的人多。

——[法国作家]拉罗什富科

宴饮的得失

一生没有宴饮,就像一条长路没有旅店一样。

——[古希腊哲学家]德谟克利特

欢乐的气氛能使一盘菜变得像一个宴会。

——[英国哲学家]赫伯特

宴会上倘没有主人的殷勤招待,那就不是在请酒,而是在卖酒。

——[英国诗人、戏剧家]莎士比亚

整天赴宴的人没有一顿饭吃得香。

——[英国作家]托马斯·富勒

饮酒　美酒和妙语使我陶醉,使我感到力量充沛

饮酒的乐趣

水越鲜越甜,酒却越陈越香。

——[英国诗人]布莱克

酒越陈越好,医生越老越好。

——[英国作家]托马斯·富勒

宽心应是酒,遣兴莫过诗。

——[中国古代诗人]杜甫

我别无嗜好,只爱饮一杯酒,它能

活血开胃,助我诗兴。

——[中国作家]苏渊雷

但得酒中趣,勿为醉者传。

——[中国作家]周作人

美酒和妙语使我陶醉,使我感到力量充沛。

——[德国思想家]恩格斯

酒会使嘴轻快,但酒更会打开心灵的窗子。因而酒是一种道德的,使

人吐露心腑的东西。

—— [德国哲学家] 康德

酒给人勇气,酒使人多情。

—— [古罗马诗人] 奥维德

功名万里外,心事一杯中。

—— [中国古代诗人] 高适

丧失胃口者曰酒乏味恶心;身体健康者曰酒爽口开胃;喉干舌燥者曰酒提神舒心,美味无穷。

—— [法国作家] 蒙田

酒以不劝为饮,棋以不争为胜。

—— [中国古代学者] 洪应明

酗酒的害处

水为地险,酒为人险。

—— [中国古代学者] 顾炎武

久饮酒者烂肠胃,溃髓蒸筋,伤神损寿。

—— [中国古代医学家] 孙思邈

恶酒如恶人,相攻剧刀剑。

—— [中国古代文学家] 苏轼

酒是一种无色的液体火焰,它迅速、准确地把人的心灵中一切人性的东西统统烧尽。

—— [苏联作家] 高尔基

酒是烧身硝焰,气是无烟之药。

—— [中国古代小说家] 冯梦龙

酗酒只是自愿疯狂。

——[古罗马哲学家、悲剧作家]塞涅卡

每一杯过量的酒都是魔鬼酿成的毒汁。

—— [英国诗人、戏剧家] 莎士比亚

你不能使一个酒徒成为小心谨慎的人;因为喝酒会使他们忘记应该做的一切事情。

—— [古希腊史学家] 色诺芬

酒并不颠倒人性……它只能撤去理性的岗哨,从而迫使我们清醒时掩饰的种种丑态显现出来。

—— [英国小说家] 菲尔丁

春为花博士,酒是色媒人。

—— [中国古代小说家] 冯梦龙

酒杯淹死的人比海还要多。

—— [英国作家] 托马斯·富勒

酒不能发明什么,只会抖出秘密而已。

—— [德国作家] 席勒

醒着放在脑子里的,醉了才放在舌头上。

—— [苏联作家] 高尔基

断送一生唯有酒。

—— [中国古代文学家] 韩愈

酒是理智的坟墓。

—— [英国作家] 乔叟

醉酒不过是有意识的疯癫。

——[古罗马哲学家、悲剧作家]塞涅卡

饮酒时,傻瓜也不会沉默无言。

—— [美国经济学家] 梭罗

酒能使人亮出自己的真实想法。

—— [古希腊诗人] 泰奥格尼斯

睡眠

所谓睡眠,就是一旦闭上眼睛,不论善恶,一切皆忘

"自然"给予人们的甘露是睡眠。

—— [英国哲学家] 洛克

睡眠像是清凉的浪花,会把你头

脑中的一切污浊荡涤干净。

—— [俄国作家] 屠格涅夫

劳作后的睡眠,经过风浪后抵达

港口,战争后的安宁,度过一生后的死亡,都给人以极大的安慰。

　　——[英国哲学家]斯宾塞

　　不记得自己睡得不舒服的人就是睡了一个好觉。

　　——[英国词典编辑家]富勒

　　睡眠是片断的死亡,是我们借来用以维持并更新日间所消耗的生命。

　　——[德国哲学家]叔本华

　　睡眠是我们为那笔在死亡时才收回的资本付出的利息;利息率愈高,支付愈按时,偿清的日期就推得逾迟。

　　——[德国哲学家]叔本华

　　睡眠和休息表面丧失了时间,却取得了明天工作的精力。

——[中国政治家、军事家]毛泽东

　　睡眠,是死神的兄弟,生命的朋友,同时又是给疲劳的大自然以恢复活力的补品。

　　——[英国作家]塞缪尔·巴特勒

　　所谓睡眠,就是一旦闭上眼睛,不论善恶,一切皆忘。

　　——[古希腊诗人]荷马

　　睡眠是医治醒着时所遇烦恼的最佳药方。

　　——[西班牙小说家]塞万提斯

　　无论大人还是小孩,都应抱着对明天的欢乐期望而入睡。同时,也应以愉快的心情早起,这是长寿的秘诀。

　　——[日本教育家]木村久一

　　只有在睡眠中,人人才是平等的。

　　——[西班牙小说家]塞万提斯

　　纵使给我世间所有的王位,我也不与之交换睡眠。

　　——[法国政治家、军事家]拿破仑

　　一个人倒起运来,就要跟妖怪一起睡觉。

　　——[英国诗人、戏剧家]莎士比亚

　　床是一个自相矛盾的东西,你极不情愿地向它走去,却又依依不舍地离开它。

　　——[阿根廷作家]科尔顿

　　疲劳是最大的枕头。

——[美国政治家、科学家]富兰克林

　　前半夜一小时的休息,胜过后半夜三小时的睡眠。

　　——[英国哲学家]赫伯特

　　舒服的睡眠是大自然给予人的温柔而令人怀念的护士。

　　——[英国诗人、戏剧家]莎士比亚

　　夜晚是人类的安息日,人的肌体和大脑在黑夜中得到休息。

　　——[英国作家]塞缪尔·巴特勒

　　妨碍休息和一定的睡眠是直接自杀。

　　——[中国教育家]徐特立

休息　当你没有空休息的时候,就是你该休息的时候

　　我们在坚持工作之外,还必须养成坚持休息的习惯。

　　——[中国京剧艺术家]梅兰芳

　　由于人们不能持续不断地工作,所以要休息。休息并不是目的,它为了现实活动而出现。

　　——[古希腊哲学家]亚里士多德

当你没有空休息的时候，就是你该休息的时候。

——[英国诗人] 菲·锡德尼

午饭后小憩片刻是长寿的秘诀。

——[美国教育家] 卡耐基夫人

休息的真正价值和滋味，唯有工作的人方能体会。

——[美国企业家] 福特

休息吧，休耕之后的田地会献出累累的硕果。

——[古罗马诗人] 奥维德

休息与工作的关系，正如眼睑与眼睛的关系。

——[印度诗人] 泰戈尔

竞争之后的休息是甜美的。

——[英国小说家] 梅瑞狄斯

休憩是劳作的调味品。

——[古罗马史学家] 普鲁塔克

疲劳使休息成为愉快。

——[古希腊哲学家] 赫拉克利特

劳动后的休息，是一种纯粹的喜悦。

——[德国哲学家] 康德

变换工作就等于休息。

——[俄国哲学家] 车尔尼雪夫斯基

要是你一直把弓弦绷得太紧，你的弓很快就会断裂。

——[古罗马寓言作家] 费德鲁斯

弓弦不能老绷紧了不放，人是个软弱的东西，没一点适当的松散，是支持不住的。

——[西班牙小说家] 塞万提斯

只知工作不知休息的人，有如没有刹车的汽车，其险无比。

——[美国企业家] 福特

休息是好事，可怠倦是其兄弟。

——[法国启蒙思想家] 伏尔泰

过多的休息和过少的休息同样使人疲劳。

——[法国启蒙思想家] 伏尔泰

由于工作产生的疲劳，能使人在休息时感到愉快；而由怠惰产生的疲劳，只能使人在休息时感到烦躁和悔恨。

——[日本作家] 石川达三

漫长的休息，痛苦有如痼疾。

——[古希腊诗人] 荷马

绝对休息制造忧郁。

——[法国作家] 巴尔扎克

没有事情干，并不等于休息；非常空虚的头脑是苦恼的头脑。

——[美国作家] 库珀

17

经济与财富

> 没有一个国家能够在它的地区内，生产出满足居民需要的一切种类的财富，因而国外贸易是必要的。

> ——[法国经济学家] 魁奈

经济

经济学是研究人们如何分配他们有限的资源来满足人们的需要的科学

经济学之生产三要素:曰土地,曰人力,曰资本。

——[中国革命家]陈独秀

经济学是研究人们如何分配他们有限的资源来满足人们的需要的科学。

——[美国经济学家]威廉·哈维

真正的现代经济科学,只限于是当理论研究从流通过程转向生产过程的时候才开始。

——[德国思想家]马克思

政治经济学研究的对象是人们之间的生产关系,即经济关系。

——[苏联政治家]斯大林

政治经济学决不是研究"生产",而是研究人们在生产中的社会关系,生产的社会制度。

——[苏联政治家]列宁

政治经济学,从最广大的意义上说,是研究人类社会中支配物质生活资料的生产和交换的规律的科学。

——[德国思想家]恩格斯

政治经济学应从消费者的立场加以研究。

——[法国经济学家]巴斯夏

所谓经济学,其实也是一门研究福利问题的科学。

——[日本学者]都留重人

经济"艺术"的目的是财富。

——[古希腊哲学家]亚里士多德

生产以及随生产而来的产品交换是一切社会制度的基础。

——[德国思想家]恩格斯

有一系列经济规律是不依经济组织而起作用的。这些规律是基本的经济规律。

——[美国经济学家]克拉克

对经济进行分析和预测,不能单纯依靠直观。

——[日本经济学家]竹内宏

经济的意义不在货币的消费或是节约,而是一国一家的经营与处理。

——[英国作家、评论家]罗斯金

经济的真正基础是粮食储备。

——[苏联政治家]列宁

没有社会进步的经济发展只能使大多数人继续贫困而让少数特权者牟取暴利。

——[美国政治家]肯尼迪

恰如社会生产方面必须平衡,在社会消费方面也必须有平衡。

——[美国经济学家]加尔布雷思

经济安排方面的自由,其本身就是个人自由的一个组成部分。所以,经济自由本身就是一个目标……经济自由也是达到政治目的的一个必不可少的手段。

——[英国诗人]弥尔顿

各种经济时代的区别,不在于生产什么,而在于怎样生产,用什么劳动资料生产。

——[德国思想家]马克思

一定的生产决定一定的消费、分配、交换和这些不同要素相互间的关系。

——[德国思想家]马克思

人们扮演的经济角色不过是经济关系的人格化。

—— [德国思想家] 马克思

以为社会主义经济是一种绝对闭关自守、绝不信赖周围各国国民经济的东西就是愚蠢之至。

—— [苏联政治家] 斯大林

产业

制造业的收益比农业多得多，而商业的收益又比制造业多得多

农 业

农业生产是财富的真正源泉,在国民经济中占据支配地位,决定着其他行业的经济状况。

—— [法国经济学家] 布阿吉尔贝尔

超过劳动者个人需要的农业劳动生产率,是一切社会的基础。

—— [德国思想家] 马克思

如果说工业是主脑,那么,农业就是工业发展的基础。

—— [苏联政治家] 斯大林

一切有利于农业的事,也有利于国家和国民。

—— [法国经济学家] 魁奈

土地是所有财富用以产生的源泉或质料。

—— [英国经济学家] 坎蒂隆

第一个农夫也即是人类的祖先,历史上一切高尚的精神与行为都取决于对土地的占有和使用。

—— [美国作家] 爱默生

其他各业都是随着农业的兴起而兴起的,因此,农民是人类文明的奠基人。

—— [美国演说家] 韦伯斯特

耕种者的繁荣昌盛是一切其他等级财富的必要基础。

—— [法国经济学家] 布阿吉尔贝尔

土地所有者从自己的土地取得的盈利或收入,是国家真正的财富,是国君的财富,是国民的财富,是为国家的需要服务的财富。

—— [法国经济学家] 魁奈

小农的问题也是国家的根本问题。

—— [德国史学家] 蒙森

农夫的生活永远是幸福的,永远是田园诗般的美梦。

—— [英国史学家] 史密斯

工 业

机器的生产方式是现代工业最本质的特征。

—— [法国工人活动家] 拉法格

任何一个民族,如果被剥夺了工业,从而沦为单纯是庄稼汉的集合体,那是不能和其他民族在文明上并驾齐驱的。

—— [德国思想家] 恩格斯

没有工业,我们就会灭亡而不成其为独立的国家。

—— [苏联政治家] 列宁

大工业把巨大的自然力和自然科学并入生产过程,必然大大提高生产效率这一点是一目了然的。

—— [德国思想家] 马克思

无论何处的工业,首先带动的总是

河流公路、铁路等等运输工具的改进,这是使农业方面和文化方面获得进展的因素。

——[德国经济学家]李斯特

我国工业是整个国民经济体系中的领导因素,它带领着、引导着我国国民经济(包括农业)前进。

——[苏联政治家]斯大林

商业与贸易

我们都咒骂商业,但今后的历史学家们将会看到,商业是自由的原则,它建立了美国,它摧毁了封建制,它还将消灭奴隶制。

——[美国作家]爱默生

商业之真正目的,在供给人类之需要,满足人类之欲望,而并非获利。利润制度之所以产生,仅仅在鼓励人之从事于商业而已。

——[美国企业家]福特

在民主社会中我不知道有什么其他东西能比商业更伟大、更辉煌了,它吸引了大众的注意,丰富了众人的想象,把所有的旺盛精力都吸引过来。无论是谁,无论是任何偏见,都不能阻止人们通过从事商业而致富。

——[法国史学家]托克维尔

没有交换就没有社会。

——[古希腊哲学家]亚里士多德

商业能够带来大量的用于享受的利润,给一个国家带来另一个国家的产品。

——[英国传记作家]鲍斯韦尔

制造业的收益比农民多得多,而商业的收益又比制造业多得多。

——[英国经济学家]威廉·配第

贸易最能促进文明的发展,人们在交换商品的同时也交换了思想。

——[美国律师]英格索尔

没有一个国家能够在它的地区内,生产出满足居民需要的一切种类的财富,因而国外贸易是必要的。

——[法国经济学家]魁奈

世界贸易是大工业的必备条件。

——[德国思想家]马克思

只有扩展世界贸易,刺激生产,才能使我们有利用未来一切的可能。

——[日本企业家]盛田昭夫

商业就是一种合法的欺诈。

——[德国思想家]恩格斯

一种没有竞争的商业,就等于有人而没有身体,有思想而没有产生思想的脑子。

——[德国思想家]恩格斯

商人的兴趣,就是在那些能找到财富的地方。

——[英国政治家]伯克

商人的诀窍就是把一种货物从丰富的地方贩到稀少昂贵的地方。

——[美国作家]爱默生

一个商人可以被看做一种机器,它能减少力的无益消耗,或有助于腾出生产时间。

——[德国思想家]马克思

商人在生产者和消费者中间,既为生产者服务,也为消费者服务,同时也要从中获得服务的报酬。

——[法国经济学家]西斯蒙第

商人用他们的资本从事国外贸易或运输业时,都是出于自愿选择,而非迫不得已。

——[英国经济学家]李嘉图

商人的利己之心发挥到了极致之后,可以透过许多看不见的手,使社会的利益为之而增。

——[英国经济学家]亚当·斯密

资本

所谓资本,是指为得到更多的财富而提供的部分财产

资本是用于生产一国财富的一部分,由粮食、衣服、工具、原料、机械等构成。

—— [英国经济学家] 李嘉图

资本不是一种物,而是一种以物为媒介的人和人之间的社会关系。

—— [德国思想家] 马克思

所谓资本,是指为得到更多的财富而提供的部分财产。

—— [英国经济学家] 马歇尔

世界上的资本,就像是在劳动大众手中的一个大工具,人类用以征服和改造自然的武器。

—— [美国经济学家] 克拉克

资本是绝对流动的,而资本货物就不是这样的。

—— [美国经济学家] 克拉克

资本本质上是生产资本的,但只有生产剩余价值,它才生产资本。

—— [德国思想家] 马克思

在劳动生产力最大的地方,资本的积累也最大。换一句话说,也就是资本的纯利,或除去一切开支之后给予从事生产事业的资本家的利润最大的地方。

—— [英国经济学家] 麦克库洛赫

积累资本的节约,即唯一创造新财富的节约,如果不能作为任何有利的投资来运用,并非永远是一件好事。

—— [法国经济学家] 西斯蒙第

资本因节约而增加,因消费与失策而减少。

—— [英国经济学家] 亚当·斯密

资本的增减,自然会增减真实劳动量,增减生产性劳动者的人数,因而,增减一国土地和劳动的年产物的交换价值,会增减一国人民的真实财富和收入。

—— [英国经济学家] 亚当·斯密

积累就是资本规模不断扩大的再生产。

—— [德国思想家] 马克思

资本来到世间,从头到脚,每个毛孔都滴着血和肮脏的东西。

—— [德国思想家] 马克思

市场

市场是企业生存和发展的晴雨表

哪里有社会分工和商品生产,哪里就有市场。

—— [苏联政治家] 列宁

自由市场具有自身调节的职能,能够自动地转向生产社会所欢迎的某个品种和某种数量的商品。

—— [英国法理学家] 哈特

凡是能在技术上或科学上带来重大进步的人,恰好是以市场为重点的创新者。

—— [美国管理学家] 德鲁克

社会人是为市场劳动的，必须了解市场需求，也必须了解市场的范围，因此，单个人对自己的能力和需要的知识，必须变成对市场的知识。

——[法国经济学家] 西斯蒙第

我们想要有大的发展就要开发大众市场。

——[美国企业家] 福特

企业要生存发展，要获得丰厚的利润，不仅仅是会吃市场，最重要的是懂得怎样吃掉吃市场的人。

——[日本营销专家] 宫地孝满

必须熟悉市场情况，学习如何把产品推广到市场上，培养出自己公司的自信，然后就应该全心投入，全力以赴。

——[日本企业家] 盛田昭夫

有了市场才有存在的意义，所以焦点要集中到市场上去。

——[日本电子之父] 松下幸之助

市场是企业生存和发展的晴雨表。

——[美国经济学家]迈克尔·爱德华兹

无论利大利小，只要市场需求，就要生产。

——[日本企业家] 吉田忠雄

欲望越来越多，要求越来越高，便提供了必要的、有伸缩性的市场。

——[美国经济学家] 克拉克

在市场上常常可以看到这种情况：那个叫喊得最凶和发誓发得最厉害的人，正是希望把最坏的货物推销出去的人。

——[苏联政治家] 列宁

市场经济政策的基本要义是要处理好经济自由和政府干预之间的关系。

——[德国政治家] 艾哈德

今日之竞争，不在腕力而在脑力，不在沙场而在市场。

——[中国近代启蒙思想家] 梁启超

世界市场使商业、航海业和陆路交通得到了巨大的发展。

——[德国思想家] 马克思

资产阶级由于开拓了世界市场，使一切国家的生产和消费都成为世界性的了。

——[德国思想家] 马克思

没有一个市场是孤立的岛屿。

——[美国经济学家] 萨缪尔森

只有国家繁荣了，国民收入增加了，国内市场才能扩大。

——[法国经济学家] 西斯蒙第

只有全世界繁荣起来，整个世界的市场才能扩大。

——[法国经济学家] 西斯蒙第

决策　企业领导者最重要的才能莫过于能做出正确的判断

企业的领导者必须学会科学决策

经营者要有决断的勇气，犹豫会气走财神。

——[日本电子之父] 松下幸之助

对企业高级领导来说，最重要的才能莫过于能做出正确的判断，而这种特殊才能将是电脑永远无法取代的。

——[美国人才代征聘专家] 皮贝克

身为企业家要能看清什么对公司

是至关重要，确定方向，负起重大责任。做不到这一点，不能算是真正的企业家。

——[日本电子之父]松下幸之助

企业发展中最大的风险莫过于决策失误。很多企业的失败表明，钱不是主要问题，怎么花钱才是关键，怎么花钱就是一个决策问题。

——[中国企业家]朱德坤

决策的一个基本原则是在有不同意见的情况下做出的决策，如果人人赞同，你就根本不能讲清楚决策的是什么，也许完全没有必要做出决策了。所以，要获得不同意见。

——[美国管理学家]彼得·杜拉克

在决策时，我们延续以往用人的原则，广纳外界的意见，而不是一个人、一个小圈子决策，而是通过聘请外面的人才，成立战略委员会、投资委员会和审计委员会来把握企业发展的方向。

——[中国企业家]王国瑞

让员工参与对他们有直接影响的决策是很重要的。所以，我总是愿意冒时间损失的风险。如果你希望部属全然支持你，你就必须让他们参与，而且愈早愈好。

——[美国企业家]玛丽凯·阿什

做生意要有远大眼光

高瞻远瞩的战略谋划是一个企业兴败的关键，是一个企业发展的灵魂。

——[中国香港企业家]霍英东

做生意要有远大眼光，要配合时代需要。

——[新加坡华人企业家]郭芳枫

眼光要准，行动要快，魄力要强，一选择就干到底，不要轻易承认失败，

不要怕冒风险，下了决心就全力以赴。

——[马来西亚华人企业家]郭鹤年

企业家应该目光远大，他不仅应该知道生产，同时，更应该知道在何处生产对他的企业更有利。

——[日本企业家]本田宗一郎

我们的策略始终是属于一种长期性的角度，我们也总是一贯坚持强调，我们将牺牲短时期的获利能力，我不在乎赚不赚钱。但从长远来看，我们将比别人先一步，我们有很大的优势。

——[美国企业家]杰夫·贝索斯

企业家要具备凭现状以判断未来趋势的能力。现在是零，将来可能是无限的。

——[日本电子之父]松下幸之助

我的座右铭是经常将眼光放前10年，我每天的工作成分，95%是为了未来5年、10年，甚至是未来10～20年的预先计划。换句话说，是为未来而工作。至于那些已经试办并有成就的事业我将少插手，最多只管5%的事务，其余都归常任人员去做和负责。

——[泰国华人企业家]谢国民

当经济不景气时，可能也是企业投资与展开扩展计划的适当时机。

——[中国台湾企业家]王永庆

决策时要预测到最坏的结果

我所预测最主要的特点就是，我持续不断地预测不会成功的事。

——[美国金融家]乔治·索罗斯

苦心经营三年也无法赚钱的生意，应该断然结束，损失可以降到最低的程度。

——[中国台湾企业家]邱永汉

在决定具体项目投资时，不要先想着赚多少钱，尽管这很令人鼓舞；要抱最好的希望，做最坏的打算。先要考虑自己能输得起多少，定下一个在资金和时间上输得起的上限。你要问自己，我能比别人做得好一点吗？能肯定地回答，那你就可以做了。

—— ［中国香港企业家］张曾基

投资　钱只有让它流动起来才会生出更多的钱来

钱只有流动才会增值

一个理财的人就要善于投资。

—— ［日本企业家］滕田田

理财最关键的就是让钱在运作中实现增值。

—— ［日本管理学家］安昌达人

钱只有让它流动起来才会生出更多的钱来。

—— ［中国香港企业家］郑裕彤

出色的投资人应具备以下基本条件：一、渊博的知识；二、丰富的市场经验；三、正派的经营作风；四、果断的性格；五、良好的心理素质。

—— ［美国金融家］亨利·比特

投资前一定先做好周详的计划，而一旦做出决定后，则不达到目的誓不罢休。

—— ［马来西亚华人企业家］郭鹤年

一个企业家，最重要的手里要有一定量的可以流动的现金，这样就掌握了主动权。

—— ［中国企业家］周和平

要多周转资金。100 元的资金转10 次，就变成了 1000 元。这就是加速总资金的周转率，做到资金少生意大。

—— ［日本电子之父］松下幸之助

投资者要及时了解市场行情

任何一种行业及投资必定有高低潮，并周而复始地运行低买高卖，是获利的最佳方程式。

—— ［中国香港企业家］郑裕彤

在观察趋势的时候，你应该留心正反面的投资观点，就好像福尔摩斯的侦探故事中所写的："会咬人的狗都不叫"。

—— ［美国金融家］洛夫·温格

根据经验，若投资者一窝蜂去抢便是离场的时候。

—— ［中国香港企业家］田北俊

投资的成功与否并非取决于你了解的有多少，而是在于你能否老老实实承认自己不知道的东西。投资人并不需要做对很多事情，重要的是要能不犯重大的过错。

—— ［美国金融家］沃伦·巴菲特

风险投资要有预见性

如果你对某事深信不疑，你就应该把努力投入其中，承担合理的风险是迎接挑战的一部分，也是一件有趣的事。

—— ［美国企业家］雷克·罗克

当我们创业时，对于可能遇到的风险早已了如指掌。我们投下的每一分钱，毫无疑问，正是因为它的冒险性，才能激发创新、勤奋和高度的企望。

—— [美国企业家] 玛丽凯·阿什

对投资者而言，要学会当机立断，忍痛割爱，不要紧握今天面临破产企业的投资不放，更重要的是要有预见性，不把希望寄托在无把握的企业重振上。

—— [美国金融家] 米瑟·雷克莱

从某种意义上说缺钱对民营企业并非坏事，因为资金有限，不允许你盲目投资，不允许你犯大错误。如果你的战略目标不清楚，又没有控制能力，钱多了反而是灾难。这样的例子举不胜举。

—— [中国企业家] 王石

不要以赌徒的心态来进行投资

最有理性的投资是发财的最有效的手段。

—— [美国企业家] 伦·利克特

我的座右铭是：宁可少赚钱，也不去冒风险。

—— [中国香港企业家] 包玉刚

希望大多数投资者都要以理性的眼光来投资，不要以赌徒的目光来投资，否则一定会赔钱。

—— [美国金融家] 迈克史坦哈特

做自己熟悉的事，等到发现大好机会时才投钱下去。

—— [美国金融家] 杰姆·罗杰斯

不要与股票谈恋爱。

—— [中国香港企业家] 李福兆

创业

创基立业，一半靠运气，一半靠自己努力

创业要靠自己的努力

我们要创造一种事业，必须在不可能中求可能。

—— [美国企业家] 大卫·萨纳福

从零起步，做到成为亿万富翁，是有可能的。但是你得牢记一个原则，就是不能中途放弃原有的努力。

—— [日本企业家] 和田一夫

一个人要干成一番事业，其中放开眼界、抓紧时机、百折不挠、艰苦创业占95%的因素。

—— [中国香港企业家] 霍英东

创基立业，一半靠运气，一半靠自己努力。

—— [印尼华人企业家] 林绍良

创业的过程，实际上就是恒心和毅力坚持不懈的发展过程，其中并没有什么秘密，但要真正做到中国古老的格言所说的勤和俭也不太容易。而且，从创业之初开始，还要不断地学习把握时机。

—— [中国香港企业家] 李嘉诚

创业的成败，原则上以三年为关键。

—— [中国台湾企业家] 邱永汉

创业要具备一定的条件

要成功不离天时、地利及人和，前两者无法控制，只能靠事前周详的准备，人和则可以控制，搞好人际关系，办事便可事半功倍，累积第一桶金不离动力及机会，以后的关键是如何动用这笔钱。

——［中国香港企业家］徐展堂

先从自己工作的环境中，找寻创业的机会。进入自己认为理想的公司中去学习，乃是创业的捷径之一。

——［中国台湾企业家］邱永汉

我们要想创造自己的事业，就必须寻找新土地、新环境。只有自己创造出来的环境，才能毫无顾忌地实行自己的理想和工作方法，真正奠定自己的事业基础。

——［美国企业家］亚奈斯特·威耶

首先要确立和公开目标，点燃热情而自己断绝退路，然后朝着既定的目标拼命努力，为此还要不断地锻炼自己的身体和意志，最后还需要有必胜的自信心。

——［日本企业家］稻盛和夫

基本上，一个人是否适合自行创业，应该是自己最清楚。譬如个性是否适合？能力或专业知识是否足够？勤快不勤快？以及什么年龄最适当……通常最佳的创业阶段，应该是从二十七岁到三十五岁最恰当，四十岁左右时，乃是最后的创业机会，这班"最后的列车"如果没有搭上，以后想要创业可就较困难了！

——［中国台湾企业家］邱永汉

创业时要找准自己的发展方向

如果我准备攀登喜马拉雅山，我一开始只注意我第一步将踩的地方。如果开始时步骤正确，以后虽然也很辛苦，但风险却会小得多。

——［中国台湾企业家］李文正

对于初次创业的人，我总会提出一项忠告，那就是找寻你自己认为时间永远不够的事业去发挥！唯有如此，你才会将自己的潜能充分发挥，也唯有如此，事业才会成功！

——［中国台湾企业家］邱永汉

要想创业成功，你不能不事事考虑得仔细周到，但考虑得太仔细太周全，也许你就不会成功了。在我看来，大致上方向看准了，就可以扑上去了，这就像老鹰在天上飞，它看准了猎物就俯冲下来，在接近目标的过程中，不断地调整方向，最后一口咬住猎物。

——［美籍华人企业家］孙惠

凡与民生有密切关系的生意都可为，女人喜欢珠宝，举世皆然，人要住屋，年青人成家后喜欢自辟小天地，对楼宇便有大量需求，做这些生意不会错到哪里！

——［中国台湾企业家］郑裕彤

竞争

正当的竞争，是促进事业成功与个人向上的绝对因素

利用竞争自己壮大

竞争制度是一架精巧的机器，通过一系列的价格和市场发生无意识的

协调作用。

——［美国经济学家］萨缪尔森

竞争在市场经济中不可避免。竞

争的表现形式在于价格、款式、功能、服务,而竞争实质是质量和管理。

——[中国企业家] 朱德坤

正当的竞争,是促进事业成功与个人向上的绝对因素。

——[日本电子之父] 松下幸之助

在生存竞争中有这种倾向,就是强者和强者的后裔会生存下去,而弱者和弱者的后裔会被打垮,生存不下去。于是,只要竞争存在,强者就一代代地越来越强。

——[美国作家] 杰克·伦敦

用自己的价值进行竞争不是坏事。因为它不必去贬低对手的价值。这样的竞争能促进人类的进步。

——[日本作家] 武者小路实笃

良好的经营,只有千百自由和普遍的竞争,才能得到普遍的确立,而自由和普遍的竞争势必驱使个人为了自卫而采用良好的方法。

——[英国经济学家] 亚当·斯密

我不怕竞争,我认为竞争是企业成长的激素。竞争使企业家时时刻刻处在一种紧张状态中,不懈地努力改善经营管理,以求生存和发展。

——[美国企业家] 乔治·佛克斯

将竞争变成魔杖,使全世界的大亨们为争着掏腰包而拼命。

——[美国企业家] 彼得·尤伯罗斯

谁经营得好,谁就能在竞争中取胜。竞争的本身是光明正大的,不能故意制造竞争。一个企业硬抢别人的生意就是犯罪。

——[美国企业家] 福特

我自己是一个喜欢竞争的人,不管做什么总要做个第一名。要做第一名,就要时时审视自己哪里做得不好,

虽然我们现在的 Yahoo 做得很成功,但是还有一些方面做得不尽如人意,非常幸运的是我身边有很多好的管理者,因此,我们能继续努力。

——[美籍华人企业家] 杨致远

无论如何,有竞争对手总是好事。打破世界纪录的运动选手,没有一位是只跟自己竞争的。你该做的是,利用竞争使自己不断进步。

——[美国企业家] 哈维·麦凯

要在同行企业还没有站稳脚跟的情况下,将自己培养成一个"重级选手"。

——[中国企业家] 梁庆德

竞争就意味着要奋力拼搏

我一时一刻也不敢懈怠,因为跟我竞争对手太多。平心而论,我并不比我的对手聪明,我之所以没有输给他们,完全是因为"勤能补拙"这个道理。

——[美国企业家] 西洛斯·梅考克

做生意如逆水行舟,要不停地向前划,只要把桨停下来一两秒钟,就会落后 10~20 米 。因此,我们必须不停地向前划,不断寻找扩展机会,不过,在扩展的时候必须小心。

——[马来西亚华人企业家] 郭鹤年

做生意,要有洞察先机、先发制人的能力。因为这是真刀真枪的决斗,只许赢,不许输。

——[日本电子之父] 松下幸之助

面对竞争,我采取的是主动出击的方法,依靠自己的实力,强调品质、服务、卫生和效益,这样,竞争才能持久地处于不败之地。

——[美国企业家] 雷克·罗克

了解对手，竞争取胜

坚持目标是成功的关键，你必须花时间和精力了解你的竞争圈子的情况及自己的所长和所短，知己知彼才能百战百胜。

——［美国企业家］比尔·盖茨

无论什么时候，企业都在激烈竞争的旋涡中，为了不在竞争中落后，必须将对手经营的想法、动向摸得一清二楚。如果等对方采取行动才来研究对策，在这个变化多端、竞争激烈的时代，是注定要落伍的。

——［日本电子之父］松下幸之助

为你最直接的竞争对手做一些长期预测，因为你最直接的对手也许正在制定他自己的长期计划，而且他所决定的事情势必会对你产生影响。因此知己知彼，方能百战不殆。

——［英国企业家］海佐尔

在决策时，能找市场的"盲点"，弥补竞争空白点，开发出新产品，是企业发展与致胜之本。

——［中国台湾企业家］王永庆

抓住成功者的重点，彻底地模仿，也是一项成功的法则。

——［中国台湾企业家］邱永汉

一家企业只是一个圆圈，无数企业便形成了许多圆圈。但是，圆圈与圆圈之间，便出现一些不画入任何圆圈的空间，那就是夹缝空间。企业界的夹缝空间，便不属于那家企业所拥有，那就是值得争取的一个好天地。

——［日本企业家］和田一夫

我们一般是边观察市场边做出一些开发。我们并不是要等上一年半以后再进行评估，我们是马上进行评估，看产品如何，看竞争对手在什么地方出错，然后我们速度很快地拿出真正的高明的解决方案。

——［美国企业家］普莱特

产品

精明的企业家，总是以他们的智慧凝结于最新产品

产品是企业的生命线

对人来说行动是一切，对厂商来说产品是一切。

——［日本企业家］本田宗一郎

在激烈的竞争中要求胜，重要的就是产品。这是商场竞争的法宝。有一个好的产品很重要，要有自己的强项产品，有特色的产品。还要扩大产品的品种，以新取胜。

——［中国企业家］黄关从

精明的企业家，总是以他们的智慧凝结于最新产品；他们总是立足于商战的制高点，并随时努力去攀登无人涉及的新高峰。

——［美国成功学家］拿破仑·希尔

如果以最快的速度推出新产品，你就能最好地占领市场，如果不能，别的厂家占据了，你就只能牺牲你的利润。

——［美国企业家］简睿杰

新产品是每一个企业的生命线。它能促进公司的市场营销活动、增加销售量,使分销渠道的活动更加活跃,并且,当公司现有产品在市场上面临衰退趋势时提供新的市场机会。

——[美国企业家] 韦伯斯特

企业要根据市场调查,确定产品应该在何时、何地,对哪一阶层的消费者生产和消费,以利于在广告宣传中使自己的产品有别于竞争对手,引起消费者对自己产品的关注,有拥挤的市场上占有对一定消费者而言不可或缺的地位。

——[中国香港企业家] 曾宪梓

拥有市场的唯一办法是
拥有占市场主导地位的品牌

建立良好的名牌商标是成功的重要保证。

——[中国台湾企业家] 罗光男

企业的牌子。如同储户的户头,当你不断用产品累计其价值时,便可尽享利息。

——[美国企业家] 马克·斯韦尔

创出金字招牌,自然生意兴隆通四海,名归实至。

——[中国近代企业家] 胡雪岩

未来的营销是品牌的战争,品牌互争长短的竞争。拥有市场将会比拥有工厂更重要,拥有市场的唯一办法是拥有占市场主导地位的品牌。

——[美国营销专家] 莱利莱特

一种受人推崇的品牌,必须既与产品的内在质量息息相关,又要在林立的竞争对手中与众不同,保持自己的独特性。

——[美国企业家] 休赫夫纳

竞争者能十分成功地仿造你产品的部件、配方,以致在质量上难分上下,但独具一格的产品形象及品牌形象一旦树立起来,别人是很难模仿的。

——[美国营销专家] 万斯派克尔

我们知道,如果我们的品牌能够深入到工薪阶层这一最大的消费群体,那么将来我们必然取胜。而要做到这一点,一定要在价格上有所表现。

——[意大利企业家] 盖保罗

只有优质产品才能称霸市场

质量是企业的生命。具有优质高效的企业,才能在任何竞争与挑战中立于不败之地。

——[日本企业家] 本田宗一郎

一种受人推崇的品牌,必须既与产品的内在质量息息相关,又要在林立的竞争对手中与众不同,保持自己的独特性。

——[美国企业家] 休赫夫纳

只有优质产品,才能称霸世界市场。

——[日本企业家] 本田宗一郎

销路不好,我相信总有一天可以打开,可是,产品的品质不好,一切的推广努力都等于白费了。而且在这种情形下萎缩下去的销路,再想好起来就很不容易了。

——[美国企业家] 西洛斯·梅考克

无论从事任何经营,都要严格要求产品质量。"凡是松下电器公司的产品,都是最优良的",这是我们一贯的经营观念。对我们所有的产品,要站在客户的立场,来重新检查性能、品质。

——[日本电子之父] 松下幸之助

我的理念是:只要东西好,我们就可以把大众的钱吸引过来。

——[美国企业家] 沃尔特·迪斯尼

通过科技力量创造发明高质量的新产品将比人为推销产品更重要，好的产品会自己推销自己。

——[美国企业家]小托马斯·沃森

我永远无法忍受的一种想法是，有人在检查我的产品时证明，我提供了某种次品。因此，我总是设法拿出经得起任何实事求是检查的产品，也可以说是精益求精的产品。

——[美国企业家]罗伯特·博施

没有比有缺陷的产品，更能摧毁公司的根基与对顾客的关系。制作过程中，彻底测试产品；出货前再测验一次以保证品质。测验人员，确定每人都明白品质管制标准。

——[美国企业家]哈维·麦凯

信誉　不必忧虑资金短缺，该忧虑的是信用不足

信誉是无价之宝

坚守诺言，建立良好的信誉，一个人良好的信誉，是走向成功的不可缺少的前提条件。

——[中国香港企业家]李嘉诚

信用是企业的无形资产，一个真正的企业家如果有人格，即使没有资金，也可以发展成大企业。因为人格与信用都是用之不尽的资本。

——[中国台湾企业家]高清愿

信誉是无价之宝。

——[日本企业家]大山梅雄

名誉是我的第二生命，有时候比第一生命还重要。

——[中国香港企业家]李嘉诚

一个企业的开始意味着一个良好的信誉的开始。有了信誉，自然就会有财路，这是必须具备的商业道德。就像做人一样，忠诚、有义气。对于自己每说出的一句话，做出的每一个承诺，一定要牢牢记在心里，并且一定要能够做到。

——[中国香港企业家]李嘉诚

我始终是按这样的原则行事的：宁可失去金钱，也不能失去信誉。一诺千金，相信自己的货物的价值和自己所说的话，这对于我来说始终比暂时的利润重要。

——[德国企业家]罗伯特·博施

不必忧虑资金短缺，该忧虑的是信用不足。

——[日本电子之父]松下幸之助

信誉第一是企业的经营信条

生意不是做一次就完了，而要从长计议。对每一位顾客都要做到信用第一，用信用来增进与顾客的感情。只有保持信用、维护商誉，生意才会越做越兴隆。

——[美国企业家]苏尔·柏格

须常记"顾客第一，信用至上"之信条，绝不生产或销售粗劣货品。此一原则，务须严加遵守，永久奉行。制造或销售粗劣产品，必然招致信用的损失，并将危及企业的生命，不可不慎！

——[日本电子之父]松下幸之助

有一项我严格遵守的是：要正直。

任何情况之下,都不要欺骗任何人,说话要算话。如果违背了这一点,任何人的成功都只是暂时的,而不是永久的。

——[美国企业家]唐拉德·尼柯尔森·希尔顿

如果发现公司有不合理的现象,马上就要设法铲除,不可姑息。对产品也是一样,不要因为是自己做的,有了毛病就讳而不宣,等到让消费者发觉时,受损害的就不止你本人,很可能连整个公司的名誉、信用也受到拖累!

——[美国企业家]福特

人之所以失败决不是因为没有才能或运气不好,而是由于轻视小事这个恶习。轻视小事不会产生信用,没有信用就无法经营。

——[日本经营学专家]片方善治

丧失信用的最迅速的方法,是给某人定下一个绝对的最后期限,然后又延长它,修订它,或者置之不理。这是"狼来了"这一故事的企业版本。一旦你未能恪守自己定下的最后限期,人家就会对你所讲的任何话都不敢相信。

——[美国经营学专家]马克·麦科马克

服务 把握任何时刻与机会,以谦虚有礼的态度服务顾客

高品质的服务是占领市场的通行证

我们要提供世界上最好的服务。

——[美国企业家]小托马斯·沃森

服务愈完美鱼儿愈会游来。

——[中国台湾企业家]林玉梨

高品质的服务是占领市场的通行证。

——[美国企业家]尼克逊·希尔顿

在商业自由竞争之下,机会均等,故须靠服务为占先制胜的工具。假如服务特佳,当可弥补其他条件的不足。

——[中国香港企业家]何善衡

把握任何时刻与机会,以谦虚有礼的态度服务顾客。

——[日本电子之父]松下幸之助

当所有餐饮业以味道争取顾客时,只有麦当劳独树一帜以速度取胜。

——[日本企业家]藤田田

每一位顾客都是大人物

经营餐馆,你一定要记住,每一位顾客都是大人物,不能怠慢。今天的小顾客,明天可能成为大顾客。

——[香港占美餐厅老板]利奥·兰杜

能够让第一次上门的顾客满意,往后的生意就敲定了一半。

——[中国台湾企业家]邱永汉

收入可以以其他形式出现,其中最令人愉快的是顾客脸上出现满意的微笑,这比什么都值得,因为它意味着他会再次光顾,甚至可能带个朋友来。

——[美国企业家]雷·克罗克

服务是没有"这样就够了"的。我一直主张要让货主们打从心底感到满意,就必须不惜粉身碎骨去努力,才有完成的可能。

——[日本企业家]佐川清

优质服务"四要件":第一,价钱要

公道，甚至在竞争的市场中也要满足客户的需要，压低价格供应；第二，产品质量要符合标准，而且确保稳定；第三，交期要准确；第四，服务必须周到。

——［中国台湾企业家］王永庆

生意的成败，取决于能否使每一次购买的顾客成为固定的常客。这就全看你是否有完善的售后服务。

——［日本电子之父］松下幸之助

销售前的奉承，不如售后服务。这是制造永久顾客的不二法门。

——［日本电子之父］松下幸之助

顾客始终是对的

生意会失败的理由相当多，但要成功，却只有一项，那就是"让顾客满意"！

——［中国台湾企业家］邱永汉

顾客始终是对的。不要与顾客争吵，而是要使顾客感到满意，尤其是要向顾客提供好产品。

——［德国企业家］菲利普·罗森塔尔

在网络上，如果一个顾客觉得受到了冷落，那他告诉的就不只是 5 个人，而会是 5000 人。

——［美国企业家］杰夫·贝索斯

无论发生什么情况，都不要对顾客摆出不高兴的脸孔，这是商人的基本态度。恪守这种原则，必能建立美好的商誉。一定要避免会有退货的可能。

——［日本电子之父］松下幸之助

遇到顾客前来退货时，态度要比原先出售时更和气。

——［日本电子之父］松下幸之助

我觉得最苛求的顾客和所谓的"刁难者"虽然不是最受欢迎的人，但他们在刺激我们。

——［德国企业家］菲利普·罗森塔尔

如果碰到的尽是美言有加的顾客，并不见得是好事，反而是有害的。社会的纵容，很容易使我们产生怠惰。没有挑剔的顾客，我们也是不会长进的。

——［日本电子之父］松下幸之助

营销 我们必须爱我们的顾客，但不一定要卖我自己最喜爱的东西

企业所经销的产品应当是顾客最需要的东西

我认为我们必须爱我们的顾客，但不一定要卖我自己最喜爱的东西。

——［美国企业家］杰夫·贝索斯

现在，如果我们不借助于感情心理对市场进行观察、分析，就根本无法理解市场的各种变化。

——［日本营销专家］小林敏峰

我们要了解客户的需要，更要及时了解客户需要的变化，这样我们才能知道应该做什么，应该如何做。

——［美籍华人企业家］孙惠

正确的做法是必须找出顾客的需要所在，以及该如何满足他们。

——［美国企业家］杰夫·贝索斯

说起来，我成功的原因是能随时抓住女性们所喜欢的流行商品的趋势和他们消费的动向，又能供应比别人价格低廉的商品。

——［日本企业家］大木良雄

如果公司设计的新商品式样能使100个人感到满意的话，我相信在它上市之后，必须会受到大多数消费者的欢迎。

——[美国企业家] 乔治·佛克斯

要成为一个优秀的推销员之前，你必须是一个优秀的调查员，比征信公司员工还优秀的调查员。你必须去发现、去追踪、去调查，直到摸清了准客户的一切，使他几乎成为你十年的老友为止。

——[日本推销专家] 原一平

推销产品的秘诀是懂得如何吸引用户的目光

所谓推销，就是寻找那些需要商品而又有购买力的人，使他们对本无兴趣的物品发生兴趣，进而使其兴趣大增，以致最后掏钱购买。

——[日本经营专家] 片方善治

如果我想把一只玻璃杯卖掉，最聪明的做法是先把它擦拭得又光又亮，让它看起来特别吸引人。凡是在交易中占据优势的人无不懂得这个普通的道理。

——[美国企业家] 苏尔·吉泰

一个商店的门面经常推陈出新，是吸引顾客的最佳方法。有些顾客昨天已经来过了，但是今天商店的门面变动了，他们会认为你添了新东西，便会不由自主地进来看看。

——[美国企业家] 尤金尼·菲考福

销售产品要掌握推销的艺术

一个企业，如果它的产品和劳务不能销售出去，那么，即使它的管理工作是世界上最出色的，也是白费力气。

——[英国管理专家] 罗杰·福尔克

好的银行家要善于推销自己，要让自己的业务被越来越多的人接受。

——[印尼华人企业家] 李文正

建立一个成功的业务网，最重要的因素是人际关系。银行的业力，主要是来自人与人之间的关系。

——[印尼华人企业家] 李文正

推销员要信任客户和了解客户，同他们建立亲密的关系，做生意还得机动灵活。

——[法国推销专家]贝尔纳·拉第埃

推销成功的同时，要使客户成为你的朋友。任何准客户都是有其一攻就垮的弱点的。越是难缠的准客户他的购买力也就越强。

——[日本推销专家] 原一平

勤于拜访客户可使你有八成的胜算。很多生意之所以会成功，是因为没有其他人去拜访这些客户。

——[美国企业家] 哈维·麦凯

对推销员而言，善于听比善于辩更重要。

——[日本推销专家] 原一平

适当的价格是产品销售的重要手段

不应该借巧妙的讨价还价赚钱，必须一开始就制定合理的价格。

——[日本电子之父] 松下幸之助

用最低廉的价格向顾客提供可能想到的最好商品。

——[德国企业家]鲁道夫·卡尔施塔特

尽量能以物美价廉作为百货业的榜样，大家共同为谋取消费者应得的利益，愉快地携手合作。

——[日本企业家] 中内功

成本+适当利润=价格

——[日本电子之父] 松下幸之助

价格一定要比别家的便宜三成以上。品质一定要比别家好。产量不必担心，如果月产 1 万只才能便宜三成，就生产 1 万只；如果非得月产 1.5 万只，就大胆生产 1.5 万只。

——[日本电子之父] 松下幸之助

广告宣传是推销产品的先锋

我做生意，一向主张薄利多销，而要能够多销，就要大做广告；广告做得大，产品就会销得多，这是一种良性循环。

——[中国企业家] 黄楚九

广告宣传是推销产品的先锋，产品再好，不做广告便无法在市场竞争中出风头。赢得社会的认可和信誉。

——[美国企业家] 罗伯特·温斯普·伍德鲁夫

任何广告都必须讲求效益，花钱就要花在刀口上，对准自己行销对象切入，以达到稳、准、狠的境界。

——[中国台湾企业家] 邱永汉

让顾客替你宣传，才是最有效的广告。

——[中国台湾企业家] 邱永汉

生意　做小生意，在于勤；做大生意，要看政治、观局势

做生意要抓住顾客的心理

生意要一笔一笔地做，面对面地做，推心置腹地做。顾客不是我的冤家对头，而是我的衣食父母。

——[美国企业家] 乔杰·拉尔德

用笨办法取得用户的信任，在经营管理上超过同行。宁可少赚钱，也要尽量少冒险，这就是我的座右铭。

——[中国香港企业家] 包玉刚

不可一直瞧着顾客看，不可纠缠啰嗦。要让顾客轻松自在地尽兴逛店，否则顾客会敬而远之。

——[日本电子之父] 松下幸之助

孩童是“福神”，对携带小孩的顾客，或被使唤前来购物的小孩，要特别照顾。射人先射马，先在小孩身上下工

夫使他钦服，是永远有效的经营方法。

——[日本电子之父] 松下幸之助

衡量成功的方法不一样……我认为衡量成功最重要的标准是客户的满意度。

——[美国企业家] 迈克尔·戴尔

事业成功的首要条件，不在企业家的价值判断，而是顾客的价值判断。顾客“认为有价值”，才是决定性的因素。

——[日本电子之父] 松下幸之助

做生意贵在谋求双赢

双方均无利可图的买卖是傻瓜之间的交易。

——[英国作家] 托马斯·富勒

如果一旦生意只有自己赚，而对方一点不赚，这样的生意绝对不能干。

——[中国香港企业家] 李嘉诚

钱,千万不要一个人独吞,要让别人也赚。做生意一定要懂得有取有舍,有的虽可获一时之利,但无益于长远之计,宁可舍弃,不可强求。

——[中国澳门企业家]何鸿

有钱大家赚,利润大家分享,这样才有人愿意合作。假如拿10%的股份是公正的,拿11%也可以,但是如果只拿9%的股份,就会财源滚滚而来。

——[中国香港企业家]李嘉诚

不要作无谓的让步,每次让步都要从对方那儿获得某些益处。有时不妨作些对你没有任何损失的让步。记住,"这件事我会考虑一下",这也是一种让步。

——[中国台湾企业家]王永庆

做生意要懂得灵巧变通

做小生意,在于勤;做大生意,要看政治观、局势。

——[中国企业家]潘洪江

做生意要做得成功,想法如果僵硬,且一成不变,显然是不行的。"直"的不行,就要想"横"的,"横"的不行,再倒过来想。想法总是要灵巧变通,不断进行各种试验,这才是活的生意之道。

——[中国台湾企业家]邱永汉

替自己留下讨价还价的余地。如果你是卖主,喊价要高些;如果你是买主,出价要低些。不过不能乱要价,价格务必在合理的范围内。

——[中国台湾企业家]王永庆

有些业务需要慢慢促进,有些业务则应趁热打铁。明白了这一点,一个精明的经理需要更具灵活性。

——[美国企业家]马克·麦克科迈克

要做难做的生意,要从难做的生意里做出生意。这是经商的一个谋略。

——[中国企业家]张兰生

做生意就有赚有蚀,不会永远蚀,也不会永远赚。蚀了就罢手,就蚀定了;蚀本时不停手,反而更放手去做。借了钱做,到赚钱时,就可以赚得更多。真要倒,别人都要陪你倒,也决不让你倒,也就永远倒不掉。

——[中国企业家]荣宗敬

一个生意人不想到破产,好比一个将军永远不预备吃败仗,只算得上半个商人。

——[法国作家]巴尔扎克

我凡事必有充分的准备然后才去做,一向做生意处理事情都是如此。例如天文台说天气很好,但我常常会问自己,如5分钟后宣布typhoon signal number ten(十号风球)我会怎样,在香港做生意,亦要保持这种心理准备。

——[中国香港企业家]李嘉诚

员工管理 让员工在企业里能体现其价值和乐趣,企业才能长盛不衰

人才是企业成功的关键

恰当的人才是一家企业成功的首要因素。企业管理并不是一个人的事,全凭整体分工合作。

——[中国企业家]荣智健

唯有懂得欣赏别人的长处,才能

领导更多的人。

——[日本电子之父] 松下幸之助

人本管理是企业人的活动,对这种活动的管理,必然要求将对人的管理放在首位。

——[美国心理学家] 马斯洛

我认为一个公司的成败与否,与它能否使人们充分发挥能力和才智很有关系。

——[美国企业家] 小托马斯·沃森

有时宁肯事务上吃点亏,也不愿看轻技术。事业的真正基础是人才。

——[中国企业家] 范旭东

培养了有才能的人企业将生存下去,拥有更多有才能的人的产业将会发展。

——[日本企业家] 中内功

选人用人是一门学问

人才历来难以发现,因此,一旦发现了人才,重要的是要千方百计的挽留。

——[美国企业家] 玛丽凯·阿什

学历就好比商品上的标签,论才用人要看品质,不要只注重标签价码。

——[日本电子之父] 松下幸之助

公司要挽留的人才,不是那些成天想争高薪的人,而是真正愿意留下来一起奋斗的优秀人才。

——[美国企业家] 席莫尔·克雷

有些事业是需要找寻有经验的人,有些却不是,尤其是经营事业,有经验的人,反而较易受到固定观念的束缚;因此,还是以寻求有智慧潜能的人为佳。

——[中国台湾企业家] 邱永汉

提拔人才时,最重要的一点是绝不可有私心,必须完全以这个人是否适合那份工作为依据。

——[日本电子之父] 松下幸之助

让一个错误的人选,留在一个错误的职位上,是任何企业成功之路上的一个障碍。

——[日本电子之父] 松下幸之助

我常要求各级领导人一定要充分授权,使每一阶层的人都能够本着企业整体的目标和方针,发挥自己的智慧,自行在负责的业务上作决策,大胆地开展活动。只有在面临自己无法独立解决的困难时才向上级请求支援。

——[日本电子之父] 松下幸之助

我的工作就是给最优秀的人最好的机会,并且把公司的资源作最好的分配。就是这样,其他的事就不用管太多了。

——[美国企业家] 杰克·威尔士

我认为,如果你雇人为你做一件事,你就应当放手让他去做。假如你怀疑他的能力,你就根本不应该雇用他。

——[美国企业家] 雷·克罗克

我始终有一个原则,那就是使用乐意为我工作的工作人员,办法是让任何人尽量独立地去工作,同时让他承担相应的责任。

——[德国企业家] 罗伯特·博施

我对属下既无排斥,也不礼遇,而是尽力做到不违背公平的原则。这就是我坚持的用人原则,此外没有别的秘诀。

——[韩国企业家] 李秉吉

职员新加入后,我不马上委以重任,但当他在公司工作了3～5年后,我若发现他为人能干,同时也值得信赖,我才会把责任交给他。简言之,以时间为用人的试金石。

——[中国香港企业家] 郑裕彤

充分发挥每一个员工的积极性

管理者的绩效应由下列各方面评估:他如何掌握部属,如何激励部属发挥全力,组织每个人的工作并圆满地完成任务,这几点就是管理的精义。

—— [日本企业家] 盛田昭夫

重视企业内部人的因素,尊重每个人,重视人力资本的潜力发挥,把企业办成每一位员工自我实现的舞台、一所成功的学校,让员工在企业里能体现其价值和乐趣,企业才能长盛不衰。

—— [美国心理学家] 马斯洛

我绝对相信,一个人如果能操纵自己的命运,那么他一定会比较有进取心。所以,我们将仍然继续不断地去创造一些适当的环境及计划,尽量让员工多参与跟自己有关的管理工作。

—— [美国企业家] 劳勃·盖尔文

无论什么样组织形式的公司,它的组织结构应该尽可能扁平,中间领导层越少越好,而且让第一线的员工能感觉到他们有做决定的权力。

—— [美国企业家] 普莱特

我认为,人的工作效率与人的情绪有相当密切的关系。我在把某一项工作交给某人去做之前,一定设法使接受任务的人产生一种全力以赴的心理。

—— [美国企业家] 苏尔·吉泰

善待你的员工

感情投入所产生的力量是巨大的。

—— [美国企业家] 约翰·利文尔

只要好好照顾你的员工,公司业绩自然会好。

—— [美国企业家] 比尔·葛培特

最要紧是令下属工作愉快及愿意为你工作,微笑是待人的秘密武器。

—— [中国香港企业家] 嘉道理

虽然老板受到的压力较大,但是做老板所赚的钱,已经多过员工很多,所以我事事总不忘提醒自己,要多为员工考虑,让他们得到应得的报酬。

—— [中国香港企业家] 李嘉诚

要了解下属的希望。除了生活,应给予员工好的前途;并且,一切以员工的利益为重,特别在年老的时候,公司应该给予员工绝对的保障,从而使员工对集团有归属感,以增强企业的凝聚力。

—— [中国香港企业家] 李嘉诚

除了在物质上善待员工外,要把员工潜能发挥出来。为此,你就要创造出允许员工成功的一个环境,并给他们提供不断成功的工具,让他们不断学习、成长、犯错误,并关心他们的兴奋点是什么。

—— [美国企业家] 迈克尔·戴尔

最重要的是对人的尊重。即使像道"早安"或说声"谢谢"这样的小事,也是表示对人的尊重。我认为创造出人们愿意努力工作的环境,本来就是管理者的职责。

—— [美国金融家] 托马斯·多尔蒂

商场成败

不管你是失败还是成功,只要你问心无愧

成功的诀窍

成功者不但怀抱希望而且拥有明确的目标。

——[日本推销专家] 原一平

时间、魅力和金钱,这是成功者所必需的。

——[美国企业家] 约瑟夫·贺希哈

获得成功的关键是不要等到一个完美的答案出来后再行动,必须抓现时的瞬间,做一个最好的选择。

——[美国企业家] 卡莉菲·奥里娜

"与其待时, 不如乘势"。许多看起来难办的大事, 居然顺顺利利地办成了,就因为懂得乘势的缘故。

——[中国近代企业家] 胡雪岩

我从来就没有野心称自己做出了什么成就。我只有这样一种野心, 即可以说, 我这里做的一切都必须是第一流的和无可挑剔的。

——[德国企业家] 罗伯特·博施

琢磨其他行业的成功, 也能变成自己的成功。

——[中国台湾企业家] 邱永汉

20岁前,事业上的成果100%靠双手勤劳换来;20岁至30岁之间,事业已打下一定基础,这十年的成就,10%靠运气,90%仍是靠勤奋努力得来;之后,机遇的比例渐渐提高了。

——[中国香港企业家] 李嘉诚

经常思考今日的损益,要养成没算出今日损益就不睡觉的习惯。当日就要结算清楚, 是否真正赚钱? 今日的利润,今日就要确实掌握住。

——[日本电子之父] 松下幸之助

即使当我认为有人想利用我时,我还是和他作公平交易,这是我获取成功的原因之一。

——[美国企业家] 雷·克罗克

女性经商要成功, 如果能够具有下列五项条件,或许胜算就会大了些:(1)不能长得太漂亮;(2)要能善体人意;(3)头脑必须敏捷;(4)经济算盘要会打;(5)不可以邋遢。

——[中国台湾企业家] 邱永汉

当你幸运和成功时, 最重要的是别得意忘形。

——[美国企业家] 比尔·盖茨

寻觅商机、抓住商机、创造商机

生意场上, 机会稍纵即逝, 只有善于捕捉时机, 果断决策, 才能成为生意场上的常胜将军。

——[美国企业家] 阿曼德·哈默

人一生中大的发展机会也就有几次,企业也一样。谁能抓住机会,谁就能做得更好。

——[中国企业家] 赵永祥

世界的改变,生意的成功,常常属于那些敢于抓住时机,敢于冒险的企业家。

——[韩国企业家] 郑周永

不冒险, 怎么会有机会? 如果我做的9件事情,其中6件成功,3件失

败,我也是赚了钱的。

——[韩国企业家] 金宇春

做生意要靠机会,这是一点也不错的,但机会是等不来的,即使能等来也不值钱,必须自己去找、去创造。

——[美国企业家] 菲力普·亚默尔

如何把握眼前的机会,往往是你一生当中最重要的事情。

——[日本推销专家] 原一平

设立一个合适的目标,想方设法地走近它,在这过程中,机遇就会降临到你身上。

——[美籍华人企业家] 孙惠

只要有1%的可能性,我也全力以赴。

——[中国台湾旅日企业家] 刘秀忍

对于一个不断自我培养实力的人来讲,当好运气来临时,他就会有足够的智慧充分加以运用,使这个好运气对于自己的发展产生最大的利益;当不好的运气降临到身上,他也能够妥善地对付,使损失降至最低的程度。

——[中国台湾企业家] 王永庆

战胜逆境才能获得成功

作为一个企业的领导,面对挫折,遭遇困境,一定要有坚强的意志。一个人

的意志,对事情的成败有决定性的作用。

——[中国香港企业家] 张曾基

办企业就像爬山,爬到一定的高度往往等待着你的就是下坡路。在困境中能挺住,就是胜利。

——[中国香港企业家] 张曾基

在我20多年的商业生涯里,我所做的事情有90%都是要发挥忍耐的精神,而我失败的事情中也有90%的事情多少和缺乏耐心有关。

——[美国企业家] 马克·麦科马克

一个人在面临困境之时,如果从消极面去想的话,势必越想越糟,最后变得萎靡不振,而陷入万劫不复之地;如果往积极面去想的话,这正是难得的磨练机会,这是光明之前必然有的黑暗,也是成功之前必须承受的苦难。

——[日本推销专家] 原一平

生意不顺时,不应意气沮丧,而应冷静分析原因。生意失败之际,不应逃避,仍应堂堂做人。

——[中国台湾企业家] 邱永汉

不管你是失败还是成功,只要你问心无愧。

——[英国小说家] 萨克雷

赚钱

致富的艺术是选择合适的方法、合适的时机和合适的地点

懂得赚钱的人是幸福的

财产是智力的产物,其追逐者需要的是清醒的头脑、准确的推理、敏捷的反应和必要的耐心。

——[美国作家] 爱默生

懂得赚钱才懂得花钱。

——[英国诗人] 赫伯特

既会花钱,又会赚钱的人,是最幸福的人,因为他享受两种快乐。

——[英国作家] 塞缪尔·约翰生

或知如何赚钱,或知怎样守财,二

者居其一，即可致富。

——[古罗马哲学家、悲剧作家]塞涅卡

人们就算不可能真的发财，心中也永远存有致富的欲望。

——[德国企业家]魏斯曼

君子爱财，取之有道

赚钱其实不是难事，主要在于你有适当的方案再加上勤快，你总会赚到钱。问题在于你能否一方面赚钱一方面又有创意，能做出和别人不同，而且能叫子孙骄傲的事业，这就是我工作的原则。

——[马来西亚华人企业家]林天杰

致富的艺术不是勤奋，更不是节俭，而是选择合适的方法、合适的时机和合适的地点。

——[美国作家]爱默生

一个人有责任去赚钱，但必须是用诚实的方式。

——[古罗马政治家、雄辩家]西塞罗

随遇而安的人才是最机巧的人；贪心不足反易落空。

——[法国寓言诗人]拉封丹

莫要追求非分之财；非分之财等于灾难。

——[古希腊诗人]赫西奥德

获取你能获取的，保住你所拥有的。这就是能使你所有的铅变成金子的砥石。

——[美国政治家、科学家]富兰克林

舍得花钱才会赚钱，比如汉剧里的宋江，假如他是个吝啬鬼，谁还会给他当兵？

——[新加坡华人企业家]胡文虎

唯利是图会走向罪恶

人类一切赚钱的职业与生意中都有罪恶的踪迹。

——[美国作家]爱默生

赚钱并不是无用的事，但如果用不义的手段赚钱，则是最大的恶事。

——[古希腊哲学家]德谟克利特

任何一个与只顾赚钱的乌合之众为伍的民族是不能长期生存下去的。

——[英国作家]拉斯金

一个人活在世上，不能只存有赚钱的思想。

——[日本电子之父]松下幸之助

以挣钱为最高目的的人，正不知不觉地把他们的生命和灵魂出卖给富人或代表金钱的组合体。

——[印度诗人]泰戈尔

暴得者必暴亡。

——[中国古代文学家、史学家]司马迁

财富

财富只有当它为人的幸福服务时，它才算做财富

财富是生命的工具

财富是不了起的，因为它意味着力量，意味着闲暇，意味着自由。

——[美国作家]罗威尔

财富令人起敬，它是社会秩序最坚固的支柱之一。

——[法国作家]罗曼·罗兰

毫无疑问，财产同自由一样，是人

类的一项真正权利。

——[美国社会改良主义者]约翰·亚当斯

所谓财产并不能创造人类道德价值和智能价值。对平庸的人只会成为堕落的媒介，但如果掌握在坚定正确人的手中就会成为有力的千斤顶。

——[法国作家]莫泊桑

一个人有多少财产就有多大信心。

——[西班牙小说家]塞万提斯

人必须努力生产财富，因为他不能没有财富而生存。

——[英国经济学家]麦克库洛赫

财富并不是生命的目的，只是生命的工具。

——[美国作家]比彻

正确对待财富

财产，如果不好好安排，幸福还是会像一条鳗鱼，从他的手里滑掉的。

——[瑞士教育家]裴斯泰洛齐

我们既没有权利享受财富而不创造财富，也没有权利享受幸福而不创造幸福。

——[英国作家]萧伯纳

理想的社会状态不是财富均分，而是每个人按其贡献的大小，从社会的总财富中提取应得的报酬。

——[美国经济学家]亨·乔治

少数人有钱是假富，要多数人有钱才是真富。

——[中国政治家]孙中山

一个金钱富足的人，还能有心关怀到受困于窘境的穷人，才是真正的富人。

——[中国作家]三毛

财富归根结底只是虚无的东西，所以应该抛开财富的意识生存，因此，

不要根据利益得失，而要根据好坏来判断经营。

——[日本商业家]神林照雄

道德和才艺是远胜于富贵的资产。

——[英国诗人、戏剧家]莎士比亚

人一旦对财富不抱期望，那他决不会对劳动发生兴趣。

——[法国经济学家]魁奈

财富的获取

一切财富都来自劳动和知识。

——[美国作家]欧文·华莱士

财富中包含着无数辛酸。

——[古希腊新喜剧作家]米南德

财富与大胆的人站在一起。

——[古罗马诗人]维吉尔

任何巨大的财富，在最初积累的时候，往往是由一个很小的数量开始的。

——[中国史学家]邓拓

很少有比规规矩矩挣钱的人更纯洁的了。

——[美国政治家]约翰逊

人们靠智慧来掌握财富的时代定会到来。

——[美国金融家]摩根

不义之财

希望获得不义之财是遭受祸害的开始。

——[古希腊哲学家]德谟克利特

暴发的、不正当的巨大财富是一个陷阱。

——[美国作家]马克·吐温

靠可耻的职业获得的财富，显然带着不名誉的烙印。

——[古希腊哲学家]德谟克利特

不义之财如同车轮上的尘埃，转瞬即逝。

——[苏联作家] 高尔基

财产是身外之物

阔佬在奔赴阴曹地府时是带不走自己的财产的。

——[古罗马诗人] 奥维德

富人只有在病中时，才会充分感觉到钱财的无能。

——[阿根廷作家] 科尔顿

为了到死时才变成一个富翁而终生受穷实在是疯狂。

——[德国文艺理论家] 莱辛

凡是守财奴都只知道眼前，不相信来世。

——[法国作家] 巴尔扎克

过多的财富会导致祸患

财富只是增大而不是满足人的欲望。

——[英国词典编辑家] 富勒

财富过多是贪婪的根源。

——[英国诗人] 克·马洛

财富越增加，人们越渴望更多的财富，因之忧患与日俱增。

——[古罗马诗人] 贺拉斯

财产的极端悬殊是许多灾难和犯罪的根源。

——[法国革命家] 罗伯斯庇尔

巨额财富使人养尊处优，无求于人，但也有一种危险的倾向，它能使一个意志坚强、知识渊博的人变得乖僻、自负。

——[英国作家] 萧伯纳

在大多数人中间，财富主要用于炫耀。

——[英国经济学家] 亚当·斯密

世传的财产往往造成后代的恶行。

——[英国诗人] 乔叟

财宝如火，你认为它是有用的仆人，但转瞬之间它就摇身变为可怕的主人。

——[英国作家] 卡莱尔

财富掌握在意志薄弱、缺乏自制、缺乏理性的人手中，就会成为一种诱惑和一个陷阱。

——[英国作家] 斯迈尔斯

财产越丰，受其奴役性越大。

——[古罗马哲学家] 提布卢斯

贤而多财，则损其志；愚而多财，则益其过。

——[中国古代哲学家] 朱熹

收入犹如自己的鞋子，过分小，会折磨擦伤你的脚；过分大，会使你失足、绊倒。

——[阿根廷作家] 科尔顿

真正的富有

一个人是否富有不是看他拥有多少财富，而是看他无需显要地位也能做到的事情。

——[德国哲学家] 康德

人类的劳动是唯一真正的财富。

——[法国作家] 法朗士

适可而止是最大的财富。

——[英国哲学家] 豪厄尔

财富只有当它为人的幸福服务时，它才算做财富。

——[苏联教育家] 苏霍姆林斯基

既不必谄媚又无需借贷的人是富翁。

——[英国词典编辑家] 富勒

金钱

人性中一些最优秀的品质是与正确使用金钱密切相关的

金钱是财富的象征

金钱是人类最高贵的力量，也就是人类劳动的储藏室。

—— [波兰作家] 普鲁斯

金钱是对社会生活进行分配的计算工具；金钱本身就是生活，就像金镑和银行券是货币一样真实。

—— [英国作家] 萧伯纳

金钱不是目的，而只是达到目的的一种手段。

—— [英国政治家] 撒切尔夫人

金钱本身就是非常好的，因为它不仅仅能满足一个人的某一方面的具体需要，而且也能满足人们抽象方面的需要。

—— [德国哲学家] 叔本华

黄金是全部文明生活的灵魂，它既可以将一切归为它的自由，又可以将自己转化为一切。

—— [英国诗人] 巴特勒

钱是人生不可缺少的东西

在各个时代、各种情况下，金钱有时都是解决最棘手的问题的唯一手段。

—— [苏联作家] 米左琴科

人有七大重担……衣、食、炉火、房租、税款、尊严和孩子。只有金钱才能把它们搬掉。只有摆脱了这些重担，人的精神才能腾飞。

—— [英国作家] 萧伯纳

我酷爱自由，我憎恶困窘、苦恼和依附。只要我口袋里有钱，我就可以保持独立。

—— [法国启蒙思想家] 卢梭

人不能光靠感情生活，人还靠钱生活。

—— [法国作家] 罗曼·罗兰

金钱，这个生活中无聊的东西，这个在公众场合谈起来就脸红的东西，可它的实际目的和规律却像玫瑰花一样美丽。

—— [美国作家] 霍桑

要树立正确的金钱观

聪明人应该把钱放在心里，而不放在嘴上。

—— [英国哲学家] 罗素

假使一个人不在金钱里埋葬自己，而能用理性支配金钱，这对于他是荣耀，对于别人也有益处。

—— [苏联作家] 高尔基

把金钱当上帝，金钱就会像魔鬼一样来整治你。不用劳力获得的东西，只有"贫困"。

—— [英国诗人、戏剧家] 莎士比亚

人类百分之七十的烦恼都跟金钱有关，而人们在处理金钱时，都往往意外地盲目。

—— [美国教育家、作家] 卡耐基

不是自己的钱千万别用。

—— [美国政治家] 杰弗逊

花起钱来最适宜的态度就是中庸之道。

——[古罗马政治家、雄辩家] 西塞罗

人性中一些最优秀的品质是与正确使用金钱密切相关的。

——[英国作家]斯迈尔斯

既有头脑又有钱的人是幸运的，因为他能很好地支配金钱。

——[古希腊新喜剧作家]米南德

既会花钱又会赚钱的人，是最幸福的人，因为他享受两种快乐。

——[英国作家]塞缪尔·约翰生

金钱并不是万能的

金钱，是人类抽象的幸福。所以，一心扑在钱眼的人，不可能会有具体的幸福。

——[德国哲学家]叔本华

钱并不等于幸福，幸福的宝塔并不是用钱堆起来的。人生的真正的幸福和欢乐浸透在亲密无间的家庭关系中。

——[科威特作家]穆尼尔纳素夫

有钱的人可以很快乐，也可以很不快乐，其中一种最能叫人不快的，就是对自己没有信心，以为别人结交他只是为了他的钱。

——[中国演员]白韵琴

金钱可以疗饥，它不能疗苦恼，食物可以满足食欲，但是不能满足心灵的需求。

——[英国作家]萧伯纳

金钱对"生活"虽好像是必需的，对"生命"似不必需。

——[中国作家]沈从文

人生中最美好的东西是不要钱的。

——[美国作家]克利福德·奥德茨

过多的金钱将成为负担

金钱和时间是人生两种最沉重的负担，最不幸的就是那些拥有这种东西太多，多得不知怎样使用的人。

——[美国政治家]约翰逊

没有钱是悲哀的事；但是金钱过剩则倍加悲哀。

——[俄国作家]列夫·托尔斯泰

鸟翼上系上黄金，这鸟儿便永远不能再在天上翱翔了。

——[印度诗人]泰戈尔

黄金的枷锁是最重的。

——[法国作家]巴尔扎克

钱可以使人迷失本性

由许多的事例都可以证明，太多钱所通的并不是神，而是罪恶。

——[中国作家]罗兰

有钱人会向邪恶的魔鬼晃动自己的钱袋。

——[英国作家]兰姆

钱可以使人迷失本性。

——[中国政治家]谢觉哉

金钱这种东西，只要能维持个人的生活就行，若是过多了，它就会成为遏制人类才能的祸害。

——[瑞典化学家]诺贝尔

金钱有巨大的诱惑力，足以使人忘记原有的目标；而只去追逐金钱，会成为罪恶的前奏与社会的乱源。

——[中国作家]罗兰

金钱并不像平常所说的那样，是一切邪恶的根源，唯有对金钱的贪欲，即对金钱过分的、自私的、贪婪的追求，才是一切邪恶的根源。

——[美国律师]乔治·格蒂

金钱的两重性

钱是一种难以得到的可怕的东西，但也是一种值得欢迎的可爱的东西。

——[美国作家] 亨利·詹姆斯

钱是个可恶的东西，用它可以办好事也可以做坏事。

——[俄国作家] 冈察洛夫

守财奴最不需要钱，但他却偏偏最爱钱，而且拼命设法赚钱；挥霍者最需要钱，但他偏偏对钱满不在乎。

——[英国探险家] 巴克

作为人们幸福的根本的源泉，金钱可以与爱情相提并论；作为人们的最根本的原因，它又可以与死亡等同。

——[美国经济学家] 加尔布雷思

如果你懂得使用，金钱是一个好奴仆；如果你不懂得使用，它就变成你的主人。

——[美国作家] 马克·吐温

贫富 富贵不淫贫贱乐，男儿到此是豪雄

贫 穷

忘记你贫困的日子，但别忘记它给你的教训。

——[德国诗人] 歌德

贫穷不是罪恶，只是不方便而已。

——[英国政论家] 弗洛里奥

承认贫困并不是可耻的，相反，不为改变贫困而努力才是确实可耻的。

——[古希腊史学家] 修昔底德

对穷人我们什么都可以做，唯独不能嘲笑他们。

——[俄国作家] 列夫·托尔斯泰

能满足自己需要的人就不能算贫困。

——[古罗马诗人] 贺拉斯

贫困，你是人类艺术的源泉，你将伟大的灵感赐予诗人。

——[英国诗人] 莫尔

求人帮助的时候，求穷人比求富人容易。

——[俄国作家] 契诃夫

我们所赞美的不是贫穷，而是那些在贫困面前不低头的人。

——[古罗马哲学家、悲剧作家] 塞涅卡

贫穷不会磨灭一个人高贵的品质，反而是富贵叫人丧失了志气。

——[意大利作家] 薄伽丘

真正贫穷的不是那些所有甚微的人，而是那些渴望更多的人。

——[古罗马哲学家、悲剧作家] 塞涅卡

一个人到了困苦无告的时候，微贱的东西竟也会变成无价之宝。

——[英国诗人、戏剧家] 莎士比亚

贫穷造成了饥饿，也造成了英雄。

——[奥地利作曲家] 莫扎特

上帝必定爱穷人，否则他不会创造这么多穷人，他必定爱富人，否则他不会分给为数这般少的富人这么多钱。

——[美国政治家] 林肯

贫困乃革命和犯罪之父。

——[古希腊哲学家] 亚里士多德

对有道德的穷人，人们可能去怜悯，但不可能去羡慕。

——[英国作家] 王尔德

富　有

最知足的人最能享受到财富带来的乐趣。

——[古罗马哲学家、悲剧作家]塞涅卡

有的人是生来的富贵，有的人是挣来的富贵，有的人是送上来的富贵。

——[英国诗人、戏剧家]莎士比亚

谁也不满足自己的财产，谁都不满足于自己的聪明。

——[俄国作家]列夫·托尔斯泰

知识令人开颜，富贵催人起舞。

——[英国诗人]赫伯特

巨大的财富与知足的心理很难和谐相处。

——[英国词典编辑家]富勒

人类的历史表明，人的欲望是随着他的财富和知识的增长而扩大的。

——[英国经济学家]马歇尔

若是富人全然不存在了，这个世界将会变得很可怜。

——[美国剧作家]威廉·戴维斯

一个人不是因为富有而伟大，而在于因为伟大而富有。

——[英国作家]斯迈尔斯

贫与富

人不可以苟富贵，亦不可以徒贫贱。

——[中国古代文学家]苏轼

没有烦恼的贫穷胜于苦恼重重的富有。

——[古希腊新喜剧作家]米南德

富人总是少于穷人，所以，斗争一旦变成了人力物力的较量，胜利总是属于穷人的。

——[法国作家]巴尔扎克

穷不是罪过，为富不仁才是罪过。

——[俄国作家]陀思妥耶夫斯基

贫而不谄，富而不骄。

——[中国古代学者]子贡

富贵不淫贫贱乐，男儿到此是豪雄。

——[中国古代思想家]程颢

恰当的比例是对一切事物都好的，不论豪富或赤贫在我看来都不好。

——[古希腊哲学家]德谟克利特

不以富贵而骄之，寒贱而忽之。

——[中国古代诗人]李白

我觉得一个朝夕焦虑、奔波劳碌的富翁比一个生活简单无所多求的穷人更可悲。

——[法国作家]蒙田

宁可清贫自乐，不可浊富多忧。

——[中国作家]释道元

尽管贫穷却感到满足的人是富有的，而且是非常的富有。而那些尽管富有却整天担心什么时候会变穷的人，才凋零得像冬天的世界。

——[英国诗人、戏剧家]莎士比亚

贫穷的伴侣是自由，束缚伴随着富裕。

——[日本宗教思想家]木村鉴三

贫困固然不方便，但过富也不一定是好事，必须依靠自己的力量，谋求生活。

——[波兰科学家]居里夫人

奢俭

节俭是穷人的造币厂，浪费是富翁的陷阱

节俭是一个大财源

节俭是你一生中食用不完的美筵。
—— [美国作家] 爱默生

节俭本身就是一个大财源。
——[古罗马哲学家、悲剧作家]塞涅卡

强本而节用，则天不能贫。
—— [中国古代思想家] 荀子

节俭是一大收入。
——[古罗马政治家、雄辩家]西塞罗

节约与勤勉是人类的两个名医。
—— [法国启蒙思想家] 卢梭

勤俭与文明同时诞生。它产生于当人们意识到有必要既为今天也为明天做些适当准备的时候。
—— [英国作家] 斯迈尔斯

节约是避免不必要开支的科学

节约是种学问，倘使你不是从小习惯的话，就得靠多少年的磨炼去学。
—— [法国作家] 罗曼·罗兰

节约是避免不必要开支的科学，是合理安排我们财富的艺术。
——[古罗马哲学家、悲剧作家]塞涅卡

节俭致富的首要，就是使你的支出比你的收入少。
——[美国政治家、科学家]富兰克林

节省一分也即是获得一分。
—— [英国作家] 托马斯·富勒

留心微小的开支：一条小裂缝会使一艘大船沉没。
——[美国政治家、科学家]富兰克林

奢侈造成人为的贫穷

任意的浪费必然导致令人苦恼的匮乏。
—— [英国作家] 托马斯·富勒

知足是天赋的财富，奢侈是人为的贫穷。
—— [古希腊哲学家] 苏格拉底

浪子挥霍的是他祖业，财迷葬送的却是自己。
—— [英国词典编辑家] 富勒

侈则多欲。君子多欲则贪慕富贵，枉道速祸。
——[中国古代文学家] 司马光

奢侈与浪费是原始人遗传下来的旧俗。原始人热衷于狂宴和酗酒，直到一无所有；尔后，他们才去捕猎或去战斗。
—— [英国作家] 斯迈尔斯

成由节俭败由奢侈

节俭是穷人的造币厂，浪费是富翁的陷阱。
—— [加拿大政治家] 塔珀

谁在平日节衣缩食，在穷困时就容易渡过难关；谁在富足时豪华奢侈，在穷困时就会死于饥寒。
—— [波斯诗人] 萨迪

不念居安思危，戒奢以俭，斯以伐根而求木茂，塞源而欲流长也。
—— [中国古代政治家] 魏征

奢者狼藉俭者安，一凶一吉在眼前。
—— [中国古代诗人] 白居易

18

政治与法律

统治者如果不以法律而以他的意志为准则，如果他的命令和行动不以保护他的人民的财产而以他自己的统治者，如果不以法律而以他的意志为准则，如果他的命令和行动不以保护他的人民的财产而以他自己的野心、私愤、贪欲和任何其他不正的情欲为目的，那就是暴政。

——[英国哲学家] 洛克

政治

政治就是参与国家事务,给国家定方向,确定国家活动的形式、任务和内容

人是最名副其实的政治动物。
　　——[德国思想家] 马克思
政者,事也;治者,理也。
　　——[中国古代思想家] 孔子
政治两字的意思,浅而言之,政就是众人的事,治就是管理,管理众人的事便是政治。
　　——[中国政治家] 孙中山
政治行为就是人们为权力而进行的活动。
　　——[中国古代思想家] 孔子
政治就是参与国家事务,给国家定方向,确定国家活动的形式、任务和内容。
　　——[苏联政治家] 列宁
政治是各个民族、各个阶级等等之间的关系。
　　——[苏联政治家] 列宁
政治是以国家权力为中心的各种政治权力的存在和运动形式。
　　——[中国政治学家] 金东珠
政治上采取诚实态度,是有力量的表现;政治上采取欺骗态度,是软弱的表现。
　　——[苏联政治家] 列宁
只有政治方面成熟的国民,才是具有自主性的国民……只有自主性的国民,才能肩负驾驭世界发展这一时代列车的使命。
　　——[德国作家] 韦伯
政治系统是整个社会系统中的一部分,它是由政治生活组成的。
　　——[美国政治学家] 伊斯顿

一个政治系统是一个有着固定目标,能够进行自我转化和创造性地适应的系统。
　　——[美国政治学家] 伊斯顿
政治是经济的最集中表现。
　　——[苏联政治家] 列宁
政治的真正目的是自由。
　　——[荷兰哲学家] 斯宾诺沙
一个求秩序求安定的政党和一个求进步求改良的政党, 这是健全的政治生活中两个必要的成分。
　　——[英国哲学家] 穆勒
政党是人们根据共同认可的原则联合起来并且努力促进国家利益的团体。
　　——[英国政治家] 伯克
自由竞争要求民主制, 垄断则要求政治反动。
　　——[苏联政治家] 列宁
立法、行政和司法权置于同一人手中, 不论是一个人、少数人或许多人,不论是世袭的、自己任命的或选举的,均可公正地断定是虐政。
　　——[美国政治家] 麦迪逊
暴政有两种,一种是真正的暴政,是以暴力统治人民; 另一种是见解上的暴政, 即当统治者建立的一些设施与人民的想法相抵触时让人感觉到的那种暴政。
　　——[法国启蒙思想家] 孟德斯鸠

国家 — 国家的伟大取决于它的普通百姓的伟大

国家的本质特征，是和人民大众分离的公共权力。

——[德国思想家] 恩格斯

所谓国家，也就是人民的集合体，而不是他们个人；个人可以消亡，但人民却万世永存。

——[法国启蒙思想家] 孟德斯鸠

国家是许多人依据法律组织起来的联合体。

——[德国哲学家] 康德

国家的伟大取决于它的普通百姓的伟大。

——[英国政治家] 威尔逊

国家是树民为根，树茂皆因植根深。

——[波斯诗人] 萨迪

现代国家的一大进步就在于所有公民都具有同一个目的，即始终以国家为绝对目的。

——[德国哲学家] 黑格尔

伟大的国家就是能产生出伟大人物的国家。

——[英国作家] 迪斯累里

国家的强弱，并不仅取决于有多少高墙、坚垒、大炮、火药、战车、骏马。从根本上说，只有民气强悍英武，国势才能强盛而不可侮。

——[英国哲学家] 培根

个人的德行是自由或魄力，国家的德行却是安全。

——[法国作家] 莫洛亚

一个人对人民的服务不一定要站在大会上讲演或是做什么惊天动地的大事业，随时随地，点点滴滴地把自己知道的、想到的告诉人家，无形中就是替国家播种、垦殖。

——[中国翻译家] 傅雷

不论你们从事何种职业，都不要被非难和无聊的怀疑主义所动摇，不要让自己因国家所经历的一时忧患而沮丧。

——[法国生物学家] 巴斯德

需要英雄的国家是不会幸福的。

——[德国诗人] 布莱希特

侵入一个国家或许容易，但要想撤离这个国家却很困难。

——[美国军事理论家] 马汉

国旗的象征意义是一个伟大民族的经历所创造的。其中每一点都是由生命谱写而成。国旗体现的不是感伤而是历史。

——[英国政治家] 威尔逊

祖国 — 虚荣的人注视着自己的名字，光荣的人注视着祖国的事业

每个人都属于自己的祖国

祖国，这是个精神力量的概念。如果不了解祖国的历史，就不会有祖国这个概念。

——[苏联作家] 高尔基

一般就在部分之中，谁不属于自己的祖国，那么他也就不属于人类。

——[俄国文艺评论家]别林斯基

祖国更重于生命，是我们的母亲，我们的土地。

——[智利诗人]聂鲁达

我们活着不能没有面包，同样我们活着不能没有祖国。

——[法国作家]雨果

虚荣的人注视着自己的名字，光荣的人注视着祖国的事业。

——[古巴诗人]何塞·马蒂

一个人应该立足于本国，而他的眼睛应该扫视整个世界。

——[美国哲学家]桑塔亚那

热爱祖国，服务祖国

爱国主义就是千百年来固定下来的对自己的祖国的一种最深厚的感情。

——[苏联政治家]列宁

必须发扬爱国主义精神，提高民族自尊心和民族自信心。

——[中国政治家]邓小平

我荣幸地以中华民族一员的资格，而成为世界公民。我是中国人民的儿子。我深情地爱着我的祖国和人民。

——[中国政治家]邓小平

热爱祖国，这是一种最纯洁、最敏锐、最高尚、最强烈、最温柔、最有情、最温存、最严酷的感情。一个真正热爱祖国的人，在各个方面都是一个真正的人。

——[苏联教育家]苏霍姆林斯基

我不能不热爱祖国，但是这种爱不应当消极地满足于现状，而应当是生气勃勃地希望改进现状，并尽自己的力量来促进这一点。

——[俄国文艺评论家]别林斯基

爱国主义的力量多么伟大呀！在它面前，人的爱生之念，畏苦之情，算得上什么呢！在它面前，人本身又算得上什么呢！

——[俄国哲学家]车尔尼雪夫斯基

我怀着比我自己的生命更大的尊敬、神圣和严肃，去爱国家的利益。

——[英国诗人、戏剧家]莎士比亚

我无论做什么，始终在想着，只要我的精力允许，我就要首先为我的祖国服务。

——[苏联生理学家]巴甫洛夫

我是炎黄的子孙，理所当然地要把所学到的知识，全部献给我亲爱的祖国。

——[中国地质学家]李四光

我的忠诚是那种对祖国的忠诚，而不是对各类条文或各级官员的忠诚。

——[美国作家]马克·吐温

我们为祖国服务，也不能都采用同一方式，每个人应该按照资禀，各尽所能。

——[德国诗人]歌德

只有热爱自己的祖国，了解本族人民，为自己所属的民族而自豪的人，才能给世界文化带来民族的贡献，只有在艺术品里自由而全面地发展本民族的东西，才能使它成为全世界的文化财富。

——[俄国作家]屠格涅夫

祖国的伟大和力量原来就蓄存在祖国自己身上。

——[印度诗人]泰戈尔

国家兴亡，匹夫有责

祖国陆沉人有责，天涯漂泊我无家。

——[中国革命家]秋瑾

天下兴亡,匹夫有责。

——[中国古代思想家] 顾炎武

没有比对祖国的命运、对亲人的命运无动于衷和丧尽天良的人更危险的了。

——[苏联讽刺作家] 谢德林

唯愿诸君将振兴中国之责任,置于自身之肩上。

——[中国政治家] 孙中山

为着中华民族的生存,我希望一切的母亲们和儿子们都勇敢地向前,中华民族的解放胜利,就是要每一个国民贡献他的纯洁的爱国心。

——[中国作曲家] 冼星海

为国奋斗,为国献身

祖国,我永远忠于你,为你献身,用我的琴声永远为你歌唱和战斗。

——[波兰作曲家] 肖邦

至于我,值此时艰,为了拯救祖国,我不避强权,宁愿献出我的每一滴血。

——[波兰作家] 显克维支

让我们挺身而出,投身保卫祖国的严峻的战斗。前进,自由的射手!

——[法国作家] 雨果

为祖国而死,那是最美的命运啊!

——[法国作家] 大仲马

当今世界各国,人人都知道保卫国家的,其国必强;人人都不知道保卫国家的,其国必亡。

——[中国革命家] 陈独秀

以身许国,何时不可为?

——[中国古代名将] 岳飞

如果我有十一个儿子,我愿十一个为国家光荣而死,不愿有一个饱食终日,无所事事。

——[英国诗人、戏剧家] 莎士比亚

常思奋不顾身,而殉国家之急。

——[中国古代文学家、史学家] 司马迁

为国家效死,死重于泰山。我死则国生,我生则国死,生死之间,在乎自择!

——[中国政治家] 孙中山

为了国家的利益,使自己的一生变为有用的一生,纵然只能效绵薄之力,我也会热血沸腾。

——[俄国作家] 果戈理

恨不抗日死,留作今日羞。国破尚如此,我何惜此头。

——[中国抗日名将] 吉鸿昌

政府   最好的政府就是指导我们自己去治理自己的政府

夫治国必有政府,是非得一国之贤者以为之不可也。

——[英国哲学家] 穆勒

政府首先要维持人民的食物、燃料和衣服,其次就该设法负责人民的

道德、文化教育。

——[英国作家] 拉斯金

政府制度是负责维持社会秩序或改变这种秩序的合法制度。

——[美国政治家] 阿尔蒙德

什么是最好的政府？就是指导我们自己去治理自己的政府。
　　——[德国诗人]歌德
民有、民治、民享之政府，必能永存于世。
　　——[美国政治家]林肯
只有错误才需要政府的支持，而真理能巍然屹立。
　　——[美国政治家]杰弗逊
公众的信任是一个有效的政府的基础。
　　——[美国政治家]肯尼迪
政府的行政机构就像一家信托所，须为委托人的利益而不是受委托人的利益去工作。
——[古罗马政治家、雄辩家]西塞罗
当政府不受欢迎的时候，好的举措和坏的举措同样地触怒人民。
　　——[古罗马史学家]塔西佗
在健康的民族中，人民和政府之间保持一种戏剧性的平衡，以防止政府堕落成专制的政府。
——[美籍德国人、物理学家]爱因斯坦
政府既需要牧羊人也需要屠夫。
　　——[法国启蒙思想家]伏尔泰
最好的政府，也不过像最好的医生一样，不可能使器官中已经腐败的液体重新新鲜。
　　——[德国史学家]蒙森
支配和统治一切的，在君主政府中是法律的力量，在专制政府中是永远高举着的君主的铁拳，但是在一个人民的国家中还要有一种推动的枢纽，这就是美德。
　　——[法国启蒙思想家]孟德斯鸠
民主政体是最难管理的政府形式。一个民族要在一个自由民主的社会中处理他们所面临的问题，需要多年的准备才行。
　　——[英国政治家]丘吉尔
一个有远见而精明的政府会防止人们滥用那些能在群众中发生力量的思想，以免误入歧途。
　　——[法国政治家]路易·布朗
不讲道义的政权从来就是短命的。
——[古罗马哲学家、悲剧作家]塞涅卡
如果被统治者不幸或不满，那么这个政府就是要失败的，没有尽到它应尽的职责。它就需要变革和改善。
　　——[英国诗人]雪莱
如果把一切均委托于政府，自己无半点参政之意，那么这个国家将注定走向衰亡。
　　——[日本思想家]植本枝盛

外交　没有一个国家是永久的敌人，也没有一个国家是永久的朋友

外交政策必须以一个国家的历史和地理背景为基础。换句话说，我们是从自己所居住的地方去观察世界的。
　　——[印度政治家]甘地
人们可以由友谊联结在一起。国家之间只能由利害关系联结起来。
　　——[德国剧作家]霍赫胡特
对任何国家的信任，不能超过其本身利益所能约束的范围。
　　——[美国政治家]华盛顿

要维护我们同朋友的关系,不仅有赖于我们如何行动,而且还要看在特定的时间内他们的民族利益的需要。

——[印度政治家] 甘地

外交关系,就如其他一切关系一样,只在权利和义务趋于平衡时才能形成政策。

——[美国专栏作家] 李普曼

没有一个国家是永久的敌人,也没有一个国家是永久的朋友。所以国家都必须努力与尽可能多的国家友好相处。

——[印度政治家] 甘地

外交是一种为自己国家的利益而说谎的爱国主义艺术。

——[美国作家] 安·比尔斯

大使是为了国家的利益被派到国外去说谎的诚实的人。

——[英国外交家] 亨利·沃顿

外交家——一个具备劝说天才的人,他能说服你心甘情愿地下地狱,并能使你跃跃欲试,巴不得立刻上路。

——[美国作家] 安·比尔斯

今天倒运的人,也许明天走运,所以一个精明的外交家总是给未来留下余地。

——[法国作家] 罗曼·罗兰

人民

谁忘记了人民,谁就会被人民遗忘

人民至高无上

人民就是主宰。

——[英国政治家] 伯克

共和高于一切,人民至上。

——[英国作家] 狄更斯

国民是一切主权之源。

——[美国政论家] 潘恩

人民是主权者,政府是人民的创造物和所有物。

——[法国革命家] 罗伯斯庇尔

人民是最公正的。

——[美国政治家] 林肯

人民是我们至高无上的主宰。

——[英国小说家] 华尔浦尔

人民高于国家。

——[意大利政治思想家]马基雅弗利

群众比君主更为聪明,更为坚贞。

——[意大利政治思想家]马基雅弗利

人民,这就是我们的主人,是社会金字塔的基础。

——[意大利革命家] 马志尼

人民的权利从自然秩序上来讲是至高无上的。

——[英国诗人] 弥尔顿

最普遍的意志往往也就是最公正的意志,而人民的意见实际上就是上帝的意见。

——[法国启蒙思想家] 卢梭

让人民中最合适的人去挑选,选出最合适的人去治理国家。

——[英国诗人] 弥尔顿

神秘的人民,你是伟大的母胎。天才们都从你这里产生出来。

——[法国作家] 雨果

人民是力量的源泉

人民有一颗伟大的心灵。

——[法国作家]雨果

真正的平民，他们有坚强的生命力，无穷的力量。

——[苏联作家]高尔基

民众，犹如取之不尽的力量源泉。

——[苏联作家]高尔基

凡是来自人民、来自人民伟大的劳动及其痛苦的一切，都是不可战胜的。

——[苏联作家]高尔基

在争取持久自由的斗争中，我们所依靠的是人民而不是富人。

——[美国政治家]杰弗逊

就维护我们的自由来说，人民是唯一可靠的靠山。

——[美国政治家]杰弗逊

人民的觉悟是最强大的军队。

——[美国政治家]杰弗逊

同群众联系，巩固这种联系，下决心听群众的呼声，这就是布尔什维克领导力量强大及其不可战胜的原因。

——[苏联政治家]斯大林

我知道，在民众之中蕴藏着比拿破仑、伏尔泰以及现在和未来的伟人更为丰富的智慧。

——[法国外交家]塔列朗

没有人民在勇敢坚定地实现伟大的经济改革中所表现的大无畏的英勇精神，就不能使国家成为具有防御能力的国家。

——[苏联政治家]列宁

只有相信人民的人，只有投入人民生气勃勃的创造力泉源中去的人，才能获得胜利并保持政权。

——[苏联政治家]列宁

生气勃勃的创造性的社会主义是由人民群众自己创立的。

——[苏联政治家]列宁

谁忘记了人民，谁就会被人民遗忘。

——[古罗马诗人]贺拉斯

热爱人民

我认为热爱人民是最必要的品德。只有真心实意地爱人民，才能耐心地解决各种问题。

——[印度政治家]甘地

我爱我的人民，他们是无价之宝。

——[苏联作家]高尔基

对人民有利的事情，我们应该尽力而为。对人民有害的事，我们应该竭力避免。我们爱护人民，人民才爱戴和敬重我们。

——[越南政治家]胡志明

崇敬人民的人受人民崇敬。

——[英国哲学家]培根

凡治国之道，必先富民。

——[中国古代政治家]管仲

民族　真正伟大的民族是自豪而高尚的

民族是人们在历史上形成的一个　有共同语言、共同地域、共同经济生活以及表现在共同文化上的共同心理素质的稳定共同体。

——[苏联政治家] 斯大林

每个人应该遵守生之法则，把个人的命运联系在民族的命运上，将个人的生存放在群体的生存里。

——[中国作家] 巴金

一个民族的永存就表现在这个民族天才人物的作品上。

——[法国作家] 巴尔扎克

唯有民族魂是值得宝贵的，唯有它发扬起来，中国才有真进步。

——[中国作家] 鲁迅

这样就站起来吧，我的民族！加紧自己两手和心灵的力量，这个力量是再大的灾难也不能摧毁的。

——[匈牙利诗人] 裴多菲

要使民族自立于世界之林，就要自己看得起自己。

——[中国抗日名将] 吉鸿昌

当一个民族在真理的周围紧紧团结起来，就可以创造和改变历史的行程。

——[突尼斯诗人] 沙比

创新是一个民族进步的灵魂，是国家兴旺发达的不竭动力。

——[中国政治家] 江泽民

一个希望得到"自治"的民族，决不能对其祖先加以轻视。我们若缺乏崇敬前辈之心，我们必将成为无用之徒。

——[印度政治家] 甘地

真正伟大的民族是自豪而高尚的，他们宁可面对战争的灾难也不愿牺牲民族的荣誉来换取卑贱的繁荣。

——[美国政治家] 罗斯福

当一个民族的青年人成为保守主义者时，这个民族的丧钟已经敲响了。

——[美国作家] 比彻

丧失了自尊心的人，是一个没有出息的个人；丧失了自尊心的民族，是一个无望的民族。

——[中国作家] 陈祖芬

一个民族的年轻一代人要是没有青春，那就是这个民族的大不幸。

——[俄国哲学家、作家] 赫尔岑

中国人是富于美感的民族。

——[中国教育家] 蔡元培

中国是古老的民族，也是勇敢的民族。中华民族有两大优点：勇敢，勤劳。这样的民族多么可爱，我们爱我们的民族（当然其他民族也有他们可爱之处，我们决不忽视这一点），这是我们自信心的泉源。

——[中国政治家] 周恩来

我们中华民族有同自己的敌人血战到底的气概，有在自力更生的基础上光复旧物的决心，有自立于世界民族之林的能力。

——[中国政治家、军事家] 毛泽东

领导者

真正识时务的革命领导者,应该一步不离开民众

领导人物必须是与众不同的，他能探究各种假定状况并能对传统抱有怀疑态度。他具有追求真理的毅力，是协作而不是领导，才是有创造力的

进程；但领导又是一种必不可少的雷神般的力量。

——[南非医生]巴纳德

真正识时务的革命领导者，应该一步不离开民众。

——[中国小说家]郁达夫

由选举产生的领导人不一定是最符合资格的领导人；但是他们得到大部分选民的承认，从这一标准看，他们是最好的领导人。

——[德国政治家]艾伯特

因为人们选出的人，遇事总是依靠千百万人民群众的创造性的智慧，而这种领导人之所以坚强有力，也正是这个原因。他们在决定取舍、颁布法律时也以选择他们的千百万人民的利益为准则。

——[埃及作家]谢尔卡维

领导必须做到真正民主，但也要做到真正集中。

——[越南政治家]胡志明

只有用宽大与高超来支持自己的力量，才是争取胜利的最好方法。

——[古罗马政治家、军事家]恺撒

高居于为众人所仰望的地位而毫无作为，正像眼眶里没有眼球、只留下两个怪可怜的空洞的凹孔一样。

——[英国诗人、戏剧家]莎士比亚

有才无德者占据高位之后，只想统治，却不能真正为人民服务。要在他们霸占高位之前就认出他们的真面目并不容易，而认出之后要狠下心来罢黜他们就更难了。

——[德国作家]海塞

身居高位者对于他人的性格很少产生私人兴趣，所以他们缺乏敏锐的观察力。同时，随着地位的不断上升，他们对别人越来越漠不关心，也就越来越不了解别人。

——[英国作家]泰勒

书本可以帮助人们进步，但它本身培养不出领导人。领导人只能在工作过程中成长起来。

——[苏联政治家]斯大林

政治家的最高法则，就是像法官和医生一样，根据各种情况对症下药。

——[法国作家]巴尔扎克

大政治家也只是杂技表演者，一不小心，就眼睁睁看着自己最美好的建筑物倒塌。

——[法国作家]巴尔扎克

政治家都一样，他们会许诺架一座桥，即使那里并不存在什么江河。

——[苏联政治家]赫鲁晓夫

制度　不同发展阶段的国家需要不同的制度

制度就是稳定的、受珍重的和周期性发生的行为模式。

——[美国政治思想家]亨廷顿

不同的制度需要不同类型的领导人，不同文化背景、不同发展阶段的国家需要不同的制度。

——[美国政治家]尼克松

政治制度首先是国家组织和国家内

部关系中的有机生命过程；在这种关系中，国家把自由区分为自己内部的几个环节并发展它们，使它们能巩固地存在。

—— [德国哲学家] 黑格尔

资本主义始终是雇佣奴隶制度，始终是极少数现代奴隶主即地主和资本家奴役千百万工农劳动者的制度。

—— [苏联政治家] 列宁

资产阶级的共和制、议会制和普选制，所有这一切，从全世界社会发展来看，是一种巨大的进步。

—— [苏联政治家] 列宁

民主制是君主制的真理，而君主制却不是民主制的真理。

—— [德国思想家] 马克思

需要技能的地方，必须任命；需要代表的地方，必须选举。

—— [美国诗人] 洛威尔

在君主制中是国家制度的人民，在民主制中则是人们的国家制度。

—— [德国思想家] 马克思

如果没有选举，我们就不会有自由的政体。

—— [美国政治家] 林肯

在贫富悬殊的地方，其结果或是极端民主，或是绝对的寡头政治，专制统治也由此产生。

—— [古希腊哲学家] 亚里士多德

在极端平民政体中，处处高举着平民的旗帜，而那里所行使的政策实际上恰恰违反了平民的真正利益。

—— [古希腊哲学家] 亚里士多德

制度好可以使坏人无法任意横行，制度不好可以使好人无法做好事，甚至会走向反面。

—— [中国政治家] 邓小平

对思想的恐惧就是对自由的恐惧。腐朽的，几乎断送了整个国家的君主制度的大厦正是靠这种庸人的恐惧心理来支撑的。

—— [苏联作家] 高尔基

在任何有强力维持的制度下，人类的才能精华都会逐渐枯萎。

—— [英国诗人] 赫伯特

民主 —— 民主是一种最难实施的统治形式，它代表人类经历最后的成熟阶段

民主制是一种国家形式

民主是一种国家的形式，是国家形态的一种。

—— [苏联政治家] 列宁

民主是一种最难实施的统治形式，它代表人类经历最后的成熟阶段。

—— [美国政治家] 肯尼迪

我对民主政治的见解是：在这种制度下，最弱者应该和最强者享有同样的机会。

—— [印度政治家] 甘地

民主是什么东西呢？从根本上说就是多数决定的原理。

—— [日本政治家] 中曾根康弘

在民主政体之中，每一个人都是主人。

—— [美国政治家] 华盛顿

民主意味着形式上承认公民一律平等，承认大家都有决定国家制度和管理国家的平等权利。

——［苏联政治家］列宁

民主是多数人的统治。只有普遍、直接、平等的选举才可以说是民主的选举。

——［苏联政治家］列宁

作为享受民主的公民，你们是统治者，也是被统治者；你们制定法典，也要守法；你们是民主之根，也是民主之果。

——［英国小说家］斯蒂文森

共和国是民主政治的必然形式。

——［意大利革命家］马志尼

在共和国中，全体人民拥有最高主权时，就是民主制。

——［法国启蒙思想家］孟德斯鸠

民主可以使每个人的能力都能得发挥出来

我相信民主，因为它释放了每个人生命的能量。

——［美国政治家］威尔逊

民主制度唤起并促进一种他们无法满足的追求平等的激情。

——［法国史学家］托克维尔

民主是在静脉和动脉中循环的健康血液，肌体的正常功能靠它维持，但它决不应出轨，就像血不能流出脉管一样。

——［英国诗人］柯尔律治

民主政治需要一些政治上富有独创性的人才指导国家的行政工作。

——［捷克斯洛伐克政治家］马萨利克

民主要靠斗争来争取

民主不能由超人来保全，只能依靠对民主的忠贞不渝，以及千千万万小人物的德性和善行来保全。

——［英国小说家］斯蒂文森

民主不是赐予的，是要争取的。不争取，便不会有民主政治的实现。赐予的民主，决不是真的民主。

——［中国文学家］郑振铎

为民主而进行浴血斗争，是革命行动的当务之急。

——［法国作家］杜伽尔

需要把"民主"这一词延伸到全人类以及文化的各个部门，尤其应该包括属于道德、美术、哲学的各个部门。

——［美国诗人］惠特曼

只有在国家真正是它的一切国民的祖国，并且所有公民都是关心她的事业的保卫者的地方，才会有民主。

——［法国革命家］罗伯斯庇尔

民主不是静止的东西，它是永远无止境地进军。

——［美国政治家］罗斯福

资产阶级民主和社会主义民主

资本主义社会里的民主，是一种残缺不全的、贫乏和虚伪的民主，是只供富人，只供少数人享受的民主。

——［苏联政治家］列宁

不实现民主，社会主义就不能实现。胜利了的社会主义如果不实行充分的民主，它就不能保持它所取得的胜利，而引导人类走向国家的消亡。

——［苏联政治家］列宁

没有民主的社会主义是臆想的社会主义，正如没有社会主义的民主是虚假的民主一样。

——［德国革命家］李卜克内西

政治上，充分发扬人民民主，保证全体人民真正享有通过各种有效形式管理国家，特别是管理基层地方政权和各项企业事业的权力。

—— [中国政治家] 邓小平

没有绝对的民主

只要各种阶级存在，就不能说"纯粹民主"，而只能说阶级的民主。

—— [苏联政治家] 列宁

完全的民主等于没有任何民主。

—— [苏联政治家] 列宁

当自由和民主的双手沾满了无辜者的鲜血时，它们就变得不再神圣了。

—— [印度政治家] 甘地

平等   法律并不能使人人平等，但是每个人在法律面前却都是平等的

所有的人都是平等的，使人不同的不是出身而是德行。

—— [法国启蒙思想家] 伏尔泰

根据每个人生来在权利方面就和他同时代人平等的统一原则，每一代人同他的前代人在权利上都是平等的。

—— [美国政论家] 潘思

法律之前，人人平等也，个人之自由权利，载诸宪法，国法不得而剥夺之，所谓人权是也。

—— [中国革命家] 陈独秀

我所谓共和国里的美德，是指爱祖国，也就是爱平等而言。这并不是一种道德上的美德，也不是一种基督教的美德，而是政治上的美德。

—— [法国启蒙思想家] 孟德斯鸠

在共和政体下，人人都是平等的。在专制政体下，人人也都是平等的。在共和国，人人平等是因为每一个人"什么都是"；在专制国家，人人平等是因为每一个人"什么都不是"。

—— [法国启蒙思想家] 孟德斯鸠

没有绝对的平等，也没有绝对的权力。人在天性上同类，就法律而言平等，在政治上不平等，又不同类。

—— [法国作家] 巴尔扎克

民主政治原则腐化的时候，人们不但丧失平等的精神，而且产生极端平等的精神，每个人都要同他们所选举的领导他们的人平等。

—— [法国启蒙思想家] 孟德斯鸠

公民们在权利和财产上愈平等，国家就愈太平。似乎只有在民主制度下才能得到这种好处，而其他一切政体都得不到。

—— [法国启蒙思想家] 狄德罗

友谊是一种和谐的平等。

—— [古希腊数学家] 毕达哥拉斯

友谊既不需要奴隶，也不允许有统治者，友谊喜欢平等。

—— [俄国小说家] 冈察洛夫

在原始时代，一切人生而平等，但是，这种平等不能持续很久，社会使人们失去了它，只有依靠法律的保护，人们才能重新获得平等的地位。

—— [法国启蒙思想家] 孟德斯鸠

人像树木一样，要使他们尽量长上去，不能勉强都长得一样高，应当是：立脚点上求平等，于出头处谋自由。

—— [中国教育家] 陶行知

中国首重三纲，而西人最明平等。

—— [中国启蒙思想家] 严复

权力 一切权力的源泉来自人民

统治权交给一个足够大的议事机构是最完美的，或者是最接近于完美的。因为，假若存在着什么最完美的统治的话，那么实际上，它就是由整个人民群众来进行统治。

——[荷兰哲学家] 斯宾诺莎

一切权力如果来自英勇自由人民的公正选择，应视为最光荣尊贵，并为一切权力最纯洁的来源。

——[美国政治家] 华盛顿

社会的最高权力除了交给人民以外，我不知道还可以安全地委托给谁。

——[美国政治家] 杰弗逊

一切权力的源泉来自人民。

——[英国诗人] 弥尔顿

国家的三权之间是有关联的，相互间存在着协调关系，就像许多道德高尚的人相互协作一样；三权在完善国家宪法方面互为补充。

——[德国哲学家] 康德

最高行政长官的一切权力来自人民。

——[美国政治家] 林肯

权力要证实自己的力量，就只有滥加使用，在蔑视天才的同时，给荒谬绝伦的人戴上成功的桂冠，这就是极权拥有的唯一力量。

——[法国作家] 巴尔扎克

凭借暴力取得的权力只不过是一种篡夺，只能维持在支配者的实力胜过服从者的实力之际。

——[法国启蒙思想家] 狄德罗

无论订出怎样的规章制度，一旦掌握在丧尽天良者手中，明明是针对着他们的条文，他们也会挖空心思想出阴谋诡计来，把它变成徒具形式的一纸空文。

——[德国诗人] 歌德

专制权力是一个人对另一个人的绝对专断权力，因为自然在人们彼此之间并未做出这种差别。

——[英国哲学家] 洛克

处理权力平衡，乃是永久性的任务，并不是努力一阵就可预见结果的。

——[美国政治家] 基辛格

权力应该被用来限制权力。

——[法国启蒙思想家] 孟德斯鸠

权力是一头猛兽，必须用锁链紧紧地缚住它，遏止它狂奔乱走，同时要经常监视它，用鞭子使它屈服。

——[日本社会活动家] 池田大作

我们必须绝对小心提防的，就是不能让一个人的权力高居其他人之上。

——[古希腊哲学家] 德摩斯梯尼

任何无限制的权力，都不可能是合法的，因为权力决不能有合法的根源。

——[法国启蒙思想家] 孟德斯鸠

权力产生腐败，绝对的权力产生绝对的腐败。

——[英国政治思想家史学家] 阿克顿勋爵

义务

对于诚实的人来说,牢记自己的义务是一种荣誉

义务是一种行动方式,它要求最妥善地使用个人的地位以谋求集体的利益。

——[英国政治家]威廉·葛德文

义务就是人们期待于别人的行为。

——[英国作家]王尔德

什么是义务?是时代的要求。

——[德国诗人]歌德

义务是由于敬畏法律而做的必要行为。

——[德国哲学家]康德

作为国家一员的男子的义务,是为维护国家安全和防御外敌而出力。

——[英国作家]拉斯金

对于诚实的人来说,牢记自己的义务是一种荣誉。

——[古罗马喜剧作家]普劳图斯

社会的精神贵族的义务应该是,确认社会的利益比个人的利益更值得重视,努力用自己的知识和才能给社会带来更多的好处。

——[印度作家]普列姆昌德

对父母和同志,对集体和社会,对人民和祖国的义务感要像一条红线一样贯穿人的一生。

——[苏联教育家]苏霍姆林斯基

义务感——这是人内心的审判者,是激起天良的最重要的兴奋剂。义务感对天良来说,好比舵和桨之对独木舟;没有义务就没有了天良,就没有了高尚的人生原则。

——[苏联教育家]苏霍姆林斯基

不懂得什么是义务和缺乏义务感,就谈不上人的道德,也谈不上集体。

——[苏联教育家]苏霍姆林斯基

高尚的人是履行其义务的人。

——[法国剧作家]尤内斯库

在人生的每个阶段,我们无论是对社会还是对个人,都要承担一定的义务。

——[古罗马政治家、雄辩家]西塞罗

人活着并不是光为自己,为子孙后代造福是你们青年人的义务。

——[日本作家]武者小路实笃

尽义务不能靠漂亮话,要靠果敢的行动。

——[英国作家]奥斯丁

享受社会的种种福利,不就意味着个人有义务地维护生存的条件吗?

——[法国作家]巴尔扎克

履行义务的习惯会驱走怯懦的心理。

——[法国诗人]波德莱尔

一种义务如果不能带给人以快乐,那么这种义务也就名存实亡了。

——[美国法学家]道格拉斯

只要人还在社会里生活着,我认为,个人就不能随心所欲地认为自己摆脱了保护他们的、使他们得益的社会所承担的义务。

——[法国小说家]杜伽尔

法律

法律是人类根据自己的经历，为公益得出的人类智慧的结晶

法律是人民意志的表现

法律是人民意志的自由而庄严的表现。

——[法国革命家] 罗伯斯庇尔

人民的利益是最高的法律。

——[古罗马政治家、雄辩家] 西塞罗

那些永恒的公正的法律是我们行动的准则和与生俱来的权利。

——[英国政治家] 伯克

法律是人类根据自己的经历，为公益得出的人类智慧的结晶。

——[英国作家] 塞缪尔·约翰

法律不是铭刻在大理石上，也不是铭刻在铜表上，而是铭刻在公民的心里。

——[法国启蒙思想家] 卢梭

只有使法律成为人民意志的自觉表现，也就是说，它应该同人民的意志一起产生并由人民的意志所创立。

——[德国思想家] 马克思

法律的目的不是为了废除或限制自由，而是保护和扩大自由。

——[英国哲学家] 洛克

法律即秩序

法律即秩序，好的法律便是良好的秩序。

——[古希腊哲学家] 亚里士多德

带来安定的是两种力量：法律和礼貌。

——[德国诗人] 歌德

法律的首要和主要目的是公共幸福的安排。

——[意大利哲学家] 阿奎那

由于法律才能保障良好的举止，所以也要有良好的举止才能维护法律。

——[意大利政治思想家] 马基雅弗利

经济的发展，社会的进步，都离不开法制的健全。

——[中国政治家] 江泽民

人民的安全应是至高无上的法律。

——[英国哲学家] 培根

法律给人类带来的好处是：法律为每个人规定了行动准则，描述了使他能获得社会支持和保护的方式。

——[英国作家] 塞缪尔·约翰生

法律面前人人平等

法律对一切人都应当平等。

——[法国革命家] 罗伯斯庇尔

法律不可能给每个人以方便：如果它有益于大多数人，我们就该满足了。

——[古罗马史学家] 李维

在庄严的法律面前是不分种族和肤色的。

——[英国作家] 毛姆

法律是理智的产物

法律的基础不是理论，而是事实。

——[古罗马政治家、雄辩家] 西塞罗

法律只是事实的公认。

——[德国思想家] 马克思

法律是讲道理的，而不是讲情理的。

——[古希腊哲学家] 亚里士多德

法律是理智的产物，不能感情用事。

——[古希腊哲学家] 亚里士多德

有多少罪孽就会有多少法律。

——[英国诗人] 弥尔顿

法律必须得到公认才有拘束力

法律必须普遍地为人知晓，然后它才有拘束力。

——[德国哲学家] 黑格尔

只有培养了对法律的理解之后，法律才有能力获得普遍性。

——[德国哲学家] 黑格尔

如果法律仅仅得到政府官员支持，那么法律就完蛋了。

——[美国政治家] 胡佛

如果一个国家的所有成员都忽视法律，这一事实本身就足以使这个国家解体和毁灭。

——[荷兰哲学家] 斯宾诺沙

法律是靠强力维护的

法律的目的是和平，达到它的手段是斗争。

——[德国法学家] 耶林

有谁胆敢将法律轻蔑，他必在法律的惩罚下毁灭。

——[英国诗人] 拜伦

法律在你之上，你切不可逾越。

——[英国作家] 托马斯·富勒

法律应当成为全体人民的行为指南和一切活动的试金石。

——[英国空想共产主义者] 温斯坦莱

如果法律没有威力支撑，它决不能生效。

——[古希腊悲剧诗人] 索福克勒斯

法律与道德

法律是显露的道德，道德是隐藏的法律。

——[美国政治家] 林肯

法律可以暴露罪恶，但不能消灭它。

——[英国诗人] 弥尔顿

人类受制于法律，法律受制于情理。

——[英国作家] 托马斯·富勒

法律是不悖习俗的。

——[古罗马喜剧作家] 普劳图斯

善良的心是最好的法律。

——[英国史学家] 麦考莱

法律随着社会的进步而发展变化

法律绝非一成不变的，相反地，正如天空和海面因风浪而起变化一样，法律也因情况和时运而变化。

——[德国哲学家] 黑格尔

法律必须稳定，但无须停滞不前。

——[美国诗人] 庞德

一个国家文化的高低，看它的民法和刑法的比例就能知道。大凡半开化的国家，民法少而刑法多；进化的国家，民法多而刑法少。

——[英国法学家] 梅因

公正

自由和平等都是空洞的原则，唯有公正才是真正有益于人类的原则

国家和个人都必须公正，正义是建立在自然法则上的，不过公民必须依靠共同利益的指引。

——[古罗马政治家、雄辩家]西塞罗

公正本身是毫无力量的，真正占统治地位的是强力。把强力与公正拉在一起，以便借助强力让公正去统治——这就是管理国家的本领。

——[德国哲学家]叔本华

自由和平等都是空洞的原则，唯有公正才是真正有益于人类的原则。在这个原则之下，弱者将得到必不可少的保护和仁慈。

——[瑞士作家]阿米埃尔

法律的基础有两个，而且只有两个，即公平和实用。

——[英国政治家]伯克

法律是否有效，取决于它的正义性。

——[意大利哲学家]阿奎那

法律的目的是对受法律支配的一切人公正地运用法律。

——[英国哲学家]洛克

凡是解释越简单的法律，也就是越公正的法律。

——[英国诗人]莫尔

法律的公正不在于使所有人都实际感到同样的效力，而在于它是为所有人制定的。

——[古罗马哲学家、悲剧作家]塞涅卡

没有共同权力的地方就没有法律。而没有法律的地方也就无所谓不公正。

——[英国思想家]霍布斯

管理良好国家的法律应该以正义和理智为基础，如果这一正义被否定，人民中间就没有法律可言，只有专横的权力了。

——[英国空想共产主义者]温斯坦莱

公道存在于过分的仁慈与残酷之间。

——[法国启蒙思想家]狄德罗

司法就是主持正义。

——[苏联作家]斯捷潘诺夫

你不可要求司法公道，它用不着公道，因为它本身便是公道。

——[法国作家]法朗士

公正的法律限制不了好人的自由，因为好人不会去做法律不允许的事情。

——[英国史学家]弗劳德

为人公正是好事。可是真正的公正并不是面对天平兀坐不动，注视天平两端秤盘的摆动。真正的公正必须裁判和执行判决词。

——[法国作家]罗曼·罗兰

不公正是世界上最大的不幸。

——[苏联作家]斯捷潘诺夫

纪律   纪律是达到一切雄图的阶梯

纪律是自由的第一条件。

——[德国哲学家] 黑格尔

良好的秩序是一切美好事物的基础。

——[英国政治家] 伯克

约束应该和自由一样，被看做人类的权利。

——[英国政治家] 伯克

凡事都有规矩。

——[古希腊哲学家] 德谟克利特

不以规矩，不能成方圆。

——[中国古代思想家] 孟子

我们现在必须完全保持党的纪律，否则一切都会陷入淤泥中。

——[德国思想家] 马克思

同心同德，一心一意，没有纪律不行。

——[中国政治家] 邓小平

在强调发展民主的同时，更要强调我们的人民特别是青年要有理想，守纪律。

——[中国政治家] 邓小平

民主需要纪律、忍让和相互尊重。自由需要尊重他人的自由。

——[印度政治家] 尼赫鲁

纪律是胜利之母。

——[俄国军事家] 苏沃洛夫

纪律是达到一切雄图的阶梯，要是纪律发生动摇，那时候事业的前途也就变得暗淡了。

——[英国诗人、戏剧家] 莎士比亚

纪律不是教育的手段，而是教育的结果。

——[苏联教育家] 马卡连柯

纪律是使教育这一伟大事业彰显其效力的前提，它与获得专门知识和技能一样，对教育来说都是同等重要的。

——[德国哲学家] 雅斯贝尔斯

来自内心自觉要求的纪律是最好的。

——[英国哲学家] 罗素

在保持一定的平衡下，越少受纪律约束，就越是具有创造性。

——[美国音乐家] 梅纽因

行动时必须遵从规则，裁决时必须斟酌例外。

——[法国伦理学家] 儒贝尔

在集体和社会中，个人是否善于服从表达集体利益的指令，具有重大的作用。服从，这是一个积极的内心活动最强有力的表现形式之一。自觉服从，按其性质而言，就是个人纪律性和组织性的表现，它要求一个人要具有高度成熟的自尊感。

——[苏联教育家] 苏霍姆林斯基

针对不良倾向、嬉闹和涣散所制定的工作纪律是必需的，这种纪律能控制滥用自由的任性。

——[德国哲学家] 雅斯贝尔斯

自由

知道怎样得到自由还算不上什么，艰巨的是要知道怎样使用自由

自由是做法律所许可的一切事情的权利

自由不是实现最高政治目标的手段。自由本身就是最高的政治目标。

——[英国政治思想家、史学家] 阿克顿勋爵

自由是做法律所许可的一切事情的权利；如果一个公民能够做法律所禁止的事，那就不再有自由了，因为别的人也同样可以有这种权利。

——[法国启蒙思想家] 孟德斯鸠

在他所受约束的法律许可范围内，随其所欲地处置或安排他的人身、行动财富和他的全部财产的那种自由。

——[英国哲学家] 洛克

自由意味着职责，那就是为何多数人畏惧它的缘故。

——[英国作家] 萧伯纳

自由仅存在于那些人民关心政府的地方。

——[美国政治家] 威尔逊

没有秩序的自由不是真正的自由

一个人只要宣称自己是自由的，就会同时感到他是受限制的。如果你敢于宣称自己是受限制的，你就会感到自己是自由的。

——[德国诗人] 歌德

没有自由的秩序和没有秩序的自由，同样具有破坏性。

——[美国政治家] 西奥多·罗斯福

放弃基本的自由以换取苟安的人，终归失去自由，也得不到安全。

——[美国政治家、科学家] 富兰克林

一个人的绝对自由是疯狂，一个国家的绝对自由是混乱。

——[法国作家] 罗曼·罗兰

不能制约自己的人，不能称之为自由的人。

——[古希腊数学家] 毕达哥拉斯

那种并不自由却认为自己自由的人，是不折不扣的奴隶。

——[德国诗人] 歌德

凡是能使我们的精神获得自由而又不给我们以自制能力的事物，都是毁灭性的。

——[德国诗人] 歌德

人们往往把任性也叫做自由，但是任性只是非理性的自由。

——[德国哲学家] 黑格尔

个人的自由，以不侵犯他人的自由为自由。

——[英国哲学家] 穆勒

不要过分地醉心于放任自由，一点也不加以限制的自由，它的害处与危险实在不少。

——[俄国作家] 克雷洛夫

凡是不给别人自由的人，他们自己就不应该得到自由，而且在公正的上帝统治下，他们也是不能够长远地保持住自由的。

——[美国政治家] 林肯

人的自由并不仅仅在于做他愿意

做的事,而在于永远不做他不愿意做的事。

—— [法国启蒙思想家] 卢梭

自由必须正确运用
并得到切实的保障

知道怎样得到自由还算不上什么,艰巨的是要知道怎样使用自由。

—— [法国作家] 纪德

一个公民的政治自由乃是一种精神上的安宁,这种安宁来自人人都感到安全;为了使人们享有这种自由,政府必须能使任何公民不必惧怕任何别的公民。

—— [法国启蒙思想家] 孟德斯鸠

真正的个人自由如果没有经济上的安全和独立就不能存在,饥饿和失业的人群正是独裁统治的基础。

—— [美国政治家] 罗斯福

自由只有通过友爱才得以保全。

—— [法国作家] 雨果

放弃自由就是放弃做人的权利

自由是高于一切的基础。

—— [英国哲学家] 洛克

自由是人的品德;放弃自己的自由,就是放弃做人;放弃自由,就是放弃一切义务和权利。

—— [法国启蒙思想家] 卢梭

一个人或一个国家,在失掉自由的时候才最能知道自由之可贵,在得不到平等待遇的时候才最能体会到平等之重要。

—— [中国学者] 梁实秋

自由固不是钱所买到的,但能够为钱而卖掉。

—— [中国作家] 鲁迅

立法 法律是为了保护无辜制定的

立法的目的

法律是为了保护无辜者制定的。

—— [英国作家] 艾略特

不是根据全国人民的利益而只是根据部分人的利益制定的法律不是真正的法律。

—— [古希腊哲学家] 柏拉图

法律的制定要适合国家,而不是国家要适合法律,同样,人们生活在法律之下并不是为了立法者,立法者却是为了人们。

—— [意大利诗人] 但丁

人们有权制定政府的宪法,并有权更改它们的宪法,这是我们政治制度的基础。

—— [美国政治家] 华盛顿

我们制定法律,不是为了一时之需,而是为了百年大计;不是为了我们,而是为了世界。

—— [法国革命家] 罗伯斯庇尔

法律当然是为了平民的安全,为了维护国家和人类生活的安宁和幸福而创造的。

——[古罗马政治家、雄辩家]西塞罗

立法权属于人民

政治生命的源泉，就在于主权的权威，立法权是国家的心脏大脑，大脑支配着各个部分的行动。

——[法国启蒙思想家] 卢梭

主权的核心是立法权，立法权必须属于人民，立法者必须无比公正。

——[法国启蒙思想家] 卢梭

立法机关不能把制定法律的权力转让给其他任何人。

——[英国哲学家] 洛克

凡是不曾为人民所亲自批准的法律都是无效的，那根本就不是法律。

——[法国启蒙思想家] 卢梭

在一切场合，只要政府存在，立法权就是最高的权力。

——[英国哲学家] 洛克

当人们发现立法行为与他们的委托相抵触时，人民方仍然享有最高的权力来罢免或更换立法机关。

——[英国哲学家] 洛克

如果没有得到公众所选举和委派的立法机关的批准，任何人的任何命令，无论采取什么形式或以任何权力做后盾，都不能具有法律效力和强制性。

——[英国哲学家] 洛克

法律的制定要有科学性

主权者还应当注意制定良法……良法就是为人民的利益所需要而又清晰明确的法律。

——[英国思想家] 霍布斯

立法者应该把自己看成是一个自然科学家。他不是在制造法律，不是在发明法律，而仅仅是在表述法律，他把精神关系的内在规律表现在有意识的现行法律之中。

——[德国思想家] 马克思

一个良好的立法者关心预防犯罪，多于惩罚犯罪，注意激励良好的风俗，多于施行刑罚。

——[法国启蒙思想家] 孟德斯鸠

真想解除一国的内忧，应该依靠良好的立法，不能依靠偶尔的机会。

——[古希腊哲学家] 亚里士多德

几乎没有任何脑力工作像立法工作那样，需要不仅是有经验和受过训练，而且要由经过长期辛勤的研究、训练有素的人去做。

——[英国哲学家] 穆勒

法律的实施与监督

制定良好的法律是一件易事，难的是使它们有效。

——[英国政治家] 博林布罗克

立法者的睿智不仅在于他能够伸张正义，而且在于他如何运用法律。

——[英国哲学家] 培根

要实施一项人民不支持的法律，再多的监狱、警察、法庭也没用。

——[美国政治家] 汉弗莱

在某一时代制定的法律，往往经历好几代还继续生效。可是这些法律继续生效是因为得到活着的人的同意。

——[美国政论家] 潘恩

明智的立法者知道，再没有人比法官更需要立法者进行仔细的监督了，因为权势的自豪感是最容易触发人的弱点的东西。

——[法国革命家] 罗伯斯庇尔

执法
如果法律不能被执行,那就等于没有法律

执法比立法更重要

执行法,比制定法更重要。
—— [美国政治家] 杰弗逊
天下之事,不难于立法,而难于法
之必行。
—— [中国古代政治家] 张居正
法律的力量,与其说依存于执法
者的严厉,不如说依存于本身的智慧。
—— [法国启蒙思想家] 卢梭
如果法律不能被执行,那就等于
没有法律。
—— [英国诗人] 洛克
如果不将罪犯绳之以法,法律尽
可以取消,政府尽可以推翻,商业尽可
以废除。
—— [英国诗人] 德纳姆

法官要秉公执法

一位法官不能按照含糊不清的或
不能确定的条件做出判决。
—— [德国哲学家] 康德
法官不能秉公执法,终归于枉法
贪赃。
—— [德国哲学家] 歌德
法官不应该被律师的滔滔雄辩所
打动。
—— [英国哲学家] 培根
法官应该博学多于机智,庄重多
于巧辩,兼听多于自信,而且最重要的
是他们必须具备正直这种品德。
—— [英国哲学家] 培根

在有关人命的大案中,法官应当
在法律允许的范围内以正义为念而勿
忘慈悲;应当以严厉的眼光对事,而以
悲悯的眼光对人。
—— [英国哲学家] 培根
作为审判官的职责,应该依存于
解明法律,而不是制定法律。
—— [英国哲学家] 培根
法律决不把有罪或无罪的事情,
只是听凭法官的良心和法官随心所欲
的意志来决定,而是坚持对法官说:
"如果你们没有确凿如山的证据,你们
就不要判罪。"
—— [法国革命家] 罗伯斯庇尔
如果你要审判,就必须调查;如果
你要统治,就必须控制。
—— [古罗马诗人] 奥维德
办案要以理服人,不讲理就是不
讲法。
—— [德国哲学家] 鲍威尔
只凭一面之词就给案子定性,即
使定得再正确也有冤屈之嫌。
——[古罗马哲学家、悲剧作家] 塞涅卡
执行也不可过苛,不能把法律变
成使人民动辄得咎的天罗地网。
—— [英国哲学家] 培根
必须使法律对执行法律的人特别
严格。
—— [法国革命家] 罗伯斯庇尔

守法　唯有遵纪守法的人才是自由的

人类必须有法律并且遵守法律。否则，他们的生活将像最野蛮的兽类一样。

——[古希腊哲学家]柏拉图

严守国法，乃是人民的本分，所谓政府和人民同处平等的地位，就是意味着这样一种思想的形成，即政府和人民由约法结合起来。这种约法就是国法。

——[日本思想家]福泽谕吉

尊重法律是第二条重要法律。

——[法国启蒙思想家]卢梭

法律所以能见成效，全靠民众的服从。

——[古希腊哲学家]亚里士多德

邦国虽有良法，要是人民不能遵守，仍然不能实现法治。

——[古希腊哲学家]亚里士多德

人若遵守法律——不论什么法律，就能处处如意。

——[美国作家]爱默生

制定法律的人比任何人都更应该承担遵守法律这一神圣的义务。

——[法国剧作家]阿努伊

一个将法律施用于他人的人，他自己也当然应该服从这一法律。

——[英国作家]乔叟

法律不是主人，而是奴仆，谁遵守了它们，谁就可指使它们。

——[美国作家]比彻

唯有遵纪守法的人才是自由的。

——[德国哲学家]黑格尔

人们的良好习惯需要有良好的法律来支持，因此，遵守法律就是要求人们养成良好的习惯。

——[意大利政治思想家]马基雅弗利

法律被人恪守，只不过是法律而已，然而一旦被人触犯，那它就是法律加刽子手了。

——[古希腊新喜剧作家]米南德

一个从少年时代开始就习惯于服从这个社会的法律的人，永远不会想去违反这些法律的。

——[法国思想家]摩莱里

一个受理性指导的人，遵从公共法令在国家中生活，较他只服从自己、在孤独中生活更为自由。

——[荷兰哲学家]斯宾诺沙

遵纪守法的人无需法律，不触犯法律的人是真正的君王。

——[英国诗人]查普曼

法律意在使人们生活得更好。这只有人们自己有成为幸福的人的愿望时才能达到，因为对那些遵从法律的人来说，法律显得是适合于他本性的美德。

——[古希腊哲学家]德谟克利特

越轨违法的行为常常因为事情微不足道而被人忽视，这有如小额费用的不断浪费，终归耗尽了全部家产。

——[古希腊哲学家]亚里士多德

19

军事与战争

历史上的战争分为两类，一类是正义的，一类是非正义的。一切进步的战争都是正义的，一切阻碍进步的战争都是非正义的。

—— [中国政治家、军事家] 毛泽东

战争观

战争是迫使敌人服从我们意志的一种暴力行为

战争的目的

战争重要的是求取政治上的成果,而不是军事上的成功。

——[德国史学家]蒙森

保存自己、消灭敌人这个战争的目的,就是战争的本质,就是一切战争行动的根据,从技术行动起,到战略行动止,都是贯彻这个本质的。

——[中国政治家、军事家]毛泽东

打垮敌人是战争的目标,消灭敌人的军队是手段,不论在进攻中还是防御中都是如此。

——[普鲁士军事理论家]克劳塞维茨

作战有三个主要目的:(1)战胜并消灭敌人的军队;(2)夺取敌人无生命的作战力量和其他补充来源地;(3)争取舆论。

——[普鲁士军事理论家]克劳塞维茨

战争的性质

战争——从有私有财产和有阶级以来就开始了的、用以解决阶级和阶级、民族和民族、国家和国家、政治集团和政治集团之间、在一定发展阶段上的矛盾的一种最高的斗争形式。

——[中国政治家、军事家]毛泽东

战争是迫使敌人服从我们意志的一种暴力行为。

——[普鲁士军事理论家]克劳塞维茨

政治是不流血的战争,战争是流血的政治。

——[中国政治家、军事家]毛泽东

对于必须战争的人们,战争是正义的;当除了拿起武器以外就毫无希望的时候,武器是神圣的。

——[古罗马史学家]李维

一次正义的战争可以使任何事业变得神圣。战争和勇气创造的业绩比仁爱创造的业绩更大。

——[德国哲学家]尼采

战争的起源

黄金和财富是战争的主要根源。

——[古罗马史学家]塔西佗

战争是政策的继续。

——[苏联政治家]列宁

只要有利益相互对立、相互冲突和社会地位不同的阶级存在,阶级之间的战争就不会熄灭。

——[德国思想家]恩格斯

只要帝国主义还存在,殖民主义还存在,则战争危机就存在。

——[越南政治家]胡志明

战争不仅是一种政治行为,而且是一种真正的政治工具,是政治交往的继续,是政治交往通过另一种手段的实现。

——[普鲁士军事理论家]克劳塞维茨

战争同政治有直接的联系,政治产生战争,战争是政治扩大暴力手段的继续。

——[苏联政治家]斯大林

以战争反对战争

我们并不准备把战争寻找，但要是战争降临到我们头上，我们也并不准备躲避。

——[英国诗人、戏剧家] 莎士比亚

如果一旦战争强加于我们，那只有用尽一切手段尽快结束战争，此外，没有任何选择余地。

——[美国军事家] 麦克阿瑟

自卫是最古老的自然法则。

——[英国诗人] 德莱顿

国家的生命和人的生命一样，人在进行正当自卫时，有杀人的权利；国家为着自己的生存有进行战争的权利。

——[法国启蒙思想家] 孟德斯鸠

谁都不应该片刻踌躇或迟疑地使用武器来保卫全部生命所依存的宝贵的天赋自由；不过，我必须指出，武器应该是我们最后使用的手段；它是最后一件法宝。

——[美国政治家] 华盛顿

战争的后果

土地、朋友，还有金子，这三件东西都是战争的果实。如果连一件都没有希望的话，人们也就再也不会发动战争。

——[印度诗人] 泰戈尔

结束任何战争的和约，也只能是对本次战争结果所造成的力量的实际变化的统计和记载。

——[苏联政治家] 列宁

对文明民族的最大灾祸就是战争。

——[德国哲学家] 康德

战争的反复，甚至使人类历史可以称之为战争史。生物学家说，同种之间相互残杀，达到如此程度的只有人类……我们必须消灭破坏文明、夺走宝贵生命进而招致人类灭绝的可怕的战争。

——[日本社会活动家] 池田大作

所有伟大的文明在早期都建筑在战争的胜利之上。

——[英国哲学家] 克拉克

战争震动了群众，以空前未有的惨祸和痛苦唤醒了他们。战争推动了历史，因此现时历史以火车头般的速度飞驰。

——[苏联政治家] 列宁

军人比其他一切人更虔诚地祈祷和平，因为他必须承担战争的最深重的创伤。

——[美国军事家] 麦克阿瑟

战争是光荣的技术，它会带来千古之名。

——[英国数学家、经济学家] 杨格

战争是对每个民族全部经济力量和组织力量的考验。

——[苏联政治家] 列宁

战争是一所训练过艰苦生活和培养英雄主义的学校。

——[美国政治家] 詹姆士·威

战争与和平
战争当以和平为归宿

战争的目的应是寻求和平

和平是战争寻求的目的,每一个人都通过参加战争来实现和平,但任何人都不会通过建立和平来进行战争。

——[古罗马思想家] 奥古斯丁

每个人在他还有希望达到目的时,都应该尽量致力于和平,只有不可能达到和平的目的时, 他才可以寻求和利用其他的手段。

——[英国思想家] 霍布斯

战争当以和平为归宿。

——[古罗马政治家、雄辩家] 西塞罗

战争必须只是导致和平的手段。

——[古希腊哲学家] 亚里士多德

战争的合法目标是更加完善的和平。

——[美国军事家] 谢尔曼

战争的目的是为了光荣的和平而非其他。

——[古罗马思想家] 奥古斯丁

我们之所以忙忙碌碌,正是为了能够有闲暇,从事战争正是为了要和平度日。

——[古希腊哲学家] 亚里士多德

和平本身就是一种胜利,因为双方都是光荣的屈服者,可是谁也不曾失败。

——[英国诗人、戏剧家] 莎士比亚

因为和平是使战争得以合法开始的唯一目的。所以在进行战争的时候,我们决不应恣意妄为,以至忘记了人的本质和天性。

——[荷兰政治家] 格劳秀斯

和平是力量的产物

所有一切的和平都是有秩序的安定。

——[古罗马思想家] 奥古斯丁

和平是力量的产物。

——[英国作家] 泰勒

战争不是起源于单单一种原因。和平乃是许多力量之间的平衡。

——[美国作家] 赖特

理智控制头脑的地方, 和平就主宰一切。

——[美国军事理论家] 柯林斯

任何一处和平遭破坏,所有地方、所有国家的和平都会处于危险之中。

——[美国政治家] 罗斯福

以战争赢得和平

防止战争最正确的方法是：无惧于战争。

——[意大利诗人] 阿里奥斯托

只有用战争才能赢得和平,用鲜血才能保持血的纯净。

——[伊朗诗人] 巴哈尔

只有胜利者,才能用战争去换取和平。

——[古罗马史学家] 萨卢斯提乌斯

我们一贯主张和平。但是我们知道,只有长期和艰苦的抗战获得胜利,和平才能取得；只有获得真正的统一和独立,才有和平。

——[越南政治家] 胡志明

人不犯我,我不犯人,人若犯我,我必犯人。

——[中国政治家、军事家] 毛泽东

战争胜负

胜负乃兵家常事

战争的目标就是胜利

胜利通常产生于各种物质力量和精神力量的总优势。毫无疑问，胜利能增大这种优势，否则，人们就不会去追求胜利和以重大的代价换取胜利了。

——[普鲁士军事理论家]克劳塞维茨

战争的目标就是胜利，而不是旷日持久的迟疑不决。的确，在战争中，不可能有胜利的代替物。

——[美国军事家]麦克阿瑟

最全面最成功的胜利，就是我方不受损失而迫使敌人放弃他们的目标。

——[拜占廷军事家]贝利撒留

赢得胜利——不惜一切代价去赢得胜利；不畏艰险去赢得胜利，不管道路多么漫长和艰难，还是要去赢得胜利，因为没有胜利就没有生存。

——[英国政治家]丘吉尔

人心的向背决定战争的胜负

战争的决定因素，不是技术，而是政治，而是政治制度和人心的向背。

——[中国军事家]朱德

得道者多助，失道者寡助。

——[中国古代思想家]孟子

用兵之道，攻心为上，攻城为下；心战为上，兵战为下。

——[中国古代政治家、军事家]诸葛亮

善于用兵者，先服其心，次服其力。

——[中国古代文学家]苏轼

我们必须着重指出，当我们说消灭敌人军队时，并不是仅仅指消灭敌人的物质力量，而是还包括摧毁敌人的精神力量，因为这两者是紧密地交织在一起而不可分割的。

——[英国诗人]阿诺德

战争要有大量群众参加

在任何战争中，胜利属于谁的问题归根到底是由那些在战场上流血的群众的情绪决定的。

——[苏联政治家]列宁

战争的伟力之最浓厚的根源，存在于民众之中。

——[中国政治家、军事家]毛泽东

革命战争是群众的战争，只有动员群众才能进行战争，只有依靠群众才能进行战争。

——[中国政治家、军事家]毛泽东

军队根植于人民，军队是人民的不可分割的组成部分。在总体战中，军队的状况决定于人民的体力、经济力量和精神面貌。

——[德国军事家]鲁登道夫

最新式的武器包括大规模杀伤武器在内，并未降低人民群众在战争中的作用。战争总是要有大量群众参加的。

——[苏联军事家]朱可夫

经济实力是军力强弱的基础

金钱是战争的筋骨。

——[法国作家]拉伯雷

在任何地方和任何时候，都是经济的条件和资源帮助"暴力"取得胜利，没有它们，暴力就不成其为暴力。

—— [德国思想家] 恩格斯

战争不仅是军事和政治的竞赛，还是经济的竞赛。

—— [中国政治家、军事家] 毛泽东

军事的基础首先就是人民的经济生活状况。

—— [德国思想家] 恩格斯

善用兵者能因败为胜

用兵之术，战胜不可以专胜，胜有必败之理；势败不可以专败，败有反败胜之道。

—— [中国古代学者] 许洞

胜负兵家之常，善用兵者能因败为胜。

—— [中国古代学者] 张方

胜利给胜利者带来的结果，可能由于胜利的反作用，即唤起了失败者的其他力量而变得有害了。

——[普鲁士军事理论家]克劳塞维茨

承认失败不是悲观失望，而是政治上坚强的表现。

—— [中国军事家、外交家] 陈毅

战争中即便打输了，也总有可学之处。

—— [苏联军事理论家] 格鲁季宁

战争失败的历史可以用两个字概括之：太晚。了解潜在敌人的致命目的太晚；认识致命的危险太晚；准备太晚；团结一切可能团结的力量进行抵抗太晚；支持自己的朋友太晚。

—— [美国军事家] 麦克阿瑟

国防　谁备战最充分，谁日子就最安宁

国家要存在和发展，必须有强大的国防

再没有任何工作比保卫自己祖国的和平和强大更加正义、更具有普遍意义的了。

—— [法国作家] 蒙田

谁想夺取国家政权，并想保持它，谁就应有强大的军队。

—— [中国政治家、军事家] 毛泽东

一个政府，无论用什么借口，而不重视国家军事的发展，则从后世的眼光中看来，他们绝对要算是民族的罪人。

—— [瑞士军事理论家] 约米尼

提高警惕，保卫祖国。

—— [中国政治家、军事家] 毛泽东

国防的现代化，只有建立在国家整个工业以及农业发展的基础上才有可能。

—— [中国政治家] 邓小平

当一个国家容许他的敌国，无限制地扩张它的侵略野心，而不加以阻止的时候，那么这个国家就注定要开始衰败了。

—— [瑞士军事理论家] 约米尼

制海权，特别是在与国家利益和贸易有关的主要交通线上的制海权，

是民族强盛和繁荣的纯物质因素中的主要因素。

—— [美国军事理论家] 马汉

除非拥有一支在战争中能夺得制空权的空军，充分的国防不可能得到保证。

—— [意大利军事理论家] 杜黑

谁掌握了制空权并拥有相应的进攻兵力，谁就一方面能保卫自己的领土和海洋不受敌人空袭和使敌人无法采取任何辅助性的空中行动(如援助陆海军作战)；另一方面就能发起大规模进攻，使敌人无法抵抗。

—— [意大利军事理论家] 杜黑

现代战争机器的速度、动力和航程要把世界变为单一的战场。同样，一国的国防也越来越密切地有赖于他国。在战略方面，这是使各国日益互相依赖的总演化过程的必然结果。

—— [法国政治家] 戴高乐

居安思危，常备不懈

有备无患。

——[中国古代军事理论家]司马穰苴

居安思危。

—— [中国古代政治家] 魏征

兵不能见福祸于未形，不知备者也。

—— [中国古代政治家] 商鞅

国之大务，莫先于戒备。

——[中国古代政治家、军事家]诸葛亮

兵可千日而不用，不可一日而不备。

—— [中国古代史学家] 李延寿

贤者总是在和平之时不忘备战。

—— [古希腊诗人] 荷马

谁备战最充分，谁日子就最安宁。

——[古罗马雄辩家] 克利索斯托姆

备战是捍卫和平最有效的手段之一。

—— [美国政治家] 华盛顿

准备是成功与胜利的关键。

—— [美国军事家] 麦克阿瑟

在备战时，永远应当根据这样的假设出发，即敌人不仅像我们一样的老练和英勇，而且还总是采取最不利于我们的方式行动。

—— [意大利军事理论家] 杜黑

对战争预有充分准备并熟知自己在国防工作中的位置的人，是不害怕战争的。

—— [苏联军事家] 朱可夫

军队

如果没有军队，也就没有政治的独立和人民的自由

军队是执行作战任务的武装集团

军队是国家为了进攻或防御而维持的有组织的武装集团。

—— [德国思想家] 恩格斯

军队是战争的工具。

—— [苏联军事家] 朱可夫

革命军队所以必要，是因为只有强力才能解决伟大的历史问题，而在现代斗争中，强力的组织就是军事组织。

—— [苏联政治家] 列宁

没有一个人民的军队，便没有人民的一切。

——[中国政治家、军事家]毛泽东

如果没有军队，也就没有政治的

独立和人民的自由。

——[法国政治家、军事家] 拿破仑

战争中所产生的一切都是通过军队体现出来的。军队的建立和维持只是手段，军队的使用才是目的。

——[普鲁士军事理论家]克劳塞维茨

军队的建设要符合现代化战争的要求

把我军建设成一支强大的现代化、正规化的革命军队。

——[中国政治家] 邓小平

现代战争要求军队具有高度的战斗素质和精神素质，具有很好的军事和政治素养，熟练地掌握战斗技术装备，很可靠地协同动作以及有很大的身体耐力。

——[苏联政治家] 斯大林

取得战争胜利的军队是精锐的军队，而不是庞大的军队。

——[美国军事家] 华盛顿

为了取得胜利，必须拥有组织健全、装备精良和训练有素的各军种。每一军种都有自己的特点、活动范围和协同作战的条件，是否善于考虑和运用这个特点，常常决定一场战斗、一个战役或整个战争的成败。

——[苏联军事理论家] 戈尔什科夫

海军、陆军与空军是一个整体。个别军种单靠自己是不能有所成就的，只有整体才能取得胜利。

——[英国军事家] 蒙哥马利

从来没有像今天这样需要战斗人员和科学家保持紧密的合作，需要各军种首脑向科学家提出明确的要求。

——[英国军事家] 蒙哥马利

兵种的合理的比例关系永远是所有伟大的统帅必须深思熟虑的课题。

——[法国政治家、军事家] 拿破仑

军队要有严明的组织纪律

我们可以肯定地说，以革命主义为基础的革命政治工作是一切革命军队的生命线与灵魂！

——[中国政治家] 周恩来

这个军队之所以有力量，是因为所有参加这个军队的人，都具有自觉的纪律；他们不是为着少数人的或狭隘集体的私利，而是为着广大人民群众的利益，为着全民族的利益，而结合、而战斗的。

——[中国政治家、军事家] 毛泽东

一支军队在作战时一定要像钢铁那样坚强。

——[英国军事家] 蒙哥马利

纪律、秩序和迅速服从命令这类品质在现代军队中具有更加重要的意义，它们比士兵使用自己武器的技巧和熟练程度更能决定战斗的命运。

——[英国经济学家] 亚当·斯密

纪律是军队的灵魂；纪律能代替人数，可是人数不能代替纪律。

——[法国革命家] 罗伯斯庇尔

纪律良好的军队要比漫无纪律的乌合之众为强，主要是由于每一个士兵对他的同伴怀有信心。

——[英国博物学家] 达尔文

战争就是战争，它要求铁的纪律。

——[苏联政治家] 列宁

命令就是命令，无疑是要无条件地执行的。

——[苏联军事家] 科涅夫

军队要有强大的战斗力

军队战斗力的组成有四个条件：(1)政治质量这是先决条件；(2)军事素质；(3)物质保证；(4)严格纪律。

——[中国军事家] 刘伯承

良好的秩序，勇敢的精神，完好的武器是战争中克敌制胜的保证。

——[俄国政治家、军事家] 彼得一世

好的主将，好的中下级军官，好的组织，好的教育及严格的纪律，这一切即能构成好的军队，不管作战的动机如何。

——[法国政治家、军事家] 拿破仑

人员、武器、军事思想，这是一支军队的三个主要组成因素。

——[苏联军事家] 朱可夫

红军的威力，和一切军队一切国家的军事威力一样，是由三个因素组成的：(1)精神因素、即军队的士气；(2)组织因素；(3)技术因素。

——[苏联军事家] 伏龙芝

一支军队的真正力量是，而且必须是，远远超过它的各个部分的总和。

——[英国军事家] 蒙哥马利

军事谋略　　运筹帷帐之中，决胜千里之外

兵者，诡道也。

——[中国古代军事家] 孙子

故上兵伐谋，其次伐交，其下攻城。

——[中国古代军事家] 孙子

运筹帷帐之中，决胜千里之外。

——[中国古代皇帝] 刘邦

自古不谋万世者，不足谋一时；不谋全局者，不足谋一城。

——[中国古代学者] 陈澹然

人的大脑在战争中发挥的作用最大。

——[古罗马史学家] 萨卢斯提乌斯

理智是军事行动的基础。

——[普鲁士军事理论家]克劳塞维茨

大战略不仅重视斗力，而且重视斗智。积极探求革新思想，发动外交攻势，不断寻求技术突破和竭力争取人心，这些只不过是少数可供选择的，可用以代替激烈战斗的方法。

——[美国军事理论家] 柯林斯

坚实和勇敢对阵，智略使勇敢投诚。

——[德国作家] 席勒

不能以武力征服的，靠谋略却每每制胜。

——[英国政治家] 丘吉尔

在战争中，威力和欺骗是两大美德。

——[英国思想家] 霍布斯

要善于根据敌人之企图来诱惑敌人，以达到自己的目的。

——[中国军事家] 彭德怀

虽然欺诈在其他一切场合都是可恶的，但在战争行为中，欺诈却是值得称赞和光荣的；运用谋略破敌的指挥官应该得到与运用武力取胜的指挥官同样的褒奖。

——[意大利政治思想家]马基雅弗利

如果军事行动不秘密，不诡诈，则

不能作趋利避害的机动，就不能达到消耗敌人发展自己的目的。

——［中国军事家］刘伯承

攻其不备，出其不意。

——［中国古代军事家］孙子

先计算，后冒险。

——［德国军事家］老毛奇

多算胜，少算不胜，而况于无算乎！

——［中国古代军事家］孙子

有谋无勇只会是怯弱、欺诈；有勇无谋只会是愚蠢、疯狂。

——［波斯诗人］萨迪

军事智谋的第一个特征，就是要有能力区别哪些是能够办到的和哪些是不能够办到的。

——［英国军事理论家］利德尔·哈特

你决不能让敌人知道你会采取什么行动，但是，更重要的你决不能让敌人知道你不会采取什么行动。

——［美国政治家、军事家］艾森豪威尔

在战争过程中，正是敌人的严重错误才最能产生决定性的影响。

——［英国军事理论家］利德尔·哈特

战略　战略问题是研究战争全局的规律性的东西

战略是军事学术的最高领域。

——［苏联军事理论家］洛莫夫

战略问题是研究战争全局的规律性的东西。

——［中国政治家、军事家］毛泽东

凡详及整个战争区的问题，均属战略范畴。

——［瑞士军事理论家］约米尼

战略是一种分配和运用军事手段以求达到政治目的的艺术。

——［美国军事理论家］柯林斯

军事战略作为一个实践活动的领域，要解决的问题根据战争具体条件确定武装力量的战略任务和完成战略任务所必需的兵力兵器；制定并实行有关国家武装力量、战区、经济和居民做好战争准备以及有关拟制战争和战略性战役计划的措施。

——［苏联军事理论家］奥加科夫

战略不是一种单一的、一成不变的原则，战略是一种思维方法，其目的是把重大事件加以整顿，按照轻重缓急的次序排列，然后选定最有效的行动方针。每一种情况都有适合于它的一个特殊的战略。

——［美国军事思想家］安德烈·博弗尔

战略=目的（追求的目标）+途径（行动方案手段或实现目标的工具）。

——［美国军事家］泰勒

国家战略在平时和战时综合运用一个国家各种力量以实现国家的利益和目标。

——［美国军事理论家］柯林斯

战略思想是在每个世纪中，又或是在历史的每一个时刻中，从事件本身所提出的问题吸取其灵感。

——［法国军事理论家］阿龙

新的情况需要采用全新的战略。

——［美国军事理论家］柯林斯

成功的战略家决不会故意违反作战原则，除非他们事先对风险和代价进行过估计。

——[美国军事理论家] 柯林斯

首要的战略原则是"目标原则"。而目标原则在于"摧毁敌人的战斗实力"。

——[英国军事理论家] 富勒

如果战略错了，那么，将军在战场上的指挥才能、士兵的勇敢、辉煌的胜利，都将失去它们的作用，尽管在战略正确的情况下它们能起决定性的作用。

——[美国军事理论家] 马汉

战略是利用时间和空间的艺术。我对于后者不如对前者那样珍惜。空间是可以重新得到的，而时间则永远失去了。

——[法国政治家、军事家] 拿破仑

突然性是战略的本质。

——[英国军事理论家]利德尔·哈特

战略的基本要素是"奇"。

——[美国军事理论家] 布利斯

在战略上，最漫长的迂回道路，常常又是达到目的的最短途径。

——[英国军事理论家]利德尔·哈特

将领

由一头狮子带领的一群羊将战胜由一只羊带领的一群狮子

将领的选择

如何慎选将才，就是军事政策当中的一个最微妙精深的部分。

——[瑞士军事理论家] 约米尼

由一头狮子带领的一群羊将战胜由一只羊带领的一群狮子。

——[美国军事理论家] 小埃德加·普里尔

择将为上，练兵次之。

——[中国近代思想家] 魏源

没有一个富有灵感的指挥部，就永远不可能赢得战争。

——[英国学者] 福尔克

假使统帅的机智是取得胜利的最主要因素之一，那么就不难理解，对统帅的选择，是国家管理科学中最复杂的问题之一，也是国家军事政策中最重要的部分之一。

——[瑞士军事理论家] 约米尼

将领的素质

我们不能要求事实上的常胜将军。这是从古以来就很少有的。我们要求在战争过程中一般地打胜仗的勇敢而明智的将军——智能双全的将军。

——[中国政治家、军事家] 毛泽东

善于判断，善于思考，是一名将领应有的素质。

——[古罗马史学家] 塔西佗

军事领导的唯一方针是行动上要果断，临危时要镇静。

——[英国军事家] 蒙哥马利

卓越的统帅都是有高度的预见性，这是他们的军事才能的主要特征。

——[苏联军事家] 什捷缅科

将帅的坚持意志，就像城市主要街道汇集点上的方尖碑一样，在军事艺术中占有十分突出的地位。

——[普鲁士军事理论家]克劳塞维茨

没有胆量就谈不上杰出的统帅，也就是说，生来不具备这种感情力量的人是决不能成为杰出的统帅的。

——[普鲁士军事理论家]克劳塞维茨

将者，智、信、仁、勇、严也。

——[中国古代军事家] 孙子

为将之道，当先治心。泰山崩于前而色不变，麋鹿兴于左而目不瞬，然后可以制利害，可以待敌。

——[中国古代文学家] 苏洵

一个指挥官最宝贵的品质之一，也许就在于他在计划与作战行动中传播信心的能力，尽管在他内心对结局并没有太大的把握。

——[英国军事家] 蒙哥马利

一位主将的最重要能力，就是要会拟定一个良好的计划。其次就是所发出的命令都能够清楚明白，不拖泥带水以使部下便于执行。

——[瑞士军事理论家] 约米尼

今天，一位成熟的军官的最重要的特点之一是：他有能力不断改变他的工作方法，甚至改变他的思想方法以适应在国家自卫感的迫使下发挥作用的现代科学不断给战场带来的变化。

——[美国政治家、军事家]艾森豪威尔

将领的作为

失误最少的将军才是最伟大的将军。

—— [法国政治家、军事家] 拿破仑

统帅必须用自己内心之火和精神之光，重新点燃全体部下的信念之火和希望之光。

——[普鲁士军事理论家]克劳塞维茨

即使在兵力兵器上占有对敌人的优势的情况下，战斗中的胜败仍然在很大程度上取决于指挥员。

—— [苏联军事理论家] 格鲁季宁

所有伟大将领所以能够完成丰功伟业，全在遵从兵法的规律与自然法则。

—— [法国政治家、军事家] 拿破仑

良将用兵，能用其所长。

—— [古希腊哲学家] 亚里士多德

战争将衡量一位统帅的真正价值。

—— [苏联军事家] 巴格拉米扬

如果说一个外科医生的才智是在手术台旁充分显露出来的话，那么一个军事首长的才智也只有在战争中才能完全显露出来。

—— [苏联军事家] 巴格拉米扬

在战争中，评价一位司令官的唯一标准是他胜利和失败的总记录。

——[美国政治家、军事家]艾森豪威尔

每个人在自己适当的职权范围内都要身先士卒。

—— [美国军事家] 巴顿

极端紧要的是，一个高级指挥官绝不应埋头于琐事堆中。

—— [英国军事家] 蒙哥马利

进攻与防御

战争是进攻和防御的不断的交替和结合

进攻与防御的关系

整个战争的艺术，就是先作合理周密的防御，然后再进行快速、大胆的进攻。

—— [法国政治家、军事家] 拿破仑

战争是进攻和防御的不断的交替和结合。

——[普鲁士军事理论家]克劳塞维茨

作战艺术有赖于进攻和防御之紧密结合，犹如建筑大厦少不了砖和水泥一样。

——[英国军事理论家]富勒

防御具有消极的目的——据守，进攻则具有积极的目的——占领。

——[普鲁士军事理论家]克劳塞维茨

防御战争不能排斥进攻，就像进攻战争中不能没有防御一样。

——[法国政治家、军事家]拿破仑

进 攻

战争只能依靠进攻行动取胜。

——[意大利军事理论家]杜黑

进攻战的最重要的原则之一就是出敌不意。越能用奇袭的方式进攻，就越能取得胜利。

——[普鲁士军事理论家]克劳塞维茨

当敌人有戒备时，决不要以你的全力去实行进攻。

——[英国军事理论家]利德尔·哈特

要从敌人背后开火，你就必须要用正面的火力吸引敌人，再从敌侧翼迅速绕到它的背后。要尽可能避免从正面进攻有准备的阵地。

——[美国军事家]巴顿

在进攻战中，要表现有决心，有各部队正确的协同动作，在战场上要采取大胆的机动来围歼敌人。

——[苏联政治家]斯大林

当一次尝试进攻失利后，不要沿同一路线和采取原来部署去再发动攻击。

——[英国军事理论家]利德尔·哈特

在适当的形势和条件下，发动连续不断的进攻就必将取得胜利。

——[美国政治家、军事家]艾森豪威尔

在进攻中，不论在兵力、坦克还是弹药方面你投入的力量越大，进攻越猛烈，你自己的损失比例就越小。

——[美国军事家]巴顿

尽量地使运动迅速，不顾敌火的阻挠，而一直向前运动，使敌人无法建立一条新的防线，最后把攻势深深地带到敌人防线的后方去。

——[德国军事家]古德里安

在制服敌人以前，应首先削弱他的抵抗力，而达到这个目的的最好办法，就是把对方诱出他的防御阵地。

——[英国军事理论家]利德尔·哈特

防 御

防御的概念是抵御，在抵御中包含有等待，我们认为等待是防御的主要特征，同时也是防御的主要优点。

——[普鲁士军事理论家]克劳塞维茨

即使力量最弱的防御者，也必然会拥有可以影响敌人和威胁敌人的某种手段。

——[普鲁士军事理论家]克劳塞维茨

聪明将领所扼守的防御阵地，在大多数情况下都是敌人将被迫去进攻的阵地。

——[德国军事家]老毛奇

对于防守方面，我唯一要提出的忠告，就是兵力不可过分的分散，不要想处处都实行设防，因为这种企图是绝对不可能的。

——[瑞士军事理论家]约米尼

凡是想要守住一切的人，往往最后将会丧失一切。

——[德国军事家]曼施泰因

防御战的重大问题之一，是后方地域和交通线的组织。

——［德国军事理论家］梅林津

防御者比进攻者更能通过各种猛烈程度和各种样式的袭击出敌不意。

——［普鲁士军事理论家］克劳塞维茨

最有效的防御仍然是以攻势来进行的积极防御。

——［德国思想家］恩格斯

消极的守势是必败无疑的，而积极的守势则往往可以转败为胜。

——［瑞士军事理论家］约米尼

消极的防御实际上是假防御，只有积极防御才是真防御，才是为了反攻和进攻的防御。

——［中国政治家、军事家］毛泽东

在下列情况下，即被攻击的军队具有坚定沉着的精神，足以进行不断的抵抗，直到攻击者的火力开始减弱、兵力行将耗尽，然后转为进攻，进行攻击，防御的战法才是最可靠的。

——［德国思想家］恩格斯

从守势战转入攻势战，是一种精妙的作战动作。

——［法国政治家、军事家］拿破仑

反攻是一个长过程，是防御的最精彩最活跃的阶段，也就是防御战的最后阶段。所谓积极防御，主要地就是指这种带决战性的战略的反攻。

——［中国政治家、军事家］毛泽东

计划　不打无准备之仗、不打无把握之仗

计划必须周全、细致

只有拟定一个深思熟虑的计划，才有可能在战争中成功。

——［法国政治家、军事家］拿破仑

不打无准备之仗、不打无把握之仗，每战都应力求有准备，力求在敌我条件对比下有胜利的把握。

——［中国政治家、军事家］毛泽东

故攻伐之道也，计必先定于内，然后兵出乎境。计未定于内而兵出乎境，是则战之自败，攻之自毁也。

——［中国古代政治家］管仲

事不前定，不可以应猝；兵不预谋，不可以制胜。

——［中国古代名将、词人］辛弃疾

作战计划应考虑到敌人每一可能行动，而拟订必要的应付策略。

——［法国政治家、军事家］拿破仑

在拟订战争计划时应遵循的第一个观点是，找出敌人力量的各个重心，并且尽可能把这些重心归结为一个重心。第二个观点是，把用来进攻这个重心的兵力集中使用于一次主要行动上。

——［普鲁士军事理论家］克劳塞维茨

指挥官制定战术计划必须十分细致、彻底，一经制定，就得毅然付诸实施，以取得成功。

——［英国军事家］蒙哥马利

对于计划简明性的首要要求是分别给各部队下达其应该完成的单独任

务,而且,各部队的行动不取决于其他兵团和分队的胜利。

—— [英国军事家] 蒙哥马利

如果计划同情况不符,又没有必要的保障,那么再完美的计划,也注定要失败。

—— [苏联军事家] 什捷缅科

初战的计划必须是全战役计划的有机的序幕。

—— [中国政治家、军事家] 毛泽东

计划要具有灵活性,并根据实战情况及时修改

从来没有一个计划是绝对可靠的,因为在先天上,它总是具有不可靠的因素。

—— [瑞士军事理论家] 约米尼

任何作战计划对于与敌军主力第一次遭遇以后的发展,都是没有确实把握的。只有外行人在一个战役的发展过程中,才会以为他能把原定的计划,在所有各细节上,都能作有系统的执行,直达其预定的结论为止。

—— [德国军事家] 老毛奇

保证计划具有灵活性,同时根据情况的可能变化来部署军队。

——[英国军事理论家]利德尔·哈特

任何一个战争计划,都必须包含几个作战方案,须要经过周密慎重的思考,要使几个方案当中总有一个能够保证夺取胜利。

—— [法国军事理论家] 包尔色特

作战计划可依环境之所宜,指挥者的才智、部队的素质,以及战场的地形,而无拘泥地加以修改。

—— [法国政治家、军事家] 拿破仑

一项周密的作战计划在空间和时间上都要有伸缩余地,这样才能适应战争中不断变化的情况,从而完成司令官指定的最终目标。

——[美国政治家、军事家]艾森豪威尔

无论哪级指挥员在制定战斗计划时,首先要考虑敌人的动机和可能采取的对策。但是,在战争中往往有这种情况,即事先好像把各种情况都预计到了,而在交战过程中却出现了完全意外的新情况,因而就要修正原定的决心。

—— [苏联军事家] 什捷缅科

指挥　战争是对指挥才能的最严峻的考验

指挥才干

军队的指挥,涉及范围广泛的军事、政治、精神、物质和心理等因素,是军事科学和军事学术极重要的组成部分。

—— [苏联军事家] 朱可夫

指挥员的本领就是善于从他所掌握的五花八门的手段中,采用当时当地收效最大的手段。

—— [苏联军事家] 伏龙芝

战争是对指挥才能的最严峻的考验。

—— [苏联军事家] 华西列夫斯基

计划、命令是建立于最现实的情况上,因此,一切行动都应适应现实情况。但现实是辩证的,指挥也是辩证

的,因此,指挥员应充分发扬机断行事。
　　—— [中国军事家] 刘伯承

利用情报

　　指挥员使用一切可能的和必要的侦察手段, 将侦察得来的敌方情况的各种材料加以去粗取精、去伪存真、由此及彼、由表及里的思索,然后将自己方面的情况加上去, 研究双方的对比和相互的关系,因而构成判断,定下决心,做出计划。
　　—— [中国政治家、军事家] 毛泽东
　　一个指挥官最重要的作用是要从他所得到的情报中把 5%的重要情况与 95%的不重要情况区别开来。
　　—— [美国军事家] 麦克阿瑟
　　战争中得到的情报,很大部分是互相矛盾的,更多的是假的,绝大部分是相当不确实的。这就要求指挥官具有一定的判别能力,这种能力只有通过对事物和人的认识和判断才能得到。
　　——[普鲁士军事理论家]克劳塞维茨
　　一个野战指挥官的态度若是坐候正确情报的来到,才再来采取行动,那么也就很少有希望获得战神的恩赐。
　　—— [德国军事家] 曼施泰因
　　敌情情报不全,不能成为指挥员不及时定下最合理决心的借口。
　　—— [苏联军事理论家] 基里扬

定下决心

　　指挥员的正确的部署来源于正确的决心, 正确的决心来源于正确的判断, 正确的判断来源于周到和必要的侦察, 以及对于各种侦察材料的联贯起来的思索。
　　—— [中国政治家、军事家] 毛泽东

　　要想顺利地指挥和善于在短时间内定下决心,就要不断努力增长才干,锻炼迅速判断情况的能力和明察秋毫的眼力。
　　—— [苏联军事家] 什捷缅科
　　统帅的决心是统帅的智慧和意志的体现,是统帅运用其渊博的学识、丰富的经验,发挥其预见性和洞察力,并根据对兵力兵器的精确计算,反复推敲所取得的成果。
　　—— [苏联军事家] 什捷缅科
　　猜疑不决和准备不足,会在战场上招致必然的失败。
　　—— [法国政治家、军事家] 拿破仑

统一指挥

　　统一指挥原则包括目的、行动和指挥的一致。它集中全部精力、手段及物质上和精神上的各种活动, 以求达到预期的目的。
　　—— [美国军事理论家] 柯林斯
　　在战争中,最重要之事,莫过于统一指挥。
　　—— [法国政治家、军事家] 拿破仑
　　对军队的过分控制,以及由远离战场几千里之外的人们来指挥战术上和技术上的行动,反而招致了本想加以防止的后果,即造成更多的流血。
　　—— [美国军事理论家] 鲍德温

掌握部队

　　应该做这样的安排,使这些兵力,不仅用在决定点上,而且还要切合时机,并且要有充分的力量。
　　—— [瑞士军事理论家] 约米尼
　　保持着预备队的将军是不可被战

胜的。

——[俄国军事家] 库图佐夫

必须尽可能对全部兵力的使用做出正确安排，要使各部之间保持经常固定的联系，而不要把他们分割开了，不要使各部兵力固定在一个永久不变的任务上面。

——[法国军事家] 福煦

无论处于怎样复杂、严重、惨苦的环境，军事指导者首先需要的是独立自主地组织和使用自己的力量。

——[中国政治家、军事家] 毛泽东

指挥实践

统帅的任务就是要善于利用情况。

——[古罗马政治家、军事家] 恺撒

任何一级的首长，应当把自己注意的重心，放在那些对于他所指挥的全局来说最重要、最有决定意义的问题或动作上，而不应当放在其他的问题或动作上。

——[中国政治家、军事家] 毛泽东

一个将领固然应该遵照一般原则进行作战，但切不可放过奇袭致胜的机会。

——[法国政治家、军事家] 拿破仑

指挥就是预见。卓越的统帅都是有高度的预见性，这是他们的军事才能的主要特征。

——[苏联军事家] 什捷缅科

一个军事指挥官的眼光必须要越过第一次的接触，而把它定在最后目标上。

——[德国军事家] 曼施泰因

战术   不但使用战术，还须变换战术

上得天时，下得地利，观敌之变动，后之发，先之至，此用兵之术也。

——[中国古代思想家] 荀子

重要的是，战术要因时、因地、因人而灵活运用。

——[日本学者] 德田虎雄

不但使用战术，还须变换战术。

——[中国政治家、军事家] 毛泽东

能因敌变化而变化者，谓之神。

——[中国古代军事家] 孙子

所有的战争原则，都可以用一个词来表达，这就是"集中"。

——[英国军事理论家] 利德尔·哈特

所谓的战术是：抓住最重要的时刻，把最强大的力量施展出来。

——[法国政治家、军事家] 拿破仑

战术就是在决定点上使用兵力的艺术，其目的就是要使他们在决定的时机、决定的地点上，发生决定性的作用。

——[瑞士军事理论家] 约米尼

在战争中，胜利属于懂得怎样在决定性的地点集中最大兵力的一方。

——[法国政治家、军事家] 拿破仑

集中自己的力量对付敌人的弱点。

——[英国军事理论家] 利德尔·哈特

贵在善于在决定时机和在主要突击方向上集中优势兵力。

——[苏联军事理论家] 格鲁季宁

最高的艺术，是迫使敌人分散兵力，然后集中优势兵力，分别予以打击。

——[美国军事理论家] 亨德森

除地方部队和钳制兵力外，一切突击兵力以全部集中为原则。
——［中国政治家、军事家］毛泽东

我们的战略是"以一当十"，我们的战术是"以十当一"，这就是我们制胜敌人的根本法则之一。
——［中国政治家、军事家］毛泽东

集中优势兵力、各个歼灭敌人的作战方法，不但必须应用于战役的部署方面，而且必须应用于战术的部署方面。
——［中国政治家、军事家］毛泽东

我们可以在次等方向用一个人去扭打三个敌人，这样就能在主要方向抽得三个人来痛打一个敌人，求得总体上的胜利。
——［中国军事家］刘伯承

军事学术之真谛，是从敌人最要害的部位直接进攻敌人。
——［俄国军事家］苏沃洛夫

宽大机动地创造或寻找敌人的弱点，并抓住它的弱点，给以有计划的突然地袭击，是把握主动权的最好的方法。
——［中国军事家］刘伯承

在大多数的战役中，使敌人在心理上和物理上丧失平衡，常常是打败敌人的一个重要前提。
——［英国军事理论家］利德尔·哈特

现代作战要靠快速运动才能取胜，或才能节省兵力。
——［英国军事理论家］富勒

要想达到节约兵力的目的，就必然利用突然性和快速性。
——［英国军事理论家］利德尔·哈特

时间和突然性正是战争中两个最重要的因素。
——［英国军事理论家］利德尔·哈特

当你以迅雷不及掩耳的速度打击敌人的时候，其威力胜过大炮，这是战争的法则之一。
——［法国政治家、军事家］拿破仑

只有灵活的机动，才能攻敌不备，捕捉战机。
——［中国军事家］刘伯承

隐蔽接敌，突然攻击，出其不意，攻其不备。
——［中国军事家］刘伯承

你打你的，我打我的；打得赢就打，打不赢就走。
——［中国政治家、军事家］毛泽东

故为兵之事，在于顺详敌意，并敌一向，千里杀将，此谓巧能成事者也。
——［中国古代军事家］孙子

士兵　真正的战士必须善战，勇敢而又心甘情愿地服从

离开了士兵，什么事也干不成，而且军队本身也就不能存在了。
——［中国军事家］徐向前

赢得战斗胜利的是人而不是枪。
——［德国思想家］恩格斯

士兵在长期征战的生涯中以军为家，以对伟大领袖的忠诚替代爱国热情。
——［德国史学家］蒙森

兵士必须是健康、勇敢、果断、诚

实的人。
　　——[俄国军事家]苏沃洛夫
　　战士的坚强性和他们的精神状态，永远是作战中的首要因素，常常比兵力武器的数量都重要。
　　——[德国军事理论家]梅林津
　　真正的战士必须善战，勇敢而又心甘情愿地服从。
　　——[德国史学家]蒙森
　　光荣是军人的战利品；军人的财富就是荣誉。
　　——[英国诗人]彭斯
　　对于一名好战士，没有所谓侧翼和后方，只要有敌人，到处都是前线。
　　——[俄国军事教育家]德拉戈米罗夫
　　多一点冷静的考虑和听听身经百战的老兵的意见，对于弥补经验不足大有好处。
　　——[意大利军事家]加里波第
　　胜利的愿望，这是打胜仗的首要条件，因而也是每个士兵的首要天职。百折不挠的坚定性也具有重要的意义，必要时指挥人员应向士兵灌输这种精神。
　　——[法国军事家]福煦
　　如果士兵能自然地、毫无抵赖地和军官谈话，他们的才能所创造的成

果将有益于全军。
　　——[美国政治家、军事家]艾森豪威尔
　　要引导战士做到三思而后行，力求把一切事都做得尽善尽美，并且要尽可能地迷惑敌人。
　　——[苏联政治家]加里宁
　　士兵平时即战时。
　　——[俄国军事家]苏沃洛夫
　　只有经过锻炼的体格健壮的战士才能适应战争的艰苦。整个部队的胜利取决于每个战士的训练。
　　——[苏联军事家]朱可夫
　　充分的技术训练、心理训练和体质训练，是一个国家在把它的士兵投入战斗之前所能授予他们的一种保护和武器。
　　——[美国政治家、军事家]艾森豪威尔
　　对战士的教育训练要做到一兵多能。
　　——[中国政治家]邓小平
　　我们练兵的目的，就是要使每个人又勇敢又有技术，这样，打起仗来就有把握了。
　　——[中国军事家]朱德
　　每个士兵的背囊里都有一支元帅的指挥棒。
　　——[法国政治家、军事家]拿破仑

士气
知道自己为了什么而斗争的军队是不可战胜的

士 气

在战争中，士气是唯一的最重要的因素。
　　——[英国军事家]蒙哥马利

战争的胜或负，主要取决于双方的民心士气。
　　——[英国军事理论家]利德尔·哈特
　　成功本身就是士气的激励。
　　——[英国军事理论家]西顿

军队的战斗力的四分之三是由士气组成的。

——[法国政治家、军事家]拿破仑

士气的好坏决定着战场上的成败。

——[美国军事理论家]辛普森

知道自己为了什么而斗争的军队是不可战胜的。

——[苏联政治家]斯大林

这个军队具有一往无前的精神，它要压倒一切敌人，而决不被敌人所屈服。不论在任何艰难困苦的场合，只要还有一个人，这个人就要继续战斗下去。

——[中国政治家、军事家]毛泽东

懂得战争的神圣目的，这是伟大的力量。

——[苏联军事家]巴格拉米扬

要使一支军队在战斗中获胜，就必须要激励战士树立起信心，使他们相信在任何情况下胜利都是属于他们的。

——[意大利政治思想家]马基雅弗利

领导、纪律、友谊、自尊心和对事业的无限信心，都有助于提高士气。

——[美国军事理论家]柯林斯

在军事行动开始以前，部队的士气必须鼓得足足的。他们必须有进攻的迫切要求以及因体魄健全而产生的有感染力的乐观情绪。他们必须斗志高昂地投入战斗，满怀着杀敌的决心。为此，指挥官对他的部队的讲话很重要，相互明白的讲话远较任何书面文字有效。

——[英国军事家]蒙哥马利

要取得战斗的胜利，并不需要打败武器——要打败每一个敌人的灵魂。

——[美国军事家]巴顿

勇　敢

军事活动总是离不开危险的，而在危险中最可贵的精神力量是什么呢?是勇气。

——[普鲁士军事理论家]克劳塞维茨

勇敢和必胜的信念常使战斗得以胜利结束。

——[德国思想家]恩格斯

谁有更大的勇气和更多的毅力，谁就能取得胜利。

——[德国思想家]马克思

如果勇敢是士兵的第一品德，那么忍耐则是第二。

——[法国政治家、军事家]拿破仑

勇敢加技术，就战无不胜。

——[中国军事家]朱德

畏惧并不能免于一死，战争的结果大不了也不过一死。奋战而死，是以刃亡摧毁死亡;畏惧而死,却做了死亡的奴隶。

——[英国诗人、戏剧家]莎士比亚

真能捐躯疆场的人，一定能够奋不顾身;至于爱惜身家的人，纵使博得勇敢之中，也只是出于侥幸，决没有勇敢之实。

——[英国诗人、戏剧家]莎士比亚

部队的勇猛作风，首先是一种震慑敌人的强大精神力量。

——[中国军事家]徐向前

对军人来说，从辎重兵和鼓手直到统帅，胆量都是最可贵的品德，它好比是使武器锋利和发光的真正的钢。

——[普鲁士军事理论家]克劳塞维茨

战斗中需要大胆果敢的精神，正如飞禽在空中需要翅膀一样，是须臾不可少的东西。

　　——[苏联军事家]朱可夫

　　战斗，实际上是两种意志——你的意志与敌军将领的意志——之间的斗争。如果在成败未决时，你自己气馁了，你的对手多半就赢了。

　　——[英国军事家]蒙哥马利

　　要无畏、无畏、无畏。记住，从现在起直至胜利或牺牲，我们要永远无畏。

　　——[美国军事家]巴顿

　　勇敢，是金钱买不到的。

　　——[法国政治家、军事家]拿破仑

　　惊慌失措等于被打败了一半。

　　——[俄国军事家]苏沃洛夫

　　兵无常勇，亦无常怯。有气则实，无气则虚，虚则怯。

　　——[中国古代思想家]墨翟

武器装备

军队没有现代武器，是不能作战和胜利的

武器是决定战争胜负的重要因素

　　要想赢得战争，就要有先进的武器。

　　——[日本军事理论家]土井宽

　　一旦技术上的进步可以用于军事目的并且已经用于军事目的，它们便立刻几乎强制地，而且往往是违反指挥官的意志而引起作战方式上的改变甚至变革。

　　——[德国思想家]恩格斯

　　一支军队不准备掌握敌人已经拥有或可能拥有的一切武器、一切斗争手段和方法，谁都会认为这种行为是愚蠢甚至是犯罪的。

　　——[苏联政治家]列宁

　　为了保卫祖国和免受帝国主义者的侵略，依靠我们过去和较为落后的国内敌人作战的装备和战术是不够的，我们必须掌握最新的装备和随之而来的最新战术。

　　——[中国政治家、军事家]毛泽东

　　火力上的优势以及由此获得的火力指挥、火力发射和火力运用上的优势，乃军队威势所在的主要因素。

　　——[法国军事家]福煦

　　技术日益进步的现代，不仅在战争中特别加强了技术的作用，使用技术的知识训练也复杂了，并且由于技术的进步变更了战术的原则。

　　——[中国军事家]朱德

　　任何一支装备低劣的军队，不管它多么受渴望胜利的精神所鼓舞，那它也是永远对付不了用最新技术兵器装备起来的敌人的，如果这个敌人有作战愿望的话。

　　——[苏联军事家]图哈切夫斯基

　　突然地使用新式武器可取得巨大效果。

　　——[苏联军事家]什捷缅科

新式武器必须不断更新和完善才能发挥作用

　　只要存在着战争危险，就要及时以足够的新式军事技术装备更换旧的，而新式军事技术装备又以更新的来更换。

——[苏联军事理论家]格鲁季宁

在战场上使用的新式武器，只有在能快速而大批生产的情况下，才能起决定性的作用。

——[德国军事家]古德里安

如果说以往全部或个别武器的更新的推动力是战争（在战争中交战双方的武器进行战斗竞争），那么在现代条件下，武器装备的更新则在和平时期进行。

——[苏联军事理论家]基里扬

任何兵器的效力又不仅是要看对方的力量大小是怎样来决定，而且还要看你自己本身是不是愿意把最近技术的发展立即做最大限度的利用，使你在这一个时代总是居于最优越的地位。

——[德国军事家]古德里安

对新式武器的作用不可过分迷信

武器是战争的重要因素，但不是决定的因素，决定的因素是人不是物。力量对比不但是军力和经济力的对比，而且是人力和人心的对比。军力和经济力是要人去掌握的。

——[中国政治家、军事家]毛泽东

每一种武器有一定的效能，它要在一定的条件下才能发挥其力量，它也有可以被制服的方法。

——[中国军事家]朱德

每个在战史上因采用新的办法而创造了新纪元的伟大将领，不是新的物质器材的发明者，便是以正确的方法运用他以前所发明的新器材的第一人。

——[德国思想家]恩格斯

当然，我们也要讲究技术，不讲究技术是要吃亏的。但是，把电子计算机看成能代替全部指挥职能，那不可能，那样人的能动性也就没有了。

——[中国政治家]邓小平

对技术的作用的估计不足是极其危险的，但过分迷信技术也不应该。

——[苏联军事家]伏龙芝

不管军事技术的发展如何巨大，不管武器和机器如何显著地提高了我军的突击能力，然而唯一的绝对的武器是人，这仍然是确定不移的真理。战争的胜负就是取决于人的果断、勇敢、坚韧和才能。

——[美国军事家]李奇微

后勤保障　最好的预备队就是源源不断的子弹供应

对于现代的军队，组织良好的后方勤务工作有极其重大的意义。

——[中国政治家、军事家]毛泽东

谁的后备多，谁的力量来源多，谁在人民群众中更能支持得住，谁就能

在战争中取得胜利。

——[苏联政治家]列宁

由于现代战争中军队众多，技术兵器复杂，需要兵器物资的大量消耗，因而后勤工作的重要是表现得最

明显的。

—— [中国军事家] 刘伯承

随着军事科学技术的发展和我军装备的逐步改善，后勤工作也出现了很多新情况。过去我们是小米加步枪，对后勤信赖还不算很大。现在不同了，无论是军需给养、武器弹药、装备器材，都得靠强大的后方供应。

—— [中国政治家] 邓小平

现代战争如果没有后方补充的物资保证，是不可能进行的；后方有充分物资，如果没有强有力的后勤组织工作，以保证第一线的充分供应，是不能取得战争胜利的。

—— [中国军事家] 彭德怀

后勤工作将提高到指挥战斗，组织供应，保障战争胜利的更高阶段。

—— [中国军事家] 彭德怀

最好的预备队就是源源不断的子弹供应。

—— [德国军事家] 史里芬

为将者必须对补给和运动诸因素具有真知灼见，以之作为制定一切计划的依据。只有这样，他才知道在什么时间以及如何去冒有关这些因素的风险，而要打胜仗是非冒风险不可的。

—— [英国军事理论家] 韦维尔

没有组织良好而且工作精确的后勤，是不能顺利地进行现代化的交战的。

—— [苏联军事家] 朱可夫

对部队行动和补给特点的预见性，应当作为后勤机关工作的基础。

—— [苏联军事理论家] 扎哈罗夫

没有建立在精确的数学计算基础上的周密的后方组织，没有能把一切作战所需物资正确地供应给前线的组织，没有对保证后方供给的输送车辆的最精确的计算，没有后送的组织，要想多正确、多合理地进行任何巨大的战役，都是不可能的。

—— [苏联军事家] 伏龙芝

充足的武器油料和弹药储备，这是一支军队能够坚持紧张战斗的第一个必要条件。事实上，在战斗开始之前，双方的军需官就已经在打仗，并在决定着战斗结局了。

—— [德国军事家] 隆美尔